北京市哲学社会科学"十一五"规划重点项目
中央财经大学学术著作基金资助出版

JIANQUAN BEIJINGSHI
NONGCUN SHEHUI BAOZHANG TIXI YANJIU

健全北京市农村社会保障体系研究

孙殿明 著

经济科学出版社
Economic Science Press

图书在版编目（CIP）数据

健全北京市农村社会保障体系研究／孙殿明著．—北京：经济科学出版社，2013.8
ISBN 978-7-5141-3714-9

Ⅰ.①健… Ⅱ.①孙… Ⅲ.①农村-社会保障-保障体系-研究-北京市 Ⅳ.①F323.89

中国版本图书馆 CIP 数据核字（2013）第 195601 号

责任编辑：侯晓霞
责任校对：徐领柱
责任印制：李 鹏

健全北京市农村社会保障体系研究
孙殿明 著
经济科学出版社出版、发行 新华书店经销
社址：北京市海淀区阜成路甲 28 号 邮编：100142
教材分社电话：010-88191345 发行部电话：010-88191522
网址：www.esp.com.cn
电子邮件：houxiaoxia@esp.com.cn
天猫网店：经济科学出版社旗舰店
网址：http://jjkxcbs.tmall.com
北京欣舒印务有限公司印装
710×1000 16 开 19.25 印张 320000 字
2013 年 8 月第 1 版 2013 年 8 月第 1 次印刷
ISBN 978-7-5141-3714-9 定价：58.00 元
（图书出现印装问题，本社负责调换。电话：010-88191502）
（版权所有 翻印必究）

目 录

导论 ………………………………………………………… 1
 0.1 问题的提出 …………………………………………… 1
 0.2 研究主题 ……………………………………………… 4
 0.3 研究背景、思路和框架 ……………………………… 5

第1章 新型农村社会保障体系 ………………………… 10
 1.1 新型农村社会保障体系的含义 …………………… 10
 1.2 新型农村社会保障体系的内容 …………………… 14
 1.3 新型农村社会保障体系的特征 …………………… 26

第2章 构建新型农村社会保障体系的必要性与重要性 …… 31
 2.1 构建新型农村社会保障体系的必要性 …………… 31
 2.2 构建新型农村社会保障体系的重要性 …………… 39

第3章 构建新型农村社会保障体系的理论基础 ……… 52
 3.1 社会保障理论 ……………………………………… 52
 3.2 公共财政理论 ……………………………………… 59
 3.3 社会发展理论 ……………………………………… 62

第4章 新中国成立以来农村社会保障历史变迁 ……… 72
 4.1 1949~1956年传统农村社会保障制度的初创 …… 73
 4.2 1957~1978年传统农村社会保障制度的发展和完善 … 75
 4.3 1979~1986年农村传统社会保障制度的衰退 …… 79
 4.4 1987~2002年新型农村社会保障制度的改革和试点 … 81

4.5　2003年至今新型农村社会保障制度的建设和发展 …………… 87
4.6　新中国成立以来农村社会保障变迁启示 ……………………… 96

第5章　新世纪以来北京农村社会保障制度实践 …………… 99
5.1　新世纪以来北京农村社会保障实践取得的成就 ……………… 99
5.2　新世纪以来北京农村社会保障实践存在的问题 ……………… 143

第6章　典型国家农村社会保障体系建设及借鉴 …………… 160
6.1　德国农村社会保障体系 ………………………………………… 160
6.2　美国农村社会保障体系 ………………………………………… 165
6.3　巴西农村社会保障体系 ………………………………………… 168
6.4　俄罗斯农村社会保障体系 ……………………………………… 171
6.5　典型国家农村社会保障体系发展经验借鉴 …………………… 175

第7章　新型农村社会保障体系的构建原则、目标与框架 …………………………………………………………… 178
7.1　基本理念和原则 ………………………………………………… 178
7.2　基本目标和实现步骤 …………………………………………… 185
7.3　基本框架及创新重点 …………………………………………… 189

第8章　构建北京新型农村社会保障体系的创新重点（上） ……………………………………………………… 191
8.1　北京农村最低生活保障制度 …………………………………… 191
8.2　北京农村自然灾害保障制度 …………………………………… 204
8.3　北京农村养老保障制度 ………………………………………… 215

第9章　构建北京新型农村社会保障体系的创新重点（下） ……………………………………………………… 226
9.1　北京农村健康保障制度 ………………………………………… 226
9.2　北京农村教育保障制度 ………………………………………… 244

第10章　健全北京新型农村社会保障体系的公共财政支持 …………………………………………………………… 259
10.1　中国农村财政政策的历史变迁和发展趋势 ………………… 260

10.2 构建北京新型农村社会保障体系对公共财政资金
　　　的需求 …………………………………………………… 270
10.3 公共财政支持北京新型农村社会保障体系构建的
　　　能力分析 ………………………………………………… 280
10.4 主要结论与建议 ………………………………………… 290

参考文献 ……………………………………………………… 296
后记 …………………………………………………………… 300

导　论

0.1　问题的提出

健全的社会保障体系，被称为人民生活的"安全网"、社会运行的"稳定器"和收入分配的"调节器"。实现覆盖全社会、全体国民平等享有、无城乡差别和地区差异的全社会保障，始终是人类文明所孜孜追求的一个社会理想，也是源于公平正义思想的现代社会保障制度所内含着的终极目标。但是，由于影响和制约社会保障建设的因素，如经济的、政治的、文化的、宗教的等等，既纷繁复杂且在不断发展变化，也注定了健全的社会保障体系建设不可能一蹴而就，它必然是一个极为漫长且不断发展的历史过程。综观世界各国，无论发达国家还是中等收入国家，其社会保障体系建设均呈现出由部分到整体、由单项目到多项目的阶段性发展特征；不同的是有的国家发展快一些，有的国家发展慢一些。就中国而言，健全的社会保障体系建设才刚刚起步，并且这一进程可能更为复杂、艰巨和漫长！

党的十七大报告提出"加快建立覆盖城乡居民的社会保障体系，保障人民基本生活"，标志着在未来相当长的一段时期内，构建完善的社会保障体系已经成为我们党和国家的基本施政目标之一。就全国而言，截至目前，我国城镇社会保障制度已经初步建立，城市居民大部分都已纳入了社会保障体系；而占全国人口56%[①]以上的农村居民所享有的社会保障却少之又少且极不均衡。很明显，拟实现"覆盖城乡居民的社会保障体系"目标，保障人民基本生活，难点和障碍不在城镇，而在农村！不完善的农村社会保障体系，与城镇社会保障体系相比差距甚远，已越来越成为构建社

[①] 谢伏瞻. 农业和农村变化为统计工作提供了发展机遇. 北京：中国国家统计局和联合国粮农组织，2007.

会主义和谐社会的"短板",成为阻碍国民经济持续健康发展的"瓶颈",成为统筹城乡经济社会发展的"拦路虎"。

就北京市而言,其农村社会保障体系建设既有相似于全国的普遍共性,也有作为首都城市的自身特点。近些年市委、市政府高度重视农村社会保障体系的建设,不断加大公共财政对农村社会保障事业的投入,初步建立起以农村最低生活保障制度、农村新型合作医疗制度和农村社会养老保险制度为主要内容的农村社会保障体系的基本框架。北京市发改委、财政局(2009)数据显示,截至2008年11月,北京市农村社会养老保险参保率为84%,农村新型合作医疗参合率为92.3%,农村居民最低生活标准为1780元/人/年,均位于全国前列;并在全国第一个实施无社会保障老年居民统筹城乡、标准一致的养老保障办法,率先实现了北京城乡某一群体、某一项目在制度上的一体化全覆盖。但是,随着后奥运时代北京"人文北京、科技北京、绿色北京"发展理念的确立,随着北京远高于和迥异于其他地区城镇化速度和水平的发展,与北京作为国家首都的地位与作用相比,与北京"繁荣、文明、和谐、宜居的首善之区"的建设目标相比,北京农村社会保障仍存在不少亟待解决的问题和矛盾,农村社会保障仍是整个社会保障体系中的薄弱环节。比如就内容而言,现行农村社会保障项目偏少,仍有空白,农民工、失地农民等特殊群体和弱势群体得不到充分保障;就结构而言,现有农村社会保障体系内部结构不尽合理,作为农村更为需要的如教育保障、灾害保障等还很不到位;从城乡比较讲,城乡之间差距还很大,政府对农村社会保障投入严重不足,城乡社会保障体系仍然不能有效衔接;还有,虽然实现了制度的高覆盖率,但是由于制度的可操作性不强,致使实际受益率偏低(如与90%以上的参合率相比,北京市农村只有28.3%的家庭有人患病住院得到了新农合的报销,只有16.9%的家庭因看门诊得到过新农合的报销)。因此,构建一个与首都生产力发展水平相适应的、真正使全体农民实际受益的农村社会保障体系,已成为北京面临的一个重大理论和实践课题;同时,健全一个能够与城镇社保体系有效对接的北京农村社会保障体系也必将在全国实现城乡一体的社会保障体系建设进程中发挥引领和示范作用。

同时,更为重要的是,笔者认为,健全覆盖全体农民的社会保障体系，有可能找到破解中国"三农"①问题的钥匙和抓手。认真审视"三农"问题的衍生历程不难发现，与中国工业化同步发生、同步演变的"三农"问题发展到今天，已经不再是简单的提高农民收入的问题。毋庸讳言，它实质是整个经济社会系统中的结构问题，即农业与工业、乡村与城市、农民与市民发展失衡问题②。一方面的事实是，改革开放三十多年，尤其是2004年以来，我国农村发生了翻天覆地的变化，农民生活水平获得空前提高；另一方面的事实是，农业与工业之间、乡村与城市之间、农民与市民之间的差距不但没有被缩小，反而在继续被拉大。没有人怀疑这是客观事实：今日之"三农"问题依然是社会民众诟病、专家学者忧虑、新闻媒介聚焦、政府官员狠抓的今日中国之重大难点问题！原因何在？"三农"重中之重战略思想的确立，不能说党和政府对"三农"问题不重视；连续出台的以增加农民收入为第一目标的8个涉农"中央1号文件"③，不能说没有抓住"三农"问题的要害。但是，事实如何呢？资料显示，2007年我国农民人均纯收入实际增长9.5%，为1985年以来增幅最高的一年；而城乡居民收入比却扩大到3.33∶1，绝对差距达到9646元，也是改革开放以来差距最大的一年④，2009年这一差距依然被维持。笔者认为，促进农民增收固然重要，但在农村制度潜力得以充分释放的前提下，想要进一步使农业大幅增产、农民大幅增收已十分困难；相对于促进农民增收而言，摆在我们面前的另一个问题要客观和实在得多，那就是加足马力，抓紧构建符合中国"三农"特点的、体现社会公平正义的、促进城乡和谐发展的、相对科学完善的农村社会保障体系（此体系即为笔者着力绘制的基于北京实际、适用于未来中国的"新型农村社会保障体系"，其具体含义将在第1章专题论述）。我们知道，就北京总体情况而言，目前农民穷，并不穷在没粮吃、没衣穿、没房住，而是穷

---

① "三农"指农村、农业和农民；"三农"问题特指中国内地的农村问题、农业问题和农民问题以及因此而产生的各类社会问题，包括贫富悬殊、流动人口等。"三农"作为一个概念由经济学家温铁军博士于1996年正式提出，自此渐渐被媒体和官方广泛引用；2000年年初，湖北省监利县棋盘乡党委书记李昌平给时任总理朱镕基写信提出"农民真苦，农村真穷，农业真危险"以及出版《我向总理说实话》后，"三农"问题在社会上引起了广泛反响；2001年"三农"问题的提法写入文件，正式成为大陆理论界和官方决策层引用的术语；中共中央于2003年正式将"三农"问题写入工作报告。

② 郑有贵. 中国共产党"三农"理论与实践60年［M］. 长沙：湖南人民出版社，2009：4.

③ "中央1号文件"是指中共中央每年发的第一份文件，该文件在国家全年工作中具有纲领性和指导性的地位。1号文件中提到的问题是中央全年需要重点解决，也是当前国家急需解决的问题，更从一个侧面反映出了解决这些问题的难度。

④ 郭爱娣. 城乡居民收入差距近万元［N］. 京华时报，2009－08－29.

在看不起病、上不起学、养不起老、受不起灾。这一情形在全国也具有一定的普遍性，可能还具有一定趋向性。笔者认为，构建新型农村社会保障体系，是目前阶段增加农民收入的另一重要形式，是工业化中后期①缩小城乡差距的最好手段，是未来10年切实解决"三农"问题的战略抓手，是我们党建设社会主义和谐社会的必经之路。剖析北京建立健全农村社会保障体系的特殊规律，不但有助于我们认识我国社会保障事业发展的规律，丰富农村社会保障建设理论，甚或为世界范围内发展中国家农村社会保障制度建设提供借鉴；而且在实践方面，也有助于我国化解"三农"矛盾、迎接"老龄化"社会挑战、提升农业国际竞争力、促进城市化和工业化发展，其亦必然成为维护社会公平稳定、实现发展成果全民共享的重要手段。

0.2 研究主题

本书以公共财政为分析框架，以北京农村社会保障为研究对象，以城乡二元分治、首都城市、人口老龄化为基本研究背景，充分考虑北京新的历史发展阶段即社会加速转型阶段和已经进入工业化中后期阶段的市情特点，开展构建北京新型农村社会保障体系的综合性、系统性研究。本书通过基础理论研究，国际比较研究，历史、现状与成因研究，把北京农村社会保障体系的构建放在整个中国社会保障体系改革的大背景下，把社会保障制度的改革与经济发展相联系，深入探索社会保障体系建立中的各种本质关系、技术联系及其运行规律，统筹兼顾社会保障的社会目标、经济目标和政治目标，按照"水平适中、覆盖面广、留有通道、城乡渐接"的原则，设计一个与北京生产力发展水平相适应、与后奥运时代首都"人文北京、科技北京、绿色北京"发展理念相匹配、与"世界城市"发展目标相呼应的农村社会保障体系，以实现北京城乡经济社会的和谐发展。

---

① 中国社科院科研局黄群慧研究表明，2007年中国已经进入工业化中期的后半阶段，其中上海和北京已经发展到后工业化阶段。北京市委研究室《北京郊区工业化发展研究》课题组认为，北京郊区工业化远远滞后于北京市工业化发展阶段。

0.3 研究背景、思路和框架

0.3.1 研究背景

本书是基于下列存在为假设前提和研究背景的：

第一，由于我国在计划经济体制时期，在制度和管理上把城市与农村截然分开，形成了社会经济"城乡二元结构"的分治格局。改革开放以来，虽然随着市场经济体制的建立与完善，城乡分割局面逐渐被打破，但现实生活中"城乡二元结构"的种种现象仍极为普遍和严重，北京也不例外。

第二，2004年胡锦涛总书记在党的十六届四中全会上提出了"两个趋势"的重要论断，并作出了我国已基本进入"以工促农、以城带乡"发展阶段的基本判断。2009年，北京人均GDP达到10070美元，进入社会加速转型新阶段。按照世界银行划分的标准，北京已经跻身中等富裕城市；从西方工业化国家发展经验看，北京进入提升公共服务水平的关键时期。

第三，2005年我国已经开始步入老龄化社会，属于"未富先老"，2020年前后我国人口老龄化会突然加速，接近峰值；北京早在1990年就已步入人口老龄化社会，截至2009年年底，北京市户籍老年人口占比18.2%，进入中度老龄化社会，预计到2020年这一比例将上升至20%，社会进入深度老龄化阶段。城乡比较，农村人口老龄化情况更为严重。

第四，在以人为本、全面协调可持续、统筹兼顾的科学发展观的指导下，北京后奥运时代"人文北京、科技北京、绿色北京"发展战略和"中国特色世界城市"长远目标得以确立，并成为全市上下凝心聚力、持久推进首都科学发展的强大动力。

第五，中共十六届四次会议上正式提出了"构建社会主义和谐社会"概念，"和谐"理念逐渐成为建设"中国特色社会主义"过程中的价值取向，"民主法治、公平正义、诚信友爱、充满活力、安定有序、人与自然和谐相处"是和谐社会的主要内容；以此为背景，北京正在按照"国家首都、国际城市、文化名城、宜居城市"的定位，把首都建设成繁荣、文明、和谐、宜居的首善之区。

第六，党的十六届三中全会通过的《中共中央关于完善社会主义市场经济体制若干问题的决定》，明确提出要健全公共财政体制，公共财政模式成为发展社会主义市场经济必须推行的模式，经过多年的努力，目前我国公共财政体制的框架初步确立；北京走在了全国前列。

0.3.2 研究思路与框架

本书是围绕"构建新型农村社会保障体系，是目前阶段增加农民收入的另一重要形式，是'工业反哺农业'时期缩小城乡差距的最好手段，是未来10年切实解决'三农'问题的战略抓手，是我们党建设社会主义和谐社会的必经之路"这个命题进行研究的，并遵循如下的逻辑思路：首先解决"是什么"的问题，即北京新型农村社会保障体系的含义、主要内容和基本特征是什么，为全书的研究提供一个确定的目标和方向。其次，解决"为什么"的问题，即为什么说构建农村社会保障体系既是重要的，又是必要的。最后，解决"怎么做"的问题，包括必要准备、蓝图设计、重点创新和关键环节四个内容。必要准备包括理论基础（第3章）、历史变迁（第4章）、北京现状（第5章）和他山之石（第6章）四个部分，其中理论基础部分对社会保障理论、公共财政理论和社会发展理论概要介绍，并分别与新型农村社会保障体系的构建相联系，重点分析其内在关系与指导意义；历史变迁部分对新中国成立以来中国农村社会保障的历史演变进行归纳和总结，因为北京市是全国的一部分，分析全国也可以了解北京的一些情况；北京现状部分主要述评从21世纪以来北京市农村社会保障政策实践状况，梳理内容、分析问题、把准问题，才能对症下药；他山之石部分对国外典型国家（发达国家、发展中国家和转型国家）农村社会保障的发展与改革进行分析，他山之石，可以攻玉。蓝图设计（第7章），即北京构建新型农村社会保障体系的原则、思路和框架。重点创新（第8章、第9章），即针对不同项目的现状和特点，审慎推演北京新型农村社会保障体系中具体保障项目的创新措施与方案。关键环节（第10章），抓住整个农村社会保障体系构建中的最核心问题——财政保障问题，回顾、梳理了公共财政在农村建设和农村社会保障体系建设中的现状、问题与作用，并进行了供求分析，得出了几点理论结论，提出了几点对策建议。

本书基本框架如下：

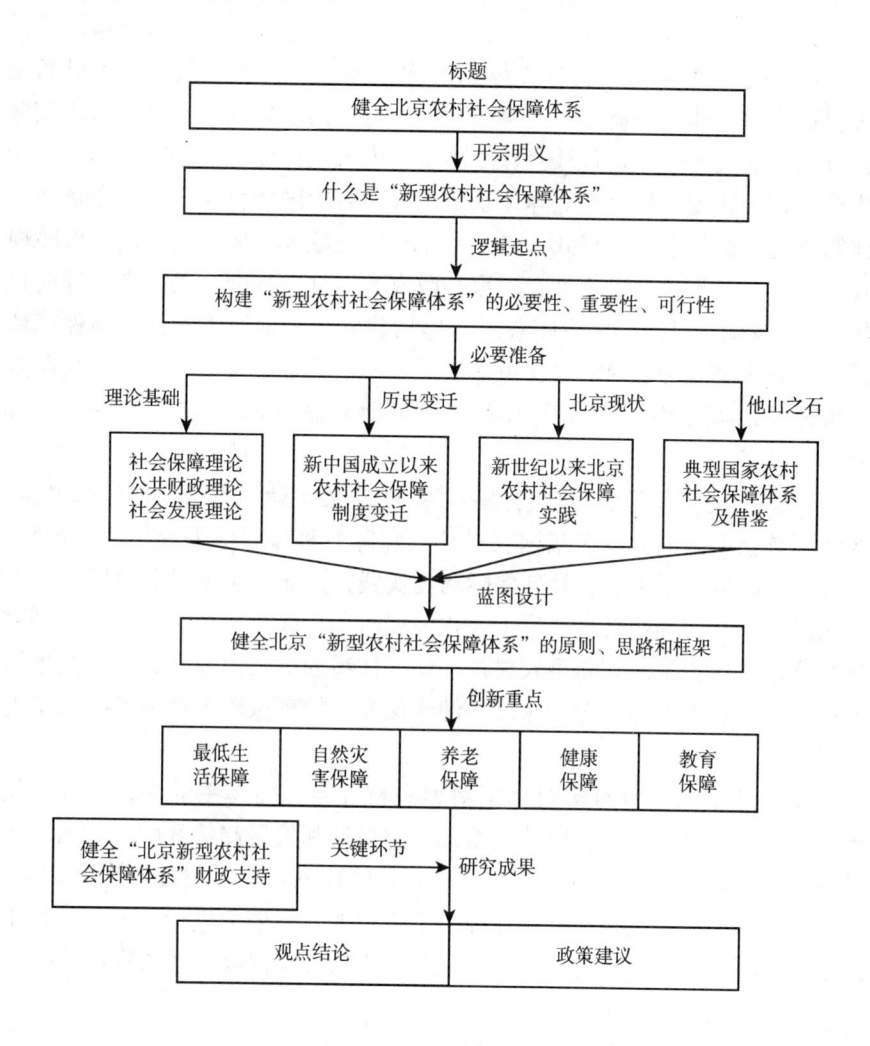

```
                            标题
                    ┌─────────────────────┐
                    │ 健全北京农村社会保障体系 │
                    └─────────────────────┘
                            ↓ 开宗明义
                    ┌─────────────────────┐
                    │ 什么是"新型农村社会保障体系" │
                    └─────────────────────┘
                            ↓ 逻辑起点
         ┌──────────────────────────────────────┐
         │ 构建"新型农村社会保障体系"的必要性、重要性、可行性 │
         └──────────────────────────────────────┘
                            ↓ 必要准备
   理论基础          历史变迁          北京现状         他山之石
┌──────────┐   ┌──────────┐   ┌──────────┐   ┌──────────┐
│ 社会保障理论 │   │ 新中国成立以来 │   │ 新世纪以来北京 │   │ 典型国家农村 │
│ 公共财政理论 │   │ 农村社会保障 │   │ 农村社会保障 │   │ 社会保障体系 │
│ 社会发展理论 │   │ 制度变迁   │   │ 实践      │   │ 及借鉴    │
└──────────┘   └──────────┘   └──────────┘   └──────────┘
                            ↓ 蓝图设计
         ┌──────────────────────────────────────┐
         │ 健全北京"新型农村社会保障体系"的原则、思路和框架 │
         └──────────────────────────────────────┘
                            ↓ 创新重点
  ┌──────┐  ┌──────┐  ┌──────┐  ┌──────┐  ┌──────┐
  │最低生 │  │自然灾 │  │养老  │  │健康  │  │教育  │
  │活保障 │  │害保障 │  │保障  │  │保障  │  │保障  │
  └──────┘  └──────┘  └──────┘  └──────┘  └──────┘
  ┌────────────────┐
  │健全"北京新型农村社 │ 关键环节    研究成果
  │会保障体系"财政支持 │
  └────────────────┘
              ┌──────────────┬──────────────┐
              │   观点结论    │   政策建议    │
              └──────────────┴──────────────┘
```

0.3.3 本书的创新之处

本书以辩证唯物主义和历史唯物主义为指导，认为社会保障体系建设是一个综合的、系统的工程，必须与人事管理制度、收入分配制度特别是公共财政制度的改革通盘考虑，协调推进；北京农村社会保障体系的完善必须适应人口老龄化、城镇化和就业方式多样化的要求，必将朝着以社会保险制度为主体，向体系完整、功能全面、服务系统的社会化方向发展；

未来10年是北京农村社会保障体系健全完善的黄金期。本书的创新之处有三：

1. 关于新型农村社会保障体系的理论界定。目前还没有文献对新型农村社会保障体系的概念、内容和特点进行全面的界定。本书运用比较分析方法，通过与西方现代社会保障体系、中国农村传统社会保障体系进行比较，认为新型农村社会保障体系是一种与有中国特色社会主义市场经济体制相适应的社会保障模式，是一种逐步实现城乡一体化的过渡性保障模式，应具有共享性、发展性、国家和政府主导性、社会性的特点。同时也指出，"新型农村社会保障体系"并非指建立一种前所未有的全新保障体系，它是在现有的农村社会保障体系的基础上增加制度的容量，扩大制度的覆盖面，调整其中不合理因素，是对现有制度和体系的一种扬弃和完善。

2. 关于北京新型农村社会保障体系的框架设计和重点项目改革思路。通过回顾新中国成立以来我国农村社会保障各种项目的发展历程、现状，梳理北京新世纪以来农村社会保障制度实践，并充分考虑目前阶段北京人口老龄化、社会加速转型、后工业化发展时期，以及城乡二元分治的经济社会背景，厘定了北京新型农村社会保障体系的框架内容，并对最低生活保障、自然灾害保障、养老保障、健康保障、教育保障5种项目提出了发展思路。

3. 关于公共财政对构建北京新型农村社会保障体系的支持研究，从梳理新中国成立以来农村财政政策的历史变迁和发展趋势开始，从供求关系角度，分别就构建北京新型农村社会保障体系对公共财政资金的需求、公共财政对北京新型农村社会保障体系构建的支撑能力进行了分析，得出公共财政既有责任又有能力担负北京新型农村社会保障体系的构建重任。

0.3.4 需要进一步研究的问题

第一，在北京新型农村社会保障体系的构建过程中，关于资金需求和公共财政的供给能力需要进一步进行模型精算。

第二，将农村社会保障作为一个互为补充、协调运行的有机整体，研究其体系内部各个组成项目的性质、功能及其相互关系，使有限资源在各项目间合理分配以发挥最大效益，该方面研究有待深化。

第三，基于北京农民分化和层化的现状，如何拓展农村社会养老保险的筹资渠道、改进管理模式、完善基金运营及监管制度、实现城乡养老保险的衔接等问题的研究有待创新。

第四，农业保险理论的研究比较薄弱。关于农业生产不确定性风险的研究，关于农业保险政策的宏观研究和微观层次的管理机制研究尚待系统化，现行农业保险模式创新与可持续性发展的突破口在哪里都有待解决。

第五，囿于时间、精力和数据多变等因素，关于特殊群体（如城镇化进程中的失地农民）、特殊现象（如城镇化进程中的农村住房）等若干本应是"北京新型农村社会保障体系"必然组成部分的问题，有待补充和完善。

0.3.5 研究方法

第一，文献检索方法。通过各种数据库检索，获取大量文献资料和数据，通过问卷、走访、座谈等形式，进行实地调查，采取足量样本数据。

第二，系统研究方法。将农村社会保障体系看做一个系统工程，从全局考虑，并与经济体制改革、经济发展和社会进步相协调，考虑不同的社会群体、不同的地域、不同经济水平，坚持社会保障的持续性、适度性、普遍性原则，进行系统研究。

第三，规范分析与实证分析相结合方法。规范分析方法主要体现在第1章"新型农村社会保障体系"、第3章"构建新型农村社会保障体系的理论基础"和第7章"新型农村社会保障体系的构建原则、目标与框架"中，实证分析方法主要体现在第9章"构建北京新型农村社会保障体系的创新重点"中，规范分析与实证分析相结合的方法主要体现在第2章"构建新型农村社会保障体系的必要性与重要性"、第8章和第9章"构建北京新型农村社会保障体系的创新重点"中。

第四，逻辑与历史相统一方法。主要体现在第5章"新世纪以来北京农村社会保障制度实践"中。

第五，比较分析方法。主要体现在第1章"新型农村社会保障体系"和第7章"新型农村社会保障体系的构建原则、目标与框架"中。

第1章

新型农村社会保障体系

"大道之行也，天下为公。选贤与能，讲信修睦。故人不独亲其亲，不独子其子，使老有所终，壮有所用，幼有所长，鳏寡孤独废疾者皆有所养。"① 这是我国古代先贤对大同社会的美好描绘，也是新型农村社会保障体系的题中应有之义。但是，社会主义新农村建设背景下的北京新型农村社会保障体系却不止于此。本章拟就新型农村社会保障体系的基本含义、主要内容、基本特征等进行探讨，基于北京而不限于北京，以期为全书提供一个行文的框架。

1.1 新型农村社会保障体系的含义

1.1.1 社会保障和社会保障体系的含义

1. 社会保障

现代社会保障制度起源于西方社会，一般以1935年美国出台《社会保障法案》为形成标志。由于社会体制、经济发展水平、文化背景和民族传统等不同，以及所依据的理论体系存在差异，世界各国对社会保障内涵的理解并不一致。例如，德国"基于社会市场经济理论，将社会保障理解为社会公正和社会安全，理解为对竞争中不幸失败的那些失去竞争能力的人提供基本的生活保障"②；英国作为西方福利国家的代表，基于贝弗里奇报告，指出社会保障"必须由国家和个人的合作来实现，其目标被概括为国民在失业、疾病、伤害、老年以及家庭收入锐减、生活贫困时予以生活保障"③；美国则把社

---

① 李大明. 四书五经·礼记（现代版）[M]. 成都：巴蜀书社，1996：413.
② 陈良瑾. 社会保障教程 [M]. 北京：知识出版社，1990：1—2.
③ 郑功成. 社会保障学——理念、制度、实践与思辨 [M]. 北京：商务印书馆，2000：5.

保障理解为"社会安全网",指出根据社会保障制定的社会保险计划,为因年老、长期残疾、死亡或失业而失去工资收入者提供保障,同时为老年和残废期间的医疗费用提供保障,老年、遗属、残废和健康保险计划对受保险的退休者或残废者和他们的家属,以及受保险者的遗属,按月提供现金保险待遇①。

在我国,自1986年《国民经济和社会发展第七个五年计划》首次提出"社会保障"一词后,许多学者也对这一概念阐述了自己的看法。例如,陈良瑾认为,"社会保障是国家和社会通过国民收入的分配与再分配,依法对社会成员的基本生活权利予以保障的社会安全制度"②;侯文若认为,社会保障可理解为"对贫者、弱者实行救助,使之享有最低生活,对暂时和永久失却劳动能力的劳动者实行生活保障并使之享有基本生活,以及对全体公民普遍实施福利措施,以保证福利增进,而实行全社会安定,并让每位劳动者及至公民都有生活安全感的一种社会机制"③;郑功成认为,社会保障是"各种具有经济福利性的、社会化的国民生活保障系统的统称"④;童星认为,社会保障是指"国家或社会通过立法和采取行政手段对国民收入进行再分配,以社会消费基金的形式,向由于年老、疾病、伤残、死亡、失业及其他不幸遭遇的发生而使生存出现困难的社会成员给予一定的物质上的帮助,以保证其基本生活权利的措施、制度和活动的总称"⑤;米红、杨翠迎认为,社会保障是"国家通过立法由政府和社会对因社会、经济等原因而不能维持基本生活的社会成员进行补偿,以保障其基本生活的社会制度,它具有政治稳定、经济建设和生活支持功能"⑥等。

笔者认为,上述界定虽然各有特色,但基本观点是一致的:社会保障的提供者是国家和社会,保障对象是全体公民中的弱势群体,保障的手段是立法和国民收入再分配,保障目的是保障其保障对象最基本的生存需要。因此笔者非常赞同"中共中央关于制定国民经济和社会发展第七个五年计划的建议"中的界定,即国家和社会通过立法、采取强制手段对国民收入进行再分配,形成消费基金,对由于年老、疾病、死亡、失业及其他灾难发生而生存出现困难的社会成员,给予物质上的帮助,以保证其基本生活需要的一系列

---

① 王玉先. 外国社会保障制度概况 [M]. 北京:中国工人出版社,1989:122.
② 陈良瑾. 社会保障教程 [M]. 北京:知识出版社,1990:5.
③ 侯文若. 社会保障理论与实践 [M]. 北京:中国劳动出版社,1991:11.
④ 郑功成. 社会保障学——理念、制度、实践与思辨 [M]. 北京:商务印书馆,2000:11.
⑤ 童星. 社会转型与社会保障 [M]. 北京:中国劳动社会保障出版社,2007:3.
⑥ 米红,杨翠迎. 农村社会养老保障制度的起源和基础理论 [M]. 北京:光明日报出版社,2008:3.

有组织的措施、制度和事业的总称。由此界定我们可以看出,社会保障应该具有社会性、保障性、强制性、公平性、福利性、互济性等特点。

2. 社会保障体系

社会保障体系是指社会保障各个有机构成部分系统地相互联系、相辅相成的总体,它一般由社会保险、社会福利、社会救助、社会优抚四个方面构成。这几项社会保障相互联系,相辅相成。社会保障体系是社会的"安全网",它对社会稳定、社会发展有着重要的意义[①]。

1.1.2 农村社会保障和农村社会保障体系的含义

农村社会保障作为一国社会保障体系的重要组成部分,其基本界定与上述对"社会保障和社会保障体系"的界定是一致的。但经验表明,对大多数国家而言,农村社会保障体系的建立要晚于城市,具有典型城乡"二元"特征的国家更是如此。因此,农村社会保障和农村社会保障体系又具有不同于城市社会保障和社会保障体系的界定。肖力等学者认为,农村社会保障是指"以法律为依据,以国家、集体、农民投入为主体,通过国民收入的分配和再分配,对农村社会成员的基本生活给予物质保障的各项法令、规章、措施的总称"[②]。林子波认为,农村社会保障是"指国家、政府为了保证农村社会成员个人及其家庭的经济安全,根据法律、法规规定,以国家、集体、农民投入为主体,以其他投入为补充,通过国民收入的分配和再分配,对农村社会成员的基本生活给予物质保障的各项法律、法规、规章、措施的总称"[③]。农村社会保障体系一般包括社会保险、社会福利和社会救助三个方面,在我国还包括对军人和军烈属的优待安抚工作。

由上述界定中可以看出,农村社会保障和社会保障体系在保障提供者、保障手段与保障目的方面与城市社会保障和社会保障体系是基本一致的,但也呈现出自身的特点:第一,农村社会保障的对象是农民;第二,农村社会保障更强调政府和集体的责任;第三,集体保障、土地保障和家庭保障是农村社会保障的重要组成部分;第四,在农村社会保障体系中,社会救助(包括最低生活保障、五保救济、灾害救助、教育救助等)尤其

---

① 社会保障体系 [EB/OL]. http://baike.baidu.com/view/626776.htm?fr=ala0_1.
② 肖力,苏瑞翮. 农村社会保障建设研究 [M]. 北京:红旗出版社,2008:14-16.
③ 林子波. 东部发达地区农村社会保障 [M]. 北京:社会科学文献出版社,2008:28.

是最低生活保障和灾害救助占据着更为重要的地位。

1.1.3 新型农村社会保障和新型农村社会保障体系的含义

关于新型农村社会保障及其体系，作为一个具有特定含义的专有名词，目前还没有形成。笔者查阅相关资料，该词组仅在很少的文章中出现过，如张秉福、冯传清《农村社会保障体系：现状·问题·对策》①，葛荣霞等《论新型农村社会保障体系的建立和完善》②，汪占熬、王琼《建立我国新型农村社会保障体系的路径选择》③，赖琼玲、董健《建立新型农村社会保障制度的构想》④ 等，并且都没有给出一定的解释。与之相近的词语有：中国特色农村社会保障及体系、新农村社会保障及体系，对其基本含义大多避而不谈或语焉不详。

与之相关的专有名词，笔者认为有三个：新型农村合作医疗、新型农村社会养老保险、农村最低生活保障。其一，新型农村合作医疗，简称"新农合"，由2002年10月《中共中央、国务院关于进一步加强农村卫生工作的决定》予以明确规定，是一种由政府组织、引导、支持，农民自愿参加，个人、集体和政府多方筹资，以大病统筹为主的农民医疗互助共济制度。采取个人缴费、集体扶持和政府资助的方式筹集资金。其二，新型农村社会养老保险，简称"新农保"，是继取消农业税、农业直补、新型农村合作医疗等政策之后的又一项重大惠农政策，党的十七届三中全会首次提出，2009年9月国务院《关于开展新型农村社会养老保险试点的指导意见》予以明确，采取个人缴费、集体补助和政府补贴相结合，实行社会统筹与个人账户相结合，政府主导与农民自愿相结合，基本原则是"保基本、广覆盖、有弹性、可持续"。其三，农村最低生活保障，2007年"中央1号文件"《中共中央、国务院关于积极发展现代农业扎实推进社会主义新农村建设的若干意见》提出，2007年要在全国范围建立农村最低生活保障制度。随后国务院下发《关于在全国建立农村最低生活保障制度的通知》（国发〔2007〕19号），对农村低保的目标任务、原则要求、

---

① 张秉福，冯传清．农村社会保障体系：现状·问题·对策 [J]．贵州警官职业学院学报，2006（3）：67-70．
② 葛荣霞等．论新型农村社会保障体系的建立和完善 [J]．中国经贸导刊，2010（5）：34．
③ 汪占熬，王琼．建立我国新型农村社会保障体系的路径选择 [J]．农业经济，2008（4）：16-17．
④ 赖琼玲，董健．建立新型农村社会保障制度的构想 [J]．现代财经，2005（3）：77-78．

保障标准、对象范围、操作程序、资金筹集、组织机构等内容进行了规范。上述三个名词应该是"北京新型农村社会保障体系"的重要组成部分。

综上，笔者认为，"新型农村社会保障体系"并非指建立一种前所未有的全新社会保障体系，而是对现有制度和体系的一种扬弃和完善，它基于一定经济发展水平，指的是在现有的农村社会保障体系的基础上增加制度的容量、扩大制度的覆盖面，调整其中不合理因素，未来若干年内能够实现城乡对接的过渡性社会保障体系。或者说，此处的"新型"主要是针对长期计划经济体制下的传统农村社会保障体系而言的，应该是充分考虑目前乃至未来三五十年中国和中国农村具体国情的农村社会保障体系，应该是能够适应和遵循有中国特色社会主义市场经济建设和完善要求的农村社会保障体系，应该是政府主导、责任分担、社会化多层次保障模式的农村社会保障体系，应该是全国逐步统一但允许在标准上有地区差别的农村社会保障体系，应该是具备"广覆盖"（即涵盖农村社会救助、农村社会保险、农村社会福利、农村社会优抚四大子系统）特征的农村社会保障体系（具体特点分析见1.3）。

就北京"新型农村社会保障体系"而言，应该是统筹兼顾社会保障的社会目标、经济目标和政治目标，按照"水平适中、覆盖面广、留有通道、城乡渐接"的原则，与北京生产力发展水平相适应、与后奥运时代首都"人文北京、科技北京、绿色北京"发展理念相匹配、与"世界城市"发展目标相呼应的农村社会保障体系。

1.2 新型农村社会保障体系的内容

1.2.1 现代社会保障体系的基本内容

社会保险、社会救助和社会福利是现代西方各国社会保障体系中共有的基本组成部分。

1. 社会保险

社会保险是一种为丧失劳动能力、暂时失去劳动岗位或因健康原因造成损失的人口提供收入或补偿的一种社会和经济制度，其目的在于使这些人口能够继续享有基本生活水平从而保证社会生产的正常进行和社会的稳定发展。社会保险以国家为主体，通过立法手段，运用社会力量，强制某一群体将其收入的一部分作为社会保险税（费）形成社会保险基金，在满足一定条件的情况下，被保险人可从基金获得固定的收入或损失的补偿。社会保险是社会保障体系中的最重要组成部分或者说是社会保障体系的核心内容，它涵盖所有劳动者所面临的劳动风险中的各种风险如失业保险、养老保险、医疗保险、工伤保险、生育保险等等，它所占用的资金是社会保障基金中的最大部分。社会保险具有一定的强制性，它要求遵循权利和义务相结合原则，强调只有尽到缴纳保险费义务才能享有收入补偿的权利。同时，社会保险带有部分社会福利性质，多由政府举办。

2. 社会救助

社会救助是指国家通过国民收入的再分配，对因自然灾害或其他经济、社会原因而无法维持最低生活水平的社会成员给予救助，以保障其最低生活水平的制度。社会救助是社会保障体系的最低层次，是社会保障的最后一道防护线和安全网，主要针对的是社会上的弱势群体（低收入人群和困难人群）。社会救助主要由贫困救助和灾害救助两大部分组成，其中贫困救助的对象主要是因突遭疾病、死亡及企业破产倒闭而影响基本生活的城乡困难户，也包括农村一些因季节性缺粮而断炊的人员；而灾害救助的对象主要是因受到地震、洪水、火灾、台风等自然灾害的侵袭而失去生活保障的人员，以及遭受战争之苦的地区和人民。在此必须强调的是，社会救助是国家对生活困难的人和家庭应尽的义务和责任，而不是国家给予不幸者的施舍和恩赐，而且这一义务和责任必须是长期的和可持续的。

3. 社会福利

社会福利是指国家依法为所有公民普遍提供旨在保证一定生活水平和尽可能提高生活质量的资金和服务的社会保障制度，它是更高层次的社会保障。社会福利有广义和狭义之分。广义的社会福利是指国家为了解决广大社会成员在各个方面的福利待遇问题而制定的各种政策和提供的各项社会服务。狭义上的社会福利是指国家和社会群体通过兴办各种公共福利设施、发放津贴补助、举办社会服务和各种集体福利事业等方式来对某些特殊人群（生活能力较弱的儿童、老人、母子家庭、残疾人、慢性精神病人等）的社会照顾和社会服务。与社会保险和社会救助相比较，社会福利具有保障对象涵盖面更广、保障形式更为多种多样、利益一维性等特点。

1.2.2 传统农村社会保障体系[①]的主要内容

我国传统农村社会保障体系的建设先后经历了初创阶段（1949~1956年）和发展完善阶段（1957~1978年）[②]。基于"劳动+保险"的理论基础和"追求公平"的价值取向，再加上受制于高度集权特征、城乡二元分割的计划经济体制，我国传统农村社会保障体系主要呈现出"集体保障+国家救助"的特征，逐步建立了劳动保险、困难补助、生活补贴、社会救济和农村"五保"供养等制度，建立了敬老院、合作医疗、赤脚医生等简易的社会保障组织，基本形成了低水平的全面保障，在一定程度上有效地防范了各类风险，满足了人们的基本生活需要。

1. 传统农村社会保障体系的主要内容

（1）救灾救济制度。农村救灾救济制度是指农民在遭遇自然灾害造成的吃、穿、住、医等方面的困难时，由国家或社会提供急需的维持最低生活的资金或物资的社会救济措施，如基本口粮救济、衣被救济、房屋救济、现金救济、医药救济、部分生产资料救济等，力求在短时间内迅速解决灾区人民的基本生活问题，使其最基本生活得到保障的社会救助工作。广义的社会救灾救济工作还应该包括查灾、报灾和核灾。我国是一个自然灾害多发国家，早在新中国成立之初就建立起了自然灾害救助机制，之后逐渐健全和完善。在自然灾害救助中，国家救助是最主要的形式，中央政府要承担自然灾害社会救助的主体责任。除此之外，还包括灾区群众自身的生产自救和通过建立互助互济组织等方式的互助互救[③]。后面两种方式

---

① 传统农村社会保障体系主要是指我国改革开放前尤其是计划经济体制下的农村社会保障体系。
② 详细分析参见本书4.1和4.2。
③ 互助互济组织主要是以民政部门为主兴办的救灾合作保险，以及群众自办自治的互助储金会经济组织。这是政府和群众在灾前所采取的互助互济的积极措施，以充分发掘群众中互助潜力，变被动地应付自然灾害为主动地迎击自然灾害，这是自然灾害社会救助的新形式。以工代赈是指政府用赈济资金为有劳动能力的救助对象开拓就业机会（主要是修建公共工程，如兴修水利、疏浚河道、修建码头、修堤筑坝、整修公园、植树等），使他们通过劳动取得收入以维持其生活。其方式既有赈款（以现金支付工资）、也有赈谷（以粮食、食品支付工资）。参见：肖力，苏瑞翻. 农村社会保障建设研究［M］. 北京：红旗出版社，2008：205-206。

比前一种方式相比更为积极和主动。

（2）"五保"供养制度。"五保"供养制度是针对农村中无劳动能力、无生活来源又无法定赡养、抚养、扶养义务人，或者其法定赡养、抚养、扶养义务人无赡养、抚养、扶养能力的村民，在吃、穿、住、医、葬方面给予生活照顾和物质帮助，是我国农村一项重要的社会救助制度①。"五保"供养制度最早出现在1956年的《高级农业生产合作社示范章程》中，1960年的《全国农业发展纲要》得到完善，是适应集体经济形式的集体保障制度，其供养标准一般不低于当地一般群众的实际生活水平。"五保"供养可以采取集体供养、分散供养、亲友供养、义务供养等方式，其中集体供养是把"五保"对象集中在社队集体提供经费的"敬老院"之中，分散供养是通过集体补贴的形式由专门农户负责"五保"对象的基本生活。农业合作化以后，农业生产合作社根据五保对象的具体情况来安排照顾他们的生活：如果五保对象有一定的劳动能力，则安排照顾他们从事力所能及的诸如养猪羊、看场院等生产劳动，并适当照顾工分，保障他们的生活相当一般群众的生活水平；如果五保对象丧失了劳动能力，则按全社每人一年的劳动日数，补助给五保对象，使其同其他社员一样参加分配；如果五保对象是年老体弱病残人员，日常生活自理有一定困难，则安排专人照顾他们的日常生活。

（3）农村合作医疗制度。农村合作医疗制度是在政府和集体经济的扶持下，以集体经济为基础，农民按照自愿、互利和适度的原则，通过合作形式，民办公助、互助共济建立起来的满足农民基本医疗保健要求的农村医疗保健制度。农村合作医疗制度具有"无病早防、有病早治、省工省钱、方便可靠、个人与集体相结合、互助互济"的特点，为农村预防保健工作建立了可靠的组织基础。农村合作医疗的形式主要有集体保健医疗站、合作医疗站或统筹医疗站。在医疗经费方面，以县医院为龙头的农村卫生网络建设和地方病、传染病等的预防和治疗费用，主要由政府利用其资金积累优势建立；基层卫生机构则主要依靠生产队公益金提取、农民缴纳保健费和业务收入（药品利润）来保证经费。在参加合作医疗的人员方面，凡是参加人民公社的社员均可以户为单位参加合作医疗。对于登记参加合作医疗并按期缴纳合作医疗费的社员，以户为单位发给合作医疗证，凭证就诊。在合作医疗费的标准方面，一般是根据农民的生活水平和社员

---

① 肖力，苏瑞翮. 农村社会保障建设研究［M］. 北京：红旗出版社，2008：200.

的负担能力而定，每个公社的具体标准由合作医疗代表会议决定；在医疗费用的缴纳方面，每年的合作医疗费一般在上一年总分配时，由生产队或生产大队按照登记参加合作医疗的人数统一扣除，对确实有困难的社员酌情考虑①。合作医疗事业的发展，为农民创造了就近看病吃药的条件，基本做到了"小病不出村、大病不出乡"。合作医疗事业的发展，既保障了农民的身体健康，促进了农业生产的发展，同时也促进了农村防疫、妇幼保健等项工作的开展，对提高农村公共卫生水平做出了贡献。中国农村的合作医疗制度，被世界银行认为促进了"中国卫生状况的显著改善和居民期望寿命的显著增加"，被誉为成功的"卫生革命"②。

（4）军烈属优抚安置制度。军烈属优抚安置制度主要是指国家和社会抚恤烈士家属、保障残废军人的生活、优待军人家属、妥善安排和管理退出现役军人的一种社会保障制度。新中国成立初期的优抚安置工作主要表现为组织和扶助军烈属参加农副业生产活动、实行代耕土地制度、国家对困难的军烈属给予补助以及对革命烈士家属、因工牺牲军人家属和病故军人家属的抚恤等。农业合作化以后，优抚安置工作则主要采取了群众优待劳动日③、国家定期定量经济补助、义务兵退伍安置、牺牲抚恤、病故抚恤和伤残抚恤等方式。

2. 传统农村社会保障体系的特点

从上面的分析中，可以看出，传统农村社会保障体系主要呈现出以下特点：第一，传统农村社会保障是一种"劳动者集体行为"。由公社和下属的大队、生产队负责组织社员开展合作医疗、向受灾农民和特困户提供物质救济和建立"五保"供养制度等。第二，传统农村社会保障是一种"广覆盖"的农村社会保障。人民公社体制建立后，几乎所有的农民都纳入人民公社社队经济之中，而这一时期的农村社会保障是集体保障，这也就意味着传统农村社会保障几乎覆盖了所有的农民。第三，传统农村社会保障的保障水平很低。在计划经济时期，国家为了完成工业化任务，以"工农业剪刀差"等方式，以牺牲农业、农村和农民利益为代价来发展工

---

① 石秀和. 中国农村社会保障问题研究［M］. 北京：人民出版社，2006：188.
② 肖力，苏瑞翩. 农村社会保障建设研究［M］. 北京：红旗出版社，2008：155-156.
③ 群众优待劳动日制度，即对农村无劳动力或缺劳动力的军烈属由农业生产合作社或生产大队优待一部分劳动日，以保证烈属的生活略高于一般社员的实际生活水平，军属的生活相当于一般社员的实际生活水平。参见：宋士云. 中国农村社会保障制度结构与变迁［M］. 北京：人民出版社，2006：108.

业和城市，农民仅仅属于传统社会保障体系中的"四等公民"①，农业发展水平不高，这一切都导致农村保障水平非常低，而且保障项目不全。第四，传统农村社会保障与劳动就业高度融合。在计划经济体制条件下，农村实行的是自然就业制度，即只要达到一定年龄并具备劳动能力，农民的子女自然就成为该集体的成员而开始从事农业生产劳动，自然就成为传统农村社会保障体系下的保障对象。第五，传统农村社会保障更加偏重公平而忽视了效率。这主要体现在两个方面：一方面，农村集体组织的大部分成员是集体保障费用的提供者却享受不到保障待遇（农村集体组织和政府主要为灾民、贫困人口和优抚对象提供保障），这造成一部分成员的消极抵制甚至自愿成为靠吃救济的懒汉；另一方面，农村人民公社长期实行的"人七劳三"口粮分配制度，弱化了激励机制，部分成员消极怠工。

1.2.3 新型农村社会保障体系的内容

按照前面的界定，新型农村社会保障体系是更加适应社会主义市场经济要求的农村社会保障体系，而风险的无处不在是市场经济一个非常重要的特点。因此，笔者认为新型农村社会保障体系的内容构架应该从农民②所可能面临的风险出发。新型农村社会保障体系的内容构架见图1.1。

1. 最低生活保障制度

最低生活保障制度是指政府为了抵御农民的贫困风险、保障农民基本生存权利、统筹城乡发展和维护社会公平而对农村贫困人口按最低生活标准进行差额或全额救助，以满足其最低生活需求的社会救助制度，它是农村困难群众的最后一道保障线。农村最低生活保障制度是对传统农村救助

---

① 传统社会保障"属于二元四级"的等级式保障体系。第一级是国家机关、事业单位的正式工作人员或是国家干部，他们享有的保障项目最全，待遇最高；第二级是全民所有制企业和县以上大集体企业的正式职工，他们端的是"铁饭碗"，生、老、病、死、伤、残、住都有保障，其家属、子女也享有或多或少的优惠待遇；第三级是县以下小集体单位的职工，他们的福利由单位负责；第四级是农民，他们除了享有水平很低的合作医疗外，基本上没有别的保障，当然其中特殊困难者如"五保户"（保吃、保穿、保烧、保教、保葬）等也享有一定程度的社会救助（前三级属于城市，第四级属于农村）。参见：童星. 社会转型与社会保障［M］. 北京：中国劳动社会保障出版社，2007：22.

② 本书的研究对象主要是指居住在农村、主要从事农业生产的居民；失地农民、农垦和林场的劳动者不包括在内，因为农垦和林场的劳动者属于产业工人，已经被城镇社会保障体系所覆盖，而失地农民应纳入城镇社会保障体系；同时，笔者认为，农民工可以自主选择参加城镇或农村社会保障体系，所以本书没有像其他研究农村社会保障的文献一样，专题研究农民工社会保障问题。

```
          农民可能面              新型农村社
          临的风险              会保障体系
```

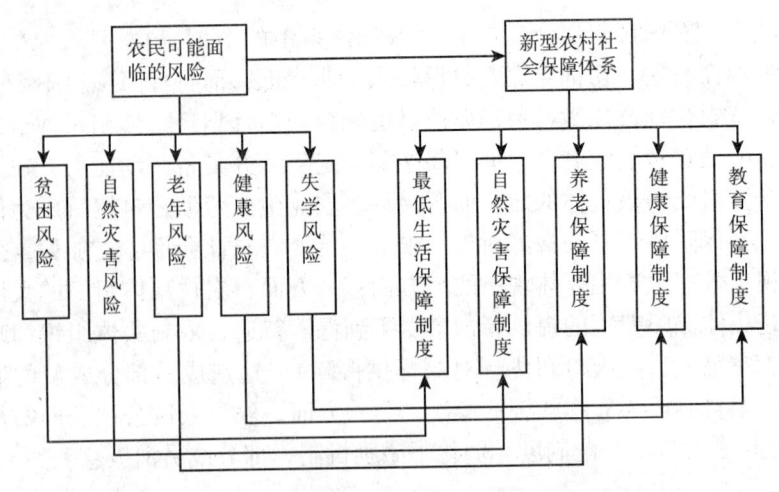

```
  贫    自    老    健    失    最    自    养    健    教
  困    然    年    康    学    低    然    老    康    育
  风    灾    风    风    风    生    灾    保    保    保
  险    害    险    险    险    活    害    障    障    障
        风                      保    保    制    制    制
        险                      障    障    度    度    度
                                制    制
                                度    度
```

图1.1　新型农村社会保障体系框架

工作的改革与完善，它使农村社会救助工作更加法制化、规范化和常规化，避免了过去有钱多救助、无钱少救助的随意性，扩大了保障对象的覆盖面，提高了保障标准，使得生活水平低于保障线的农民都能够获得最基本的物质需求，从而真正构筑起农村社会成员生活保障的最后防线。

农村最低生活保障制度应该以"将符合条件的农村贫困人口全部纳入保障范围，稳定、持久、有效地解决全国农村贫困人口的温饱问题"为目标，重点关注以下几个问题：第一，确定保障标准。遵循"标准适度、量力而行、动态调整"原则，充分考虑农民维持最基本生活的物质需要、农村经济发展水平、物价上涨指数、地方财政和村集体的承受能力等因素以及这些因素的变化，通过科学的方法制定适度的、动态的保障标准。第二，确定保障对象。遵循"应保尽保"原则，凡是家庭年人均纯收入低于当地最低生活保障标准的农民尤其是因病残、年老体弱、丧失劳动能力及生存条件恶劣等原因造成生活常年困难的农民，均为当地农村最低生活保障对象，它"一般包括四类人群：第一类是家庭成员均无劳动能力或基本丧失劳动能力，基本无法依靠家庭保障者；第二类是家庭主要成员虽然在劳动能力年龄段，但却因严重残疾而丧失劳动能力，家庭保障确有困难者；第三类是家庭成员虽在劳动能力年龄段，但因常年有病基本或大部分丧失劳动能力，家庭保障确有困难者；第四类是家庭主要成员因病、因灾死亡，其子女均不到劳动能力年龄段，生活特别困难者"①。第三，确保保障资金。农村最低生活保障资金的筹集以地方政府为主，但中央财政要加大投入力度，尤其是对财政困难地区。第四，规范保障管理。保障管理要严格申请、审核、审批、民主公示、资金发放、动态管理等程序，确保保障资金的公开、公平和公正申请和使用②。

2. 自然灾害保障制度③

自然灾害保障制度是指政府为了抵御和解决农民所面临的自然灾害风险、帮助灾民脱离灾难险情、减轻灾害损失、克服灾后生活和生产困难的社会援助。自然灾害保障必须做到灾害发生时及时抢救、转移受灾群众，灾后引导群众进行生产自救、互助互济，并动员社会各方力量参与，最大限度地减少灾害造成的人员伤亡和财产损失，确保受灾群众有饭吃、有衣穿、有房住、有病能医。与传统的救灾救济制度相比，新的自然灾害保障制度应该建立更加完善的灾害管理机制、更加健全的救灾预案机制和灾害预警预报体系、更加完善的救灾物资储备体系、更高的全民减灾意识和避灾自救能力、更加完善的减灾救灾法律法规。例如，在资金准备方面，民政部应该组织协调国家发改委、财政部等部门，根据国家发展计划和《中华人民共和国预算法》规定，安排中央救灾资金预算，并按照救灾工作分级负责、救灾资金分级负担，以地方为主的原则，督促地方政府加大救灾资金投入力度；在物资准备方面，应该整合各部门现有救灾储备物资和储备库规划，分级、分类管理储备救灾物资和储备库；在通信和信息准备方面，通信运营部门应依法保障灾害信息的畅通。自然灾害救助信息网络应以公用通信网为基础，合理组建灾害信息专用通信网络，确保信息畅通；救灾装备准备方面，中央各有关部门应配备救灾管理工作必需的设备和装备；在人力资源准备方面，应该完善民政灾害管理人员队伍建设，提高其应对自然灾害的能力等④。

---

① 肖力，苏瑞翩. 农村社会保障建设研究［M］. 北京：红旗出版社，2008，33-34.
② 中华人民共和国中央人民政府. 国务院关于在全国建立农村最低生活保障制度的通知［EB/OL］. http://www.gov.cn/jrzg/2007-08/13/content_715413.htm.
③ 本书所研究的灾害主要是指自然灾害。
④ 国家自然灾害救助应急预案［EB/OL］. http://www.mca.gov.cn/article/zwgk/fvfg/jzjj/200712/20071210005586.shtml.

3. 养老保障制度

养老保障制度通常是指为应对老年风险而由家庭或社会为老年人提供经济和服务等方面的支持。农村养老保障应强调由家庭和土地转向社会，因此，在此主要研究社会养老保险和老年服务保障，而不研究家庭养老和土地养老问题。

（1）社会养老保险。新型农村社会养老保险制度是指按照"加快建立覆盖城乡居民的社会保障体系"的要求，逐步解决农村居民老有所养问题的制度安排。其基本原则是"保基本、广覆盖、有弹性、可持续"。"保基本"，就是要从现阶段经济发展水平的实际出发，保障农村老年人的基本生活。"广覆盖"，就是要靠制度和政策的吸引力，把尽可能多的农村居民纳入新农保制度之中。"有弹性"，就是要适合农村、农民的特点和地区发展差异性，政策和标准具有适当灵活性。"可持续"，就是各级财政有能力支付，广大农民能够承受，在确保安全的条件下实现新农保基金的保值增值。其目标和任务是，"探索建立个人缴费、集体补助、政府补贴相结合的新农保制度，实行社会统筹与个人账户相结合，与家庭养老、土地保障、社会救助等其他社会保障政策措施相配套，保障农民老年基本生活"①。国务院决定，2009 年"在 10% 的县（市、区、旗）试点，以后逐步扩大试点，在全国普遍实施，2020 年之前基本实现对农村适龄居民的全覆盖"②。其工作总体要求，"一是从农村实际出发，筹资和待遇标准要与经济发展及各方面承受能力相适应，低水平起步；二是个人（家庭）、集体、政府合理分担责任，权利与义务相对应；三是政府主导和农民自愿相结合，引导农村居民普遍参保；四是中央确定基本原则和主要政策，地方制定具体办法，对参保农村居民实行属地管理"③。

新型农村养老保险制度应包括以下主要内容：第一，确定保障对象。新型农村养老保险制度应该将所有适龄农民都纳入其保障范围中来。第二，确定农民个人缴费标准和缴费方式。新农保实行基础养老金和个人账户养老金相结合，前者由中央财政全额支付，后者根据个人的经济能力设定多个缴费档次，计入个人账户。但最低标准应按照预期领取的养老金不低于当地农村最低生活保障标准的 120%～150% 设定，鼓励经济条件好的

---

①②③ 国务院关于开展新型农村社会养老保险试点的指导意见 [EB/OL]. http://www.gov.cn/jrzg/2009 - 09/07/content_1411208.htm.

农民多缴费。另外，缴费标准不能一成不变，它应该随着预期领取的养老金标准的变化而适时进行调整。鉴于农民收入具有不稳定性的特点，可以采取按年缴纳与一次性缴纳并存等多种缴费方式。第三，确定经费的分担原则和标准。遵循"个人缴费、集体补助、政府补贴相结合"原则，财政除了负有基础养老金全额承担责任外，对个人账户也应负有一定责任[①]。个人缴费比例不超过缴费总额的50%，集体补助比例不应低于缴费总额的20%，财政补贴比例不应低于缴费总额的30%，要适当加大中央政府财政支持的力度。第四，养老支付。投保人男年满60周岁、女年满55周岁就可以开始领取养老金；新农保养老金待遇由基础养老金和个人账户养老金两部分组成，支付终身。各地在实行农村社会养老保险过程中会根据各实际情况制定相关的实施细则。

新型农村养老保险制度主要呈现出以下特点：第一，新型农村社会养老保险制度明确实行"个人缴费、集体补助、政府补贴"的资金筹集方式，强化公共财政的支持力度。第二，新型农村社会养老保险制度确定的缴费标准充分考虑到了不同收入水平的农民的缴费能力，还保证了预期的养老待遇能够保障基本的生活。第三，新型农村社会养老保险制度的养老保险待遇调整机制，充分考虑本地区国民经济增值、人均可支配收入、生活消费指数、物价指数、农村最低生活保障标准以及待遇调整储备金的规模等因素，适时提高养老金水平，保障参保人员老年后的基本生活。第四，新型农村社会养老保险通过一定的缴费补缴可以实现城乡基本养老保险制度的衔接。

（2）老年服务保障。老年服务保障是指针对老年人由于年事已高或生病等原因而生活无法自理或生活存在困难、老年人的心理健康问题、老年人继续接受教育甚至再就业等问题而设计的各项服务保障。老年服务保障应该包括以下内容：第一，建立各种形式的养老机构。鉴于人口老龄化和"独生子女"现象的并存，老年服务应该向社区化和社会化方向发展。政府应该积极构建居家养老服务体系，或建立诸如敬老院、疗养院等养老机构。第二，建立老年大学、老年职业学校、老年俱乐部、老年图书馆等机构，满足老年人对教育、生活情趣及与人交流等精神方面的需求。第三，国家应当大力培养老年专业护理人才，建设专业护理员队伍。

---

① 目前"新农保"只规定了地方政府对个人账户的支持责任，没有界定中央财政对个人账户的支持责任。

4. 健康保障制度

健康保障制度是指全体农民享有的公共卫生、疾病防治、健康保护、健康促进等方面的社会福利，主要依托卫生服务体系和医疗保障体系来实施，因此建立和完善新型农村合作医疗制度和大力发展农村公共卫生服务体系建设是健康保障能够发挥作用的重要保证。

（1）新型农村合作医疗制度。新型农村合作医疗制度，是指由政府组织、引导、支持，农民自愿参加，个人、集体和政府多方筹资，以大病统筹为主的农民医疗互助共济制度[1]。新型农村合作医疗制度主要具备以下几个特征：第一，新型合作医疗是政府主导下的农民医疗互助共济制度，由政府组织、引导、支持；明确规定了国家和政府的主要出资人职责。第二，新型农村合作医疗实行个人缴费、集体扶持和政府资助相结合的筹资机制，参加合作医疗的农民要按时足额缴纳合作医疗经费，乡（镇）、村集体要给予资金扶持，中央和地方各级财政每年要安排一定专项资金予以支持，尤其要加大中央政府的财政支持力度。第三，新型合作医疗制度要以"大病统筹"为主，但不能忽视一般门诊疾病，适当增加一般门诊经费所占的比重。第四，资金支付实行分级、分段、分项的原则。分级支付，指辖区内政府所办的公立医院（卫生院）住院与经转诊到辖区外指定的三级医院住院或外出因急诊到就近公立医院就医所发生的医药费用，其起付线、报销比例和最高封顶线都有区别，辖区内报销比例高于辖区外报销比例；分段支付，指将发生的住院费用根据不同的数额分段，每段的报销比例不同，住院费用越多，报销的比例越高；分项支付，指门诊发生的费用用，除规定不予报销的项目外，药费和医疗费用均按规定比例报销[2]。但一定要注意灵活性，适当提高农民到县医院看病或住院的报销比例。第五，新型农村合作医疗制度在统筹层次上实行县级统筹，条件具备的话应该逐步向省级统筹过渡。统筹层次的提高会进一步增强合作医疗制度的抗风险能力。第六，新型农村合作医疗制度具有完善的监督体系，农村合作医疗监督委员会、同级人大、政协、社会各界和审计部门的多层次监督有利于制度的规范发展[3]。

---

[1] 关于建立新型农村合作医疗制度的意见［EB/OL］. http://www.shanghai.gov.cn/shanghai/node2314/node2319/node2404/node8950/node8958/userobject26ai587.html.
[2] 肖力，苏瑞翮. 农村社会保障建设研究［M］. 北京：红旗出版社，2008：159.
[3] 肖力，苏瑞翮. 农村社会保障建设研究［M］. 北京：红旗出版社，2008：60.

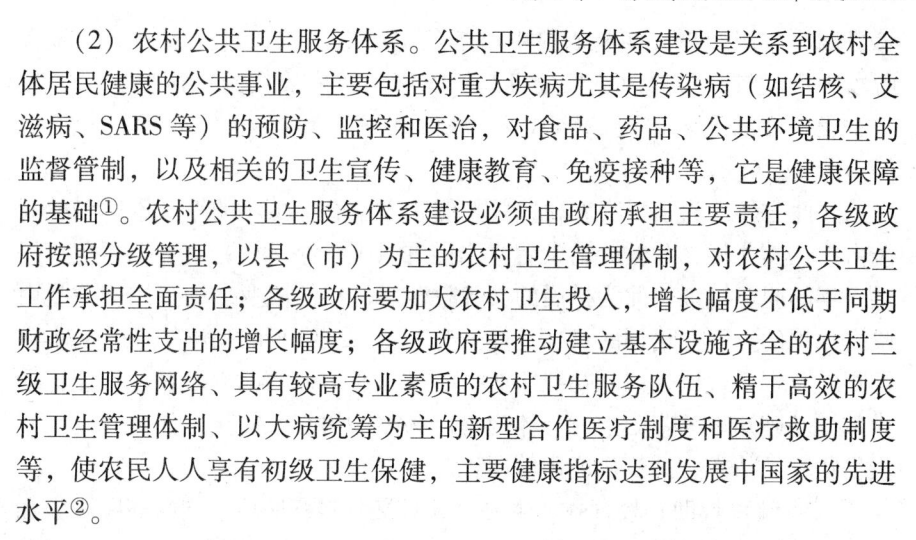

（2）农村公共卫生服务体系。公共卫生服务体系建设是关系到农村全体居民健康的公共事业，主要包括对重大疾病尤其是传染病（如结核、艾滋病、SARS 等）的预防、监控和医治，对食品、药品、公共环境卫生的监督管制，以及相关的卫生宣传、健康教育、免疫接种等，它是健康保障的基础①。农村公共卫生服务体系建设必须由政府承担主要责任，各级政府按照分级管理，以县（市）为主的农村卫生管理体制，对农村公共卫生工作承担全面责任；各级政府要加大农村卫生投入，增长幅度不低于同期财政经常性支出的增长幅度；各级政府要推动建立基本设施齐全的农村三级卫生服务网络、具有较高专业素质的农村卫生服务队伍、精干高效的农村卫生管理体制、以大病统筹为主的新型合作医疗制度和医疗救助制度等，使农民人人享有初级卫生保健，主要健康指标达到发展中国家的先进水平②。

5. 教育保障制度

教育保障制度是指政府为抵御和解决农村适龄儿童、少年的失学风险，保障他们能够接受正常教育的制度规定，主要包括义务教育（九年制义务教育和扩展的义务教育）和教育救助两个方面。

（1）义务教育。义务教育是指国家依照法律的规定对适龄儿童、少年实施的一定年限的、免费的、普及的、强迫的教育制度。义务教育的普及性是指适龄儿童、少年都能够接受教育；义务教育的强迫性是指国家、社会、家庭都必须保证适龄儿童、少年能够接受教育；义务教育的免费性是指实施义务教育，不收学费和杂费。我国从实际国情出发，将义务教育年限定为九年，并通过分步骤建立和完善农村义务教育管理体制和义务教育经费保障机制等保证义务教育的顺利推行。例如，各级政府应该逐步将农村义务教育纳入公共财政保障范围；各级政府要进一步加大对农村义务教育的投入力度，制定和实施"两免一补"政策③，提高农村义务教育阶段中小学公用经费保障水平，巩固和完善农村中小学教师工资保

---

① 公共卫生 [EB/OL]. http://baike.baidu.com/view/587359.htm.
② 关于进一步加强农村卫生工作的决定 [EB/OL]. http://hzylb.gdwst.gov.cn/newslist/newslooks.php? id =118.
③ "两免一补"政策是指近年来我国政府对农村义务教育阶段贫困家庭学生就学实施的一项资助政策。主要内容是对农村义务教育阶段贫困家庭学生"免杂费、免书本费、逐步补助寄宿生生活费"。这项政策从 2001 年开始实施，其中中央财政负责提供免费教科书，地方财政负责免杂费和补助寄宿生生活费。

障机制；各级政府要实施农村中小学危房改造工程，建立农村义务教育阶段中小学校舍维修改造长效机制；国家和政府要实施贫困地区义务教育工程、西部地区"两基"攻坚计划、农村中小学现代远程教育工程等等①。

除此之外，为了提高农村尤其是低收入家庭青少年的综合素质和就业能力，在其九年义务教育结束后（未能升入上一级学校）就业前再免费提供一年的职业培训，此为扩展的义务教育。一年的职业培训费用应该是由政府承担的，职业培训的目标是使未升入上一级学校的初中毕业生初步掌握高中基本文化课知识和初级职业技能，职业培训的课程设置在保证让学生掌握基础知识的基础上充分体现与市场需求的有效衔接，如多开设一些农作物种植技术、计算机应用等课程。

（2）教育救助。教育救助主要是针对义务教育阶段，同时兼顾高中和大中专教育阶段的弱势群体家庭成员而设立的一项救助制度。《民政部、教育部关于进一步做好城乡特殊困难未成年人教育救助工作的通知》② 规定，农村教育救助的对象主要包括持有农村五保供养证的未成年人、持有农村最低生活保障证和农村特困户救助证家庭的未成年子女以及当地政府规定的其他需要教育救助的对象三部分；教育救助的实施程序为本人或监护人提出申请，村委会调查核实，乡镇政府审核，县级民政部门复核、审批；教育救助的资金来源主要是各级政府尤其是中央政府的财政支持，各级财政部门应该设立"教育救助基金专账"，除此之外还应该广泛开展教育对口帮扶、"希望工程"、"春蕾计划"等捐资助学活动。就大学生教育救助而言，主要有国家励志奖学金、国家助学贷款、绿色通道、国家助学金、勤工助学、学费减免等方式。

1.3 新型农村社会保障体系的特征

从上文对一般现代社会保障体系、传统农村社会保障体系和新型农村社会保障体系含义和内容的分析，可以看出，新型农村社会保障体系应该

---

① 国务院关于深化农村义务教育经费保障机制改革的通知 [EB/OL]. http://www.gov.cn/zwgk/2006-02/07/content_181267.htm.
② 关于进一步做好城乡特殊困难未成年人教育救助工作的通知 [EB/OL]. http://www.sdpc.gov.cn/shfz/t20070618_141754.htm.

具备如下特征：

1.3.1 共享性

公平、正义理念是社会保障体系建设的基本理念，而社会保障对公平正义的维护，都是通过共享机制来实现的。只有让全体国民共享经济社会发展成果和社会保障体系所提供的各项保障和服务，公平和正义才能真正地实现。因此，新型农村社会保障体系的建设必须体现共享性。

新型农村社会保障体系的共享性应该通过三个方面体现出来：第一，贯彻"广覆盖"原则，保证全部农民都能够分享到新型农村社会保障体系所提供的保障，不应该对任何一名农民实行歧视政策。第二，强调公平理念，保证全部农民能够合理地、公平地分享到新型农村社会保障体系所提供的保障。新型农村社会保障体系的共享性并不意味着全体农民平均地享有各项保障，应该重点侧重于困难群体和弱势群体，当然也不意味着每位农民所享受到的保障差距过大。第三，确定社会保障水平动态调整机制，确保农民能够分享到农村经济社会乃至整个国家经济社会发展的巨大成果。就分享国家经济社会发展的巨大成果方面，鉴于已经存在的城乡居民社会保障权起点的差别和不平等，必须采取反哺式（工业反哺农业，城市反哺农村）策略，以期实现农村社会保障质的飞跃发展[①]。

1.3.2 发展性

新型农村社会保障体系建设的发展性特征主要体现为重视农民的发展，自身的渐进性、适度性和可持续性发展以及与经济共赢发展三个方面。

1. 重视农民个人的发展

新型农村社会保障体系的建设必须充分考虑到农民个人的发展问题，这是"以人为本"原则的要求和体现。"以人为本"是社会保障体系建设的最根本的目标，它强调的正是经济和社会发展是为了人民，发展成果理应由全体人民共享；社会保障体系的建设要确保人民对生存、健康、教育、医疗等

---

① 鲁全，武文莉. 公平、平等与共享：城乡统筹社会保障制度建设的基本理念 [J]. 长白学刊，2008（4）：64.

各方面的最基本的需要，确保人民的全面发展。新型农村社会保障体系的建设也必须通过为农民个人提供健全、完善、有效的社会保障，以满足农民个人对各方面的基本需求，以确保全体农民个人的全面发展。

2. 自身的渐进性、适度性和可持续性发展

（1）我国农村社会保障体系还比较落后，而且呈现出多层次性，发展任务相当艰巨，不可能一蹴而就。因此，我们不能急于求成，而是必须从实际出发，采取渐进发展方式。例如，新型农村社会保障体系的建设应该遵循从生存型保障到发展型保障再到生活质量型保障的发展，应该遵循从基本保障到补充保障的发展，应该遵循从经济保障为主向经济、服务、精神保障全面发展的发展，应该遵循从低水平起步、从允许差别性开始、确保人人享有低水平但又有差别的社会保障然后再逐步缩小不同社会群体之间的社会保障差距、建立较公平的社会保障体系并最终实现建设福利权益平等的福利社会的目标等等。结合2020年我国全面建成小康社会的奋斗目标所提出的分三个阶段建立农村社会保障体系的战略构想①就充分体现了这一特征。

（2）我国农村的总体经济社会发展水平并不很高，其对农村社会保障体系建设的支持力度并不是很大；同时国家对农村社会保障体系建设的支持力度也不可能在短期内达到很高的水平，因此农村社会保障体系的建设不能超越于经济社会的发展水平，而必须要遵循适度发展原则。

（3）农村社会保障体系的建设应该强调"可持续发展"原则，即农村社会保障体系的建设发展既要满足当代人的需要，又要保证农村社会保障体系的建设和发展不能对后代人对社会保障体系的需求构成危害，这就要求农村社会保障体系的发展不能竭泽而渔，要适度发展，要与经济发展水平相适应，不能超前于社会对社会保障体系建设的需要，西方"福利国家"的福利病就充分证明了这一原则的重要性。

3. 与经济共赢发展

农村经济的发展是农村社会保障体系建设的物质基石，农村经济发展水平越高，就越有可能为农村社会保障体系的建设提供更加坚实的物质基础；而完善、有效的农村社会保障体系反过来也可以有力地促进农村经济

---

① 详细分析参见本书第6章。

的发展：完善、有效的农村社会保障体系能够解除农民生活的后顾之忧，而且还能够在很大的程度上提高农民的教育水平和技术素质，大大提升农民抵抗各种风险的能力，并且能够保证农民和政府更高投入、更高质量地促进农村经济的发展。应该把农村社会保障体系的建设和农村经济的发展纳入良性互动的轨道到来，实现共赢发展。

1.3.3 国家和政府主导性

国家和政府的主导性主要是指在新型农村社会保障体系的建设中，国家和政府必须承担起主要责任，并通过制定经济政策（财政政策、货币政策、收入分配政策等）、运用经济杠杆（税率、最低工资标准等）、完善立法和严格司法、进行制度创新、加大财政投入等方式来实现。国家和政府的主导责任主要表现在财政支持、推动立法、监督管理等方面。

1. 财政支持

新型农村社会保障体系建设所需经费主要由国家和政府承担。发挥公共财政对农村社会保障体系建设的支撑作用，让城乡居民享受同等社会保障的权利，是政府不可推卸的责任，是实现城乡公共服务供给均等化的重要机制，也是农村社会保障体系建设的客观要求。只有保证财政资金的足额到位，才能保证现有各项农村社会保障办法的顺利进行。也只有在经济不断发展的同时不断增加各级政府财政资金对农村社会保障事业的投入，才能不断扩大农村社会保障覆盖面和提高保障水平。从国际实践经验来看，发达国家的农村社会保障建设无一例外地得到了政府在财政、税收等多方面的支持。鉴于我国中央和地方财政的"分灶吃饭"，支撑农村社会保障体系建设的财政投入也应该由中央政府和地方政府共同承担。至于中央政府和地方政府分担的比例，一般来说，在发达地区，地方政府要承担较多的责任；在落后地区，中央政府必须承担更多的责任。笔者认为，中央政府应该承担更多的责任，以保证农村社会保障体系建设的顺利、稳定发展。

2. 推动立法

与新型农村社会保障体系建设相关的法律法规建设由国家和政府承担。社会保障的依据是国家立法，世界各国建立社会保障制度的成功经验都是以立法为先导，通过强制性立法建立统一的社会保障体系，用法律的形式明确制度各方面的权利和义务关系，确保社会保障的顺利实施，实现社会的公平和正义。新型农村社会保障体系的建设急需相关法律法规的支撑。

3. 监督管理

政府对农村社会保障体系建设承担监督管理责任，是政府作为社会保障的主导者的内在要求。政府的监督管理主要包括对社会保障实施机构的日常监督和财务监督。通过监督管理，确保农村社会保障体系建设的规范运行，确保政策传递和政策实施的有效性，纠正失范现象，确保社会保障基金筹集、管理、支付及运营符合法制规范。鉴于我国政府承担监督管理责任的部门较多①，必须协调好各部门的职责，推行行政问责制。

1.3.4 社会性

社会保障体系建设的社会性主要表现在两个方面：第一，表现为参与社会保障的对象是全体社会成员。社会保障对于社会成员来说，是不分部门和行业、不分就业单位和所有制性质、不分城市和乡村，只要生存发生困难，都无一例外地给予基本的生活保障。社会成员之间只是在保障资金的筹措方法、保障项目及保障水平等方面存在差异，而不存在有无社会保障的问题。第二，社会保障体系建设的社会性表现为社会保障体系的建设应该是全社会的事情，应该是国家、集体（单位）、个人和其他社会力量的合力来完成的。新型农村社会保障体系的建设也应该呈现出社会性特征，新型农村社会保障体系应该覆盖所有的农民，新型农村社会保障体系的建设也应该由国家、集体（单位）、个人和其他社会力量的合力来完成。

---

① 中央政府管理农村社会保障事务的主要机构是人力资源和社会保障部、民政部、卫生部和财政部。人力资源和社会保障部负责管理社会养老保险，民政部负责管理社会救助、社会福利、优抚安置等项目，卫生部负责管理新型合作医疗制度，财政部负责制定社会保障的财政政策和财务、会计制度，实施对社会保障资金收支的财政监督，为社会保障计划提供补助资金等。各省、市、县政府设有同样的行政管理机构，承担相应的社会保障职能。

第 2 章

构建新型农村社会保障体系的必要性与重要性

建设覆盖城乡居民的社会保障体系,是 21 世纪前 20 年我国经济社会改革与发展的一项重要任务①,北京自然也不例外。要实现这一任务,很显然,其中的"短板"不在"城"而在"乡",也就是说,农村社会保障体系的建立健全是实现这一重要任务的关键。目前情况下,与渐趋完善的城镇社会保障体系相比,农村社会保障显得越发匮乏、落后;并且随着城市化进程的加快,农村经济社会结构的变化,国际化市场的冲击,计划生育政策的影响,"农民工"迁徙和农村"老龄化"的加剧,家庭保障和土地保障功能逐渐弱化,原本匮乏、落后的农村保障体系又变得极其脆弱。因此,我们必须直面现实,从全面建设小康社会、构建社会主义和谐社会、促进社会公平正义和保障国家长治久安的战略高度,充分认识建设农村社会保障体系的必要性和重要性,为构建新型农村社会保障体系奠定坚实的思想基础。本章行文着眼于全国,内含着北京。

2.1 构建新型农村社会保障体系的必要性

在可预见的未来一段时期,将是我国农村社会面临多重风险的特殊时期。人口老龄化②不期而至,以工业化、城镇化为主要标志的现代化不断

---

① 党的十七大报告在论述实现全面小康社会奋斗目标的新要求时,强调指出,到 2020 年"覆盖城乡居民的社会保障体系基本建立,人人享有基本生活保障。"
② 人口老龄化是指人口中老年人比重日益上升的现象。按联合国人口组织(WPO)的标准,在一个国家或地区内,60 岁及以上人口占总人口比例达到 10% 或 65 岁及以上老年人口占总人口比例达到 7%,就表明这一人口总体进入了老龄化社会,这一国家或地区就属于老年型国家或地区。

加速，中国经济体制、社会结构进入加速转型期，在此背景下，中国"农村、农业、农民"更容易受到来自自然的和社会的各种风险的冲击和威胁，农村社会保障问题已经成为目前农村社会最为严峻和亟待解决的现实问题。"三农问题解决不好，再发达的城市经济也像漂浮在小农经济汪洋上的绿洲，风浪一起，绿洲也会顷刻倾覆"①。构建新型农村社会保障体系成为化解危机、规避风险的必然选择。

2.1.1 人口老龄化不期而至，农民基本权益遭遇保障危机

2005年全国1%人口抽样调查显示：我国60岁以上人口有14408万，占总人口的11.03%；其中65岁以上的有10045万，占总人口的7.69%②。无论是60岁还是65岁的百分比都分别超过世界人口老龄化10%和7%的判断标准。并且由于20世纪60年代我国人口生育高峰的骤然出现，也使得到2020年前后我国人口老龄化会突然加速。专家预测，到2030年和2050年我国60岁老年人口占总人口的比重分别会达到21.93%和27.43%，60岁老年人口的绝对数分别会达到3.10亿和4.12亿③。毋庸置疑，规模过大、进程过快的人口老龄化给我国经济发展及和谐社会建设带来了极为严峻的挑战和考验。

中国的人口转变过程与西方发达国家的人口转变过程有着显著不同，后者是一个自然发展的过程，是在基本实现现代化的条件下进入老龄社会的，属于"先富后老"或"富老同步"；前者则是在社会经济发展的正效应④和计划生育政策的负效应⑤的双重作用下实现的，特别是后者作用影响巨大。一方面经济尚不发达，另一方面老年人口占比迅速提高，这使得中国的老龄化与西方国家经历的老龄化有着巨大的不同，属于"未富先老"。发达国家进入老龄社会时"人均国内生产总值一般都在5000~

---

① 唐晋. 大国策：全球视野中的社保路径[M]. 北京：人民日报出版社，2009：333.
② 2005年全国1%人口抽样调查主要数据公报[EB/OL]. http://www.stats.gov.cn/tjgb/rkpcgb/qgrkpcgb/t20060316_402310923.htm.
③ 宋晓梧. 中国社会保障体制改革与发展报告[M]. 北京：中国人民大学出版社，2001：179.
④ 社会经济发展的正效应是指改革开放以来随着中国经济长期快速稳定发展，人们生活水平提高，医疗条件改善，普遍提高了人们的寿命。
⑤ 计划生育政策的负效应是指中国实行计划生育政策近40年，推行一对夫妻一个孩，使中国少生了3亿人口，中青年劳动力开始短缺。

10000美元以上"①，而中国2008年人均国内生产总值才刚刚超过3000美元，仍属于中等偏低收入国家行列，应对人口老龄化的经济实力还比较薄弱。也就是说，"中国在经济发展水平尚较低的情况下，实现了人口转变过程，过早地迎来了人口老龄化，这就使得老龄人口更加容易陷入贫困，由此构成特殊的政策挑战"。

相对于城镇老龄化问题，我国农村人口老龄化情况更为严重。在城市化过程中，大量农村剩余劳动力向城市转移，其中主要是农村青壮年②，留下老弱病残固守农村，城乡之间老龄化情况此消彼长。2000年人口普查数据显示，乡村年龄在65岁及以上人口的比例达到8.1%，已经高于镇（6.0%）和城市（6.7%）的老龄化比率③。随着城市化进程的加快，大量年轻的农村劳动力陆续流入城镇，未来这一趋势还将继续。根据曾毅（2002）的研究，2020年中国农村、城镇65岁及以上老年人口比例将分别为14.6%和10.4%，2050年将分别为26.4%和22.2%④。2006年发布的《中国人口老龄化发展趋势预测研究报告》指出，"2000年农村的老龄化水平高于城镇1.24个百分点，这种城乡倒置的状况将一直持续到2040年，到21世纪后半叶，城镇的老龄化水平才将超过农村，并逐渐拉开差距⑤"。

人口老龄化是科技发展、卫生条件改善、医疗革命以及未来生物医学在预防衰老方面的日益进步，导致人口出生率降低、寿命延长，人口年龄结构中60岁以上或65岁以上老年人口在总人口中所占的比重超过一定数量后并继续增长的趋势和过程，世界上很多国家和地区都普遍存在着人口老龄化现象。人口老龄化自身并非问题，使之成为问题的是整个社会是否具备相应的经济基础、国家和政府是否安排有相应的制度保障，或者说人口老龄化的规模和速度，是否与经济基础和制度安排相匹配。从中国农村的现状看，一方面老龄人口急剧增加，包括生存权益在内的老龄人口基本权益迫切需要保障；另一方面传统土地和家庭保障的保障功能逐渐弱化，具有现代意义的社会保障制度普遍缺失，仅有的最低生活保障、合作医疗

---

①⑤ 中国人口老龄化发展趋势预测研究报告[EB/OL]. http://www.cnca.org.cn/new/index.html.

② 2006年全国老龄办常务副主任李本公在全国养老服务社会化经验交流会上指出，随着城市化进程的加快，多达1.4亿的年轻的农村劳动力陆续流入城镇。

③ 蔡昉，孟昕，王美艳. 中国老龄化趋势与养老保障改革：挑战与选择[J]. 国际经济评论，2004（7~8）：40.

④ 曾毅. 农村计划生育与养老保障一体工程探讨[J]. 人口与计划生育，2002（5）：20.

等保障项目亦缺乏财力支撑，致使二者严重失衡。严重失衡的现状必然产生严重的社会问题——将8000万农村老龄人口从"齐脖水深"的境地推向"水的更深处"。

2.1.2 工业化、城镇化进程不断加速，农业生产生活面临现代化危机

对于现代化的界定，学术界尚未形成一致的看法。1958年美国学者丹尼尔·勒纳发表《传统社会的消逝》提出现代化是一个动态的过程，是指从传统社会向现代社会转变的过程。《中国大百科全书》（社会学卷）中这样定义现代化：传统社会和现代社会是具有相互排斥特征的社会，由传统向现代演进的过程就是现代化，现代化是指以科技进步为先导，以经济发展为推动力，以工业化、城市化、产业化、民主化为主要内容的，有计划有目的的社会变迁过程。现代性的获取以及现代化的趋势，对于中国社会来说并不陌生。但是，基于现代化进程的社会风险却是摆在当代中国面前的一个新课题。正如德国著名社会学家乌尔里希·贝克（Ulrich Beck）等人所言，风险是现代化本身的结果，是现代性的产物。随着现代化发展步伐的推进，风险已经渗透到我们生产生活的方方面面，成为我们生产生活的组成部分，它无处不在，无时不有。我们享受着现代化成果的同时，也承担着相应的代价——风险；我们被风险所包围的同时，也制造着新的风险。

第一，现代化是传统社会的溶解剂，它破坏了传统社会，是一个随着持续不断的工业化逐步消解传统社会的生产方式、交通方式、社会制度和观念的过程，是旧的社会关系、经济关系、心理定式等不断受到工业化的侵蚀而崩溃的过程。在此过程中，相对城镇市民来讲，农民是更容易被现代化冲击、伤害乃至抛弃的群体。因为农民的非理性①特征使得他们很难与整个社会的现代化进程想适应。"以种植业为例，农民种什么作物往往是依赖自己的经验判断，很少了解外界的种植情况，或根据市场需求决

---

① 非理性是相对于理性而言的，赵天成认为，理性就是对我们生存的世界有着清醒的认知和改造的勇气，反之即是非理性。农民的非理性是在他们独特的社会实践中形成的一种精神现象，由于千百年来的农业文化的浸润，即使身处由计划经济向市场经济、由伦理社会向法理社会的转型期这个大环境内，传统的力量仍在发挥作用，本应该按照市场规则理性行事的农民们仍然在内心深处、在观念层次上沿袭着过去的农业传统，而更多的是按照习俗、感觉、兴趣、本能等非理性因素来支配自己的生产、生活。

定自己的农业生产。品种也很少有更新意识,长年耕种一种或几种作物,在选种方面是观看其颗粒的饱满等外在感性的因素,而不是理智地相信某种良种的增产可能。在管理上,相信自己祖辈传下来和自己积累下的耕作经验;不愿意尝试新工具、新方法。在出售产品时,更多的是坐等买主上门,或等国家收购,自己很少主动联系买家,定单农业实行范围不广,而且在产品的出售过程中很少综合考察市场潜质和长远计划,往往以一时的价格为转移,很少理性分析是否有商业欺诈和垄断的因素。农产品的再加工意识淡薄,产品的后续投入少,对农业的可持续发展考虑甚少"[1]。

第二,现代化在更广、更深的范围内将整个社会联系起来,同时也使得整个社会的正常运行更加依赖于这种联系,彼此之间空前地不可或缺,因而强依赖关系要求各个环节必须按部就班地运行,一旦出现意外,则关联、牵涉到下一个环节,引起秩序混乱。而现代社会是一个复杂的巨大系统,不可能保证各子系统完全按照既定程序正常运转,所以社会就变得更加脆弱。2003年波及全球的"非典"疫病、2008年南方突降的冰雪灾害即为佐证。同时,现代农业是市场化农业,产业化程度高,农业生产规模化导致风险集中,它比小农经济更容易受市场风险的影响;现代农业也是资本和技术型产业,投入多,受灾后损失大。

第三,随着城市化进程的推进,农村土地耕地面积出现急剧缩减,土地规模效应得不到发挥。我国农村大部分地区经济还比较落后,土地不仅是农民的基本生产资料,而且是农民最主要的生活来源。国土资源部发布的全国土地利用变更调查结果显示,1996年年底,全国耕地面积为19.51亿亩;2003年年底,全国耕地面积为18.51亿亩,比1996年减少1亿亩;2005年10月31日,全国耕地面积为18.31亿亩,比上年度净减少542.4万亩;2008年年底,全国耕地面积为18.2574亿亩,又比上一年度减少29万亩[2]。同时,由于我国农村土地经营以户为单位,家庭耕作面积的小规模和土地的细碎化限制了农业生产的专业化经营,难以获得专业化和规模化的好处,也很难进行机械化生产,导致劳动生产率和土地产出率低下。

---

[1] 周红. 当代农民非理性因素对农业现代化进程的影响 [J]. 前沿, 2007 (4): 207 - 210.

[2] 截至2008年年底我国耕地面积为18.2574亿亩 [EB/OL]. http://news.qq.com/a/20090226/001664.htm.

第四,农业产业自身的弱质性,加剧了农业产业在现代化进程中的高风险倾向。与其他产业相比,农业更依赖自然条件,其增量空间和速度严重受限制,不可能像工业那样可以在较短时间内缩小到狭小的空间大批量生产产品。与多数工业产品相比,农产品普遍存在能量密度低、增值空间小的特点,容易被以"钱"为本的市场边缘化;其生产周期和过程决定于相关生物的生理周期及特点,可控性低、生产周期较长。因此,农业在市场中一直处于弱势地位。

第五,现代化进程严重影响着自然环境,给农业生产生活带来了直接影响。现代化进程,一方面,把人类的经济水平、科技进步、文明程度推进到空前的高度,并为人类的后续发展打下雄厚的物质基础;另一方面,也带来了严重的负面影响,比如说资源消耗过量、环境污染严重、生态系统失衡、全球气候异常等等,致使农业面临的风险不断增加。其一,气候资源是自然资源中影响农业生产的最重要的组成部分之一,它提供的光、热、水、空气等能量和物质,对农业生产类型、种植制度、布局结构、生产潜力、发展远景,以及农、林、牧产品的数量、质量和分布都起着决定性作用。2009年12月哥本哈根世界气候大会上,科学家在对数千份科学文件进行精心研究后,首度向世人系统描述了地球气温升高6℃后全球面临的灾难,例如,全球气温升1℃,乞力马扎罗峰冰帽将不复存在;气温升2℃,全球1/3动植物将消亡;气温升3℃,将使南部非洲和美国西部开始出现更大面积的沙漠;在全球平均气温上升4℃的情况下,美洲的玉米和谷物产量将减少40%,而亚洲一些国家的水稻产量将减少30%[①]。其二,随着全球气候的变化,冰雹、洪水、龙卷风等自然灾害更加多发,"口蹄疫"、"禽流感"、"猪蓝耳病"等重大疫情灾害发生频率加快,农业生产面临的风险不断加大。世界银行2005年预计禽流感给全球经济造成最少8000亿美元的损失[②],2007年估计全球如果爆发大规模禽流感疫情,将对全球经济造成多达2万亿美元的损失[③]。美国农业部分子生物学家莉萨·安斯沃思指出,在北半球地区,不断增多的地表臭氧正在威胁农作物生产,可能给农民带来数十亿美元的损失。据民政部和国家统计局数据,2009年全国农作物受灾4721万公顷,绝收491万公顷,分别比2008年增

---

① 关注哥本哈根,解密气候变化[J].环境教育,2009(12):56-59.
② 莫书莹.综合报道[N].第一财经日报,2005-11-8.
③ 联合早报.2007-12-6新德里法新电.

加 15.3% 和 13.2%，因灾直接经济损失 2523 亿元①。

2.1.3 体制改革错综发展，农村经济社会潜伏稳定危机

20 世纪 80 年代以来，中国社会的变迁可以归结为两个基本过程，即现代化过程和体制改革过程。前者以工业化、城市化为主要标志，后者表现为计划经济向市场经济的转变。两个过程并非独立行进，而是同步发生、交错发展。相对于在世界范围内具有普遍共性的现代化过程相比，体制改革过程更具有中国特殊性，更为错综复杂。

改革开放以来，特别是进入 21 世纪，随着体制改革的全面深化，中国社会结构急剧分化，各种发展潜能和发展方向共时存在，不同社会力量竞相角逐，不断生成新的社会要素，这些社会新要素与社会旧要素的尖锐对立和冲突，使整个社会发展摇摆不定，基本社会安排难以定型。理性地讲，未来"5～10 年可能是中国改革历史上最为关键的一个时期。长期积蓄的矛盾、危机都可能在这一时期随时找到突破点而暴发出来；有的已经暴发出来，由风险转化为伤害或者灾难，打断社会的演进和转变过程。这就把整个中国社会推向了'高风险社会'"②。

比如说新的社会阶层的出现。1984 年 10 月《中共中央关于经济体制改革的决定》打破了僵化的计划经济体制，极大地解放了社会生产力，同时也促使中国社会结构急剧分化，其中有一部分人抓住体制改革、机制变化和产业结构调整等时机，在短期内积聚了大量财富脱颖而出成为社会新富。这一社会新富阶层在全社会成员中占比极低，却拥有巨大社会财富，与整个社会绝大多数成员的低收入形成鲜明比照。据《财富》杂志报道，中国占人口总数 0.4% 的富有人群拥有中国金融财富总量的 60%，而美国拥有 60% 金融财富总量的人口却占总人口数的 5%。广大贫困人口和民众与新富阶层和官僚权贵两者之间处于尖锐的利益冲突之中。"在社会生活领域，我们看到贫困阶层和广大民众对新富群体所抱持的广泛敌意；在政治生活领域，官员阶层中普遍存在的腐败激发起大众的强烈不满，由此滋生出底层对上层、民众对官员的绝望心态和普遍愤怒；在经济生活领域，

---

① 2009 年中国 4.8 亿人次受灾［EB/OL］. http://www.ce.cn/xwzx/gnsz/gdxw/201001/22/t20100122_20849401.shtml.

② 孙立平. 转型与断裂：改革以来中国社会结构的变迁［M］. 北京：清华大学出版社，2004：59-72.

民众的'需求型'消费与新富阶层、官员阶层的'欲望型'消费之间的对立,则明白不过地标示出他们虽然生活在同一个时空条件之下,却分居于两个完全不同的世界"①。

以市场为导向的经济体制改革,在给农村地区带来效率的同时,也带了不稳定的因素;对于贫困地区与贫困人口而言,"适者生存,优胜劣汰"的市场法则更容易将其淘汰、将其排斥在市场之外,自然而然也就进一步扩大了收入分配差距。在市场机制的作用下,贫困地区劣势日益突出,由于缺乏自我发展、自我积累能力,贫困现象更呈现出一定的顽固性,使得我国广大的农村地区还存在着相当数量的贫困人口。

2.1.4 构建新型农村社会保障体系成为化解危机、规避风险的必然选择

"使老有所终,壮有所用,少有所养,鳏寡孤独废疾者皆有所养"语出《礼记·礼运》中的《大道之行也》,表达了古时人们对大同社会的向往,同时也是当代人类社会所追求的基本目标。联合国开发计划署发表的《2000年人类发展报告》指出:"体面的生活水平、足够的营养、医疗及其他社会和经济进步不仅仅是发展的目标。他们是与人的自由和尊严紧密相连的人权。但这些权利不是印刷品所能赋予的。它们要求一系列的社会安排,如准则、制度、法律和能发挥作用的经济环境等,以便最好地保障享受这些权利"②。"对于发展中国家,生存权、发展权是最基本最重要的人权","保护和促进人权的努力,必须从这个环节入手,否则其他一切权利都无从谈起"③。生存权和发展权是中国人民的首要人权,是实现其他人权的基本前提。作为拥有9亿农民的农业大国,加之所遗留和凸显的各种历史与现实问题十分突出,广大农民生存权和发展权的保障,就成为我国人权建设事业的重中之重,农村社会保障的建设要上升到关系国计民生的人权问题和社会稳定的政治问题。

21世纪的中国仍处在经济和社会大变革的历史阶段。随着工业化、

---

① 孙立平. 转型与断裂:改革以来中国社会结构的变迁[M]. 北京:清华大学出版社,2004:59~72.
② 联合国开发计划署. 2000年人类发展报告[M]. 北京:中国财政经济出版社,2001:71.
③ 中共中央宣传部. "三个代表"重要思想学习纲要[M]. 北京:学习出版社,2003:63.

信息化、城镇化、农业现代化的进一步发展，在未来的 30~50 年中，大规模、高效率的现代化农业取代小规模、低效率的传统农业将成为不可逆转的趋势。但是，由于中国过于庞大的人口基数，到 2050 年即使我国城镇化率达到 70%，也将有 4 亿以上的人口留在农村。"为了维持社会的稳定和经济的平稳发展，这样大的一个社会群体的社会保障问题应当引起人们的足够重视，必须在恰当的时机奠定城乡社会保障衔接的制度基石，以适应社会进步的需要"[①]。

从国际经验来看，美联邦的社保和苏联解体时联盟社保的不足分别给了我们经验和教训。美国虽然是联邦制国家，但有着较为完善的社会保障体系，并且，公民的社会保障都是由联邦政府管理的，而不是由州政府、地区政府管理（地区政府负责教育，联邦政府负责管理养老和医疗保障事务）。因此，老百姓对美国这个国家有很高的认同感。反面的教训是前苏联，前苏联的养老保障体系过去要比我们还要好一些，也由国家统筹进行管理。但解体前由于反对酗酒，财政中酒税下降，而且，大的国有企业的效率在不断地下滑，导致苏联解体之前的财政非常困难，养老金等社会保障财力迅速枯竭，这时公民就会有一种危机感，国家认同就出现严重的危机。由此看出，国家的统一，中央的权威，体现在对公民养老和医疗的社会保障上。城乡社会保障不完善，各地农村社会保障不能统一，最终会影响到国家的统一和安定。

2.2 构建新型农村社会保障体系的重要性

经过 30 多年改革开放和现代化建设，我国的综合国力有了大幅度提高，人民生活水平总体上已经达到了小康水平。但城乡二元化结构并没有改变，农村与城市在某些方面的差距还在拉大，城乡分离的二元化社会保障制度难以适应和谐社会的要求，对此进行改革和创新，逐步建立健全与农村实际相适应、与城市社保相协调、最终能够实现城乡统一的新型农村社会保障体系显得越来越重要。

---

① 王国军. 浅析农村家庭保障、土地保障和社会保障的关系 [J]. 中州学刊, 2004 (1)：20.

2.2.1 社会意义

人们普遍认为，现代社会保障制度是工业化的产物，就此推导，现代社会保障制度应该首先产生于英国，但事实却并非如此。现代社会保障制度并没有率先产生于工业化开始最早、进程最快、规模最大的英国，而是在劳资关系更为紧张、阶级矛盾更为尖锐、社会问题更为突出的德国发轫。这一事实在一定程度上说明了社会保障之"社会稳定器"功能，与其他功能相比较，可能更具有制度的原始意义。

1. 构建新型农村社会保障体系，有利于促进社会公平正义

社会公平正义就是社会的政治利益、经济利益和其他利益在全体社会成员之间合理的分配，它意味着权利的平等、分配的合理、机会的均等和司法的公正。社会保障是国家实现社会公平的一种手段，是一个社会文明和进步的标志。维护社会公平正义是现代社会保障制度的本质和核心，社会保障强调社会成员参与的机会公平性原则，并能够在一定程度上消除社会发展过程中因意外灾祸、竞争失败及疾病等因素导致的社会不公平，起到维持社会成员发展过程公平的作用，还可以在一定程度上降低社会成员发展结果的不公平性，对收入、分配进行合理的调节，最终实现整个社会经济的协调发展。

公平是社会主义的题中应有之义，是社会主义的一个核心价值取向。社会主义社会比以往任何社会形态都更加注重公平。马克思、恩格斯对社会公平正义作过全面而深刻的论述。他们认为，人类千百年来所追求的真正的社会公平正义，"只有在共产主义制度下才可能实现"；公平的实现有三条途径：一是"各尽所能"，社会主义社会最大的公平就是消灭了阶级差别，只要是有劳动能力的人，社会都会为他们的成长成才提供平等的机会和条件；二是"按劳分配"，按照各人为社会提供的劳动的数量和质量分配个人消费品，只是由于各人的劳动能力和家庭状况不尽相同，分配的结果可能是不公平的。三是社会调剂，即在社会成员分配之前必须作必要的扣除①。扣除下来的劳动产品用于再分配，包括救济生活困难的社会成员。

---

① 详细分析见第 3 章的"马克思主义社会保障理论"部分。

然而，在社会保障这一体现社会公平正义的重要领域，我们的制度性安排却是有失公平的。新中国成立后，经过几十年的努力，在我国城市已经初步建立了相对完整的社会保障体系，尽管这一体系还有待于进一步完善和健全；但是，广大农民仍然主要依赖传统的家庭保障，而集体救助等社会保障还只是家庭保障的一种辅助措施。可以说，农民还游离于现代社会保障体系之外。随着城市化进程的加快，农村经济社会结构的变化，计划生育政策的影响，以及大批"农民工"流入城市，农村的家庭保障受到了越来越大的冲击，建立城乡统一的社会保障体系，事实上日益迫切地提上了日程。"我深深地期待着：在同一蓝天之下的同胞和公民，能够有着同样的尊严和基本权利，能够有着同样的发展机会；对社会做出了不同贡献的社会成员也都能够得到相应的、应有的回报；结束牺牲一些人的利益来满足另一些人的需要的状况（恩格斯语），使富裕群众利益的增进同弱势群体生活状况的改善之间能够实现同步化；中国不但能够成为一个发达的社会，同时也能够成为一个公正的社会"①。整个社会的公正、公平，将对社会稳定起到重要作用。

2. 构建新型农村社会保障体系，有利于维护农村社会稳定

国家的发展需要稳定的环境，对于中国而言，农村的稳定是国家稳定的基础。邓小平同志早就明确指出："中国百分之八十的人口住在农村，中国稳定不稳定首先要看这百分之八十稳定不稳定。城市搞得再漂亮，没有农村这一稳定的基础是不行的"②。中共十一届三中全会以来，领中国改革之先的中国农村改革披荆斩棘、激流弄潮，在经济、政治、社会、文化等领域，应该说都取得了巨大成就，发生了可喜变化；但由于多方面原因，中国农村依然"存在着各种经济结构的矛盾，存在着农民的相对贫困和绝对贫困、农民的失业（隐性和显性）、农民收入不均等问题，仍然有许多农民没有从经济增长和社会发展中获益③，反而生活水平下降了，甚至还有一部分人连基本生活都得不到改善，农民的就业、看病、教育问题更是得不到保障"④。这些问题正在影响着农村的社会稳定。

第一，构建新型农村社会保障体系，有利于保障农民基本权益。农民

---
① 吴忠民. 社会公正论 [M]. 济南：山东人民出版社，2004：404.
② 邓小平文选（第三卷）[M]. 北京：人民出版社，1993：65.
③ 《世界人权宣言》第 27 条规定，人人有权分享科学进步及其产生的福利。
④ 赵建丽，褚爱红. 建立和完善我国农村社会保障制度的几点思考 [J]. 中共山西省委党校学报，2005（6）：10.

的基本权益是什么？首先是人权，即人之作为人所应享有的生存、发展和从事社会活动的权利。人权根本而言就是人的生存权和发展权的统一，其最重要、最基本的就是生存权的保障。马克思、恩格斯曾指出，"人们首先必须吃、喝、住、穿，就是说首先必须劳动，然后才能争取统治，从事政治、宗教和哲学等"①。现代社会保障自其诞生之日起，就内含着"面向全体国民保障基本生存生活权利"之旨。享受社会保障是每位公民的权利，对公民实行社会保障是政府的职责和义务。1948年12月10日联合国大会通过的《世界人权宣言》第22条规定："每个人、作为社会的一员，有权享受社会保障，并有权享受他的个人尊严和人格的自由发展所必需的经济、社会和文化方面各种权利的实现，这种实现是通过国家努力和国际合作并依照各国的组织和资源情况"②。《中华人民共和国宪法》第45条也规定："中华人民共和国公民在年老、疾病或者丧失劳动能力的情况下，有从国家和社会获得物质帮助的权利。国家发展为公民享受这些权利所需要的社会保险、社会救济和医疗卫生事业"③。由此可见，农民作为中华人民共和国公民，在生活陷入困境时是有享受社会保障权利的。但目前的现实是，我国农村的社会保障还处在一个边缘地带，农民在遭遇各种风险时，几乎享受不到任何社会保障待遇，他们很容易陷入生存困境，基本生活权益得不到保证。许多国家的发展史都表明，当社会弱势群体的基本生活受到威胁而政府又无所作为时，贫困就不仅仅是一个经济问题，而且很可能转化为政治问题，甚至激化为严重的社会矛盾，导致社会动荡。为此，在农村建立、健全社会保障制度，要上升到关系国计民生的人权问题和社会稳定的政治问题，要竭力履行政府的责任和义务，通过社会化保障机制，帮助农民渡过风险危机。保障了农民的基本生活权益，也是对农民应当享有的社会保障权利的肯定。

第二，构建新型农村社会保障体系，有利于缓解人口老龄化对整个社会的冲击。人口老龄化正成为全球发展中一个重要问题，然而，目前农村应对人口老龄化的机制正在逐步弱化。传统上农村老年人依靠家庭养老，而受城市化的影响，大批农村劳动力尤其是青壮年劳动力向城镇转移，农村家庭结构也向小型化蜕变，核心家庭增加，老年人与子女分居的趋势增

---

① 马克思恩格斯选集（第三卷）[M]．北京：人民出版社，1995：335-336．
② 世界人权宣言［EB/OL］．http：//news.xinhuanet.com/ziliao/2003-01/20/content_698168.htm．
③ 中华人民共和国宪法［EB/OL］．http：//news.xinhuanet.com/ziliao/2004-09/16/content_1990063_3.htm．

大，再加上"孝"观念的淡化，农村老年人很难再依靠家庭实现养老。这种情况下，农村老年人口的养老问题成为了一大难题，处理不好将会给整个社会经济的发展带来很大的负面影响。再过几年，我国就将进入人口老龄化迅速发展时期，2025年以后进入高速增长期。所以，我们应在这十几年的时间里做好准备，尽可能在人口老龄化高峰到来之前在农村建立和完善社会保障制度，使老年人的生活能有所依靠，保障老年人安享晚年。

第三，构建新型农村社会保障体系，有利于缓解农村贫困。长期以来，农民承担了国家战略发展与改革的成本。计划经济体制下，工农业产品剪刀差拿走了农村、农民的绝大部分财富，致使农村原始积累少，基础设施薄弱。改革开放后，虽然我国大部分产品市场放开，工农产品之间的比价有所改善，但是由于农村地区交通和区位限制、信息缺乏，以及国家粮食政策，农产品生产者的价格与贸易条件依然不利，农村贫困现象依然严重。另外，因病致贫或因病返贫也是农村中较为常见的现象。因此，建立健全农村社会保障体系，特别是建立健全农民最低生活保障制度，是解决农村贫困问题的一项重要制度安排；建立农村社会保障制度特别是完善农村医疗保障体系是防止广大农民因病致贫、因病返贫的重要举措；建立农村社会保障制度特别是完善农村社会养老保障体系可以改变农民的生育观念，减少出生人口，降低家庭负担，缓解农村贫困。

第四，构建新型农村社会保障体系，有利于缩小城乡差距，增加农民收入。相较于城镇居民，广大农村地区的农民由于受到农村产业结构调整滞后、农业发展受自然条件制约严重、农民收入途径单一等因素影响，总体而言收入增长乏力，城乡差距拉大趋势显著。城乡收入差距的过大，违背了国家经济发展战略以及农村经济发展要求，如果不对其进行调节，可能会引发社会不稳定。就目前我国农村现状来看，短期内大幅提高农民收入的可能性不大，因此对可以解除广大农民后顾之忧的社会保障需求就显得极为迫切。农村社会保障的建立，一方面可以通过国民收入的再分配，让广大农民有权利享受公共产品，将原先投入到公共产品的资金转移到生产生活中，从而相对提高农民收入，缩小城乡收入差距，缓和社会矛盾，促进社会公平；另一方面通过对农民提供基本生活保障，可以促进劳动力实现顺利再生产，促进农业人口向非农业人口的转化，促进土地的合理流转和农业的规模经营，有利于农民增加收入。

第五，构建新型农村社会保障体系，有利于凝聚民心民意。公民的国家认同，是维护社会安定有序的重要条件。① 在一个区域发展不平衡的多民族的国家，公民的国家认同问题尤为重要。社会保障是一国的公民认同同一个国家，以及国家育亲和力的重要条件。在一个社会保障体系比较健全，包括居民年老失去工作能力后仍由国家保障他的养老和医疗等条件的国家，公民就会形成对国家的依赖感和家庭感。而且，社会保障需要由一个国家的中央统一管理，如果养老、医疗等保障问题国家不统一管理起来的话，老百姓对统一国家的认同感就会弱化。因此，农村社会保障的建立，要提高到农民对国家的认同和国家的统一安定方面考虑。

3. 构建新型农村社会保障体系，有利于消除城乡二元社会结构，实现城乡一体化

中华人民共和国成立后，基于国家"优先发展重化工业即优先发展城市"战略的需要，实行了以户籍制度为核心的一系列城乡分割的制度，长时期内置农村、农业、农民于一种从属地位，承担为城市发展提供必要的原材料和生活资料的任务，最终形成了城乡壁垒分明的二元社会结构。这种二元社会结构最为突出的表现就是城乡间的保障制度迥然不同。"在城市，依着于户籍制度，建立起城市居民独享的社会福利保障制度，保障城市居民的就业、生活、医疗、劳动保护，等等。而农村则主要是土地保障和家庭保障，社会化保障机制几乎是一片空白。目前，这种二元社会结构暴露出越来越多的弊端，对整个社会的进程起到阻碍作用"②。其一，这种城乡分割的二元社会结构限制了农村剩余劳动力的流动和转移，严重阻碍了我国城市化的进程；其二，大量农村剩余劳动力滞留农村转移不出去，加剧了人口与土地的矛盾，致使农村生产效率低下。"中国现代化的必然趋势之一就是实现城乡一体化，实现城市化。从某种意义上说，现代化就是城市化，就是实现人口由农村向城市转移。但这种二元的社会保障结构，在农村和城市间树起了一道不可逾越的屏障。为此，应在农村建立、健全社会保障制度，从而促进城乡社会结构的对接，并最终促进城乡一体化"③。

---

① 李君如，吴焰. 建设中国特色农村社会保障体系. 北京：中国水利水电出版社，2008：50.
②③ 王春艳，张玉玲. 论新时期我国农村保障体系的完善 [J]. 内蒙古民族大学学报（社会科学版），2010（9）：15.

2.2.2 经济意义

回顾社会保障发展历史不难发现，具有现代意义的、在人类社会文明进程中承担独特的"安全网"和"减震器"作用的社会保障制度，伊始阶段不过是德国政府为缓解劳资矛盾、瓦解工人组织、维护社会稳定不得已而为之的"应景之策"。但是，随着工业革命和社会化大生产的不断发展，随着市场经济各种现象和问题的不断涌现，人们惊喜地发现，社会保障不单有助于维护社会稳定、缓解社会矛盾，在消弭市场经济体制固有弊病、促进经济社会健康发展、实现国家执政目标等方面也发挥着越来越重要的作用。从1883年德国出台《疾病社会保险法》开始，在接下来的100多年中，社会保障逐渐成为发达市场经济国家弥补市场经济体制缺陷的一项积极主动的必要措施，市场经济国家普遍以强制手段建立了直接管理的基本社保制度。资料显示，第二次世界大战以后到现在的半个多世纪里，发达的市场经济国家并没有像马克思主义经典理论家所预想的那样，出现经济衰退、贫富差别进一步拉大、政体不稳定，甚至走向消亡的现象。相反，这些国家却呈现出政体相对稳定、经济平稳发展的态势。这从某种程度上应归功于这些国家成熟而完善的社会保障制度。

1. 构建新型农村社会保障体系，有利于稳定农村经济模式

我国农村人多地少，大部分地区经济还比较落后，相当长时期内，土地不仅是农民的"命根子"，而且也是农民最主要的"钱袋子"。20世纪70年代末，我国开始对农村经济体制进行改革，把家庭联产承包为主的责任制和统分结合的双层经营体制作为我国农村经济的一项基本制度。这给中国农村的经济、社会带来了巨大的变化，激发了农民生产的积极性、主动性和创造性，解放了农村生产力。在第一轮土地承包到期之前，中央又明确宣布，土地承包期再延长30年。稳定承包关系，是党的农村政策的核心内容。然而，随着家庭联产承包责任制在农村的普遍实行，原来统一组织农业生产和统一分配的"三级所有，队为基础"的人民公社体制瓦解，当然，人民公社时代实行的以集体保障为主体、国家和家庭保障为补充的农村保障体系也随之瓦解。这样，在家庭联产承包责任制的框架下，家庭被赋予了生活单位和生产单位的双重属性，家庭的经济功能得以加强，家庭之于农民的保障功能被大大强化，家庭成为农民应对生、老、病、死、残、贫等风险时最主要甚至是唯一的依靠。但目前,农村传统的家庭保障受到家庭规模小型化、人口老龄化、文化观念西方化、计划生育效应等多种因素的冲击,其保障能力正在下降。家庭保障功能的下降,削弱了家庭联产承包责任制实施的基础。农民在面临各种风险时得不到任何救助,他们将陷入生存和发展的困境。所以,建立社会化的保障机制,强化国家和社会在农民遭遇社会风险时的主导作用,将大大提高农民抵御社会风险的能力,确保农民得到更有效的保障,从而也保证了家庭联产承包责任制的长期稳定实施。

2. 构建新型农村社会保障体系,有利于促进农业规模化经营

1978年后,我国在农村实行了一系列的根本性改革,最引人注目的是普遍推行以家庭联产承包制为核心的各种农业生产责任制。这使得中国农村发生了翻天覆地的变化,农业生产率大幅度增长,农民生活水平有了极大提高。然而,20世纪80年代中期以后,家庭联产承包制的内在不足开始显露出来。在这一制度下,农业生产过于分散,集中耕作土地规模小,主要依靠手工劳动方式,难以应用现代化机械,对土地采用的是粗放式经营,这最终导致了农业生产的低效性。在这种背景下,要促进农业的进一步发展,需要改变原来家庭承包制下的以户为单位实行的"均田"形式,实现农业生产的规模经营。正如邓小平同志在1990年谈论农业问题时所说:"中国社会主义农业的改革和发展,从长远的观点看,要有两个飞跃。第一个飞跃,是废除人民公社,实行家庭联产承包为主的责任制。这是一个很大的前进,要长期坚持不变。第二个飞跃,是适应科学种田和生产社会化的需要,发展适度规模经营,发展集体经济。这是又一个很大的前进,当然这是很长的过程"[①]。

而实现农业规模经营和农业现代化,在土地制度没有根本变革的情况下,一个现实的解决途径是减少农业劳动力。我国农村人口众多,要减少劳动力,必须调整农村产业结构,促进劳动者从第一产业向第二、第三产业转移。1978年农村劳动力人口为3.63亿,其中第一产业从业者为2.84亿,占93%左右;到2004年,第一产业就业人员占农村劳动力比重为61.6%,农村第二、第三产业就业人员所占比重分别为17.7%和20.7%。从这一结构比例变化可以看出,目前我国农村劳动力正在大规模向非农业

---

① 邓小平文选(第三卷).北京:人民出版社,1993:355.

领域转移。但长期以来,这个向非农业领域转移出的庞大劳动力群体(即我们平常说的农民工)一直被摒弃在社会保障体系之外,城镇社会保障体系不接纳,农村社会保障制度严重缺失,使得他们无法应对失业、工伤、养老、职业病等来自多方面的生存及发展风险。迫于生计和长远考虑,这一劳动力群体便无法割舍对土地的眷恋。他们把土地看成是抵御未来风险最基本、最可靠的保障。在这样的背景下,进城农民工始终拥有一份不肯丢弃的土地,每一块大田都被分割成星星点点的若干小块而归属于不同的经营者,这就造成我国农村土地集中难,无法实现土地规模经营。而在农村建立现代社会保障制度,则可以很好地解决这个问题。社会保障制度的建立,使得农民不再把土地作为保障依靠,将农民从依靠土地保障中解放出来。这样,农民有了坚实的社会保障作为依靠,他们才会愿意或至少不在乎出让土地使用权,这时规模经营才有可能,农业现代化的实现也具备了现实性。

3. 构建新型农村社会保障体系,有利于促进乡镇企业蓬勃发展

改革开放以来,我国农村改革成功加之对传统的偏向重工业与基础工业的工业化战略进行调整,使得乡镇企业异军突起,蓬勃发展,并一时成为我国经济的主要增长点,在国民经济发展中占了举足轻重的地位。但随着市场经济体制的逐步成熟,乡镇企业自身存在的问题逐步显露出来,如产权不清、技术落后、经营管理不善等,这要求乡镇企业不断变革。为此,乡镇企业要继续发展,必须按照社会主义市场经济的需要进行变革,按照产权明晰、责任明确、政企分开、管理科学的现代企业制度的要求,深化企业改革,转换经营机制,促进乡镇企业继续发展。而这一切需要一系列的配套措施,借鉴我国国有企业十多年的实践经验,我们会发现,建立健全的社会保障制度是帮助企业排忧解难,顺利转换经营机制的有效配套措施。为此,社会保障制度的建立,将有助于乡镇企业建立比较规范的现代企业制度,促进乡镇企业在现有基础上进一步发展。

4. 构建新型农村社会保障体系,有利于刺激农村消费,扩大农村需求

党的十七大明确提出了以从转变经济增长方式到转变经济发展方式为内容的进一步转变我国国民经济发展方式的重要方针。这是我国经济发展方式的第二次历史性转变,其实质在于提高经济发展的质量,质量提高的

标志之一就是"投资、出口、消费"经济增长"三驾马车"的协调发展。改革开放以来，在我国高速增长的经济总量中，消费占比一直偏低，形成了以投资和出口为主导的经济增长方式，为我国国民经济持续、健康发展埋下隐患。政治经济学告诉我们，消费需求的持续稳定增长，是国民经济保持较快增长的基础。消费是生产的目的，是社会再生产的重要环节。消费需求不但应在国内生产总值（GDP）中占有较高比重，而且应具有持续和稳定的特点。国家统计局数据显示，2008年消费仅占中国 GDP 的35.3%，而发达国家消费占 GDP 的比重远高于此。2003年美国达到了86.1%，2002年日本、德国、法国、意大利和英国分别为75%、78%、78.7%、79%和86.1%[①]。2009年中央1号文件《关于2009年促进农业稳定发展农民持续增收的若干意见》明确指出，"扩大国内需求，最大潜力在农村"。而要解决农村消费需求不足和不稳的问题，应该重点解决两个方面问题，即消费能力问题和消费意愿问题；建立健全农村社会保障制度不但可以增强农民的消费能力，而且可以强化农民的消费意愿。截至目前，由于广大农村还没有建立起一套完善的社会保障体系切实解决教育、医疗、养老等关乎农民切身利益的老大难问题，致使农民在收入水平有限的条件下消费能力被严重限制，农民不敢消费，预防性储蓄动机占主导地位，有限资金被存入银行，这也就造成了农村消费市场规模小、消费支出水平低的现状。反之，如果农民享有完善的社会保障体系，不再担心生、老、病、死、残、贫等人生风险，不但可以直接增强农民的消费能力，同时还可以改变农民的消费观念，提高农民对未来的预期和消费信心，稳定消费预期，强化消费意愿，从而扩大农村消费市场，促进国民经济健康协调发展。

2.2.3 政治意义

1. 构建新型农村社会保障体系，体现了社会主义的本质要求

"社会主义的本质，是解放生产力，发展生产力，消灭剥削，消除两极分化，最终达到共同富裕"[②]。全国人民实现共同富裕是我国社会主义的本质特征，是社会主义现代化建设的一项重要目标，也是中国特色社

---

① 傅应自．扩大消费需求：宏观调控的一个重要方面［J］．求是，2004（20）：51-53．
② 邓小平文选（第三卷）．北京：人民出版社，1993：373．

主义社会发展的根本动力和最终目的。共同富裕是"富裕有先后，先富带后富"，最终达到共同富裕；共同富裕不等于同步富裕，更不等于同等富裕，必须允许一部分人先富起来并且要承认差距。但对于后富的那一部分人，特别是对收入低下、生活困难的弱势群体，我们要更多地"兼顾公平"，体现社会主义本质，给予他们必要的生活保障，并通过先富带动后富帮助他们逐步走上共同富裕的道路，这是社会主义制度的本质要求。共同富裕作为社会主义的本质特征，从根本上体现了社会主义制度所具有的资本主义制度无可比拟的优越性，即对人民大众利益的普遍关注。正如江泽民同志所说："人民群众的整体利益总是由各方面的具体利益构成的。我们所有的政策措施和工作，都应该正确反映并有利于妥善处理各种利益关系，都应认真考虑和兼顾不同阶层、不同方面群众的利益。但是，最重要的是必须首先考虑并满足最大多数人的利益要求，这始终关系党的执政的全局，关系国家经济政治文化发展的全局，关系全国各族人民的团结和社会安定的全局。最大多数人的利益是最紧要和最具有决定性的因素。这是马克思主义的基本观点，各级领导机关和领导干部必须充分认识和认真实践"[1]。

社会保障作为调节器，可以调节社会各阶层收入，避免贫富差距过大，以及城乡收入差别和地区收入差别的扩大。我国社会主义制度下的社会保障，是保障最广大人民的基本生活需要，建立社会保障制度，体现了占人口绝大多数的农民的根本利益。农村社会保障制度的建立，关系到社会主义本质的体现，是发挥社会主义制度优越性的迫切需要。建立农村社会保障制度，发展农村社会保障事业，将会有效缓解城乡居民社会保障的不公平状况，是关系广大农民生活疾苦的重要措施，既能保障他们的基本生活，还有利于帮助他们脱贫致富实现小康，对于促进农村经济的发展和社会主义精神文明建设，对于整个社会的安定，也具有多方面的积极影响。

2. 构建新型农村社会保障体系，体现了构建和谐社会的基本要求

2003年，我国的人均国内生产总值已经突破1000美元。国际经验证明，从人均1000美元到3000美元是经济社会发展的关键时期，经济结构、生产方式、生活方式、社会阶层结构等都要发生深刻变化甚至剧烈变

---

[1] 中共中央宣传部."三个代表"重要思想学习纲要.北京：学习出版社，2003：63.

动。这种变动有可能出现两种结果：一种是进入"黄金发展时期"，经济社会协调发展；另一种是进入"矛盾凸显时期"，经济社会徘徊不前，甚至出现社会动荡和倒退。在这样一个重要阶段到来之际，党在十六大报告中将"社会更加和谐"作为"全面小康社会"建设的重要内涵。中共十六届四中全会又明确提出："要适应我国社会的深刻变化，把和谐社会建设摆在重要位置，注重激发社会活力，促进社会公平和正义，增强全社会的法律意识和诚信意识，维护社会安定团结"。并且强调，要"坚持最广泛最充分地调动一切积极因素，不断提高构建社会主义和谐社会的能力"，努力"形成全体人民各尽其能、各得其所而又和谐相处的社会"。而中共十六届六中全会更是把建设和谐社会作为主题并就此作出决定。

和谐社会是人类孜孜以求的一种美好社会，更是马克思主义政党不懈追求的一种社会理想，"是中国特色社会主义的本质属性"[①]。从原始和谐社会到社会主义和谐社会，是人类社会由低级社会经济形态向高级社会经济形态发展的结果，是生产关系适应生产力、上层建筑适应经济基础发展要求的结果，"反映了人类社会由自然秩序向社会秩序、由个人和谐到全体和谐、由原始和谐向现代和谐、由必然王国向自由王国的渐变演进"[②]。社会主义和谐社会，是一种具有"民主法治、公平正义、诚信友爱、充满活力、安定有序、人与自然和谐相处"特征的社会，于2004年9月党的十六届四中全会第一次提出，并与经济建设、政治建设、文化建设并列成为我们党执政的战略任务。社会主义社会和谐关系，归根结底是由社会主义的本质和基本制度体系决定的。构建社会主义和谐社会，"就是在不断解决社会矛盾和社会冲突，不断克服社会各种不协调因素的基础上，在社会发展与进步的动态平衡中实现社会系统之间的和谐、社会阶层之间的和谐、区域之间的和谐、人与自然之间和谐等"[③]。

中国社会最大的不和谐，是显在的城乡二元结构和潜在的城市二元结构的并存。一方面，显在的城乡二元结构表现为以二元户籍制度为核心，包括二元就业制度、二元福利保障制度、二元教育制度、二元公共事业投入制度等在内的一个社会制度体系。另一方面，虽然国家在政策上提供了非农化的路径，转移到城市的农民仍然受户籍制度制约而不能享有与市民

---

① 胡锦涛. 坚定不移沿着中国特色社会主义道路前进 为全面建设小康社会而奋斗——在中国共产党第十八次全国代表大会上的报告（2012年11月8日）. 北京：人民出版社，2012：15.
② 石秀和. 我国农村社会保障问题研究. 北京：人民出版社，2006：14.
③ 赵子平，孙毅. 不断提高构建社会主义和谐社会的能力 [J]. 学习论坛，2005（1）：30.

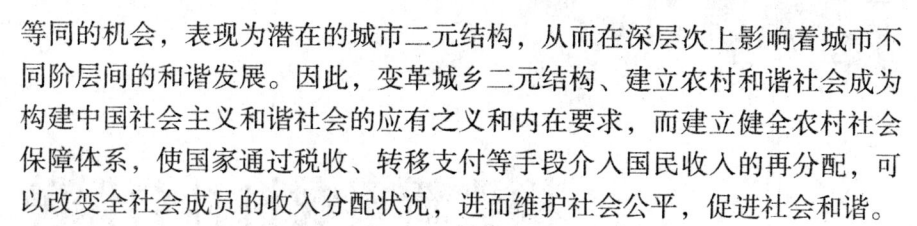

等同的机会，表现为潜在的城市二元结构，从而在深层次上影响着城市不同阶层间的和谐发展。因此，变革城乡二元结构、建立农村和谐社会成为构建中国社会主义和谐社会的应有之义和内在要求，而建立健全农村社会保障体系，使国家通过税收、转移支付等手段介入国民收入的再分配，可以改变全社会成员的收入分配状况，进而维护社会公平，促进社会和谐。

第 3 章

构建新型农村社会保障体系的理论基础

进行科学研究和理论创新必须以前人的理论成果为基础,构建新型农村社会保障体系必须有理论作为指导,社会保障理论、公共财政理论和社会发展理论是构建新型农村社会保障体系的理论基础。本部分在梳理社会保障理论、公共财政理论和社会发展理论主要观点的基础上,重点探讨这些理论基础对构建新型农村社会保障体系的指导意义。

3.1 社会保障理论

3.1.1 西方社会保障理论

在西方市场经济运行中,价值规律的调节作用必然产生收入差距扩大和贫富两极分化。为缓解贫富分化、提高社会的整体福利水平,经济学家从不同角度对此进行了思考和研究,形成了西方资产阶级经济学说的社会保障理论。

学界一般认为,西方社会保障理论发展大致经历了三个阶段。第一个阶段是产生阶段,最先是现代经济学之父亚当·斯密,在其《国富论》中已经萌芽了有关社会福利的思想及政策主张,他主张自由主义,反对收入再分配,否定社会救济,认为应该通过"看不见的手"来推动个体利益和社会福利的共同增长,进而来实现社会福利整体水平的提高。正是由于英国古典经济学的极力反对,也使得英国没有成为世界上最早建立社会保障制度的国家。之后是以施穆勒、布伦坦诺为代表的德国新历史学派,首次系统阐述了社会保障思想,针对当时德国所面临的劳资问题,倡导国家保

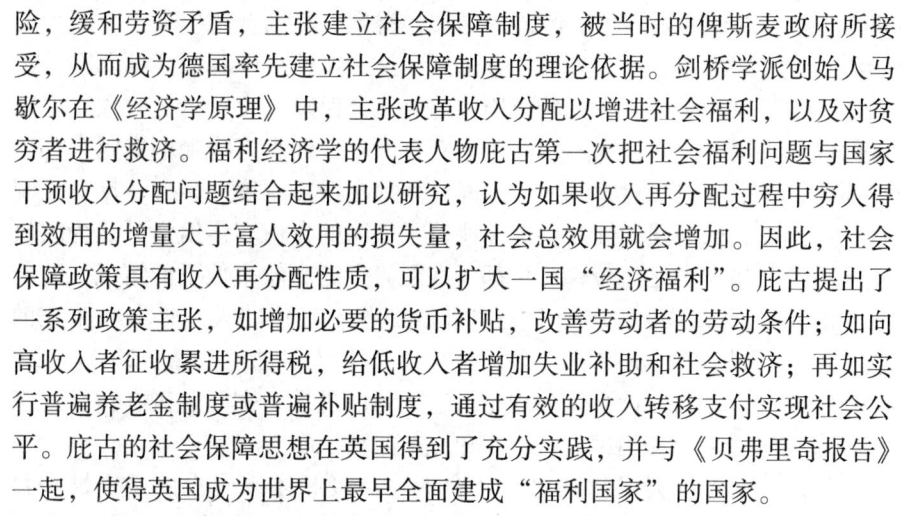

险，缓和劳资矛盾，主张建立社会保障制度，被当时的俾斯麦政府所接受，从而成为德国率先建立社会保障制度的理论依据。剑桥学派创始人马歇尔在《经济学原理》中，主张改革收入分配以增进社会福利，以及对贫穷者进行救济。福利经济学的代表人物庇古第一次把社会福利问题与国家干预收入分配问题结合起来加以研究，认为如果收入再分配过程中穷人得到效用的增量大于富人效用的损失量，社会总效用就会增加。因此，社会保障政策具有收入再分配性质，可以扩大一国"经济福利"。庇古提出了一系列政策主张，如增加必要的货币补贴，改善劳动者的劳动条件；如向高收入者征收累进所得税，给低收入者增加失业补助和社会救济；再如实行普遍养老金制度或普遍补贴制度，通过有效的收入转移支付实现社会公平。庇古的社会保障思想在英国得到了充分实践，并与《贝弗里奇报告》一起，使得英国成为世界上最早全面建成"福利国家"的国家。

第二个阶段是形成阶段，标志着福利型社会保障思想的确立。20世纪以来，西方社会保障理论改变了以往主要镶嵌在西方经济学收入分配理论中的局限性，在内容上进行了扩充。首先是梅纳德·凯恩斯，突破以往局限以需求管理为基础建立了社会保障理论。凯恩斯认为，通过社会保障转移支付和收入再分配功能将富人的部分收入转移给穷人，可以提高整个社会的平均消费倾向；同时，社会保障具有"自动稳定器"的作用，通过社会保障支出与经济周期的逆向自动变化，可以熨平经济波动，稳定宏观经济。凯恩斯的理论体系和分析方法为其追随者论述社会保障制度对市场经济的均衡效应提供了广阔空间，直接推动了第二次世界大战后社会保障制度在全球范围内的建立。第二次世界大战结束前，贝弗里奇主持起草的《社会保险及有关服务》即《贝弗里奇报告》，提出建立"社会权利"新制度，确立了"福利型国家"社会保障的主要内容、基本功能与原则，阐释了社会保障实际运行机制，成为西方社会保障理论发展史上的一个重要里程碑。

第三个阶段是多样化发展阶段，表现为当代西方福利型社会保障制度改革理论。20世纪70年代以后，西方社会保障理论关于功能的认识有所拓展，不再仅仅关注社会保障的经济稳定功能，同时还对经济调节、收入再分配等多项功能进行深入研究，并与一国的宏观经济政策日渐融合在一起，在社会保障理论领域形成百花齐放的局面。现代货币主义的代表人物弗里德曼主张将现行累进税率结构进一步扩展到最低收入阶层，即实施负所得税，在此计划下，高于纳税标准者正常纳税，低于纳税标准者将得到负所得税补助，而随着他们收入的增加，得到的补助会相应减少。新剑桥学派的代表人物罗宾逊夫人认为分配失衡是一切社会问题的症结所在，主张通过改革税收制度改变分配结构，建立社会保障制度，给低收入家庭以补助以解决国民收入分配不均问题。新自由主义代表人物哈耶克则主张法律面前人人平等，反对将收入再分配作为社会保障制度的目标，反对强制性社会保障，认为强制性社会保障违背了秩序的自由。供给学派认为政府支出不论公共支出还是转移支付都存在阻碍生产和效率低下的情况，政府主导的社会保障制度，实际上是"鼓励那些不工作的人，打击在工作的人"，主张大幅度削减政府开支，对社会保障计划进行改革。20世纪80年代中期以后，西方社会保障理论取得了新的进展，主要表现在信息经济学、布莱尔"第三条道路"、克林顿经济学等方面。

总之，西方社会保障理论对社会保障制度和体系建设的必要性和目标、理念和原则、主要方式和手段等进行了比较全面的阐述。该理论具有双重性，一方面，它是西方基本经济理论的重要组成部分，具有极其明显的阶级性、局限性。另一方面，它的产生、发展和变化，"是不断适应经济市场化发展要求而进行的，它不仅充分体现了市场经济发展的必然要求，而且反映了经济市场化、社会化的基本趋势，又具有积极的、合理的和科学性的一面"[①]。而且，西方社会保障理论"具有创新性、多样性和系统性，并在一定程度上影响了西方社会保障模式的演变"[②]。

西方社会保障理论对新型农村社会保障体系的建设具有重要的借鉴意义。一方面，西方社会保障理论对社会保障制度和体系建设的必要性和目标、理念和原则、主要方式和手段等的分析，是我国构建新型农村社会保障体系的理论基础；另一方面，西方社会保障理论的创新性、发展性及与市场经济发展相适应性为我国新型农村社会保障体系的建设提供了发展路径借鉴。目前阶段，应该从中国现存的"城乡二元社会结构"的状况出发，"分别建立城市社会保障体系和农村社会保障体系；而随着生产力的发展，二元经济结构和社会结构的消失，农村社会保障体系向城市社会保障体系转化，并逐步实现统一"[③]。

---

① 杨艳琳. 西方社会保障理论的发展[J]. 华中师范大学学报（人文社会科学版），2001（2）：24-27.

② 任保平. 马克思主义的社会保障经济理论及其现实性[J]. 当代经济研究，1999（4）：34-38.

③ 任保平. 中国社会保障模式的选择及其构建[J]. 学术论坛，1998（1）：44-49.

3.1.2 马克思主义社会保障理论

马克思、恩格斯在揭示资本主义经济发展规律的同时，提出了无产阶级的社会保障理论。(1) 从自然灾害和意外事故造成损失的角度阐述社会保障制度建立的必要性。"这个不变资本在再生产过程中，从物质方面来看，……总是处在各种会使它遭到损失的意外和危险中，……因此，利润的一部分，即剩余价值的一部分，从而已体现所追加劳动的剩余产品（从价值方面来看）的一部分，必须充当保险基金，……甚至在资本主义生产方式消灭之后，也必须继续存在的唯一部分"①。由于自然灾害和意外事故经常对生活资料和劳动力造成巨大的损失或损害，国家有必要建立社会保障制度。"大工业在瓦解旧家庭制度的经济基础以及与之相适应的家庭劳动的同时，也瓦解了旧的家庭关系本身"②，对劳动者也要建立保障制度。1848 年，马克思、恩格斯在《共产党在德国的要求》一文中就提出："建立国家工厂。国家保证所有的工人都有生活资料，并且负责照管丧失劳动力的人"③。(2) 论述保险基金来源于社会总产品。马克思指出："如果我们把'劳动所得'这个用语首先理解为劳动的产品，那末集体的劳动所得就是社会总产品。现在从它里面应当扣除：第一，用来补偿消费掉的生产资料的部分。第二，用来扩大生产的追加部分。第三，用来应付不幸事故、自然灾害等的后备基金或保险基金……剩下的总产品中的其他部分是用来作为消费资料的。在把这部分进行个人分配之前，还得从里面扣除：第一，和生产没有关系的一般管理费用。和现代社会比起来，这一部分将会立即极为显著地缩减，并将随着新社会的发展而日益减少。第二，用来满足共同需要的部分，如学校、保健设施等。和现代社会比起来，这一部分将会立即显著增加，并将随着新社会的发展而日益增加。第三，为丧失劳动能力的人等等设立的基金，总之，就是现在属于所谓官办济贫事业的部分"④。(3) 指出社会保障的水平由社会生产力决定。马克思指出，社会保险基金的扣除，"在经济上是必要的，至于扣除多少，应根据现有

---

① 资本论（第三卷）. 北京：人民出版社，1975：958.
② 资本论（第三卷）. 北京：人民出版社，1975：536.
③ 马克思，恩格斯. 共产党在德国的要求［M］//马克思恩格斯全集（第五卷）. 北京：人民出版社，1958：4.
④ 马克思. 哥达纲领批判［M］//马克思恩格斯选集（第三卷）. 北京：人民出版社，1972：9－10.

的资料和力量来确定，部分地应当根据概率论来确定，但是这些扣除根据公平原则无论如何是不能计算的"①。（4）揭示了社会保障的功能。资本主义保险制度具有两大职能：一是"分摊损失"职能，二是"补偿损失"功能。（5）揭露资本主义社会保障制度的实质。社会保障基金包括三个来源：一是工人缴纳的保险税，二是雇主的保险税，三是政府补助。资本主义国家支付的社会保障金都是直接或间接地从工人工资中扣除下来的，是劳动力价值或价格一部分的转化形式，归根到底是由工人自己负担的。恩格斯在《英国工人阶级的状况》一书中也深刻地揭露了资本主义社会保障的实质，他说，这是资产阶级从工人身上掠得一根火腿，丢还给工人一根香肠。

列宁提出了社会主义社会保障应遵循的原则："最好的工人保险形式是国家保险；这种保险是根据下列原则建立的：（一）工人在下列一切场合（伤残、疾病、年老、残废；女工怀孕和生育；养育者死后所遗寡妇和孤儿的抚恤）丧失劳动能力，或因失业失掉工资时国家保险都要给工人以保障；（二）保险要包括一切雇佣劳动及其家属；（三）对一切被保险者都要按照补助全部工资的原则给予补助，同时一切保险费都由企业主和国家负担；（四）各种保险都由统一的保险组织办理；这种组织应按区域和被保险者完全自理的原则建立"②。从上述分析中可以看出，列宁不仅界定了建立社会保障的原则，还对社会保障制度的主要内容，如保障项目、享受对象、支付标准、基金来源和管理机构等做了界定。

马克思主义社会保障理论是一个开放的理论体系，随着社会经济发展而发展，经历了从宏观到微观、从抽象到具体、从理念主张到制度安排的发展过程。但是，纵观马克思主义社会保障理论的发展，有两个问题值得关注：一是该理论自产生后没有重要突破，基本是后人对其理论的不断解读，对社会保障制度的研究拘泥于对策研究，理论创新不足。二是"对策研究过分强调和突出国家福利性与社会公平性，措施超出国家的承受能力，导致制度缺乏效率性和可持续性"③。但是，马克思主义社会保障理论对社会保障建设的必要性、社会保障的功能、社会保障资金的来源、社

---

① 马克思. 哥达纲领批判［M］//马克思恩格斯选集（第三卷）. 北京：人民出版社，1972：9.
② 列宁. 俄国社会民主工党第六次（"布拉格"）全国代表会议［M］//列宁全集（第十七卷）. 北京：人民出版社，1959：449.
③ 朱楠. 马克思主义经济学与西方经济学社会保障理论比较研究［J］. 经济纵横，2009（7）：17 – 19.

会保障建立的原则及社会保障水平受制于生产力发展水平等论述同样对我国新型农村社会保障体系的建设具有重要的指导意义。

3.1.3 中国共产党的社会保障思想

中国共产党高度重视劳动人民的福利保障。早在新民主主义革命时期，毛泽东同志在《论联合政府》中指出："在新民主主义的国家制度下，将采取调节劳资间利害关系的政策。……保护工人利益，根据情况的不同，实行八小时到十小时工作制以及适当的失业救济和社会保险，保障工会的权利"[①]。

尽管邓小平关于社会保障方面的直接谈话和言论很少，但邓小平理论中有关社会主义本质、社会主义初级阶段的理论及公平与效率、国家稳定与发展等关系的论述，为我国进行社会保障制度建设指明了方向。邓小平同志始终把人民利益作为党的各项方针政策的出发点和最终归宿，在此基础上提出了社会主义社会保障思想，包括国家和社会对人民群众的物质生活和精神生活实行的安全保护和积极改善的保障，对丧失劳动能力和由于自然灾害原因导致生活困难的社会成员的基本生活保障[②]。首先，邓小平同志将为人民谋福利、为劳动者谋求良好的生活和工作条件作为建立社会主义社会保障制度的基本宗旨，指出在社会主义国家，一个真正的马克思主义政党在执政以后，一定要致力于发展生产力，并在这个基础上逐步提高人民的生活水平。其次，改善人民的生活，要注意按照事物发展的规律办事，始终以经济建设为中心，把社会保障牢牢建立在经济发展的基础上，这是社会主义社会保障制度的基本原则。邓小平在《工人阶级要为实现四个现代化做出优异贡献》中指出，"我们的国家还很落后，工人的福利不可能在短期内有很大的增长，而只能在生产增长特别是劳动生产率增长的基础上逐步增长，但是，这绝不能成为企业领导不关心工人福利的借口，尤其不能成为工会组织不关心工人福利的借口"[③]。"我们也反对现在要在中国实现所谓福利国家的观点，因为这不可能。我们只能在发展生产的基础上逐步改善生活。发展生产，而不改善生活，是不对的；同样，不

---

① 毛泽东选集（第三卷）. 北京：人民出版社，1991：1082.
② 梅哲. 开拓社会保障理论的新境界——邓小平社会保障思想研究 [J]. 中国社会保障，2004（9）：10-11.
③ 邓小平文选. 北京：人民出版社，1983：137-138.

发展生产，要改善生活，也是不对的，而且是不可能的"①。再次，改善人民的生活，最终实现共同富裕，要把社会保障建立在社会主义公平的分配制度上。邓小平指出，"社会主义的本质，是解放生产力，发展生产力，消灭剥削，消除两极分化，最终达到共同富裕"；"社会主义的目的就是要全国人民共同富裕，不是两极分化"②。最后，对复杂的社会保障问题，择其大端提出了一系列可操作性对策。如针对领导职务终身制的弊端，提出"要有步骤地和稳妥地实行干部离休、退休制度"，同时提出"退休、离休的干部，在政治待遇、生活待遇等各方面，都要逐个做出妥善安排"。对失业和就业问题，提出"对失业人员，要妥善安排和救济"。创造性提出扶贫救济模式，丰富和发展社会救济思想。

随着社会主义市场经济体制改革的深入发展，中国共产党对社会保障制度的认识不断深化和提高。党的十四届三中全会《中共中央关于建立社会主义市场经济体制若干问题的决定》提出，"建立多层次的社会保障体系，对于深化企业和事业单位改革，保持社会稳定，顺利建立社会主义市场经济具有重要意义"；朱镕基同志1994年在全国建立现代企业制度试点工作会议上指出，建立社会保障体系"是深化国有企业改革的最重要的配套改革"；党的十五届五中全会的《中共中央关于制定国民经济和社会发展第十个五年计划的建议》提出，"完善的社会保障制度是社会主义市场经济体制的重要支柱，关系到改革、发展、稳定的全局"，"要加快形成独立于企业事业单位之外、资金来源多元化、保障制度规范化、管理服务社会化的社会保障体系"。

党的十六大以来，新的中央领导集体从21世纪新阶段我国经济社会发展面临的新形势新任务新特点出发，提出了科学发展观的重大战略思想和构建社会主义和谐社会的重大战略任务。2003年的抗击非典斗争提供了一条重要的启示，即必须统筹经济社会发展，加快解决经济社会发展"一条腿长、一条腿短"的问题。几年来，党和国家在发展经济的同时，更加重视发展社会事业和改善民生，经济发展与社会发展的协调性明显增强。党的十七大对建立中国特色社会保障体系作出全面部署，提出要"以社会保险、社会救助、社会福利为基础，以基本养老、基本医疗、最低生活保障制度为重点，以慈善事业、商业保险为补充，加快完善社会保障体系"；到2020年，实现"覆盖城乡居民的社会保障体系基本建立，人人享

---

① 邓小平文选 [M]. 北京：人民出版社，1983：137-138.
② 邓小平文选（第三卷）[M]. 北京：人民出版社，1993：373.

有基本生活保障"的目标。总体来看，目前我国社会保障体系还不很完善很不健全，存在的主要问题是：社会保障城乡之间发展不平衡，广大农村地区严重滞后；一些基本保障制度覆盖面比较窄，基金统筹层次低，保障水平不高。尤其是农民、农民工、失地农民、城市无业人员和城乡残疾人等群体的社会保障问题比较突出。这些都要求我们坚持"广覆盖、保基本、多层次、可持续"基本方针，加大社会保障投入，深化社会保障制度改革，加快完善社会保障体系[①]。

中国共产党的社会保障思想更是我国构建新型农村社会保障体系的行动指南。

3.2 公共财政理论

3.2.1 公共财政理论的主要内容

经济体制决定财政体制。从历史演变过程看，适应于不同经济体制的要求，财政模式先后经历三种类型：与自然经济相适应的家计财政模式、与计划经济体制相适应的生产建设型财政模式、与市场经济体制相适应的公共财政模式。现代意义上的公共财政，始于17世纪末的英国，至今已有几百年的历史。公共财政是以满足社会公共需要为主要目的而进行的政府收支活动或财政运行机制模式。社会公共需要，是相对于私人个别需要而言的，它指的是社会作为一个整体或以整个社会为单位而提出的需要。其特征在于，一是整体性，由社会成员作为一个整体共同提出，而不是由哪一个或哪一些社会成员单独或分别提出；二是集中性，由整个社会集中执行和组织，不是由哪一个或哪一些社会成员通过分散活动来加以满足；三是强制性，只能依托政治权力，运用制度的手段，而不能依托个人意愿，通过市场及交换行为加以实现。社会公共需要的实质就是不能通过市场得以满足或者通过市场解决得不能令人满意的需要。公共财政具有以下特点：一是公共性。公共财政解决公共问题，实现公共目的，满足社会公共需要。在市场经济条件下，市场发挥资源配置的基础性作用，但市场自身无法解决或解决得不好的问题，则需要发挥公共财政的作用。二是公平

---

① 温家宝.关于发展社会事业和改善民生的几个问题[J].求是，2010 (7).

性。就是必须实行一视同仁，为社会成员和市场主体提供平等的财政条件。三是公益性。公共财政只能以满足社会公共需要为己任，追求公益目标，一般不直接从事市场活动和追逐利润。四是法治性。公共财政要把公共管理的原则贯穿于财政工作的始终，以法制为基础，管理要规范和透明。

公共财政产生的前提是市场经济，市场经济产生与发展的过程也是公共财政发展与成熟的过程。从西方公共财政实践的历史演变看，公共财政的职责范围在不同时期有不同的特点，在自由资本主义时期，政府充当"守夜人"的角色，主要职能是维护生产和社会秩序的正常运转，公共财政支出基本上用于公安、司法、行政管理、国防等消费性项目，用于"公共工程"方面的支出少一些。进入垄断资本主义以后，国家干预增强，财政发展为现代公共财政，现代公共财政的活动范围除了行政和国防支出这些典型的政府支出外，增加了社会保障和福利方面的支出，还增加了用于"共同生产条件"的经济发展支出，主要用于基础设施、环保、农业等方面。1997年，张馨在《论公共财政》中对"什么是公共财政"及公共财政的基本特征作了较经典的概括："公共财政是弥补市场失效的国家财政；公共财政是为市场一视同仁地提供公共服务的国家财政；公共财政是公众为之规范、制约和监督的国家财政"[①]。这标志着公共财政论在中国正式作为一种财政理论走到历史的前台。1998年全国财政工作会议第一次提出我国建立公共财政基本框架的思路及相关原则，2000年中共十五届五中全会通过的《中共中央关于制定国民经济和社会发展第十个五年计划的建议》明确将建立公共财政初步框架作为"十五"时期财政改革的重要目标，中共十六届三中全会将建立和健全公共财政体制，作为建立和完善社会主义市场经济体制的一项重要任务。

3.2.2 农村社会保障的公共财政理论分析

按照公共财政一般性和中国具体的发展实际，中国公共财政的主要职能体现在三个方面，即财政社会资源的有效配置、社会收入的公平分配和宏观经济的稳定运行。社会保障与公共财政的三大职能之间存在着密切的联系：从公共财政的资源配置职能方面分析，国家发行国债常常借助于社

---

① 张馨. 论公共财政 [J]. 经济学家，1997（1）：96-103.

会保障基金,世界各国普遍规定社会保障基金的一定比例用来购买国债;公共财政分配职能中的福利性转移支出本身就是社会保障的内容;在公共财政稳定经济的职能中,通过个人所得税和社会保障制度来平抑经济运行的萧条与过热,是公共财政适应市场经济要求,实现稳定经济职能的重要手段。社会保障体系中的不同组成部分性质有所区别,与公共财政的关系也因此有所不同:国家财政应当对社会救济与社会福利事业承担主要责任,而由于社会保险最终追求的是自我平衡,国家财政应当与社会保险保持适当距离,全国社会保险基金也不宜盲目追求规模,应当适量。

公共财政覆盖农村的提法,直到中共十六大提出统筹经济社会发展的理念后,才浮出水面[①]。这是基于两个背景,一是"统筹城乡经济社会发展"基本方略的提出。中共十六大第一次提出"统筹城乡经济社会发展",2003年十届全国人大会之后,财政部党组第一次提出,要让公共财政的阳光照耀农村,这既是公共财政支持"三农"工作指导思想的重大转变,也是公共财政覆盖农村行动的肇始。二是2003年发生的"非典"引发了政府如何提供和提供什么样的公共服务大讨论,财政部第一次对公共财政覆盖农村问题开展全面的调查研究,第一次明确提出公共财政覆盖农村的理念。中共十六届五中全会在提出建设社会主义新农村重大历史任务时,第一次把扩大公共财政覆盖农村范围作为政策的导向性要求提了出来。

从目前财政支出的范围看,公共财政基本涉及了农村所有公共产品或公共服务领域,但投入不足,总体覆盖力度不够,城乡差距较大,区域差异明显,东部地区农村公共基础设施建设和公共服务状况有所改善,中西部地区相对落后,公共财政覆盖范围狭窄,问题比较集中,矛盾比较尖锐。公共财政保障新农村建设不仅要提供水、气、电、路等看得见、摸得着的"硬"公共产品和服务,还要为农民提供基础教育、公共卫生、医疗和社会保障等涉及农村可持续发展的"软"公共产品和服务。由于国家财力有限,决定了公共财政覆盖农村必须分阶段、分区域地排出优先序,排序的基本原则应该是:先保障农村社会稳定和农民基本生活需要,后创造条件促进农村发展;先保证纯公共产品,后提供准公共产品和混合产品[②]。

---

① 丁学东,张岩松. 公共财政覆盖农村的理论和实践 [J]. 管理世界,2007 (10):1-7.
② 财政部农业司《公共财政覆盖农村问题研究》课题组. 公共财政覆盖农村问题研究报告 [J]. 农业经济问题,2004 (7):48-56.

3.3 社会发展理论

3.3.1 现代化理论

世界体系理论的代表人物、美国学者沃勒斯坦根据《牛津英语词典》考证，"现代的"一词至迟在 1585 年开始被人使用。在社会科学领域里，"现代的"一般是相对于传统而言的。所谓传统，是指古代和中世纪沿革而形成的一种文明，它包括政治、经济、文化、艺术、道德观念和其他意识形态。按照德国社会学家乌尔里希·贝克的定义，"现代性"是伴随着欧洲资本主义的产生和发展而出现的一种社会、思想和文化特征、性质或状态。它与资本主义是一对"孪生兄弟"。他指出："所谓'现代性'，是指西方世界的社会组织模式、文化形态和生活方式，它大约出现在 16 世纪、17 世纪的欧洲，并且在此后的时代里，程度不同地在世界范围内产生影响并扩张到其他地区。……资本主义和工业化是现代性的两个基本维度，所谓现代化，即是资本主义与工业化相结合的产物。资本主义的出现先于工业主义的发展，而且由于资本增殖和扩张的需要，为工业主义的产生提供了原动力。工业生产和与之相关的持续不断的技术革命，创造了效率更高和更为廉价的生产过程"[1]。按照现代化理论给"现代"的定位，是指 18 世纪后期工业革命开始以来一直到现在这样一个新时代，这是人类历史发展进程中的一个特定阶段。这个新时代的中心内容是在现代生产力引导下人类社会从农业世界（社会）向现代工业世界（社会）的大过渡。

尽管关于"现代"的词语早已出现，现代化的过程早已开始，19 世纪 70 年代，世界上确实已存在一个"以欧洲为中心的文明世界"，但直到第二次世界大战结束特别是 20 世纪 50 年代之后，现代化作为一种理论或学说才出现，这有着具体的社会历史背景。首先，由于新科技革命和国家垄断资本主义，西方资本主义国家迅速发展，在西方社会造成了一种普遍的乐观情绪与自信，不少西方学者认为，西方资本主义代表了现代世界发展的正确方向，西方世界正处在人类发展的较高阶段，而发展中国家则处

---

[1] 贝克. 风险社会：走向另一种现代性 [M]. 南京：译林出版社，2004：39.

在发展的较低阶段。其次，一大批原来在英美等工业发达国家的殖民统治和殖民压迫之下的民族国家纷纷独立，这些新独立的国家大多实行一种较为原始落后的经济体制，经济和文化都极不发达，为实现政治独立、经济富强的愿望，需要一种理论来指导如何摆脱落后、实现发展；最后，在资本主义和社会主义两大阵营的竞争中为争取中间力量，以美国为主的欧美发达国家的政府引导自己的高校和科研机构都投入了大量优秀人才，研究出一种可供新独立的发展中国家学习的"新"理论、可供新独立的民族国家能够普遍接受的"新"价值观和受发达国家政府支持的意识形态。

现代化理论从根本上说是一种有关社会发展，特别是发展中国家社会发展的学说。按照研究内容和研究对象，除了新近出现的"后现代"理论以现代西方社会为主要研究的对象外，"所有研究发展中国家现代化问题的理论都可看做是现代化理论的组成部分，都可以称作现代化理论，包括西方现代化理论、依附理论和世界体系理论"①。从时间序列上看，20世纪50年代、60年代是现代化理论风行的时期，60年代中期到70年代末期，依附理论占据了主导地位，进入80年代，世界体系理论影响渐渐增大，盛极一时②。

西方现代化理论的思想来源于西方经典社会学，如迪尔凯姆提出的"传统社会"与"现代社会"成了现代化理论中最基本的一组概念，韦伯对现代社会的分析、对现代化动因的结论也都成了西方现代化理论的基本内容。被称为美国"现代化理论先驱"的著名社会学家、结构功能主义流派的代表人物塔尔科特·帕森斯认为，非西方的传统国家落后的根本原因在于制度与观念落后，这些国家要想实现工业化和现代化，只有全面学习西方（美国）。指出了发展中国家在制度建设方面的欠缺导致其发展不能持续和稳定，其理论框架也体现了不同于传统农业社会以亲缘关系构建社会体系的文化特征，这一论证方法，成为20世纪60年代以后的西方现代化理论的方法基础。

现代化理论，作为"西化""欧化"或"美国化"的同义词，其核心要义是，"欠发达国家目前的现代化道路正是发达国家已经走过的现代化道路，二者之间没有本质的区别，只有时间的先后差别。不发达国家之所

---

① 孙若彦. 现代化理论的演进及拉美现代化道路研究的主要问题 [J]. 拉丁美洲研究, 2003 (2): 31-36.

② 姜汝祥. 西方社会发展理论与中国社会发展 [J]. 学习与探索, 1997 (6): 77-81.

以不发达是其内部的传统性使然，要想克服这一点，走上现代化的道路，它们必须进行脱胎换骨的改造，将西方发达国家的现代文化移植过来，全盘照搬西方现代化模式"①。

早期现代化理论侧重于从不同的学科探讨社会的"传统性"与"现代性"的差异，从经济、政治、社会结构、文化和人的个性与行为特征五个方面，对现代社会的"现代性"行进深入的阐述与剖析，采用"二分法"，将传统与现代简单对立，提出了"西方文化中心论"、发展的"内因论"和发展道路的"单一论"等观点。新现代化论者认为早期的现代的概念、理论及其内容过于简单、抽象，对现代化的过程与道路理解得也过于简单，如他们认为现代化过程是所有社会、所有民族都将经历的普遍的进化过程，而西方发达国家已经走过的现代化道路正是非西方国家将要走的道路等，新现代化论者在方法上反对"二分法"，认为现代性和传统性实质上并不是相互对立和排斥的极端状态，它们可以互相渗透、互相促进。现代化是革命化的过程，是全球化的过程，它具有复杂性、系统性、长期性、阶段性、同质性、不可逆性等特征。

"依附理论"，又称"依附与低度开发"论，作为西方主流现代化理论的对立面，产生于第二次世界大战后原先欧洲中心国家所殖民的拉丁美洲，是拉美知识分子对过去 100 年来拉美国家欧化道路的一次全面反思和清算，是部分社会学家关于发展中国家为什么没有实现现代化的一种追问和解释。最先由阿根廷学者普雷毕什提出，他认为世界是一个经济体系，由核心国家和边陲国家即发达国家和非发达国家构成，二者的经济关系不平等，前者通过不公正贸易剥削后者，是导致后者不发达的根本原因。"对于落后国家的道路和前途问题，依附论者相信，不发达的现象并非先天注定，东方的衰落是在西欧资本主义兴起之后，而非之前；边缘国家即使走上了资本主义的道路，其结果也必然是脆弱的和畸形的，唯一的出路，乃是以世界革命的方式彻底砸烂资本主义世界体系"②。依附理论看到了不发达国家落后的重要原因，主张不发达国家要实现自己的发展，就应该摆脱对西方发达国家的依赖，自力更生，艰苦奋斗，这一观点对于指导不发达国家如何实现现代化显然具有积极意义，但是完全隔断同发达国家的联系显然又是一种消极观点。20 世纪 60 年代"依附理论"在拉美风

---

① 孙若彦. 现代化理论的演进及拉美现代化道路研究的主要问题 [J]. 拉丁美洲研究, 2003（2）：31-36.
② 陶海洋. 西方现代化研究的理论回顾 [J]. 历史教学（高校版），2007（11）：16.

行一时,许多拉美国家按照这一理论制定了经济、政治乃至外交战略。"依附理论"的影响还扩展到拉美以外的许多不发达地区,在学术上也被不同领域的学者所接受。

20世纪70年代,以沃勒斯坦的《现代世界体系》第一卷出版为标志,兴起了一种影响更为广泛的现代化理论即世界体系理论。世界体系理论从更大的时空范围内和动态的模式中阐明了不发达国家现代化之路,呈现出更为综合、更为全景式的特点。它试图用中心边缘依附关系、世界劳动分工和阶级冲突等变量来分析世界体系的历史演变,从而解释16世纪以来的世界发展史。它创造性地融合了社会发展理论中居于主流地位的经典现代理论和居于非主流地位的依附理论,揭示了现代化的不可阻挡的全球发展趋势。世界体系理论中心论点是,"世界经济包括一个占支配的中心和一个处于依附地位的外围,它们相互影响,并且作为一个一体化的整体在发挥作用。这个体系在以整体发挥功能的时候,不断汲取经济盈余,并且把财富从外围转移到中心。同样的机制,在中心地区引起资本积累和经济发展,而在外围地区则导致经济和政治的不发达。中心和外围是紧密联系的,现代部门和传统部门在功能上有联系,后者受到前者的抑制。外围地区是中心地区的财源,中心地区剥削和掠夺了外围地区的资源。国际贸易和投资的相互影响是世界经济的基本机制,这是由单一的资本主义的世界分工所决定的。世界经济就是地位不平等的许多国家组成的一种国际结构,这种结构维持国际分工,促使先进资本主义国家的资本积累,以及其余国家的落后和不发达的周而复始"[①]。

"现代化"概念在20世纪80年代才传入中国的社会科学领域,是在中国改革开放的大潮中才出现的,但中国人为实现民族独立、国家富强而开创的现代化道路早在1840年鸦片战争之后就已经开始了,新中国的成立则使现代化进程进入崭新的阶段。1954年第一届全国人民代表大会毛泽东在开幕词中、周恩来在政府工作报告中第一次提及现代化的概念,其中政府工作报告提出要"建设起强大的现代化的工业、现代化的农业、现代化的交通运输业和现代化的国防"。1964年第三届全国人民代表大会,根据毛泽东的提议,周恩来在政府工作报告中正式提出四个现代化的战略目标。他指出:我们今后发展国民经济的主要任务,"就是要在不太长的

---

① 世界体系理论[EB/OL]. http://baike.baidu.com/view/663796.htm.

历史时期内,把我国建设成为一个具有现代农业、现代工业、现代国防和现代科学技术的社会主义强国,赶上和超过世界先进水平。"这标志着四个现代化正式确定为国家发展的总体战略目标。但是由于爆发"文化大革命",中国共产党人也即停滞了关于现代化的思考和探索,其认识水平也止于工业化和科学技术这一层面。直到20世纪70年代后期邓小平同志重新工作,才接续了关于我国现代化建设的思考和探索。他立足于中国的实际,从中国所处的时代特征和国际环境出发对中国现代化的战略地位、实现条件、性质和道路、目标和实现步骤等问题进行了系统思考,创立了伟大的中国特色社会主义理论。例如,关于中国现代化的战略地位问题,邓小平同志指出:"不搞现代化,科学技术水平不提高,社会生产力不发达,国家的实力得不到加强,人民的物质文化生活得不到改善,那么,我们的社会主义政治制度和经济制度就不能充分巩固,我们国家的安全就没有可靠的保障。我们的农业、工业、国防和科学技术越是现代化,我们同破坏社会主义的势力作斗争就越加有力量,我们的社会主义制度就越加得到人民的拥护。把我们的国家建设成为社会主义的现代化强国,才能更有效地巩固社会主义制度,对付外国侵略者的侵略和颠覆,也才能比较有保证地逐步创造物质条件,向共产主义的伟大理想前进①。"例如,对于建设社会主义现代化的具体道路,邓小平强调要坚持实事求是的原则,从中国的实际出发,1987年他会见外宾时讲道:"中国社会主义是处在一个什么阶段,就是处在初级阶段,是初级阶段的社会主义。社会主义本身是共产主义的初级阶段,而我们中国又处在社会主义的初级阶段,就是不发达的阶段。一切都要从这个实际出发,根据这个实际来制定规划"②。例如,在中国现代化的目标和实现步骤问题上,邓小平依据我国国情,设计出"三步走"发展战略,"第一步,实现国民生产总值比一九八〇年翻一番,解决人民的温饱问题。这个任务已经基本实现。第二步,到本世纪末,使国民生产总值再增长一倍,人民生活达到小康水平;第三步,到下世纪中叶,人均国民生产总值达到中等发达国家水平,人民生活比较富裕,基本实现现代化。"③。

---

① 邓小平文选(第二卷). 北京:人民出版社,1994:86.
② 邓小平文选(第三卷). 北京:人民出版社,1993:252.
③ 赵紫阳在中国共产党第十三次全国代表大会上的报告[EB/OL]. http://finance.qq.com/a/20081126/003499_2.htm.

3.3.2 社会转型理论

社会转型,作为一个有特定含意的社会学术语,是指社会从传统型向现代型的转变,或者说由传统型社会向现代型社会转型的过程。国内社会学界基本取得共识,认为中国的社会转型,是指中国的社会生活和组织模式从传统走向现代、迈向更加现代和更新现代的过程①。从总体上说,中国社会转型是从1840年的鸦片战争开始的,大致经历了1840年至1949年的启动和慢速发展阶段、1949年至1978年的中速发展阶段、1978年至今的快速和加速发展阶段②。中国自周秦时期建立封建社会以后,2000多年来发生过多次王朝更迭,治乱兴衰,但中国一直是个农业国家,以农民和地主两大社会阶级为主体的社会阶级结构没有什么变化。1978年改革开放以后,中国的社会结构真正发生历史性的大变迁,把1978年以来中国的社会转型称为广义的社会转型更为贴切,因为中国的社会转型进入了一个新的阶段,最明显的特点,就是在经济体制改革的带动下,社会结构转型和经济体制转轨两者同时并进、相互交叉,形成相互推动的趋势。一方面,由高度集中的计划经济体制向社会主义市场经济体制的转轨,另一方面,由传统的农业农村社会向工业化、城市化的现代社会转型,经济转轨、社会转型构成了当代中国社会变革的先导和主流,这种情况在其他发展中国家的现代化过程中是很少见的。

基于研究对象的深刻变化,20世纪90年代初我国学者引入了"社会转型"概念并进行了新的界定和构建,根据王雅林等学者的研究,认为中国的现代化具有与西方现代化显著不同的性质和特点。第一,"时间赶超型",中国的现代化需要用较短的时间完成西方发达国家近三百年才得以完成的任务;第二,"道路中国化",中国的现代化不等于"西方化",有着具有中国特色的现代化发展道路;第三,"内涵叠加型",中国的现代化社会转型包括更多的内涵,如从农业社会向工业社会转化,从自给半自给的产品经济向社会主义市场经济转化,从封闭半封闭社会向开放社会转化,从乡村社会向城镇社会转化,从伦理社会向法理社会转化等等;第四,"外延扩展化",中国现代化不单是经济现代化,而是包括经济、政

---

① 郑杭生. 改革开放三十年:社会发展理论和社会转型理论 [J]. 中国社会科学,2009 (2):10-19.
② 刘祖云. 从传统到现代 [M]. 武汉:湖北人民出版社,2000:46.

治、文化、社会结构与社会行为在内的综合社会变革过程等。

目前，"信息化浪潮正席卷全球，作为一种新型的生产力结构，改变了全球发展的动力系统，推动着发达国家从工业社会向信息社会转型，也构成我国现代化生产力结构的重要层面和推动力量"①，使中国所面临的现代化发展条件、目标、动力都发生了质的变化，现实的社会、经济结构由"农业—工业"二元结构变成了"农业—工业—信息业"三元结构，现代化内涵随之发生改变，转型理论必须由传统的"农业—工业"二分范式转换为"农业—工业—信息业"的三分范式，中国的社会转型从单纯工业化过程的"单层社会转型"，转变为包括工业化、信息化在内的"双重转型"，即"社会双重转型"②。

1978年改革开放以来与经济体制转轨伴生共长的中国社会转型发展到今天，已经进入"深水区"和"攻坚期"，各种深层次矛盾和问题不断涌现，特别是城乡二元社会结构的存在，在经济、政治和文化方面严重影响和制约着中国社会的和谐发展。

3.3.3 社会结构理论

所谓社会结构，按照西方社会学家的解释，是指"一个群体或一个社会中的各要素相互关联的方式"③。中国社会学家的解释是，社会结构是指社会中各种社会地位之间相互关系的制度化或模式化体系。所谓社会地位，是指人们根据那些具有社会意义、在社会中为社会成员所重视、能据此将社会成员区分开来的客观位置。社会地位可以根据不同的角度、不同的社会标准来加以界定或区分。社会结构实际上是指在社会地位基础上形成的社会群体或社会集团之间的制度化关系或模式化关系。

20世纪50年代以来，世界各国发展经济学家和现代化理论家都开始注重研究经济增长模式和现代化道路，特别是发展中国家的经济增长模式和现代化道路。他们发现，世界上所有发展中国家的经济和社会结构都会呈现某种二元的特征，即传统农业与现代工业并存，落后农村与发达城市并存。1953年荷兰经济学家伯克出版《二元社会的经济学和经济政策》，最先提出"二元结构"概念，认为摆脱荷兰殖民统治的印尼社会是一个典

---

①② 王雅林. "社会转型"理论的再构与创新发展[J]. 哈尔滨工业大学学报（社会科学版），1999（2）.

③ 戴维·波普诺. 社会学[M]. 北京：中国人民大学出版社，1999：94.

型的二元结构社会,于是"二元结构"的概念和理论逐步形成。所谓"二元结构"就是指城市社会为一元、农村社会为另一元的城乡分隔和差异状态,是发展中国家由传统农业经济向现代工业经济过渡的历史进程中,必然出现的农村相对落后的生产和生活方式与城市不断进步的现代生产、生活方式之间的不对称的组织形式和社会存在形式。"二元结构"理论最初包括二元经济结构和二元社会结构。后来人们的研究更多集中在了二元经济结构,先后经过刘易斯、古斯塔夫·拉尼斯、费景汗、乔根森等学者的发展完善,取得了一系列重大成果,被广泛用于分析发展中国家的二元经济问题。美国发展经济学家托达罗在前人研究的基础上建立了托达罗人口流动模型,针对城市失业问题他认为工资补贴和限制人口流动是理论上的两种解决手段;他认为,发展中国家城乡差异的二元结构的存在将是长期的,不是通过简单的转换就可以改变;他指出解决城市严重失业问题的根本途径是大力发展农村经济,认为只要农村经济发展了,"二元经济"结构被极大地削弱了,城乡差距才会逐步缩小,城乡经济一体化的目标才能得以实现;在现代化进程中,多数国家伴随工业化发展的,是劳动力从传统农业部门向现代工业部门转移,人口从农村向城市的集聚,从而形成人口的大规模城市化,二元结构将逐步消除。

中国自古就有城乡二元结构,从宋朝算起,至今已有一千年以上的历史,但当时尽管有城乡二元结构,却没有城乡二元体制,人们在城乡之间可以自由迁移,并没有人为地阻碍人口和劳动力流动和迁移的制度或政策。从20世纪50年代后期逐步建立的城乡二元体制把城乡割裂开来,或者说,有三大因素即重工业优先发展的赶超型战略、高度集中的计划经济体制和基数巨大且增长迅速的人口因素,制约了城市就业机会的创造和对农村人口的吸纳能力,使城乡二元结构逐步强化,具体而言,"是通过实行户籍制度、城市福利保障制度、统购统销制度、人民公社制度等一整套的制度安排,长期有效地把农民堵在城门外,捆在土地上"①。因此,在改革开放以前,城乡差异明显和城乡分隔刚性是中国二元社会结构最显著的特征。这种二元治理模式从多方面支撑了我国进入全面建设社会主义新阶段所推行的高积累、高投资、高速度优先发展重工业的工业化战略,但也"付出了昂贵的历史代价,遗留下了许多结构性矛盾,如限制了农业劳动生产率的提高,大批农村剩余劳动力转移不出去而滞留农

---

① 肖冬连. 中国二元社会结构形成的历史考察 [J]. 中共党史研究, 2005 (1): 21-31.

村,加剧了人口与土地的矛盾,造成了农村经济的'过密化'和收益递减,还造成各种旨在提高农业劳动生产率的先进技术的采用难以发挥应有的经济效益"①。

厉以宁先生认为,国有企业体制和城乡二元体制是社会主义计划经济体制的两大支柱,实行农村家庭承包制只是否定了城乡二元体制的一种极端的组织形式,即人民公社制度,而没有改变城乡二元体制继续存在的事实,城乡二元体制基本上未被触及,只能说"略有松动"而已,主要表现于农民可以进城务工,可以把家属带进城镇,城市中的企业可以到农村组织农民生产,如采取订单农业形式等等。因此,改革城乡二元体制,已经成为结束计划经济体制,完善市场经济体制的迫切任务②。中共十六届三中全会第一次明确提出要建立有利于逐步改变城乡二元结构的体制。城乡二元体制改革从此被正式提上了议事日程。

随着社会从传统到现代的转型,二元社会结构也会逐渐从"二元"走向"一元"。即城乡差别基本消失、城乡壁垒基本消除、城乡一体化的社会结构状态基本形成。

3.3.4 农村社会保障制度的社会发展理论分析

信息技术为人类建立新的生产、生活模式提供了技术支持,有利于社会保障制度安排的"多层次"和服务系统的"一站式"要求,为社会保障综合性社会化系统工程提供了技术支持。微软公司的代表在2004年于北京召开的全球第28届社会保障大会开幕式的发言中指出,社会保障是21世纪信息技术的最大买家。信息技术使社会保障改革的选择多了起来,社会统筹和个人账户各有优势,人们的地区距离和身份差别完全可以消灭,社会保障卡—个人账户—服务系统可以实现人的游走四方③。

社会结构的变化无论是对基于"单位体制"和"人民公社体制"的传统社会保障制度,还是对基于城乡户籍、所有制、企业和政府事业单位等不同身份的新型社会保障体制都产生了重大影响,提出了新的挑战:"一方面,以人口结构、城乡结构、就业结构和社会阶层结构日益多元化

---

① 肖冬连. 中国二元社会结构形成的历史考察 [J]. 中共党史研究, 2005 (1): 21-31.
② 厉以宁. 论城乡二元体制改革 [J]. 北京大学学报 (哲学社会科学版), 2008 (2): 5-11.
③ 杨燕绥等. 政府与社会保障——关于政府社会保障责任的思考 [M]. 北京: 中国劳动社会保障出版社, 2007: 4.

和复杂化为核心内容的社会结构的变化,使得传统社会保障制度难以适应形势发展的需要;另一方面,基于城乡户籍、所有制、企业和政府事业单位等不同身份构建的社会保障体制,越来越不适应社会结构变化及与此相联系的快速社会流动的需要,甚至在一定程度上阻碍了人们的社会流动和社会结构的合理化"[1]。

---

[1] 龚维斌. 我国社会结构变化与社会保障政策选择 [J]. 天津行政学院学报,2007 (2):21-24.

第 4 章

新中国成立以来农村社会保障历史变迁

综合考虑一定时期内生产力发展水平或社会经济发展水平、社会成员对社会保障的需求、政府介入的程度、社会保障实践的出发点与基本目标及社会保障实践的具体内容等因素,遵循"断限有标志"的学术规范,笔者将新中国成立以来农村社会保障发展制度的发展划分为两个大阶段:第一阶段为1949~1978年即新中国成立后至改革开放前,第二阶段为1979至今即改革开放后。其中第一阶段又划分为两个小阶段:第一小阶段为1949~1956年即传统农村社会保障制度的初创阶段,第二小阶段为1957~1978年即传统农村社会保障制度的发展和完善阶段;第二阶段又划分为三个小阶段:第一小阶段为1978~1986年即传统农村社会保障制度衰退阶段,第二小阶段为新型农村社会保障制度的改革和试点阶段,第三小阶段为新型农村社会保障制度的建设和发展阶段[①]。

---

① 笔者划分农村社会保障保障制度的依据如下:划分两大阶段的依据是"是否改革";第一大阶段划分为两个小阶段的依据是"是否形成社会主义经济制度并形成高度集中的计划经济";第二大阶段划分三个小阶段的标志分别是"1987年3月14日,民政部发布《关于探索建立农村基层社会保障制度的报告》,该报告决定在中国农村开始运用现代社会保障方式解决农业劳动者的养老、医疗等社会保障问题"和"2003年,农村社会保障制度开始进入城乡统筹发展阶段"。鉴于每个保障项目并不是同步发展的,因此在划分阶段时难免会顾此失彼,笔者认为应该按某一时期最主要的保障项目的发展特点进行划分。

4.1 1949~1956年传统农村社会保障制度的初创

4.1.1 1949~1956年传统农村社会保障制度发展状况

1. 救灾救济制度

新中国成立之初，面对着严重的自然灾害、饥荒和贫困等问题，中央和地方政府采取各种措施以战胜灾荒，解救和帮助灾民和贫困农民渡过难关。在救灾方面，毛泽东主席对时任内务部长的谢觉哉做出指示："要发动群众，生产自救，节约度荒，调剂有无，互相帮助，财政上要拿出点力量来，搞点以工代赈和必要的救济"；内务部提出了"节约防灾、生产自救、群众互助、以工代赈"的救灾方针[①]；中央政府各地政府成立生产救灾委员会等，在灾害来临时积极抢救生命财产、转移安置灾民、发放救灾粮款、发动募捐等，在灾难结束后积极扶持和组织群众发展副业生产、组织群众互济、鼓励以工代赈等、有计划地进行粮食调度等等，有效地保障了受灾群众的生活和生产。在救济方面，主要是通过发放救济粮款、减免公粮、扶持贫困户搞好生产、动员各界社会力量开展捐献活动、建立农村新型信贷体系等方式以保证贫困群众的生活和生产。据相关数据显示，从1950年到1954年的5年间，国家共发放农村救济款近10亿元救济贫苦农民[②]。

2. 对无依无靠的鳏寡孤独残疾人的照顾

新中国成立后，党和政府十分关心无依无靠的鳏寡孤独残疾人，从多方面给予特殊照顾。例如，1951年，内务部向全国推广河南省唐河县孤老残幼安置办法[③]，关心照顾孤老残幼人员。另外，中央政府还通过制定

---

① 孙绍骋. 中国救灾制度研究[M]. 北京：商务印书馆，2004：130.
② 宋士云. 中国农村社会保障制度结构与变迁[M]. 北京：人民出版社，2006：49.
③ 唐河县安置孤老残幼，本着双方自愿、先近后远、先亲后邻的原则，被安置者将房屋、土地和财产带到安置者家中，统一经营和管理使用。被安置者的生养死葬，由安置者全部负责，其死后的遗产由安置者继承。为了保证这个办法的落实，还采取了"三保证"、"三契约"的措施。"三保证"即：安置者要保证安排好被安置者的生活，不得虐待他们；被安置者保证全部遗产交给安置者，并从事一些力所能及的劳动；乡政府保证双方履行协议。"三契约"即三联契约，分别给安置者、被安置者和乡镇人民政府各一份。

法律法规以确保对鳏寡孤独残疾人的帮助和照顾。例如，1953年，在《农村灾荒救济粮款发放使用办法》中把无劳动能力、无依无靠的孤老残幼定为一等救济户；1954年，在《宪法》中明确规定劳动者在年老、疾病或者丧失劳动力时有获得物质帮助的权利等等。

3. 社会优抚工作

革命军人为了新中国的成立做出了重要贡献，军烈属和复员退伍军人应当受到社会的尊重，应当得到国家和人民的优待。为此，1949年至1955年，中央政府先后颁布了《革命烈士家属革命军人家属优待暂行条例》（1950年）、《革命残废军人优待抚恤暂行条例》（1950年）、《革命军人牺牲、病故褒扬抚恤暂行条例》（1950年）、《民兵民工伤亡抚恤暂行条例》（1950年）和《兵役法》（1955年）等，为农村社会优抚工作奠定了坚实的法律基础。为了认真贯彻和落实上述法律法规，全国各地积极展开社会优抚工作。例如，通过帮助他们添置生产资料和帮助他们参加生产合作组织等方式来组织和扶助烈军属参加农副业生产活动；通过实行代耕制度来帮助那些因无劳动力或缺劳动力而造成生活困难的烈军属和退伍伤残军人；国家按照规定好的补助面和补助标准对生活困难的烈军属给予实物或现金补助；向革命烈士家属、因公牺牲军人家属和病故军人家属以实物或现金方式发放一次性抚恤①。

除此之外，人民政府为了维护灾民和贫困农民的身体健康，避免传染病的流行，多次派出大批医务人员，配发大批药品到灾区和农村，广泛开展对灾民和贫困农民的医疗救助和免费医疗活动。

4.1.2 1949~1956年传统农村社会保障制度呈现出的特点和存在的问题

1. 1949~1956年传统农村社会保障制度呈现出的特点

1949年至1956年是新中国的国民经济恢复和过渡时期，这一时期农村生产力发展水平不高，集体经济逐渐出现但还没占主体地位，占主体地

---

① 一次抚恤起初是以粮食为计算单位，而且标准也比较低，1952年以后，随着国家财政的好转，对一次抚恤的标准进行了多次提升，并于1953年以后改为以人民币为计算单位。参见：宋士云．中国农村社会保障制度结构与变迁［M］．北京：人民出版社，2006：59．

位的是个体经济。因此,这一时期的农村社会保障制度结构主要呈现出"以农民家庭保障(主要是土地保障)为主体、农民之间进行互助并辅之以国家救济和优抚安置"的特征。而且,由于农民主要依赖于土地和家庭,对社会的其他需求不高,因此这一时期社会保障制度安排的主要内容是救灾救济和社会优抚工作,而这一工作的有效运行是与政府的积极参与密不可分的。

2. 1949~1956年传统农村社会保障制度存在的问题

应该说,这一时期的农村社会保障制度适应了当时的国情,在国民经济发展与社会保障制度之间形成了一种良性互动关系,兼顾了效率(促进了国家经济建设的发展)与公平(解决了灾民的生活困难)。但是,不可否认的是,在新中国成立之初百废待兴之际,国家和政府为了尽快完成工业化任务,将工作重心、精力、财力和物力等都向工业和城市倾斜,甚至为了发展工业和城市而不惜牺牲农业和农村的发展,就更不用说专门建立农村社会保障制度了。因此,这一时期的农村社会保障制度临时救济性和非正式制度化特征非常明显,国家所采取的各种救灾救济措施往往具有"救急"或者"救火"的性质,而且保障水平非常低。

4.2 1957~1978年传统农村社会保障制度的发展和完善

4.2.1 1957~1978年传统农村社会保障制度发展状况

1. 救灾救济制度

计划经济体制确立后,农村的救灾救济制度得到了进一步发展和固化。在救灾方面,鉴于集体经济实力的增强和"生产自救"方式的重要性,中共中央、国务院提出了"依靠群众,依靠集体,生产自救为主,辅之以国家必要的救济"新的救灾工作方针,并确定由民政部门主管与领导组织救灾，强调要严格遵循管好用好救灾款物的"四原则"管理救灾款物①，强调要将救灾和防灾抗灾结合起来。在救济方面，同样也坚持"依靠集体、依靠群众，开展社会互助互济和扶持生产自救、辅之以国家必要救济"的方针，按照《高级农业生产合作社示范章程》（1956年）、《1956~1967年全国农业发展纲要》（1960年）、《农村人民公社工作条例（修正草案）》（1962年）等要求，通过集体补助、国家救济、扶持困难户生产自救等方式对贫困群众进行救济。据统计，从1960年到1963年，国家在财政极端困难的情况下，共下拨4.8亿元，用于保障贫困对象的生活②。

2. 五保供养制度

为了更好地保障鳏寡孤独等人的生活和生产，计划经济时期建立了"五保供养制度"。在1956年6月第一届全国人大三次会议通过的《高级农业生产合作社示范章程》中明确规定："农业生产合作社对于缺乏劳动力或者完全丧失劳动力，生活没有依靠的老、弱、孤、寡、残疾社员，在生产和生活上给以适当的安排和照顾，保证他们的吃、穿和柴火的供应，保证年幼的受到教育和年老的死后安葬"③。在1960年4月第二届全国人大二次会议通过的《1956~1967年全国农业发展纲要》第三十条中也规定："农业合作社对于社内缺少劳动力、生产没有依靠的鳏寡孤独的社员，应当统一筹划，指定生产队或者生产小组在生产上给予适当的安排，使他们能够参加力能胜任的劳动；在生活上给以适当的照顾，做到保吃、保穿、保烧（燃料）、保教（儿童和少年）、保葬，使他们的生养死葬都有指靠"④。农业合作化以后，人民公社安排照顾五保对象的生活，针对五保对象的不同情况，分别采取安排照顾他们从事力所能及的生产劳动（有一定劳动能力的五保对象）、补助劳动日和款物（丧失劳动能力的五保对

---

① "四原则"：一是贯彻执行专款专用、专物专用的原则，任何单位和个人挪用、侵占和贪污救济款都是违法犯罪行为；二是坚持重点使用的原则，保证把有限的救灾款物用于最困难的灾区，发给确感帮助的困难户；三是贯彻领导掌握与民主评议相结合的原则，在群众的监督下，把救灾款发给因灾不能维持最低生活标准的群众；四是坚持专款专管、经常检查的原则。参见：宋士云．中国农村社会保障制度结构与变迁［M］．北京：人民出版社，2006：75-77．
② 宋晓梧．中国社会保障体制改革与发展报告［M］．北京：中国人民大学出版社，2001：183．
③ 高级农业生产合作社示范章程［EB/OL］．http：//www.china.com.cn/law/flfg/txt/2006-08/08/content_7064291.htm．
④ 1956年到1967年全国农业发展纲要［EB/OL］．http：//baike.baidu.com/view/1848692.htm．

象)、安排专人照顾他们的日常生活(年老体弱病残的五保对象)等措施。一般情况下,五保对象主要采取分散或专户供养的方式,但仍有一些五保对象无人照料。为解决这一问题,一些地方开始试办敬老院,对五保对象实行集中供养。1958年12月,中央八届六中全会通过的《关于人民公社若干问题的决议》指出:"要办好敬老院,为那些无子女依靠的老年人(五保户)提供一个良好的生活场所"。此后,敬老院在全国各地迅速发展起来。据有关资料显示,到1958年,全国农村敬老院计有15万所,收养老人300余万[1]。但是,在"文革"期间,受"文革"影响和干扰,许多地方的五保供养受到了严重的影响,有的地方对五保工作漠不关心、不闻不问,对五保对象的生活困难和疾苦熟视无睹,有的地方甚至放弃了五保供养工作,这一切都给五保供养制度的发展造成了很大困难。

3. 社会优抚工作

这一时期,我国继续加强对生活在农村的烈军属、伤残军人、复员退伍军人的优抚安置工作,在承继褒扬、节日慰问、给予政治待遇和各种优先权等形式的基础上,根据当时农村社会经济条件开展了许多新的优抚安置方式。例如,与土地报酬取消和按劳分配制度实施相适应,1956年,内务部报国务院批准,在全国农村普遍推广"优待劳动日"方式以取代以前的"代耕制度";由财政拨出专项经费,给予优抚对象定期定量的生活补助费。1962年,原内务部、财政部颁发《抚恤、救济事业费管理使用办法》规定了优抚补助的对象、标准、办法和补助的期限;继续向革命烈士家属、因公牺牲军人家属和病故军人家属发放一次性的牺牲、病故抚恤和伤残抚恤[2];发布《关于处理义务兵退伍的暂行规定》,遵循"从哪里来,回到哪里去"的安置原则,将义务兵退伍安置工作引上正规化、制度化的发展道路。

4. 合作医疗制度

为了解决农民对医药的需求,许多地方借鉴农业合作化的经验,开始探索"合作医疗保健制度"。例如,1955年,山西省高平县米山乡通过实

---

[1] 宋晓梧. 中国社会保障体制改革与发展报告[M]. 北京:中国人民大学出版社,2001:183.

[2] 军人伤残等级的划分,因战、因公致残分为四等六级,即特等、一等、二等甲级、二等乙级、三等甲级、三等乙级。参见:宋士云. 中国农村社会保障制度结构与变迁[M]. 北京:人民出版社,2006:117.

行"医社结合"(社员群众出"保健费"和生产合作社提供"公益金"补助相结合)的办法建立合作保健站;1956年,河南省正阳县王店乡采取"合医合防不合药"(农民缴纳保健费,免费享受预防保健服务,患者治疗免收挂号、出诊费等)模式建立保健站和医疗站等。1959年11月,卫生部在山西省稷山县召开全国农村卫生工作会议,正式肯定了农村合作医疗制度①。从此,合作医疗制度便在农村逐步推广。而1965年6月26日毛泽东同志发出的"把医疗卫生的工作重点放到农村去"的指示和1968年12月2日《人民日报》对湖北省长阳县乐园公社举办合作医疗经验的介绍和推广,则在广大农村掀起了大办合作医疗的热潮,合作医疗在我国农村迅速普及。有关资料显示,"到1976年,全国90%以上的生产大队都办起了合作医疗,从而基本解决了农村人口在医疗保健方面缺医少药问题"②。

4.2.2 1957~1978年传统农村社会保障制度呈现出的特点和存在的问题

1. 1957~1978年传统农村社会保障制度呈现出的特点

1956年底宣布三大改造任务提前完成后,我国社会主义经济制度真正确立,进入高度集中的计划经济时期。这一时期在农村,集体经济占据主体地位,个体经济几乎消亡。因此,这一时期农村的社会保障制度与"三级所有,队为基础"的人民公社体制相适应,主要呈现出"集体保障为主,国家适当扶助"的特征。

2. 1957~1978年传统农村社会保障制度存在的问题

应该说,这一时期的农村社会保障与前一时期相比,保障项目有所增加、保障覆盖面有所扩大,保障水平有所提高,对保障农民的基本生存发挥了积极作用。但是这一时期的农村社会保障制度还是属于一种传统型的

---

① 卫生部在写给中共中央的报告及其附件《关于人民公社卫生工作几个问题的意见》中指出:"关于人民公社的医疗制度,……根据目前的生产力发展水平和群众觉悟等实际情况,以实行人民公社集体保健医疗制度为宜。"1960年2月,中共中央转发了卫生部的报告及其附件,认为"报告及其附件很好",并要求各地参照执行。参见:宋士云. 中国农村社会保障制度结构与变迁 [M]. 北京:人民出版社,2006:123.
② 李立清. 新型农村合作医疗制度 [M]. 北京:人民出版社,2009:116.

社会保障制度，还是以社会救助为主要内容，距离以社会保险为主的现代社会保障制度还相差甚远，不具备社会性原则、法制化原则。更为重要的是，这一时期的农村社会保障制度没能很好地与经济发展形成良性互动，相反陷入了一种恶性循环：在农业经济发展水平不高而又要体现公平原则的情况下，只能采取平均主义的方法，而这肯定挫伤了某些农民的积极性从而影响到了农业经济的发展；而农业经济发展的落后则很难为农村社会保障制度的建设提供足够的资金从而制约了农村社会保障制度的建设和发展。

4.3 1979~1986年农村传统社会保障制度的衰退

始于20世纪70年代末的农村经济体制改革为我国农村社会经济的发展带来了巨大的变化，从而也带动了农村社会保障制度的巨大变化，农村社会保障制度既面临着发展的机遇，也面临着巨大的挑战。一方面，家庭联产承包责任制条件下收入分配制度的实行（交够国家的、留足集体的、剩下全是自己的）、乡镇企业和个体经济的发展以及农民的进城打工，刺激了农民的生产、经营和工作积极性，农民的收入来源渠道得到了拓宽，收入水平得到了大幅提升，这一切不仅增强了农民家庭自救和群众互救的能力，而且也为农村社会保障的进一步发展奠定了日益雄厚的经济基础。但是，另一方面，这一切也成为迅速瓦解传统农村社会保障制度的助推器。家庭联产承包责任制的推行，使得人民公社组织体制和以队为基础的集体经济组织逐渐解体，集体公共积累明显减少，这就使得以集体经济为支撑的传统农村社会保障制度的建设成为无源之水、无本之木，许多保障项目被迫改换形式，有些保障项目则被迫解体。另外，计划生育政策的实施，在减少新增人口、缓解人口压力的同时却加深了老龄化程度、形成了"4-2-1"或"4-2-2"型家庭结构，而这一切都对传统家庭保障形成了强力冲击：人口老龄化加大了对家庭和社会保障的需求，而"4-2-1"或"4-2-2"型家庭结构则弱化了家庭提供保障的能力。于是，农村社会保障制度的发展陷入双重的困境：集体不再承担提供社会保障的责任，而家庭又无力提供所需要的保障。或者说，在改革的过程中，农民的社会保障需求不断增加，而农民的社会保障供给却明显不足，社会保障需求与供给的严重失衡在农村显得日益突出。

在这一时期衰退最为明显的是农村合作医疗制度。虽然1978年全国五届人大通过的《中华人民共和国宪法》把"合作医疗"列入进去，虽然1979年卫生部、农业部、财政部等部委联合下发的《农村合作医疗章程（试行草案）》对农村合作医疗制度进行了规范，但是随着家庭联产承包责任制的普遍推行和农村经济体制改革的逐步深入，农村集体经济实力减弱，传统合作医疗失去其存在的经济基础和组织结构，我国农村的合作医疗出现了解体、停办的趋势[①]。到1985年，全国继续坚持合作医疗的行政村由鼎盛时的90%猛降至5%；1989年，这个比重降到4.8%[②]。存在了30年之久的中国农村合作医疗制度面临着"网破、线断、人散"的几近瓦解的局面，自费医疗制度再次成为农村占主导地位的医疗制度[③]。被世界卫生组织（WHO）誉为"发展中国家解决卫生经费唯一范例"的中国农村合作医疗制度面临解体的危险，直接导致了绝大多数农村地区公共卫生保健和基本医疗保障的制度空白。农民失去了最基本的医疗保障，据世界银行1998年6月出版的《卫生保健筹资报告》显示，至20世纪80年代末，中国农村人口中90%的人要为自己看病全额埋单。得了小病，尚可自费治疗。得了大病，有的因治病倾家荡产，有的借钱看病，也有人因治疗费用太高而等死[④]。

传统救灾体制也面临着同样的问题。随着市场化改革的深入和经济社会条件的变化，传统救灾体制的自身缺陷也日渐显现。例如，中央财政与地方财政实行"分灶吃饭"后，中央财政的财力大幅度下降，建立在中央高度集中统收统支财政体制基础上的传统救灾经费运行机制则出现了较大的收支缺口，中央财政包揽全国救灾事务，已经越来越力不从心；改革开放以后，由于生产生活资料价格不断上涨而国家财政预算的救灾款长时间维持不变或增幅很小，致使救灾经费受实际购买力下降影响，保障能力不断降低，无法为灾民提供基本的生产生活保障；农村家庭联产承包责任制的推行，使得建立在农村集体经济基础之上的传统的救灾经费管理体制失去了客观基础，等等。

这一切严重影响到了农村社会保障制度的建设和对农民权益的保障，

---

① 1983年10月12日《中共中央、国务院关于实行政社分开建立乡政府的通知》颁布后，农村集体经济实力减弱，传统合作医疗失去其存在的经济基础和组织结构，走向衰落。
② 李立清. 新型农村合作医疗制度［M］. 北京：人民出版社，2009：118.
③ 钱亚仙. 农村社会保障制度理论与实践［M］. 北京：中共中央党校出版社，2007：105.
④ 肖力，苏瑞翩. 农村社会保障建设研究［M］. 北京：红旗出版社，2008：156.

迫切要求进行改革。

4.4 1987~2002年新型农村社会保障制度的改革和试点

4.4.1 1987~2002年新型农村社会保障制度发展状况

1. 传统救灾和救济制度的改革

基于传统救灾体制的严重缺陷和农村社会经济的新变化，1983年4月第八次全国民政会议确定了新的救灾工作方针，即"依靠群众，依靠集体，生产自救，互助互济，辅之以国家必要救济和扶持"[①]。同时，国家开始对传统救灾体制进行局部改革试点。例如，积极探索救灾款的分级管理体制，尝试对部分省、区实行救灾经费包干，适当下放管理权限，并将救灾款的管理使用与救灾责任结合起来；救灾款实行无偿救济与有偿使用相结合，将救灾与扶贫结合起来，但要避免有偿使用占太多的比例（为此，民政部于1987年5月专门发出了《关于切实加强救灾款管理使用工作的通知》，规定救灾款有偿扶持用于生产自救的部分，以省、自治区、直辖市计算，不得超过全年救灾款总额的百分之三十[②]）；探索引入保险机制，实行救灾与保险相结合（1987年开始，"民政部门先后在全国102个县进行了救灾保险改革试点，对农作物、农民房屋和家庭财产、役畜、劳动力意外伤害等实行救灾保险"[③]）等等。另外，国家还积极组织募捐，倡导在农村基层广泛建立救灾扶贫互助储金会、储粮会等互助组织进行互助。1994年5月，第十次全国民政会议从我国救灾工作的实际出发适时提出了"建立救灾工作分级管理、救灾资金分级负担的救灾管理体制"的新思路，进一步明确了地方各级政府的救灾责任，加大了救灾资金的投入，有效地保障了受灾群众的基本生活；建立了抗灾救灾

[①] 《第八次全国民政会议纪要》，中办发〔1983〕53号文件。
[②] 关于切实加强救灾款管理使用工作的通知［EB/OL］. http://law.baidu.com/pages/chinalawinfo/2/51/837dc55991e796be67fb65be18926157_0.html.
[③] 宋士云. 中国农村社会保障制度结构与变迁［M］. 北京：人民出版社，2006：158.

综合协调机制，提高了政府对灾害管理的宏观综合决策水平①；根据民政部财政部联合出台的《关于建立中央级救灾物资储备制度的通知》(1998年)的要求建立了救灾物资储备制度，在全国构建了救灾储备仓储网络。

为适应农村经济体制改革后的新形势新情况，我国对农村传统的社会救济制度也进行了诸如改革救济款使用管理办法、推行农村定期定量救济、探索实行乡镇统筹集体困难补助费、变救济式扶贫为开发式扶贫②等一系列改革。据有关资料显示，1994年全国农村社会救济费用于扶持生产自救资金有432万元，与其他扶持资金共同扶持贫困对象706万户；1994年国家和集体发放农村定期救济和困难补助共计8亿多元，使300多万贫困对象享受了定期救济和定期补助等③。

2. 建立最低生活保障制度的探索

在城市建立最低生活保障制度的同时，农村也相应地开始了建立最低生活保障制度的探索。1994年6月，山西省阳泉市制定《阳泉市农村社会保障试行办法》，其中就包含了建立农村最低生活保障制度的初步设想；1995年12月，广西壮族自治区武鸣县颁布的《武鸣县农村最低生活保障线救济暂行办法》是我国出台的第一个县级农村最低生活保障制度的文件；1996年1月，在全国民政厅局长会议上首次明确提出了积极探索农村最低生活保障制度的任务。民政部在此次会议结束后迅速开始了在全国部分地区开展农村最低生活保障制度建设的试点工作，确定了山东烟台市、河北平泉市、四川彭州市和甘肃永昌县等作为试点县市，并在当年年底印发了《关于加快农村社会保障体系建设的意见》和制定了《农村社会保障体系建设指导方案》以加强对各地试点工作的规范和指导，农村最低生活保障制度建设试点范围逐步扩大。到1999年6月，全国已有1660个县、市、区建立和实施了农村最低生活保障制度，占应建县、市、区的67%；有306万多农民得到了最低生活保障，占全部农村人口的0.36%；

---

① 1998年，《国务院办公厅关于印发民政部职能配置、内设机构和人员编制规定的通知》中明确规定将国家经济贸易委员会承担的组织协调抗灾救灾的职能交给民政部。参见：法律教育网[EB/OL]. http://www.chinalawedu.com/news/1200/22598/22602/22666/2006/3/zh3029221461423600210054-0.htm.

② 1994年，国家公布了《国家八七扶贫攻坚计划》，明确提出集中人力、物力、财力、动员社会各界力量，力争用7年左右的时间，到2000年底基本解决农村贫困人口的温饱问题。2001年开始了实施《中国农村扶贫开发纲要(2001～2010年)》的新阶段。参见：郝书辰，董西明. 新时期农村社会保障制度研究[M]. 北京：经济科学出版社，2008：23.

③ 宋士云. 中国农村社会保障制度结构与变迁[M]. 北京：人民出版社，2006：166-167.

1999年上半年,用于最低生活保障制度的全部资金为3.66亿元,其中各级财政投入2.215亿元,村集体投入1.445亿元。到2001年年底,已有河北、广西、陕西、山东、江苏、浙江、广东等16个省、自治区、直辖市全部建立了农村最低生活保障制度。"截至2002年年底,在开展农村最低生活保障工作的地区,有407.8万村民、156.77万户家庭得到了最低生活保障"①。

3. 五保供养制度的改革

为了进一步规范农村五保供养制度以保障农村五保对象的基本生活,1994年1月,国务院颁布了《农村五保供养工作条例》,进一步明确了五保供养的对象②、五保供养的内容③、五保供养的标准④、五保供养款物的提取方式⑤、五保供养的方式⑥、五保供养的财产处理⑦等等。

4. 社会优抚安置工作的改革

为使农村社会优抚安置工作不断适应经济社会发展新形势,我国在社会优抚安置的政策上进行了一系列重大的调整和改革,如1984年颁布新的《兵役法》、1985年起推行定期抚恤制度、1987年发布《退伍义务兵安置条例》、1988年公布《军人抚恤优待条例》等等,进一步推进了我国优抚工作朝着法制化、社会化的方向发展。例如,适应新形势的需要,继续改进群众优待办法,用"发放优待金"取代"优待劳动日";为了凸显政府的保障责任,用"以国家抚恤为主,群众优待为辅"的办法取代原来"群众优待为主,国家补助为辅"的办法;在提高一次性抚恤标准的同时,

---

① 宋士云.中国农村社会保障制度结构与变迁[M].北京:人民出版社,2006:171-172.
② 五保供养的对象指村民中符合"无法定扶养义务人,或者虽有法定扶养义务人,但是扶养义务人无扶养能力的;无劳动能力的;无生活来源的"条件的老年人、残疾人和未成年人。
③ 五保供养的内容包括供给粮油和燃料;供给服装、被褥等用品和零用钱;提供符合基本条件的住房;及时治疗疾病,对生活不能自理者有人照料;妥善办理丧葬事宜;五保对象是未成年人的,还应当保障他们依法接受义务教育。
④ 五保供养的实际标准不应低于当地村民的一般生活水平,具体标准由乡、民族乡、镇人民政府规定。
⑤ 五保供养所需经费和实物,应当从村提留或者乡统筹费中列支,不得重复列支;在有集体经营项目的地方,可以从集体经营的收入、集体企业上交的利润中列支。
⑥ 五保供养可以根据当地的经济条件实行集中供养或者分散供养,具备条件的应当兴办敬老院。
⑦ 五保对象的个人财产,其本人可以继续使用,但是不得自行处分;其需要代管的财产,可以由农村集体经济组织代管。五保对象死亡后,其遗产归所在的农村集体经济组织所有;有五保供养协议的,按照协议处理。

定期定量补助改为定期抚恤；继续加强复员退伍军人安置工作，退伍义务兵安置工作遵循《兵役法》和《退伍义务兵安置条例》，复员转业志愿兵（士官）安置工作遵循《兵役法》、《志愿兵退出现役安置暂行办法》和《中国人民解放军士官退出现役暂行办法》。据相关资料显示，1989年全国享受定期抚恤的烈属和牺牲、病故军人家属为51万多人，全年抚恤费2亿多元，平均每人401元。到2002年，烈属的定期抚恤金标准提高到2220元①。

5. 合作医疗保障制度的恢复与发展

为了解决农村医疗卫生制度的空白以及由此给农民带来的巨大困难，中央决定恢复农村合作医疗制度的建设和发展。为了保障该项工作的顺利推进，中央一方面积极制定相关规定，另一方面积极展开试点工作。例如，1991年1月，国务院在批转由卫生部、农业部、人事部、国家教委、国家计委联合提出的《关于改革和加强农村医疗卫生工作的请示》时明确指出，为了实现"农民人人享有卫生保健"的目标，必须恢复和稳定推行农村合作医疗保健制度的建设；1993年11月，在党的十四届三中全会《关于建立社会主义市场经济体制若干问题的决定》中也明确提出要发展和完善农村合作医疗制度；1994年，为了为合作医疗制度的立法提供理论依据，国务院政策研究室、卫生部、农业部与世界卫生组织合作，在全国7个省14个县（市）开展试点及跟踪研究工作，重点抓了开封、林州市的合作医疗制度建设；1997年1月，中共中央、国务院在颁发的《关于卫生改革与发展的决定》中明确提出在发展和完善合作医疗制度时必须认真和严格贯彻"政府组织领导、民办公助和自愿参加"的原则，为贯彻上述决定，卫生部等部门于1997年3月向国务院提交了《关于发展和完善农村合作医疗若干意见》，并得到国务院批复；2002年10月中共中央、国务院发布《关于进一步加强农村卫生工作的决定》等。在上述相关规定和试点工作的指导和引导下，各地纷纷重建农村合作医疗制度，并积极探索与本地经济水平、医疗条件和群众意愿相适应的具体形式，有力地推动了试点工作的开展。

6. 社会养老保险试点

为了应对"因人口老龄化和家庭结构小型化所导致的家庭养老能力弱

---

① 宋士云. 中国农村社会保障制度结构与变迁[M]. 北京：人民出版社，2006：209.

化"等问题所导致的养老风险的加大现象,我国决定在农村探索推行社会养老保险制度。围绕这一任务,国务院、民政部主要开展了以下工作:1986年10月,民政部和国务院有关部委在江苏沙洲县召开的"全国农村基层生活保障工作座谈会"上决定在经济发达和比较发达的地区,开展以社区(即乡镇、村)为单位的农村养老保险试点工作;同年12月,民政部向国务院提交了《关于探索建立农村社会保障制度的报告》,1987年3月,国务院批准了这个报告,并确定以民政部为主先行进行探索和试点;1989年,民政部选择北京大兴县、山西省左云县进行县级农村社会养老保险试点;1990年7月,国务院明确民政部主管农村社会养老保险制度建设工作;1991年1月,国务院决定民政部选择一批有条件的地区开展建立县级农村社会养老保险制度的试点;1991年2月,民政部党组成立"民政部农村社会养老保险办公室",具体负责这项工作;1991年6月,民政部制定了《县级农村社会养老保险基本方案(试行)》(该《方案》于1992年1月3日颁布施行);按照《县级农村社会养老保险基本方案》确定的原则,民政部在山东牟平、龙口等5县、市组织了较大规模的试点,之后农村社会养老保险工作从沿海到内地,迅速发展;1993年,国务院批准成立农村社会养老保险管理机构,同时,与《县级农村社会养老保险基本方案》相配套的各种规章制度和操作方法相继出台,农村社会养老保险的各项工作得到有效管理和规范,促进了农村社会养老保险的稳步发展;1995年10月,国务院办公厅转发民政部《关于进一步做好农村社会养老保险工作的意见》,指出了在有条件地区稳妥建立农村社会养老保险制度。据有关资料显示,到1989年,全国已有19个省(自治区、直辖市)的190多个县(市、区、旗)进行了农村养老保险方面的探索,800多个乡镇建立了乡(镇)本位或村本位的养老保障制度,参加人数达90多万人,积累资金4100万元,已有21.6万农民开始领取养老金[①];到1992年年底,农村社会养老保险试点工作从局部推向全国,共有1000多个县(市、区)开展了这项工作。到1998年年底,全国已有2123个县(市)和65%的乡(镇)开展了农村社会养老保险工作[②]。但是,由于种种原因,"1999年7月,国务院指出目前我国农村尚不具备普遍实行社会养老保险的条件,决定对已有的业务进行清理整顿,停止接受新业务,有

---

① 王以才,张朴.农村社会养老保险[M].北京:中国社会出版社,1996:20.
② 1998年劳动和社会保障事业发展年度统计公报[EB/OL]. http://www.humanrights-china.org/china/rqxz/X71120011129135112.htm.

条件的地区应逐步向商业保险过渡。从此，我国农村社会养老保险工作进入了整顿规范阶段"①。

4.4.2 1987~2002年新型农村社会保障制度存在的问题

不可否认，这一时期农村社会保障制度和体系的改革试点工作取得了很大成就，开始逐步走向社会化、制度化和规范化，保障范围日趋扩大，保障能力不断增强，管理体制逐渐理顺等等，对保障广大农村的基本生活与健康水平、稳定社会秩序发挥了重要的积极作用。但是这一时期农村社会保障制度和体系中存在的问题也是非常明显的，它严重阻碍了农村社会经济发展和农民生活水平的提高，这也正是我们要建立新型农村社会保障制度的重要原因。

这一时期存在的问题，从总体上看主要表现在以下几个方面：第一，建设农村社会保障制度和体系的观念还没有统一。第二，保障项目比较少，覆盖面比较小。在农村社会保障体系中，依旧是传统的救灾救济、五保供养、优抚安置项目占据很大的比重，新型项目如社会养老保险发展严重不足。而上述问题再加上地区发展的不平衡性，必然导致社会保障制度与体系的覆盖面比较小，主要覆盖的还是灾民、贫困人口、军烈属、五保对象及发达地区的农民等，还没有覆盖整个国家的全体农民。第三，保障经费严重不足导致保障水平比较低。由于政府投入严重不足、其他方式资金筹措困难及地方政府落实较差等原因，保障水平比较低。第四，保障社会化程度不高。由于农村社会保障体系和制度的建设还处在试点阶段，没有向全社会推广，其社会化程度很难提高。第五，缺乏连贯性和稳定性的政策与计划。第六，农村社会保障制度和体系的发展滞后于农村经济的发展，无法满足农民对社会保障的需要，从而也严重阻碍了农村经济的进一步发展。

这一时期的问题从各个项目来看主要表现在以下几个方面：第一，救灾方面，主要表现为救灾整体规划严重不足、灾害救助部署严重不足、救灾投入严重不足、民政部门综合协调能力严重不足、对受灾群众生活细化安排严重不足、基层救灾款发放的规范程序和制度不明确、县级财政救灾资金落实较差等等。第二，最低社会保障方面，主要表现为当时在观念上

---

① 宋士云. 新中国农村社会保障制度结构与变迁（1949~2002年）[J]. 中南财经政法大学博士论文，2005；（4）：16.

还没有就建立农村最低生活保障制度达成共识、开展农村最低生活保障工作缺乏有力的政策依据、农村最低生活保障资金筹措难度较大、基层组织力量薄弱等等,这都影响到了此项工作的开展。第三,五保供养方面,主要表现为五保对象应保未保问题突出、五保实际供养标准降低(公布的保障标准较高,但是却很难兑现)、全面落实五保内容难度很大、五保对象的日常生活照料被忽视等等。第四,合作医疗方面,主要表现为地区发展严重不平衡(合作医疗制度主要集中在经济比较发达的沿海省市、而在广大的中西部地区尤其是贫困地区,农村合作医疗停顿后恢复起来非常困难)、缺乏连贯性和稳定性的政策与计划、缺乏强有力的经济基础支持(经费筹资渠道与筹集数量非常有限,国家财政基本没有投入,地方政府财力支持有限,农村集体经济由于组织力量弱化而对合作医疗补助不足,农民的缴费能力有限且支付意愿不强)、提供医疗服务产品的能力有限、具体实施过程中遇到一些两难问题以及在管理上存在许多问题等等。第五,社会养老保险制度存在的问题主要表现为缺乏社会保障应有的社会性、存在制度上的不稳定性(农民对社会养老保险有"三怕":怕政策变,怕不兑现,怕不合算)、保障水平过低等问题。

4.5 2003年至今新型农村社会保障制度的建设和发展

4.5.1 2003年至今新型农村社会保障制度发展状况

1. 新五保供养制度的进一步发展

随着农村税费改革的逐步推开,农村取消了村提留和乡统筹,《农村五保供养工作条例》中关于"五保供养资金从村提留或者乡统筹费中列支"的规定已经不能适应现实需要。2006年1月11日国务院第121次常务会议通过《农村五保供养工作条例》,并自2006年3月1日起在全国实施,原先的《农村五保供养工作条例》(1994年1月23日国务院发布实施)同时废止。自此,农村五保供养对象全部被纳入了财政供养范围。"截至2008年年底,全国农村五保老人得到五保救济的人数为548.6万人,521.9万户,分别比上年同期增长3.3%和4.6%。其中集中供养

155.6万人,农村五保集中供养平均标准为2176.1元/人、年,平均支出水平为2055.7元/人;分散供养393万人,农村五保分散供养平均标准为1624.4元/人、年,平均支出水平为1121.0元/人"①。2009年,通过加快改造农村五保供养服务设施和努力提高农村五保集中供养率等方法改善了五保供养生活条件和提高了集中供养率。2009年9月底与第一季度比较,全国农村五保供养对象增加1.3万人,达到552.2万人,其中,集中供养159.2万人,集中供养率28.9%,比3月份增长了0.4%,集中供养月人均支出水平为181元②。

2. 新型合作医疗制度的进一步发展

为了解决"因病致贫、因病返贫"问题、医疗卫生费用筹资不公平问题、农村卫生服务体系功能弱化问题等,我国政府决定开始推行新型合作医疗制度。

2003年国务院办公厅转发了卫生部、财政部、农业部《关于建立新型农村合作医疗制度的意见》,要求按照"财政支持、农民自愿、政府组织"的原则组织进行试点;2003年3月24日,卫生部印发《关于做好新型农村合作医疗试点工作的通知》,2003年7月,新型农村合作医疗制度试点工作在全国展开实施;2003年9月,国务院同意建立由卫生部、财政部、民政部、国家发改委等11个部委(局、办)参加的新型农村合作医疗部际联席会议制度,日常工作由卫生部负责;2004年1月,国务院办公厅转发了卫生部等11个部门《关于进一步做好新型农村合作医疗试点工作的指导意见》,完善了合作医疗的有关政策,推动了新型农村合作医疗的健康发展;2005年8月,温家宝总理主持召开国务院第101次常务会议,专题听取新型农村合作医疗试点工作汇报,加大了政府的支持力度,加快了推进速度;2006年1月10日,卫生部、国家发改委、民政部、财政部、农业部、国家食品药品监督管理局、国家中医药局七部委局联合下发《关于加快推进新型农村合作医疗试点工作的通知》,要求扩大新型农村合作医疗试点。2007年1月,国务院召开了全国新型农村合作医疗工作会议,明确要求新农合在全国范围内全面推开;2007年3月,卫生部、财

---

① 2008年民政事业发展统计报告[EB/OL]. http：//cws.mca.gov.cn/article/tjbg/200906/20090600031762.shtml.
② 全国人民代表大会农业与农村委员会关于农村社会保障体系建设情况跟踪检查报告[EB/OL]. http：//www.npc.gov.cn/huiyi/cwh/1112/2009-12/25/content_1532285.htm.

政部《关于做好2007年新型农村合作医疗工作的通知》要求，2007年开始全国新型农村合作医疗由试点阶段进入全面推进阶段，覆盖全国80%以上的县（市、区）。据统计，截至2007年6月30日，全国开展新型农村合作医疗制度的县（市、区）达到2429个，占全国的84.87%，参加合作医疗的人口7.2亿，占全国农业人口的82.83%[①]。2008年3月，卫生部、财政部《关于做好2008年新型农村合作医疗工作的通知》要求，实现2008年新型农村合作医疗制度的全面覆盖。"从2008年开始，各级财政对参合农民的补助标准提高到每人每年80元，其中中央财政对中西部地区参合农民按40元给予补助，对东部省份按照一定比例给予补助，计划单列市和农业人口低于50%的市辖区也全部纳入中央财政补助范围；地方财政也要相应提高补助标准，确有困难的地区可分两年到位。地方增加的资金，以省级财政承担为主，尽量减少困难县（市、区）的负担。农民个人缴费由每人每年10元增加到20元，困难地区也可以分两年到位"[②]。到2008年年底已全面覆盖有农业人口的县（市、区），"全国累计15亿人次享受到补偿，补偿基金支出1253亿元。其中有1.1亿人次享受到住院补偿、11.9亿人次享受到门诊补偿，对2亿人次进行了健康体检。参合农民次均住院补偿金额从试点初期的690元提高到1066元"[③]。2009年中央"1号文件"要求："巩固发展新型农村合作医疗，坚持大病住院保障为主、兼顾门诊医疗保障，开展门诊统筹试点，有条件的地方可提高财政补助标准和水平，进一步增加投入，加强县、乡、村医疗卫生公共服务体系建设"[④]；据卫生部2010年3月9日通报，2009年新型农村合作医疗筹资总额达944.35亿元（其中，中央财政补助资金269.62亿元，地方财政补助资金471.98亿元，农民个人缴费194.17亿元，利息收入及其他8.58亿元，全国实际人均筹资水平为113.37元，比2008年提高了17.12元），支出总额为922.92亿元，基金使用率为97.73%（其中，住院补偿支出762.47亿元，门诊补偿支出121.81亿元，特殊病种大额门诊补偿支出11.90亿元，部分地区出现超支情况），全国参合农民受益7.59亿人次

[①] 郝书辰，董西明．新时期农村社会保障制度研究[M]．北京：经济科学出版社，2008：25．
[②] 卫生部　财政部印发关于做好2008年新型农村合作医疗工作的通知[EB/OL]．http://www.moh.gov.cn/publicfiles/business/htmlfiles/mohncwsgls/s6476/200804/19389.htm．
[③] 李学举．国务院关于农村社会保障体系建设情况的报告[EB/OL]．http://www.mca.gov.cn/article/zwgk/mzyw/200904/20090410030076.shtml．
[④] 中共中央　国务院关于2009年促进农业稳定发展农民持续增收的若干意见[EB/OL]．http://money.163.com/09/0201/17/51381VI700252G50_2.html．

(其中，住院补偿 0.62 亿人次，门诊补偿 6.7 亿人次，特殊病种大额门诊补偿 0.05 亿人次），统筹基金最高支付限额提高到当地农民人均纯收入的 6 倍左右，初步统计政策范围内住院费用报销比例已达到 55%[①]。

表 4.1　　　　2003～2008 年新型农村合作医疗发展情况

时间	试点开展县数（个）	参合农民数量（亿人）	农民参合率（%）	收益人次数（亿人）	本年度筹资总额（亿元）	本年度基金支出总额（亿元）	本年度基金使用率（%）
2003.9	304	0.43	74.0	/	/	/	/
2004.12	333	0.80	75.2	0.76	37.6	26.4	70.05
2005.12	678	1.79	75.6	1.22	75.4	61.8	81.95
2006.12	1451	4.10	80.7	2.72	213.6	155.8	72.95
2007.12	2451	7.26	86.2	4.54	428.0	346.6	80.99
2008.12	2729	8.15	91.5	5.85	784.6	662.3	84.41

资料来源：王延中、魏霞、龙玉其、单大圣、姜风雷：《中国农村社会保障的现状与未来发展》，载《社会保障研究》，北京：中国劳动社会保障出版社 2009 年版，第 49 页。

3. 社会养老保险制度的进一步发展

按照十六大报告提出的"在有条件的地方探索建立农村社会养老保险制度"的要求，中国许多地方开始积极探索建立与农村经济发展水平相适应、与其他保障措施相配套的新型农村社会养老保险制度。劳动和社会保障部于 2006 年 1 月选择北京市大兴区、山东省烟台招远市、菏泽市牡丹区、福建省南平市延平区、安徽省霍邱区、山西省柳林县、四川省巴中市通江县、云南省南华县等 8 个县（市、区），启动了新型农村社会养老保险制度建设试点工作[②]。至 2006 年年底，全国参加农村养老保险的人数为 5374 万人，全年共有 355 万农民领取了养老金，共计支付养老金 30 亿元，年末农村养老保险基金累计结存 354 亿元[③]。2009 年中央"1 号文件"要求"抓紧制定指导性意见，建立个人缴费、集体补助、政府补贴的

[①] 2009 年全国新农合实际人均筹资 113 元，参合农民 7.59 亿人次受益，http://www.moh.gov.cn/publicfiles/business/htmlfiles/mohbgt/s3582/201003/46239.htm.

[②] 郝书辰，董西明. 新时期农村社会保障制度研究［M］. 北京：经济科学出版社，2008：26.

[③] 2006 年度劳动和社会保障事业发展统计公报［EB/OL］. http://www.china.com.cn/policy/txt/2007-05/18/content_8272228.htm.

新型农村社会养老保险制度"①;2009年6月24日,国务院总理温家宝主持召开国务院常务会议,研究部署开展新型农村社会养老保险试点工作②;2009年9月1日,《国务院关于开展新型农村社会养老保险试点的指导意见》发布,确定了建立新型农村社会养老保险制度的基本原则("保基本、广覆盖、有弹性、可持续")、任务目标(2009年试点覆盖面为全国10%的县(市、区、旗),以后逐步扩大试点,在全国普遍实施,2020年之前基本实现对农村适龄居民的全覆盖)、资金筹集(个人缴费、集体补助、政府补贴)、养老金待遇(由基础养老金和个人账户养老金组成,支付终身)等等③。

表4.2　　　　　2002~2008年农村社会养老保险发展情况　　单位:万人、亿元

年　份	2002	2003	2004	2005	2006	2007	2008
参加人数	5462	5428	5378	5442	5374	5171	5595
基金积累	233.3	259.3	285	310	355	392	499
领取养老金人数	/	198	205	302	354	412	512
支付养老金额	/	15	/	21	30	40	56.8

资料来源:中华人民共和国劳动和社会保障部:《劳动和社会保障事业发展统计公报(2002~2008年)》。

4. 农村最低生活保障制度的进一步发展

党的十六大提出了探索建立农村最低生活保障制度的要求,2005年"十一五"规划的建议中提出:"有条件的地方要积极探索建立农村最低生活保障制度";2006年12月召开的中央农村工作会议首次明确提出,要"在全国范围建立农村最低生活保障制度";2007年7月国务院发出《关于在全国建立农村最低生活保障制度的通知》,要求通过在全国范围建立农村最低生活保障制度,将符合条件的农村贫困人口全部纳入保障范围,稳定、持久、有效地解决全国农村贫困人口的温饱问题,这标志着我

---

① 中共中央　国务院关于2009年促进农业稳定发展农民持续增收的若干意见[EB/OL]. http://money.163.com/09/0201/17/51381VI700252G50_2.html.
② 新型农村社会养老保险[EB/OL]. http://www.hudong.com/wiki/%E6%96%B0%E5%9E%8B%E5%86%9C%E6%9D%91%E7%A4%BE%E4%BC%9A%E5%85%BB%E8%80%81%E4%BF%9D%E9%99%A9.
③ 国务院关于开展新型农村社会养老保险试点的指导意见[EB/OL]. http://www.gov.cn/jrzg/2009-09/07/content_1411208.htm.

国覆盖城乡居民的最低生活保障制度正式建立。截至 2008 年年底,已有 1982.2 万户 4305.5 万人得到了农村最低生活保障,比上年同期增加 739.2 万人,增长了 20.7%,农村最低保障制度正向应保尽保的目标迈进,平均最低保障标准 82.3 元/(人·月),比上年同期提高 12.3 元,增长 17.6%。全年共发放农村最低生活保障资金 228.7 亿元,比上年增长 109.6%,人均补差 50.4 元/月,比上年同期提高 11.6 元,增长 29.9%①。2009 年中央"1 号文件"要求"加大中央和省级财政对农村最低生活保障补贴力度,提高农村低保标准和补贴水平"②。截至 2009 年 9 月底,全国农村最低生活保障对象 4521 万人,占全国农村人口的 5.1%,农村低保标准人均达到 98 元,月人均补助水平达到 60 元③。

表 4.3　　　　2001~2008 年中国农村最低生活保障人数　　　单位: 万人、%

年份	2001	2002	2003	2004	2005	2006	2007	2008
保障人数	304.6	407.8	367.1	488.0	825.0	1593.1	3566.3	4305.5
年增长率	/	33.9	-10.0	32.9	69.1	93.1	123.9	20.7

资料来源: 中华人民共和国民政部. 2008 年民政事业发展统计报告, http://cws.mca.gov.cn/article/tjbg/200906/20090600031762.shtml。

5. 优抚安置工作的进一步发展

为了进一步强化优抚安置工作,根据《中华人民共和国国防法》、《中华人民共和国兵役法》等有关法律,国家及相关部门制定了一系列法律法规。例如,在优抚方面,2004 年 8 月 1 日,国务院颁布了《军人优抚优待条例》(1988 年 7 月 18 日国务院发布的《军人抚恤优待条例》同时废止),对军人优抚优待政策进行了全面系统的修订;2005 年 4 月 18 日,民政部、财政部下发《关于提高部分优抚对象④抚恤补助标准的通知》;2005 年 12 月 21 日,民政部、财政部、劳动和社会保障部下发《一至六级

---

① 2008 年民政事业发展统计报告 [EB/OL]. http://cws.mca.gov.cn/article/tjbg/200906/20090600031762.shtml.
② 中共中央　国务院关于 2009 年促进农业稳定发展农民持续增收的若干意见 [EB/OL]. http://money.163.com/09/0201/17/51381VI700252G50_2.html.
③ 全国人民代表大会农业与农村委员会关于农村社会保障体系建设情况跟踪检查报告 [EB/OL]. http://www.npc.gov.cn/huiyi/cwh/1112/2009-12/25/content_1532285.htm.
④ 部分优抚对象是指残疾军人(含伤残人民警察、伤残国家机关工作人员、伤残民兵民工)、烈属(含因公牺牲军人遗属、病故军人遗属)、在乡退伍红军老战士(含在乡西路军红军老战士、红军失散人员)。

残疾军人医疗保障办法》；2007年5月8日，民政部、人事部、财政部下发《关于国家机关工作人员及离退休人员死亡一次性抚恤发放办法的通知》；2007年11月10日，下发《关于调整一次性抚恤金发放办法的通知》；2007年7月31日，李学举部长签署第34号民政部令《伤残抚恤管理办法》（2007年8月1日起执行）等等。并且根据条件的变化不断提高优抚标准。以"农村烈属、因公牺牲军人遗属、病故军人遗属定期抚恤金标准"为例，2004~2009年标准调整如下：

表4.4　　　2004~2009年农村烈属、因公牺牲军人遗属、
病故军人遗属定期抚恤金标准

单位：元/年

调整时间	烈属	因公牺牲军人遗属	病故军人遗属
2004.10.01	2640	2520	2340
2006.10.01	3120	2940	2760
2007.10.01	3600	3420	3300
2008.10.01	4140	3960	3780
2009.10.01	4760	4550	4350

资料来源：中华人民共和国民政部.2004~2009年优抚对象抚恤补助标准，http://yaj.mca.gov.cn/article/ydfx/yfbz/。

6. 新型救灾制度的进一步发展

近年来，国家和政府为了更好地做好防灾减灾、赈灾和灾后重建工作，采取了一系列积极的措施：2005年年初，中国国际减灾委员会更名为国家减灾委员会，负责制定国家减灾工作的方针、政策和规划，协调开展重大减灾活动，综合协调重大自然灾害应急及抗灾救灾等工作；2007年8月，《国家综合减灾"十一五"规划》等文件明确提出了我国"十一五"期间及中长期国家综合减灾战略目标；《突发事件应对法》、《防震减灾法》、《防洪法》、《防沙治沙法》、《水污染防治法》等30多部法律、法规，形成了全方位、多层级、宽领域的防灾减灾法律体系；《国家突发公共事件总体应急预案》、《国家自然灾害救助应急预案》等，对灾害应对、抢险救灾和灾后恢复重建事项做了规范；2009年5月11日，中国政府发布首个关于防灾减灾工作的白皮书《中国的减灾行动》等等①。随着救灾

---

① 全国防灾减灾日 [EB/OL]．http：//baike.baidu.com/view/2440956.html．

应急响应、灾民生活救助、灾后恢复重建、备灾减灾、社会动员等机制的逐步建立和完善，农村救灾能力不断提高，这一点尤其是在2008年年初抗击南方低温雨雪冰冻灾害和5月12日汶川地震灾害的斗争中经受住了考验。据有关资料显示，2008年全年共启动国家救灾应急响应38次，先后向灾区派出50个救灾工作组，指导地方政府紧急转移安置人口2682.2万人（次），完成灾区恢复重建民房631.5万间；出台中央临时生活救助后续生活救助和"三孤"人员救助安置等政策；提高救灾补助标准，增加补助项目，拓展救灾受益人群范围，切实保障灾时、灾后受灾群众基本生活；开展大规模的救灾捐赠活动（特别是汶川地震后，社会各界的捐赠热情空前高涨，先后接收了160多个国家和10个国际组织提供的资金、物资和人员援助。捐赠款物极大地补充了国家救灾资源，对安置受灾群众生活和灾后恢复重建发挥了重要作用）；实施《国家综合减灾"十一五"规划》，加快中央救灾物资储备库建设；成功发射"环境与灾害监测预报小卫星星座"A星、B星；开展农村危房改造试点，帮助农村困难群众改善人居环境，增强抵御自然灾害能力等等①。据统计，2008年，紧急转移安置灾民2682.2万人，救济灾民8000多万人次②。

4.5.2 2003年至今新型农村社会保障制度存在的问题及未来发展方向

1. 2003年至今新型农村社会保障制度存在的问题

农村新型社会保障制度和体系经过最近几年的发展，取得了非常显著的成就，但问题的存在也是很明显的。

第一，农村新型社会保障体系的发展依旧存在地区发展不平衡问题，东、中、西部地区的农村社会保障水平差距较大。在经济发达的东部地区，农村社会保障水平比较高，覆盖面相对较广；而集中了我国大多数贫困人口的西部地区，农村社会保障水平很低，覆盖面窄。例如，农村社会

---

① 2008年民政事业发展统计报告［EB/OL］. http：//cws.mca.gov.cn/article/tjbg/200906/20090600031762.shtml.
② 李学举. 国务院关于农村社会保障体系建设情况的报告［EB/OL］. http：//www.mca.gov.cn/article/zwgk/mzyw/200904/20090410030076.shtml.

保障覆盖面上海已经达到12.8%，而西部地区都在2%左右①。再如，就新型合作医疗而言，在西部落后地区，农民由于收入水平较低②，且对新型合作医疗缺乏足够信心，很多农民便会选择放弃投保，造成参保率低、覆盖面窄的局面。

第二，促进农村新型社会保障制度和体系发展的制度建设明显滞后，立法工作还有待加强，许多政策措施刚性不强，导致农村新型社会保障制度和体系发展的法制化、规范化程度不高，其中最明显的是农村养老保障基本制度尚不完善。当前，相比较来看，新农合已经有了基本制度框架，农村最低生活保障也已经有全国性的指导文件，农村五保供养有了行政法规，农村社会救助、农村社会福利事业也都有相应规定，但是农村社会养老保险却缺乏全国性的基础制度。另外，农村社会保障的新老衔接、城乡衔接、地区衔接，也缺乏制度规定。

第三，各级政府财政应该承担的责任还不够明确，对上级政府和下级政府支出责任缺乏合理界定，出现下级依赖上级、地方依赖中央的现象，而且所需资金的落实情况不理想；农民自己承担的资金部分相对比例还比较高，大部分农民因回报不理想或负担沉重等原因而自愿缴费热情不高；政府各相关负责部门的协调亟待加强等等。

第四，农村社会保障资金不足且稳定性差，各级财政对农村社会保障的投入较少。资金不到位已经成为阻碍农村社会基本保障制度发展的"瓶颈"，严重阻碍农村社会保障各项目的运行，中央财政的支持缺位是造成农村社会保障资金不足的主要原因。特别是一些中西部地区，县级财政困难，集体经济基本没有来源，当前很多社会保障体系建设中要求地方政府和集体经济负担的部分很难落实。

2. 2003年至今新型农村社会保障制度未来发展方向

按照民政部李学举部长所作的《国务院关于农村社会保障体系建设情

---

① 李君如，吴焰. 建设中国特色农村社会保障体系［M］. 北京：中国水利水电出版社，2008：58.

② 2009年4月23日上午，党的十一届全国人大常委会第八次会议分组审议国务院关于农村社会保障体系建设情况的报告。全国人大常委会委员达列力汗·马米汗审议时指出，新疆农民人均纯收入与全国平均水平相比低957元，2007年占全疆总人口60%的农村人口，人均消费支出仅为城市人均消费支出的29.8%，与全国平均水平相差905元。而且在新疆内南北疆的差别也是很大的，2008年全区农民人均纯收入达3503元，比上年增加10.1%，但南疆地区农民人均收入低于全疆平均收入1000元。参见：http://www.npc.gov.cn/npc/xinwen/jdgz/gzjd/2009-05/06/content_1501278.htm.

况的报告》的要求,今后一段时间的农村社会保障工作,需要按照广覆盖、保基本、多层次、可持续的原则,以解决制度缺失问题为重点,继续健全和规范各项保障制度,逐步扩大覆盖面,不断提高保障水平,着力从体系层面进行衔接配套,增强推进合力。具体来讲,在农村最低生活保障方面要进一步扩大保障对象,实现应保尽保;要综合考虑当地经济发展水平和保障对象的实际需要,进一步规范标准的制定;要对保障对象实行动态管理等等。在新型农村合作医疗方面,要通过提高各级财政的补助标准和适当提高个人缴费标准等方式保障水平;要规范基金管理,提高基金使用效率;要建立方便快捷的农民个人缴费方式和动态筹资机制,并确保各级财政补助资金及时足额到位等等。在新型农村社会养老保险方面,要按照"个人缴费、集体补助、政府补贴"相结合的要求,研究出台新型农村社会养老保险制度试点指导意见,并选择全国10%的县(市、区)积极稳妥地开展试点工作。在农村救灾方面,要继续完善救灾应急体制,进一步增强农村救灾工作的时效性;要将因灾造成长期生活困难符合条件的灾民纳入最低生活保障;要动员和组织农村灾民开展生产自救、劳务输出和互助互济,解决或缓解灾害带来的生活困难等等。在农村五保供养方面,要深入贯彻《农村五保供养工作条例》,进一步将符合供养条件的农村五保对象纳入保障范围;要坚持集中供养与分散供养相结合,适度提高集中供养率,进一步完善农村五保供养服务等等。

4.6 新中国成立以来农村社会保障变迁启示

回顾历史的目的在于借鉴经验和汲取教训。通过对新中国成立以来年农村社会保障制度曲折发展历程的回顾,笔者发现,成功的经验和惨痛的教训并存。推广成功的经验,避开惨痛的教训,是我们下一步推进发展新型农村社会保障制度的重要基础。笔者通过研究认为,新中国成立以来农村社会保障制度的曲折发展值得借鉴的方面主要有:

第一,各级政府和广大农民必须树立正确的社会保障理念,充分认识到农村社会保障体系建设是社会主义市场经济建设的题中应有之意,是广大农民应该享受的基本权利而不是恩惠和施舍,不能以家庭保障和土地保障取代社会保障;充分认识到社会保障体系建设对于促进社会主义市场经济的发展、落实城乡统筹发展、维护社会稳定、通过刺激农村消费而扩大内需和拉动经济增长的重要意义。新中国成立至今，我国社会保障制度建设理念前后经历了"计划经济时代的平均主义"、"旧制度破解时期理念定位模糊不清"、"新旧制度并存阶段的效率优先"以及"公平正义与人道主义核心理念逐步确立"的发展。理念的偏差造成了严重的后果，例如，我国的社会保障在改革中由于没有正确处理好效率与公平的关系，选择的是"效率优先，兼顾公平"而不是"公平优先，兼顾效率"，这就使得社会保障体系的建设不但没有发挥出遏制贫富差距、实现社会公平的功能，反而作为诱因进一步扩展着社会不公平的程度和范围，使社会和谐面临着改革开放以来的严峻挑战。

第二，政府尤其是中央政府要承担起农村社会保障体系建设的主要责任。政府承担农村社会保障体系建设的主要责任是符合社会保障制度建设的最基本原则的，只有政府才能够承担起这一主要责任。纵观新中国成立60年来农村社会保障制度发展的历史发现，只要政府承担起了主要职责，农村社会保障体系就能够建立起来并发挥其职责，而一旦弱化了政府责任，农村社会保障体系的建设就会停滞不前甚至出现衰退或解体。计划经济时期，农村社会保障体系的建设虽然也存在许多问题，但由于政府的作用（农村虽然是集体经济在发挥作用，但集体经济的作用也相当于政府的作用），包括五保供养、救灾救济、合作医疗、优抚安置等在内的比较完善的传统社会保障体系在很大的程度上发挥了重要作用；而在改革开放后一段时间，由于政府职责被弱化，传统的社会保障体系逐渐衰弱甚至解体而新型的社会保障体系却迟迟没有建立起来；但是当政府重新意识到应该加强其责任并展开相应的工作后，农村社会保障体系的建设又如火如荼地开展起来并基本形成了包括新型五保供养、最低社会保障、新型合作医疗、社会养老保险、救灾、优抚安置在内的农村社会保障体系。

第三，必须加强农村社会保障体系的制度化、法制化建设，确保农村社会保障体系建设的稳定性与连贯性。完善的立法不仅能够为农村社会保障体系的建设提供法律依据，而且也能够对农村社会保障体系的建设者施加必要的强制的约束，从而使农村社会保障体系的建设工作规范化、有序化、常态化和具有可持续性，避免随意性的发生。纵观新中国成立60年来农村社会保障制度发展的历史发现，只要出台了一项新的法律法规，农村社会保障体系的建设就能够上一个非常大的台阶。我国存在的社会保障制度覆盖面比较窄和社会保障基金征缴率比较低等问题，很大程度上是由于社会保障的立法滞后造成的。通过立法的形式建立与健全社会保障制度，是世界各国开展社会保障工作的通行做法，可以说法制是建立农村保障制度的关键环节，必须高度重视。为此应抓好以下两方面工作：一方面，应充分依靠现有法律、法规，理顺和规范社会保障运行；另一方面，应加快专项立法，特别是加快地方立法，鼓励与提倡各地方政府根据本地实际制定具体的保障办法，促进我国农村社会保障的法制建设。

第四，必须保障农村社会保障体系建设所需资金的投入和落实到位。农村社会保障制度建设的关键在于所需资金的投入和到位。农村社会保障制度建设应该选择多方筹资机制，但筹资各方的权重必须不同：政府的财政投入必须是最主要的，并且它还要起吸引农民参加农村社会保障的引领作用；政府积极鼓励和引领农民筹资，不能加重农民的负担，但也绝不能取消农民个人应该负有的责任而只依靠政府的财政投入；最好能够鼓励和支持社会团体、社会成员进行慈善捐赠和社会互助，将所筹集到的款项充实到社会保障基金里去，以增强农村社会保障能力。在加大政府财政资金投入时，也必须处理好或合理确定中央和地方财政分担比例，适度加大中央财政的投入比例。同时，还应该根据经济社会发展水平适当增加保障投入，建立农村社会保障补助标准的动态调整机制。

第 5 章

新世纪以来北京农村社会保障制度实践

进入新世纪以来,北京市十分重视农村社会保障体系的建设,通过对"十五"计划的贯彻和实施,初步形成了农村社会保障体系,形成了以农村养老保险、新型农村合作医疗、农村最低生活保障为主要内容的农村社会保障体系。

5.1 新世纪以来北京农村社会保障实践取得的成就

通过对"十一五"规划的贯彻和实施,率先实现了城乡居民社会保障制度全覆盖和从城乡二元保障向城乡一体化保障的发展,北京市农村社会保障体系建设取得了重大的成就。例如,"十五"时期取得的成就主要表现为"初步形成了农村社会保障体系,形成了以农村养老保险、新型农村合作医疗、农村最低生活保障为主要内容的农村社会保障体系。建立了农村最低生活保障制度,将 7.8 万名生活困难的农村居民纳入农村最低生活保障范围,5000 多户特困群众的住房得到改善;建立了以大病统筹为主的新型农村合作医疗制度,13 个郊区县、185 个乡镇全面推行了以大病统筹为主的新型农村合作医疗,有 249 万农民参加了新型农村合作医疗,参合率为 81%;农村养老保险稳步推进,理顺了农村养老保险的管理体制,积极完善制度,提出了'个人缴费、集体补助、政府补贴'的筹资模式,在 5 个区县进行了试点,40.6 万农民参加了农村养老保险;优抚安置政策进一步落实,四次提高了优抚对象定期抚恤补助标准,享受定期抚恤补助的优抚对象 1.55 万人;农村义务兵家属优待金提高到了 4200 元;为 1500

余户农村优抚对象翻建了危房"①。再如。"十一五"时期取得的成就主要表现为：在"十一五"时期，北京市社会保障制度建设按照"保基本、全覆盖，先保险、再救助，逐步完善提高"的思路，创新社会保障制度，填补制度体系空白，实现了城乡居民社会保障制度全覆盖，社会保障制度从职工保障向全民保障、从城乡二元保障向城乡一体化保障、从单一层次保障向多层次保障发展，切实有效地保障和改善了民生，促进了经济社会协调发展。率先实现养老保险制度城乡一体化，创新建立"个人账户与基础养老金"相结合的新型农村养老保险制度，并在新型农村养老保险制度的基础上建立了城乡居民养老保险制度，城乡居民养老保险实现了制度模式、缴费标准、保险待遇城乡一体化，城乡居民参保率达到92%，率先建立城乡统一、标准一致的城乡无保障老年居民养老保障制度，61万老年人享受福利养老金；率先实现医疗保险制度全覆盖，建立新型农村合作医疗筹资增长机制，实现区县级统筹，参合率达到96.7%；大力发展养老服务机构，按照"9064"养老服务模式②，政府购买社会化养老服务，为老年人、残疾人发放养老券，建立养老餐桌，发展托老所，有效满足老年人就餐和托老需求，出台鼓励引导社会力量兴办养老服务机构优惠政策，所有街乡配备养老服务车，全面落实老年人优待办法，65岁以上老年人可以免费乘公交、逛公园、游博物馆。1255个村的"山区星光计划"③ 建设任务完成，惠及农村老年人口约45万人；以最低生活保障为基础，专项救助制度相配套，临时救助和社会互助为补充的城乡社会救助体系进一步完善，全市共有22.7万人享受最低生活保障待遇，实施农村低保分类救助，建立新型农村五保供养制度，3500余名五保供养对象实现了从集体互助向公共财政保障转变，实施农村住房救助，加快推进农村危旧房翻建工程，累计为1.04万户农村社会救助对象解决了住房困难；社会保障待遇水平大幅提升，基本实现"穷了有人济、残了有人助、病了有人治、老了有人养、死了有人送"，新型农村合作医疗住院最高补偿标准达到18万

---

① 北京市"十一五"时期就业和社会保障发展规划［EB/OL］. http://www.beijing.gov.cn/zfzx/ghxx/sywgh/t679843.htm.

② "9064"养老服务新模式即"到2020年，90%的老年人在社会化服务协助下通过家庭照顾养老，6%的老年人通过政府购买社区照顾服务养老，4%的老年人入住养老服务机构集中养老"，逐步建立起集中照料服务与社区居家服务互为补充的养老服务体系，推动老年福利服务由补缺型向适度普惠型转变. http://bj.people.com.cn/GB/8663140.hhtm.

③ "山区星光计划"即以福利彩票公益金资助部分山区村建设老年福利服务设施，以改善山村老年人生活环境，提高生活质量. http://www.bjmzj.gov.cn/templet/mzj/ShowArticle.jsp?id=101030&NODE_ID=root.

元，农村居民最低生活保障标准增长153%，农村居民最低标准达到210元/月，优抚对象抚恤补助标准实现城乡一体化，每人每月最高标准提高到2984元，增长145%，义务兵优待金标准实现城乡一体化，优待标准统一提高到每人每年1.8万元[①]。

新世纪以来北京市农村社会保障体系发展取得的成就主要通过以下几个方面体现出来。

5.1.1 农村社会救助体系不断完善

按照本书第1章"新型农村社会保障体系"的界定，农村社会救助体系主要包括农村最低生活保障制度和五保户供养制度两个部分。

1. 农村最低生活保障制度实现全覆盖和应保尽保

北京市从2002年开始建立农村最低生活保障制度。北京市民政局《关于建立和实施农村居民最低生活保障制度意见的通知》[②]指出，为认真贯彻落实党中央、国务院关于加大扶贫帮困工作力度的精神，妥善解决北京市农村地区贫困人口的生活困难，切实保障农村居民的基本生活，推进社会保障体系建设，北京市政府决定，从2002年度起在北京市建立并实施农村居民最低生活保障制度。之后，各区县在原救助制度的基础上，对本区困难户情况重新进行调查，协调有关部门确定保障标准和范围，研究本区实施意见和工作方案，一个覆盖所有农村居民，突出社会救助性质，体现规范化、制度化要求的新型农村基本生活保障机制在区县迅速推开。经过10年的发展，北京农村最低生活保障制度实现了全覆盖和应保尽保。

（1）被保障人数逐年增加。据历年《北京市民政事业发展统计报告》和历年《北京统计年鉴》相关数据显示，农村居民享受最低保障制度的人数（除2010年外）和户数均在逐年增加（详情参见表5.1和图5.1）。

---

① 北京市"十二五"时期社会保障发展规划（京政发〔2011〕51号附件）[EB/OL]. http://www.bjpc.gov.cn/fzgh_1/guihua/12_5/12_5_zx/12_5_zh/201108/P020120322543404317642.pdf.

② 关于建立和实施农村居民最低生活保障制度意见的通知[EB/OL]. http://www.gov.cn/ztzl/2005-12/31/content_144317.htm.

（2）低保标准①在不断提高。据有关资料显示，2006年北京市农村低保平均标准测定为1580元，比上年的1510元提高70元②；2007年4月27日起，全市农村低保平均标准为每人每年1630元③；2008年7月1日起，农村低保平均标准为1780元④；2009年1月1日期起，农村低保最低保障标准从年人均1780元调整为2040元⑤；2010年7月1日期起，农村居民最低生活保障标准由月人均170元调整为210元，有条件的区县政府，可结合本区县经济发展情况适度调高本区县农村居民最低生活保障标准⑥；2011年1月1日起农村低保最低标准由家庭月人均210元上调为300元⑦；2011年7月1日起农村最低标准由家庭月人均300元调整为340元⑧；2012年1月1日起，农村低保最低标准由家庭月人均340元上调为380元⑨，具体走势参见表5.2和图5.2。由表5.2和图5.2可以看出，2010年之后，低保标准大幅度提高。正是由于上述两个因素的变化，北京市全年累计支出农村最低生活保障资金也在不断增加，例如，2008年为9295.7万元，比上年增长27.5%⑩；2009年为13764.7万元，比上年

---

① 农村低保标准由各区县政府按照维持当地农村居民衣、食、住等基本生活需要，并适当考虑水电、燃煤（柴）及未成年人义务教育等费用因素确定，并根据当地经济社会发展水平和财政承受能力，随着生活必需品价格变化和人民生活水平的提高适时调整。

② 北京农村低保平均标准上调 [EB/OL]. http://www.gov.cn/fwxx/sh/2006-05/27/content_292641.htm. 2006年5月26日，北京市民政局宣布，北京市农村将建立低保标准调整机制，今后各个区县的农村低保标准将按照市民政局公布的统一测算方法制定，当物价消费指数变动时，各区县可以自主调整低保标准。过去全市并没有制定统一的农村低保标准。

③ 北京市民政局关于公布2007年全市农村低保平均标准的通知（京民救发〔2007〕154号）[EB/OL]. http://law.baidu.com/pages/chinalawinfo/1693/63/d560abe43d8c48d3fb47b44772357a89_0.html.

④ 北京市民政局、北京市财政局、北京市统计局、国家统计局北京调查总队关于公布实施我市农村低保最低标准的通知（京民救发〔2008〕272号）[EB/OL]. http://law.baidu.com/pages/chinalawinfo/1701/98/def1ab617665016982a4968363cf701d_0.html.

⑤ 北京市提高2009年城乡居民最低生活保障标准 [EB/OL]. http://bj.xinhuanet.com/bjpd_ezk/2008-12/30/content_15410528.htm.

⑥ 我市提高城乡居民最低生活保障待遇标准 [EB/OL]. http://www.bjcz.gov.cn/zwxx/czxw/t20100622_245024.htm.

⑦ 关于调整2011年本市城乡低保标准的通知（京民社救发〔2010〕592号）[EB/OL]. http://bjshjz.bjmzj.gov.cn/showBulltetin.do?id=30139&dictionid=7083101&websitId=70890&netTypeId=2&subwebsitid=.

⑧ 北京2011年7月起调高多项社保标准 [EB/OL]. http://news.xinhuanet.com/politics/2011-06/16/c_121544153.htm.

⑨ 关于调整本市社会救助相关标准的通知（京民社救发〔2012〕3号）[EB/OL]. http://bjshjz.bjmzj.gov.cn/showBulltetin.do?id=30700&dictionid=7083101&websitId=70890&netTypeId=2&subwebsitid=.

⑩ 2008年北京市民政事业发展统计公报 [EB/OL]. http://www.bjmzj.gov.cn/templet/mzj/ShowArticle.jsp?id=102297&NODE_ID=root.

增长48.1%[①]；2010年为15531.6万元，比上年增长13%[②]。

表5.1　　　2002~2010年北京市农村居民最低保障人数和户数　　　单位：人、户

年份	农村低保人数	农村低保户数
2002	54433	28698
2003	67005	34638
2004	74914	39442
2005	78095	41830
2006	81142	44325
2007	82354	45721
2008	83077	46524
2009	84735	/
2010	76955	/

资料来源：历年北京市民政事业发展统计公报。

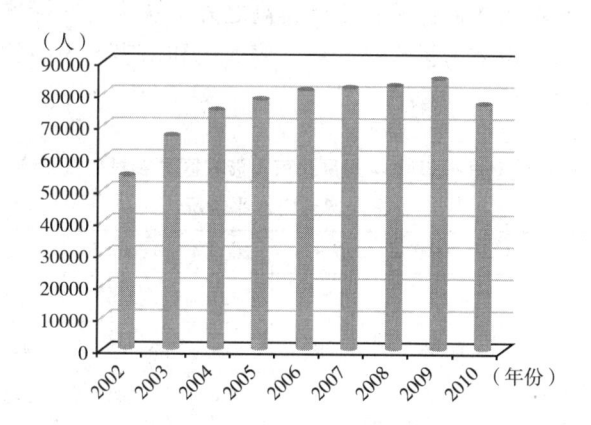

图5.1　2002~2010年北京市农村低保人数变化

表5.2　　　　2005~2012年北京市农村居民最低保障标准　　　　单位：元/年

年份	2005	2006	2007	2008	2009	2010	2011	2011	2012
低保标准	1510	1580	1630	1780	2040	2250	3600	4080	4560

注：表中2011年的数据，其中第一个数据是指2011年1月起的数据，第二个是指2011年7月起的数据。

---

① 2009年北京市民政事业发展统计公报[EB/OL]. http://www.bjmzj.gov.cn/templet/mzj/ShowArticle.jsp?id=102298&NODE_ID=root.

② 2010年北京市民政事业发展统计报告[EB/OL]. http://www.bjmzj.gov.cn/templet/mzj/ShowArticle.jsp?id=102299&NODE_ID=root.

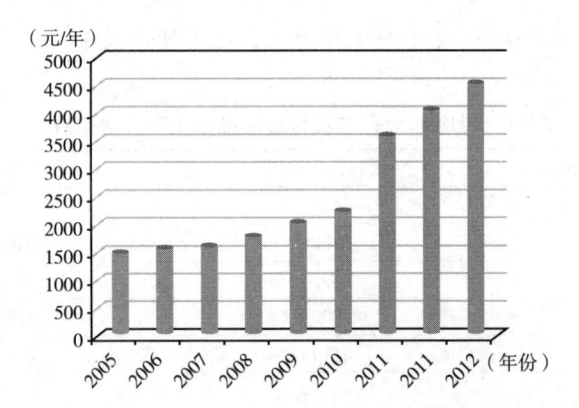

图 5.2　2005~2012 年北京市平均农村低保标准变化

注：图中第一个 2011 年的数据是指 2011 年 1 月起的数据，第二个 2011 年的数据是指 2011 年 7 月起的数据。

除北京市平均农村低保标准不断提高之外，各区县的标准也在不断提高，人均支付水平总体上呈提高趋势。表 5.3 和由表 5.3 中的数据绘制成的图 5.3 可以说明这一问题。

表 5.3　2008 年 1 月~2012 年 4 月北京市涉农区县农村最低社会
保障人均支出水平情况　　　　　　　　单位：元/月

各区县	2008.1	2008.2	2008.3	2008.4	2008.5	2008.6	2008.7
朝阳区	139	225	229	221	216	213	215
丰台区	228	228	229	229	228	227	226
海淀区	253	247	244	244	244	243	242
门头沟区	93	93	94	94	93	93	98
房山区	92	92	90	90	90	90	93
通州区	78	92	86	84	83	86	105
顺义区	101	100	99	99	100	100	105
昌平区	113	116	117	116	116	117	120
大兴区	78	78	129	130	117	113	108
怀柔区	130	98	89	84	80	78	82

续表

各区县	2008.1	2008.2	2008.3	2008.4	2008.5	2008.6	2008.7
平谷区	76	76	73	73	73	73	78
密云县	51	51	50	51	50	50	56
延庆县	75	75	75	75	75	74	74
各区县	2008.8	2008.9	2008.10	2008.11	2008.12	2009.9	2009.11
朝阳区	228	236	241	234	238	256	225
丰台区	232	236	212	193	246	223	224
海淀区	249	254	258	261	260	305	303
门头沟区	101	104	109	108	109	175	175
房山区	95	94	96	97	98	125	122
通州区	98	97	93	94	94	101	101
顺义区	108	110	113	114	116	174	171
昌平区	122	124	125	126	127	157	165
大兴区	108	106	107	112	142	209	181
怀柔区	85	87	89	90	84	117	116
平谷区	89	84	86	88	90	126	126
密云县	59	62	64	66	67	114	113
延庆县	81	86	90	93	96	154	153
各区县	2009.12	2010.1	2010.2	2010.3	2010.4	2010.5	2010.6
朝阳区	219	175	206	219	196	181	188
丰台区	205	231	267	271	271	270	281
海淀区	298	293	292	292	291	291	291
门头沟区	176	179	179	179	179	179	179
房山区	120	101	101	100	100	100	100
通州区	104	122	141	134	128	127	125
顺义区	176	159	159	159	159	161	161
昌平区	120	202	205	269	260	250	211
大兴区	200	144	224	195	171	143	177
怀柔区	106	218	163	145	135	130	126
平谷区	127	128	128	128	128	128	129
密云县	113	113	112	112	112	112	113
延庆县	153	151	151	151	155	151	151

续表

各区县	2010.7	2010.8	2010.10	2010.11	2010.12	2011.1	2011.2
朝阳区	194	206	213	224	228	257	329.18
丰台区	282	208	283	284	285	217	337.80
海淀区	294	297	301	302	310	374	370.96
门头沟区	183	187	191	193	194	249	248.89
房山区	104	107	111	112	122	378	327.73
通州区	124	122	129	129	133	160	166.08
顺义区	172	180	188	191	193	322	321.92
昌平区	239	239	238	238	219	303	303.10
大兴区	176	176	189	182	203	164	146.91
怀柔区	108	113	120	123	125	236	235.28
平谷区	134	139	145	147	149	170	170.19
密云县	114	117	122	123	126	198	198.41
延庆县	152	133	165	166	167	182	228.47
各区县	2011.3	2011.4	2011.5	2011.6	2011.7	2011.8	2011.9
朝阳区	287.13	328.53	327.81	322.68	308.73	310.81	306.67
丰台区	282.11	281.99	267.83	240.90	254.20	264.49	277.45
海淀区	370.93	371.47	371.77	371.63	373.52	383.81	374.05
门头沟区	248.59	248.28	248.07	248.03	251.64	252.65	253.34
房山区	307.81	301.71	297.78	295.28	296.31	298.94	300.99
通州区	177.11	183.82	186.20	192.76	201.28	203.03	207.32
顺义区	321.77	322.18	322.98	323.43	323.71	325.88	325.82
昌平区	292.70	305.69	304.57	270.38	309.02	321.34	311.04
大兴区	399.17	483.12	431.58	388.37	374.11	367.19	343.97
怀柔区	233.99	233.37	232.79	232.19	237.39	240.98	243.75
平谷区	170.15	170.15	180.11	186.77	191.47	198.52	203.57
密云县	198.51	198.64	198.77	198.43	201.66	204.37	206.14
延庆县	243.84	253.25	206.56	267.46	268.77	272.86	288.29
各区县	2011.10	2011.11	2011.12	2012.1	2012.2	2012.3	2012.4
朝阳区	307.53	316.19	292.58	565.92	469.49	420.31	387.64
丰台区	280.84	286.37	314.07	277.40	322.21	371.92	286.87
海淀区	374.20	374.41	383.23	401.54	400.31	399.59	398.90
门头沟区	253.82	254.18	254.41	285.28	284.91	285.35	285.60

续表

各区县	2011.10	2011.11	2011.12	2012.1	2012.2	2012.3	2012.4
房山区	302.65	303.75	320.03	357.37	558.83	488.33	455.03
通州区	209.88	213.13	213.98	225.42	232.22	231.82	232.82
顺义区	324.97	324.26	323.61	315.83	315.46	353.23	372.02
昌平区	317.43	319.18	320.17	374.06	376.38	376.39	375.49
大兴区	324.78	323.92	344.10	185.07	472.80	412.98	383.48
怀柔区	245.93	247.66	264.81	305.15	305.27	305.29	305.24
平谷区	207.63	210.85	213.52	241.88	261.64	268.3	271.58
密云县	207.47	208.54	209.18	241.31	241.37	241.28	240.89
延庆县	277.76	280.06	282.23	303.94	152.27	466.23	436.28

资料来源：低保数据［EB/OL］．http://cws.mca.gov.cn/article/tjsj/dbsj/index1.shtml。
注：有些月份没有数据，因此无法显示。

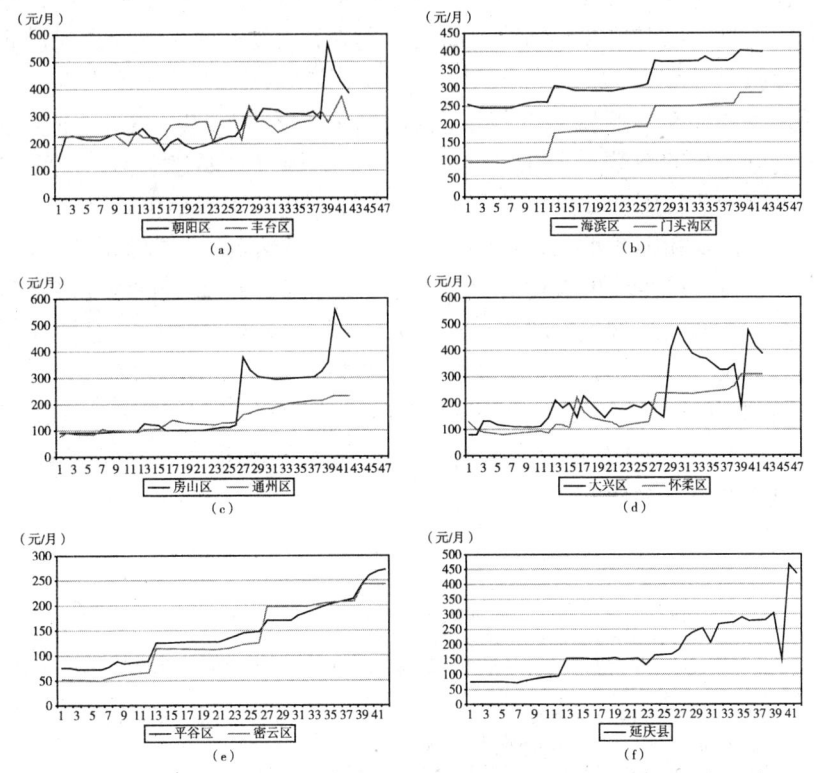

图 5.3　2008 年 1 月~2012 年 4 月北京市涉农区县农村最低社会保障人均支出水平变动趋势

注：横座标为与表 5.3 对应的年月。

2. 农村五保供养制度得到不断发展

根据《北京市农村五保供养制度实施细则》[①] 的规定，农村五保供养包括供给粮油、副食品和生活用燃料；供给服装、被褥等生活用品和零用钱；提供符合基本居住条件的住房；提供疾病治疗，对生活不能自理的给予照料；办理丧葬事宜等，对接受教育的农村五保供养对象，还将按规定保障其接受教育所需费用或给予教育救助等。农村五保供养标准由区、县人民政府制定，并报市人民政府备案后公布执行。农村五保供养标准不得低于区县农村居民的平均生活水平，并根据当地经济和社会发展情况，建立农村五保供养标准的科学增长机制。其具体做法是：农村五保供养标准根据统计部门公布的上年度本行政区域内农村居民家庭人均生活消费支出确定。集中供养的农村五保供养对象所需经费，在扣除15%的医疗救助资金预算后，由区县财政部门按照预算管理要求拨付至供养服务机构；分散供养的农村五保对象按月领取生活费，生活费发放标准为本区县农村低保标准（按月计算）的115%。其中，分散供养的农村五保对象中重残人的生活费发放标准参照城市低保标准执行，已实行城乡低保标准并轨的区县，按分类救助系数1.15的标准享受待遇。同时，要建立价格上涨应急补贴机制和节日慰问补助机制，确保五保对象生活水平稳中有升[②]。

从表5.4和图5.4~图5.6中可以看出，虽然需要供养的人数有时会增加，有时会减少，但农村五保供养标准和全年累计支出农村五保供养资金却在不断增加。例如，2009年到2011年短短两年，农村五保供养标准提高了2453元。再如，2008年全年累计支出农村五保供养资金为857.7万元[③]；2009年全年累计支出农村五保供养资金达到2081.1万元，同比增长107.1%[④]；2010年全年累计支出农村五保供养资金达到2341.2万元，同比增长12%[⑤]。

[①] 北京市农村五保供养制度实施细则 [EB/OL]. http://www.bjmzj.gov.cn/templet/mzj/ShowArticle.jsp?id=101056&NODE_ID=root&CLASS_ID=jzgfxwj.
[②] 北京市农村五保供养事业发展报告（2006~2010年）[EB/OL]. http://mzzt.mca.gov.cn/article/wbgygzhy/fzbg/201011/20101100117328.shtml.
[③] 2008年北京市民政事业发展统计公报 [EB/OL]. http://www.bjmzj.gov.cn/templet/mzj/ShowArticle.jsp?id=102297&NODE_ID=root.
[④] 2009年北京市民政事业发展统计公报 [EB/OL]. http://www.bjmzj.gov.cn/templet/mzj/ShowArticle.jsp?id=102298&NODE_ID=root.
[⑤] 2010年北京市民政事业发展统计报告 [EB/OL]. http://www.bjmzj.gov.cn/templet/mzj/ShowArticle.jsp?id=102299&NODE_ID=root.

第5章 新世纪以来北京农村社会保障制度实践

表5.4　　　　　　2008～2011年北京市农村五保供养情况

单位：人、元、年、万元

年　份	农村五保户人数	集中供养人数	分散供养人数	供养标准	全年累计支出农村五保供养资金
2008	4288	2457	1831	/	857.7
2009	4914	2596	2318	7656①	2081.1
2010	4610	2365	2245	9141②	2341.2
2011	/	/	/	10109③	/

注：① 关于调整2009年本市农村五保供养最低标准及有关问题的通知［EB/OL］. http://zhengwu.beijing.gov.cn/gzdt/gggs/t1061648.htm.
② 关于调整2010年本市农村五保供养最低标准的通知［EB/OL］. http://zfxxgk.beijing.gov.cn/columns/2962/2/233027.html.
③ 关于调整2011年本市农村五保供养最低标准的通知［EB/OL］. http://govinfo.nlc.gov.cn/bjfz/xxgk/bjsmzj/201108/t20110818_956321.html?classid=443.
资料来源：相关年份的《北京市民政事业发展统计报告》。

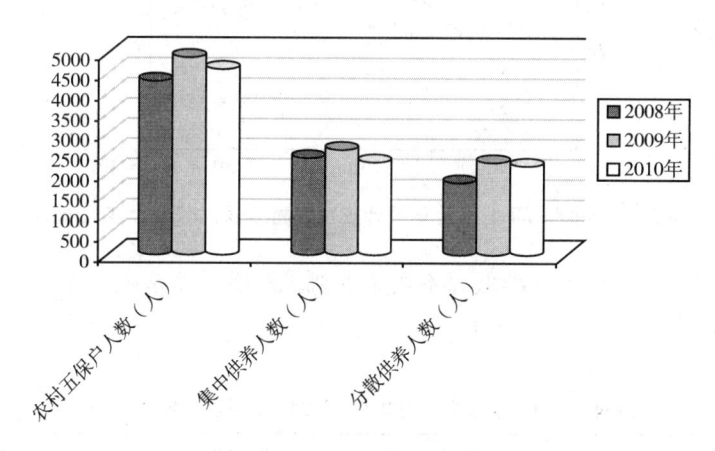

图5.4　2008～2010年农村五保供养人数的变化

农村五保供养标准除北京市平均水平在不断提高外，北京市各区县都有不同程度的提高。与此同时，各区县的标准还存在很大的差距。由表5.5和图5.7可以看出，2009年，海淀区的农村五保供养标准最高，为11400元/年，而延庆县的农村五保供养标准最低，为5536元/年，两者相差5864元；2010年农村五保供养标准的最高者和最低者依旧是海淀区和延庆县，两者相差7066元；这两年，延庆县的农村五保供养标准连海淀区的一半还不到。2011年，朝阳区的农村五保供养标准最高，为15224元/年，而密云县的农村五保供养标准最低，为6754元/年，两者相差8470

109

(元/年)

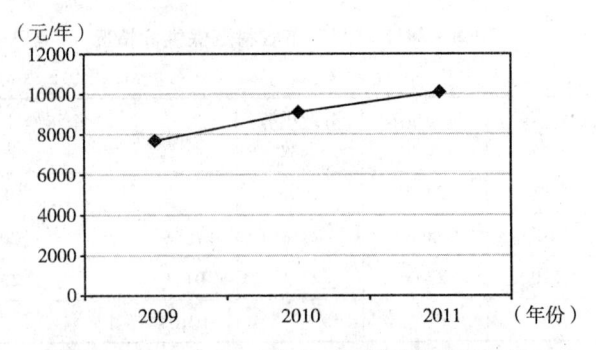

图 5.5　2009~2011 年农村五保供养标准变化情况

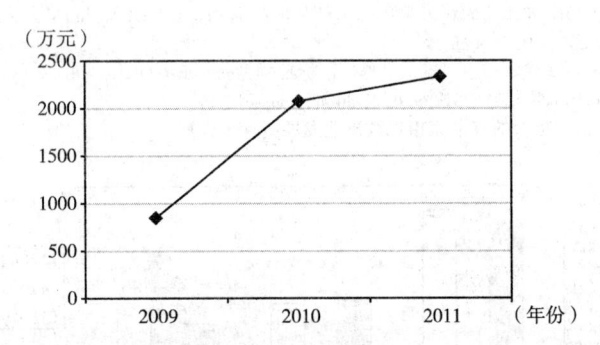

(万元)

图 5.6　2009~2011 年全年累计支出农村五保供养资金变化情况

元。当然，五保供养标准低并不意味着制定得低，而是由收入水平低所导致的生活支出水平低决定的。

表 5.5　　　　2009~2011 年北京市涉农区县农村五保供养标准情况　　单位：元/年

区县	2009 年	2010 年	2011 年
全市总平均	7656	9141	10109
朝阳区	11260	13297	15224
海淀区	11400	13305	14891
大兴区	6541	8671	9806
丰台区	9385	10971	12089
昌平区	8667	9724	11379
怀柔区	6960	8939	9106
通州区	6766	8296	9840

续表

区县	2009年	2010年	2011年
平谷区	6329	7626	8348
房山区	6889	8234	8915
门头沟区	7444	8312	8632
顺义区	6906	8056	8639
延庆县	5536	6239	8860
密云县	7008	8831	6754

资料来源：（1）2009年数据来源：关于调整2009年本市农村五保供养最低标准及有关问题的通知［EB/OL］. http：//zhengwu. beijing. gov. cn/gzdt/gggs/t1061648. htm.
（2）2010年数据来源：关于调整2010年本市农村五保供养最低标准的通知［EB/OL］. http：//zfxxgk. beijing. gov. cn/columns/2962/2/233027. html.
（3）2011年数据来源：关于调整2011年本市农村五保供养最低标准的通知［EB/OL］. http：//govinfo. nlc. gov. cn/bjfz/xxgk/bjsmzj/201108/t20110818_956321. html？classid＝443.

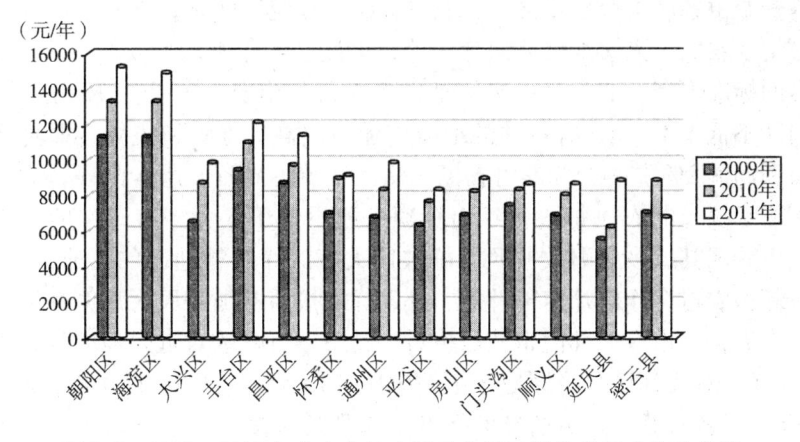

图5.7　2009～2011年北京市涉农区县农村五保供养标准变动趋势

5.1.2　新型农村合作医疗取得重要进展，公共卫生体系建设取得长足进步

1. 新型农村合作医疗取得重要进展

2003年6月27日，北京市人民政府办公厅转发市政府体改办等部门关于建立新型农村合作医疗制度实施意见的通知，原则同意由市政府体改办、市卫生局、市财政局、市农委、市编办制定的《北京市建立新型农村合作医疗制度的实施意见》，由此拉开了建立新型农村合作医疗制度的大幕。

《北京市建立新型农村合作医疗制度的实施意见》[①] 的下述规定值得重视：第一，界定了新型农村合作医疗制度的性质和参合的对象。《北京市建立新型农村合作医疗制度的实施意见》指出，新型农村合作医疗制度是由政府组织、引导、支持，农民自愿参加，个人、集体和政府多方筹资，以大病医疗统筹为主要内容的农民医疗互助共济制度。北京市行政区域内具有农业户口的农村居民、中学毕业由农业户口转为城镇户口尚未参加工作的居民，以及父母为农业户口而本人为城镇户口的新生儿童，均可参加新型农村合作医疗。第二，界定了新型农村合作医疗制度的保障原则和筹资要求。《北京市建立新型农村合作医疗制度的实施意见》指出，新型农村合作医疗的保障水平主要取决于以下四个因素：当地的经济发展水平、财政状况、农民经济承受能力和医疗费用水平。新型农村合作医疗资金分为农民大病医疗统筹资金和其他形式的合作医疗资金。农民大病医疗统筹资金由各区县政府按照当地农民大病医疗统筹实施方案确定的办法组织筹集。农民个人参加大病医疗统筹，可按照上年人均可支配收入的1%左右的标准出资，起步阶段平原地区每人每年出资额不低于15元，山区半山区不低于10元，有条件的地方应适当提高标准；村集体按照村经济组织利润额2%左右的标准对农民大病医疗统筹出资，起步阶段，为参加大病医疗统筹的农民每人每年出资额一般不低于5元，有条件的应当多出；市、区县、乡镇财政按照实施农民大病医疗统筹地区的农业人口数，给予新型农村合作医疗定额补助，补助标准按照参加农民大病医疗统筹的实际人数，经市有关部门审核后拨付，其中，市财政对近郊地区年人均补助10元，对远郊区县平原地区年人均补助15元、对山区半山区年人均补助20元，各区县、乡镇的补助标准由区县政府按照当地财政收入和农业人口情况确定，区县财政年人均补助标准不低于10元，乡镇财政年人均补助标准不低于5元，有条件的地方应适当增加。随着经济发展和农民收入水平的提高，各方出资额度应逐步增加，并适当提高村集体经济和农民个人出资的比例。第三，界定了新型农村合作医疗制度的资金支付方法。《北京市建立新型农村合作医疗制度的实施意见》指出，各区县根据当地的筹资水平和医疗费用的发生情况，科学合理地确定当地农民大病医疗统筹各档次缴费者的报销起付标准、报销比例和最高报销限额，实行分段计算、累加报销的办法；合理确定在市、区县、乡镇医疗机构就医的不同报

---

① 北京市建立新型农村合作医疗制度的实施意见 [EB/OL]. http：//govfile.beijing.gov.cn/Govfile/front/content/22003031_0.html.

销比例，鼓励农民到居住地乡镇卫生院就医等等。

北京市各区县以《北京市建立新型农村合作医疗制度的实施意见》为指导，根据当地的筹资水平和医疗费用的发生情况，分别确定当地农民大病医疗统筹各档次缴费者的报销起付标准、报销比例和最高报销限额，实行分段计算、累加报销的办法。如《房山区2011年度新型农村合作医疗制度管理办法实施方案》①规定，2011年人均筹资520元。其中市、区政府筹资：平原乡镇400元、山区丘陵乡镇415元，分别占总筹资额的76.92%和79.81%；乡（镇）政府筹资：平原乡镇70元、山区丘陵乡镇55元，分别占总筹资额的13.40%和10.58%；个人以户为单位每人每年50元，占9.62%。新型农村合作医疗实行住院统筹、门诊统筹与村级用药制度相结合的基本医疗保障模式。其中门诊费用按医院等级、相应比例予以报销。门诊费用以人为单位可累计报销，在同级别医院发生的门诊费用，起付线只记一次；在不同级别医院发生的门诊费用，减去相应起付线按相应比例报销；在辖区内定点社区卫生站就诊享受一级医院报销标准。住院医疗费用按照医院等级和费用数额，采用分段计算、累加支付的方法报销。报销按人、按次结算，多次在同一级别医院住院时，起付线只记一次（详情参见表5.6）。

表 5.6　　　　2011年房山区门诊费用和住院费用报销情况　　　　单位：元、%

	医院等级	核准报销费用	报销比例	报销起付线	报销封顶额
门诊费用	一级	100	55	100	3000
	二级	400	45	400	6000
	三级	1000	35	1000	10000
住院费用	一级	200～5000 5000以上	75 80	200	18万 （16周岁以上） 25万 （16周岁以下）
	二级	500～10000 10000～20000 20000以上	55 60 65	500	
	三级	1000～20000 20000～30000 30000以上	45 50 55	1000	

资料来源：房山区2011年度新型农村合作医疗制度管理办法实施方案[EB/OL]. http://chg.bjfsh.gov.cn/news.php? id=3397.

---

① 房山区2011年度新型农村合作医疗制度管理办法实施方案[EB/OL]. http://chg.bjfsh.gov.cn/news.php? id=3397.

经过近10年的发展,新型农村合作医疗制度取得的成就主要表现为以下两个方面:

(1) 参合人数不断增加,参合率不断提高。根据历年《北京市国民经济和社会发展统计公报》相关数据显示,参加新型农村合作医疗的人数在逐年增加,参合率在不断提高,详细情况可参见表5.7和图5.8、图5.9。由表5.7和图5.8、图5.9显示,参加新型农村合作医疗的人数除2011年外,在逐年增加,2003~2011年增加了103.8万人;参合率在不断提高,2004~2011年参合率提高了33.7个百分点。

表5.7　　　　2003~2011年参加农村新型合作医疗的
人数和参合率情况　　　　　　单位:万人、%

年份	参合人数		参合率	
	参合人数	比上年增长	参合率	比上年提高
2003	173			
2004	230	57	64	
2005	249	19	81	17
2006	261	12	86.9	5.9
2007	268.5	7.5	88.9	2
2008	272.5	4	92.9	4
2009	275	2.5	95.7	2.8
2010	278.5	3.5	96.7	1
2011	276.8	-1.7	97.7	1

注:表中的"参合人数"和"参合率"两栏是来源于北京市历年统计公报公布的数据,而"比上年增长"和"比上年提高"两栏是根据表中的数据整理而成,与统计公报公布的稍有出入,但差别不大。下面的分析是根据表中计算的数据进行分析的。

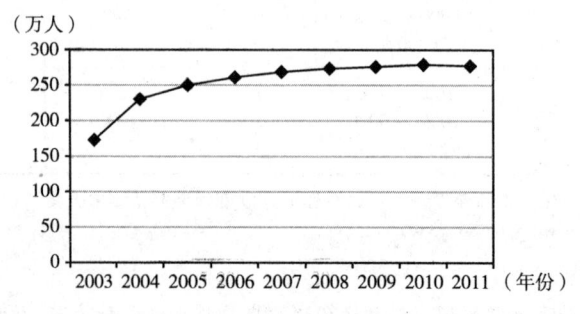

图5.8　2003~2011年参加农村新型合作医疗的人数变动趋势

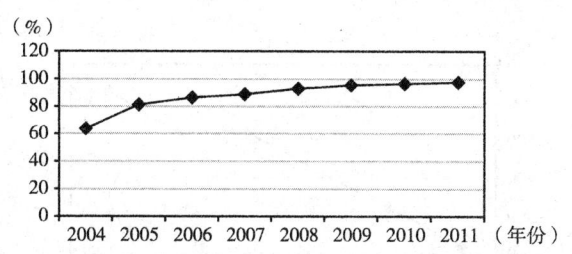

图 5.9　2004～2011 年农村新型合作医疗的参合率变动趋势

（2）筹资标准和补偿政策也在不断调整。首先，筹资标准不断提高。据有关资料显示，从 2008 年起至 2010 年，市、区两级财政将每年拿出 1 亿元用于提高新农合筹资水平，届时，人均筹资将年递增 100 元[①]。在北京市 13 个涉农区县从 2007 年开始统一人均筹资标准，即 2007 年 220 元，2008 年 320 元，2009 年 420 元，2010 年 520 元[②]。在筹资标准不断提高的过程中，政府投资为主的格局基本形成。2008 年年底，北京市新型农村合作医疗总筹资 9.1 亿元，其中三级财政补助资金占筹资额的 82.9%[③]。2009 年北京市新型农村合作医疗共筹资 11.9 亿元，其中市、区（县）、镇（乡）三级政府筹资占筹资总额的 85.7%[④]。北京市卫生局 2012 年 3 月 2 日又宣布，2012 年提高新型农村合作医疗的筹资标准，调整补偿政策。本市综合考虑参合人员就医需求和医药费用增长，提出新农合统一人均筹资标准拟不低于 640 元/年/人，其中个人筹资不低于 100 元/年/人[⑤]。

表 5.8　2007～2012 年北京市新型农村合作医疗筹资标准情况　　单位：元/年/人

年份	2007	2008	2009	2010	2011	2012
筹资标准	220	320	420	520	520	640

资料来源：（1）2007～2010 年的数据来源：北京新农合筹资标准今年再增一百元 [EB/OL]. http：//finance.jrj.com.cn/2010/01/1210176789840.shtml；

（2）2011～2012 年的数据来源：北京新农合人均筹资标准提至 640 元/年/人 [EB/OL]. http：//www.people.com.cn/h/2012/0304/c25408-2950862716.html.

---

① 北京：新农合 2009 年报销"零起付" [EB/OL]. http：//www.gov.cn/fwxx/jk/2008-12/24/content_1186153.htm.
② 北京新农合筹资标准今年再增一百元 [EB/OL]. http：//finance.jrj.com.cn/2010/01/1210176789840.shtml.
③ 北京：新农合 2009 年报销"零起付" [EB/OL]. http：//www.gov.cn/fwxx/jk/2008-12/24/content_1186153.htm.
④ 北京新农合筹资标准今年再增一百元 [EB/OL]. http：//finance.jrj.com.cn/2010/01/1210176789840.shtml.
⑤ 新农合筹资标准提至 640 元 [EB/OL]. http：//bjrb.bjd.com.cn/html/2012-03/03/content_55684.htm.

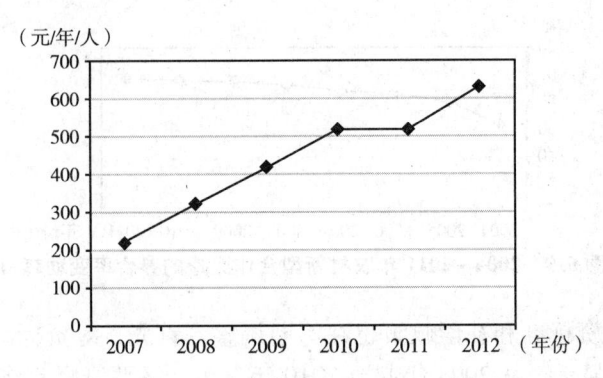

图 5.10　2007～2012 年北京市新型农村合作医疗筹资标准变动趋势

其次，补偿政策不断调整。从 2009 年开始，北京市新型农村合作医疗将实现"四个统一"：第一，全市统一规范"特殊病种"① 门诊补偿范围，其门诊医疗费用按照同级别医院住院标准报销。第二，统一实行乡镇卫生院"零起付"补偿政策，改变过去北京市各区县乡镇卫生院的新农合报销起付线一直在 200 元至 600 元不等的状况，从 2009 年起，北京市 204 家乡镇卫生院和承担乡镇卫生院职能的二级医院都将统一实行"零起付"报销。第三，统一住院补偿"封顶线"18 万元。第四，统一推行"出院即报和随诊随报"②。

2012 年 3 月 2 日，北京市卫生局宣布，2012 年原则上，门、急诊补偿：一级及以下医疗机构起付线 100 元；二级及以上医疗机构起付线 550 元；封顶线 3000 元；住院补偿：一级医疗机构起付线 300 元；二级医院起付线 1000 元；三级医疗机构起付线 1300 元；住院封顶线 18 万元。在各级医疗机构就医起付线分别设置、计算，在同级别医疗机构第二次及以后住院起付线分别减半。从今年起，恶性肿瘤、白血病、肾透析等 9 类重大疾病的新农合住院报销比例将提高，从过去的 60% 提高到不低于 70%。这 9 类疾病都是花费较高、患者负担较重、容易因病返贫的疾病。为了方便农民就近看病，本市正在研究将符合条件的村卫生室纳入新农合门诊报

---

① "特殊病种"指恶性肿瘤放射治疗和化学治疗，肾透析、肝肾移植、肝肾联合移植后服用抗排异药及儿童再生障碍性贫血和血友病。
② 北京：新农合 2009 年报销"零起付"［EB/OL］．http：//www.gov.cn/fwxx/jk/2008-12/24/content_1186153.htm．

销范围①。

除了北京市统一调整之外,各区县也纷纷采取措施。如从2008年1月1日开始,大兴区新型农村合作医疗筹资标准将从每人200元提高到320元,政府增加筹资120元。其中,农民个人出资30元不变。补偿比例等也相应上调②。

据2011年1月19日《北京日报》的《北京新农合统筹方案年内完成医保将实现城乡一体化》一文显示,目前各涉农区县报销标准不一的新农合有望实现全市统一。市卫生局负责人表示,新农合将在"十二五"期间实现全市统筹,将统一缴费标准、待遇水平和基金管理,也就是参合人员的报销标准将统一。而新农合全市统筹的最终目标是与城镇居民医保接轨,建立统一的城乡居民医保制度,新农合的待遇水平也将向城镇居民医保看齐③。

总之,经过几年的发展,北京市新型农村合作医疗制度逐步实现了"三个转变":制度性质由"互助共济"逐步向政府主导的农村居民基本医疗保障转变;统筹模式由以"大病统筹为主"逐步向住院与门诊医疗费用统筹兼顾转变;制度定位由侧重缓解"因病致贫、因病返贫"逐步向公平、持续、有效减轻全体参合人员的基本医疗负担转变④。

2. 农村公共卫生服务体系建设取得了长足的发展,公共卫生服务水平大幅度提高

按照《卫生部、财政部、国家人口和计划生育委员会关于促进基本公共卫生服务逐步均等化的意见》(卫妇社发〔2009〕70号)的要求,到2020年,基本公共卫生服务逐步均等化的机制基本完善,重大疾病和主要健康危险因素得到有效控制,城乡居民健康水平得到进一步提高。为此,各级政府要根据实现基本公共卫生服务逐步均等化的目标,完善政府对公共卫生的投入机制,逐步增加公共卫生投入。基本公共卫生服务按项目为城乡居民免费提供,经费标准按单位服务综合成本核定,所需经费由

---

① 新农合筹资标准提至640元[EB/OL]. http://bjrb.bjd.com.cn/html/2012-03/03/content_55684.htm.
② 2008年我区调整新型农村合作医疗政策:增加筹资比例 提高补偿水平[EB/OL]. http://www.bjdx.gov.cn/ztlm/xxnchzyl/110911.htm.
③ 北京新农合统筹方案年内完成医保将实现城乡一体化[EB/OL]. http://www.jkb.com.cn/document.jsp?docid=184719&cat=0I.
④ 关于本市农村医疗卫生工作情况的报告——2009年11月19日在北京市第十三届人民代表大会常务委员会第十四次会议上[EB/OL]. http://www.bjrd.gov.cn/zlk/srdcwhgb/201001/t20100111_54540_18.html.

政府预算安排。地方政府要切实负起支出责任，中央通过一般性转移支付和专项转移支付对困难地区给予补助。政府对乡村医生承担的公共卫生服务等任务给予合理补助，具体补助标准由地方人民政府规定，其中基本公共卫生服务所需经费从财政安排的基本公共卫生服务补助经费中统筹安排。专业公共卫生机构人员经费、发展建设经费、公用经费和业务经费由政府预算全额安排。按照规定取得的服务性收入上缴财政专户或纳入预算管理。合理安排重大公共卫生服务项目所需资金。人口和计划生育部门组织开展的计划生育技术服务所需经费由政府按原经费渠道核拨。公立医院承担规定的公共卫生服务，政府给予专项补助。社会力量举办的各级各类医疗卫生机构承担规定的公共卫生服务任务，政府通过购买服务等方式给予补偿。2009年人均基本公共卫生服务经费标准不低于15元，2011年不低于20元[①]。

北京市政府认真落实国家的有关规定，在公共卫生服务方面取得了长足的进步，其服务水平远远超前于全国的平均水平。例如，《北京市"十二五"时期卫生发展改革规划》在总结"十一五"时期卫生事业发展取得的成就时指出，北京市公共卫生服务水平明显提高。建立起了以突发公共卫生应急机制、疾病预防控制体系、医疗救治体系、卫生执法监督体系和公共卫生信息系统等"一个机制、四个体系"为核心的较为完善的首都公共卫生体系，公共卫生突发事件处置、应急救治和大型活动保障能力显著提高；积极推进了基本公共卫生服务逐步均等化，重点实施了为0～6岁户籍儿童免费进行健康检查、为60岁以上老年人和在校中小学生免费注射流感疫苗、为适龄妇女免费开展宫颈癌和乳腺癌筛查等10类42项基本公共卫生服务项目和11项重大公共卫生项目；积极开展了卫生监督执法，有效地保障了全市公共卫生和医疗安全；完成了农村无害化户厕改造67.8万户，无害化卫生厕所普及率90.9%，创建了一批国家和北京市的卫生区、卫生镇、卫生村、健康社区，全市城乡居民生活工作环境得到进一步改善等等[②]。

近几年来，北京市卫生局出于对基层卫生建设的统筹考虑，每年均投资上亿元为远郊区县建设社区卫生服务中心和卫生服务站，远郊区县的卫

---

① 卫生部、财政部、国家人口和计划生育委员会关于促进基本公共卫生服务逐步均等化的意见［EB/OL］. http://www.moh.gov.cn/publicfiles/business/htmlfiles/mohbgt/s9511/200907/41745.htm.

② 北京市"十二五"时期卫生发展改革规划［EB/OL］. http://www.bjpc.gov.cn/fzgh_1/guihua/12_5/12_5_zx/.

生院纷纷转型为社区卫生服务中心,再加上乡镇调整的原因,卫生院机构数呈下降趋势。但是基层医疗卫生服务体系的医疗服务利用度发生了显著变化,乡村医生和卫生员的数量在增加,上级的补助在增加。例如,据《2010年北京市卫生资源与医疗服务发展情况简报》显示,截至2010年底,全市村卫生室2972家,乡村医生和卫生员3697人。与2009年比较,村卫生室虽然减少了,但乡村医生和卫生员却增加了27人①。另据《2011年北京市卫生事业发展统计公报》显示,2011年年末,全市村卫生室2986家,乡村医生和卫生员3746人。与2010年比较,村卫生室增加14家,村医生和卫生员增加49人;总支出为6726万元,上级补助收入为2428万元,与2010年比较,总支出增加421万元,增长6.7%,上级补助收入增长5.7%②。在传染病防治、妇幼保健等方面,也取得了巨大的成就。例如,顺义区自2010年全面启动消除麻疹工作以来,麻疹控制工作取得实效。2011年,全区无暴发疫情发生,麻疹发病率降低到发病率3.4/100万,比2010年降低了97.6%。2012年,全区将加强常规免疫,落实托幼园所和学校儿童的麻疹疫苗接种查验,深入开展强化查漏补种,推进外来务工人员麻疹、流脑疫苗接种,全力做好麻疹消除工作③。再如,昌平妇幼保健院担负着全区90万常住人口和70万流动人口的妇女保健工作,针对昌平全区农村面积大,山区偏僻交通不便的实际情况,该院长期致力于提高出生人口素质,保障妇女儿童身心健康,降低出生缺陷等各项工作,坚持以保健为中心,保健与临床相结合,面向基层,面向群体的工作方针,以健康教育为主线,结合妇女病普查、儿童健康体检、妇女两癌筛查等各项政府惠民工程。2009~2011年11月底,已在全区14个镇、两个街道办事处开展了两癌筛查,完成入户登记79937人,宫颈癌筛查55327人,乳腺癌筛查45601人,已确诊乳腺癌9例,宫颈癌3例都进行了手术治疗④。

除此之外,北京市农村改水及卫生情况取得了长足进步。由表5.9和图5.11可以看出从2005年至今,改水工程取得了巨大成就,已经100%

---

① 2010年北京市卫生资源与医疗服务发展情况简报 [EB/OL]. http://www.phic.org.cn/tonjixinxi/weishengtongjigongbao/201103/t20110321_35697.htm.
② 2011年北京市卫生事业发展统计公报 [EB/OL]. http://www.phic.org.cn/tonjixinxi/weishengtongjigongbao/201205/t20120516_49289.htm.
③ 顺义区召开2012年传染病防控工作会 [EB/OL]. http://www.bjnw.gov.cn/cxyth/hjbh/201203/t20120316_294306.html.
④ 北京昌平区妇幼保健院为农村妇女儿童提供一体化保健服务 [EB/OL]. http://news.hexun.com/2011-12-22/136581801.html.

覆盖全部农村人口,农村自来水普及率逐年提高且已接近100%;农村卫生厕所普及率提高较快,2006年至2010年5年间提高了28.24个百分点,平均每年提高5.65个百分点,2010年的普及率也快已接近100%。

表5.9　　　　2005~2010年北京市农村改水及卫生情况　　　　单位:万人、%

年　份	已改水累计受益人口	已改水累计受益人口占农村总人口的比例	农村自来水普及率	农村卫生厕所普及率
2005	346.8	100	97.70	/
2006	300.5	100	99.34	63.11
2007	300.5	100	99.40	66.46
2008	300.5	100	99.40	74.41
2009	300.5	100	99.40	85.48
2010	300.5	100	99.46	91.35

资料来源:历年《北京市统计年鉴》。

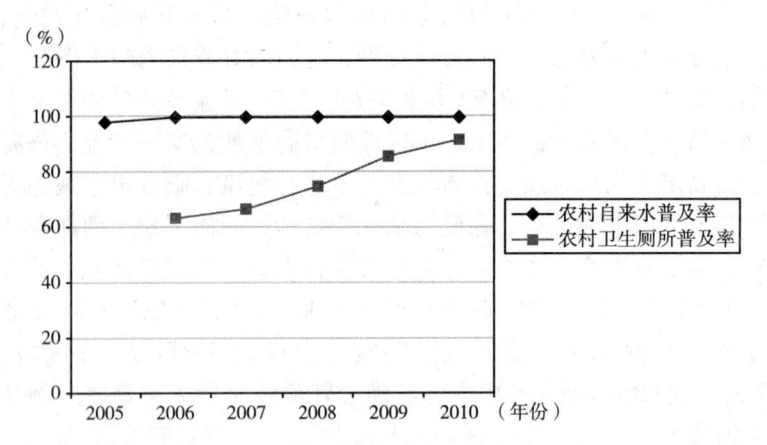

图5.11　2005~2010年北京市农村自来水普及率及卫生厕所普及率变动趋势

5.1.3　新型农村社会养老保险覆盖范围逐步扩大、养老服务保障不断完善

1. 新型农村社会养老保险覆盖范围逐步扩大,初步实现城乡一体化

北京市农村社会养老保险制度建设始于1991年民政部在全国部分农村的试点,1995年《国务院办公厅转发民政部关于进一步做好农村社会

养老保险工作意见的通知》和《北京市人民政府办公厅关于加快建立农村社会养老保险制度的通知》标志着北京市农村养老保险工作从试点转向全面推开。1999年，北京市农村社会养老保险工作由民政部门划转到劳动保障部门，基础工作不断加强。

2002年下半年开始，北京市针对原有农村社会养老保险存在的问题进行改革和探索，2002年至2004年，先后在怀柔区、密云县及大兴和通州分别进行了筹资模式的改革试点、失地农民参加社会养老保险的试点和农村社会养老保险制度全面改革完善的试点。据《北京市统计局2004年国民经济和社会发展统计公报》数据显示，2004年全年，北京市大力推进农村养老保险制度改革，确立了个人账户与待遇调整机制相结合的制度模式及个人缴费、集体补助、政府补贴相结合的筹资方式，并在大兴、通州进行了试点，2004年年末全市参加农村养老保险人数达到36.8万人[①]。

2005年12月8日，北京市政府下发《北京市农村社会养老保险制度建设指导意见》，2006年依据《指导意见》，市政府相关职能部门联合下发《关于实施北京市农村社会养老保险制度建设指导意见的具体办法》等一系配套文件，13个郊区县全部出台了具体实施办法和细则。2007年12月29日，北京市政府下发《关于印发北京市新型农村社会养老保险试行办法的通知》（目前已废止）、《关于印发北京市城乡无社会保障老年居民养老保障办法的通知》。2008年，北京市政府下发《北京市人民政府关于印发北京市城乡居民养老保险办法的通知》，2009年据此制定了《北京市城乡居民养老保险实施细则》。这一切都表明北京市覆盖城乡居民的养老保障体系基本建立，在全国率先实现了养老保障制度对全体居民的覆盖。自2009年第一天起，北京市城乡统一的居民养老保险制度正式实施，新型农村社会养老保险取得了巨大的成绩。

（1）参保人数不断增加，覆盖率不断提高。据历年北京市国民经济和社会发展统计公报统计数据显示（参见表5.10和图5.12、图5.13），全市参加农村养老保险的人数在不断增加，参保率在不断提高。除此之外，数据显示，在2008年，无论是参保人数还是参保率，与2007年相比均有大幅度的增长。这充分说明，北京市新型农村社会养老保险试行办法自从2008年1月1日起施行开始，其在制度模式、待遇计发标准、缴费方式和

---

① 北京市统计局2004年国民经济和社会发展统计公报［EB/OL］. http：//www.bjstats.gov.cn/xwgb/tjgb/ndgb/200605/t20060526_42172.htm.

城乡衔接等方面的创新①大大地激发了农民参保的积极性。

另据北京市人力资源和社会保障局新闻中心新闻显示，2011年媒体关注的人力社保十大新闻于2012年3月出炉，"北京实现城乡居民养老保险全覆盖"名列其中②。

表5.10　2004~2011年北京市农村居民参加社会养老保险情况 单位：万人、%

年份	2004	2005	2006	2007	2008	2009	2010	2011
参保人数	36.8	40.6	44.8	49	127.5	153	159.3	163.7
比上年增长		3.8	4.2	4.2	78.5	25.5	6.3	4.4
参保率		25.0	29.3	36.6	85.0	90.0	92.0	93.0

资料来源：
（1）历年北京市国民经济和社会发展统计公报［EB/OL］. http：//www.bjstats.gov.cn/.
（2）北京统计年鉴2011［EB/OL］. http：//www.bjstats.gov.cn/nj/main/2011-tjnj/index.htm.
（3）本市173万人参加居民养老保险参保率提前完成全年预期指标［EB/OL］. http：//www.bjld.gov.cn/xwzx/zxdt/bjdt/201202/t20120210_26610.html.

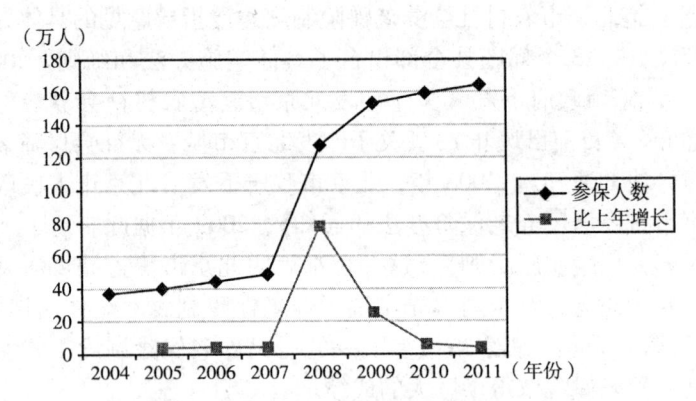

图5.12　2004~2011年北京市农村居民参保人数变动趋势

（2）养老保险的缴费标准和待遇标准不断调整。

第一，就缴费标准而言。《北京市城乡居民养老保险实施细则》③规定，城乡居民养老保险费实行按年缴纳，最低缴费标准为北京市上一年

---

① 解读新型农村社会养老保险的四点创新［EB/OL］. http：//ldjy.beijing.cn/shbx/ylbx/n214061665.shtml.
② 2011年媒体关注的人力社保十大新闻出炉"北京实现城乡居民养老保险全覆盖"名列其中［EB/OL］. http：//www.bjld.gov.cn/xwzx/zxdt/bjdt/201203/t20120327_26877.html.
③ 北京市城乡居民养老保险实施细则［EB/OL］. http：//www.bjyq.gov.cn/services/yqsh/ldbz/2c9d9d8527ceb2500127d1a51b2a0024.html.

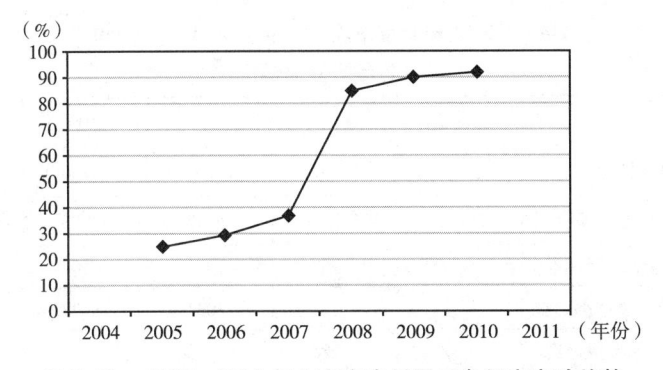

图 5.13　2005～2010 年北京市农村居民参保率变动趋势

度农村居民人均纯收入的 9%。参保人员可根据经济承受能力提高缴费标准，最高缴费不得超过北京市上一年度城镇居民人均可支配收入的 30%。市劳动保障行政部门根据市统计部门公布的北京市上一年度农村居民人均纯收入和北京市上一年度城镇居民人均可支配收入，在每年 3 月 31 日前发布最低缴费标准和最高缴费标准。由此可以得出结论，即城乡居民养老保险费的最低标准和最高标准会随着农村居民人均纯收入和城镇居民人均可支配收入的变化而变化。但是实际上，2009 年 2 月 18 日，北京市劳动保障局出台《关于发布 2009 年城乡居民养老保险缴费标准的通知》，明确 2009 年城乡居民养老保险的最低缴费标准为 960 元，最高缴费标准为 7420 元[1]。在城乡居民养老保险制度实施的过程中，北京市人力资源和社会保障局相关部门对有关情况进行了跟踪调研，认为从整体来看农民人均纯收入增长较快但发展不平衡，因此为确保北京市城乡居民养老保险制度顺利实施，参保人员能够持续缴费和保持一定的待遇水平，2010 年[2]、2011 年[3]和 2012 年[4]缴费标准仍然按照 2009 年的缴费标准执行。

---

[1]　关于发布 2009 年北京市城乡居民养老保险缴费标准的通知（京劳社农发〔2009〕28 号）[EB/OL]．http：//www.bjld.gov.cn/LDJAPP/search/fgdetail.jsp？no=11021．
[2]　北京公布 2010 年城乡居民养老保险缴费标准［EB/OL］．http：//society.people.com.cn/GB/11332760.html．
[3]　关于发布 2011 年北京市城乡居民养老保险缴费标准的通知（京人社居发〔2011〕29 号）[EB/OL]．http：//www.bjld.gov.cn/LDJAPP/search/fgdetail.jsp？no=12148．
[4]　关于发布 2012 年北京市城乡居民养老保险缴费标准的通知（京人社居发〔2012〕26 号）[EB/OL]．http：//www.bjld.gov.cn/LDJAPP/search/fgdetail.jsp？no=13130．

表5.11　　2008~2012年北京市农村社会养老保险最低和最高缴费标准情况　　单位：元

年　份		2008	2009	2010	2011	2012
农村居民人均纯收入		10747	11986	13262	14736	/
城镇居民人均可支配收入		24725	26738	29073	32903	/
理论	最低缴费标准	/	967	1079	1194	1326
	最高缴费标准	/	7418	8021	8722	9871
实际	最低缴费标准	/	960	960	960	960
	最高缴费标准	/	7420	7420	7420	7420

资料来源：历年北京市国民经济和社会发展统计公报［EB/OL］. http：//www.bjstats.gov.cn/. 表中理论上的数据均采取四舍五入的方法进行计算。

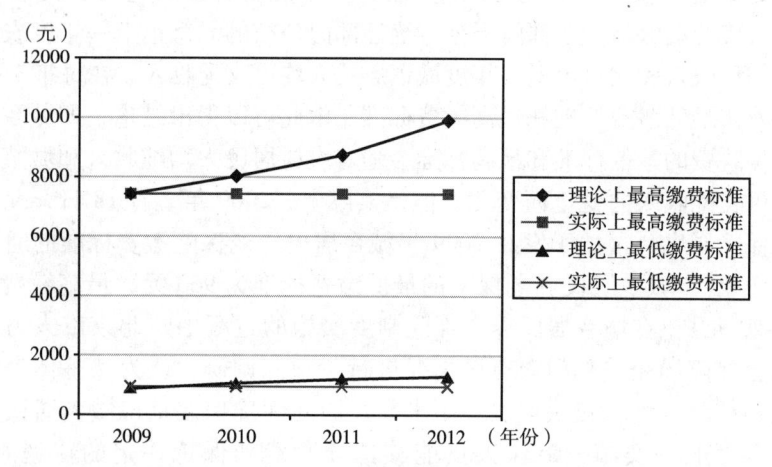

图5.14　2009~2012年北京市农村社会养老保险缴费标准变动趋势

另外，为落实《国务院关于开展新型农村社会养老保险试点的指导意见》，完善北京市城乡居民养老保险的筹资机制，从2009年起，对符合参加城乡居民养老保险条件并且缴纳了城乡居民养老保险费的人员给予每人每年30元的缴费补贴①。

第二，就待遇标准而言。

首先，基础养老金标准不断提高。《北京市城乡居民养老保险实施细

---

① 北京公布2010年城乡居民养老保险缴费标准［EB/OL］. http：//society.people.com.cn/GB/11332760.html.

则》规定，按月享受的城乡居民养老保险待遇由个人账户养老金和基础养老金两部分组成，其中基础养老金是在参保人领取待遇时由政府补助的财政性资金，标准全市统一，为每人每月280元。发放基础养老金所需资金由区（县）财政负担，并列入区（县）财政预算①。但是，为保障和改善民生，逐步提高城乡居民养老保障待遇水平，充分考虑物价上涨等相关因素，北京市基础养老金的待遇标准也在不断调整（参见表5.12和图5.15）。例如，京人社居发《关于调整2011年城乡居民养老保障相关待遇标准的通知》规定，从2011年1月1日起，调整城乡居民养老保险基础养老金和城乡居民老年保障福利养老金标准，其中基础养老金从目前的每人每月280元提高到每人每月310元②，这是北京自2008年建立城乡无保障老年人养老保障制度、新型农村社会养老保险制度以来的首次养老待遇上调。再如，京人社居发〔2011〕188号《关于调整2011年下半年城乡居民养老保障相关待遇标准的通知》规定，从2011年7月1日起，调整城乡居民养老保险基础养老金和城乡居民老年保障福利养老金标准，其中基础养老金从目前的每人每月310元提高到每人每月330元③；又如，按照京人社居发〔2012〕15号即《关于提前兑现中央财政对城乡居民基础养老金和福利养老金补贴有关问题的通知》规定，从2012年1月1日起，基础养老金由每人每月330元增加到357.5元④。

表5.12　2009~2012年北京市农村社会养老保险基础养老金待遇情况　　单位：元

年份	2009年1月起	2011年1月起	2011年7月起	2012年1月起
基础养老金	280	310	330	357.5

其次，福利养老金水平也不断提高。福利养老金制度是现在北京市和上海市在我国基本养老金制度之外所设立的一种针对无保障老年人的福利

---

① 北京市城乡居民养老保险实施细则［EB/OL］. http://www.bjyq.gov.cn/services/yqsh/ldbz/2c9d9d8527ceb2500127d1a51b2a0024.html.
② 关于调整2011年城乡居民养老保障相关待遇标准的通知［EB/OL］. http://law.51labour.com/lawshow-92665.html.
③ 关于调整2011年下半年城乡居民养老保障相关待遇标准的通知［EB/OL］. http://www.bjld.gov.cn/xwzx/zxfbfg/201107/t20110701_25703.html.
④ 关于提前兑现中央财政对城乡居民基础养老金和福利养老金补贴有关问题的通知［EB/OL］. http://www.bjld.gov.cn/xwzx/zxfbfg/201202/t20120210_26596.html.

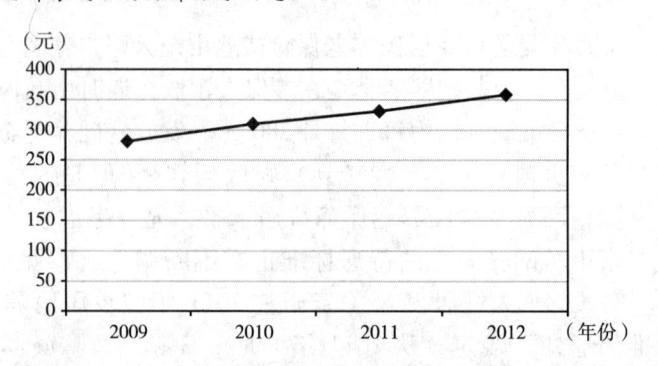

图 5.15 2009~2012 年北京市农村社会养老保险基础养老金待遇变动趋势

制度。福利养老金政策属于适度普惠型的现金福利政策，具有非缴费性、适度普惠性、现金支付三个特征。而且福利养老金的标准也在不断提高（参见表 5.13 和图 5.16）。例如，京人社居发〔2010〕303 号《关于调整 2011 年城乡居民养老保障相关待遇标准的通知》规定，从 2011 年 1 月 1 日起，调整城乡居民养老保险基础养老金和城乡居民老年保障福利养老金标准，其中福利养老金从目前的每人每月 200 元提高到 230 元①；再如，京人社居发〔2011〕188 号《关于调整 2011 年下半年城乡居民养老保障相关待遇标准的通知》规定，从 2011 年 7 月 1 日起，调整城乡居民养老保险基础养老金和城乡居民老年保障福利养老金标准，其中福利养老金从目前的每人每月 230 元提高到 250 元②；又如，按照京人社居发〔2012〕15 号即《关于提前兑现中央财政对城乡居民基础养老金和福利养老金补贴有关问题的通知》规定，从 2012 年 1 月 1 日起，福利养老金由每人每月 250 元增加到 277.5 元，福利养老金待遇补贴部分，纳入享受最低生活保障待遇人员家庭收入核定③。另外，北京市于 2012 年 1 月发布的《北京市"十二五"城乡一体化发展规划》显示，2015 年，预计城乡居民福利养老金将提高到 300 元④。

---

① 关于调整 2011 年城乡居民养老保障相关待遇标准的通知［EB/OL］. http：//law.51labour.com/lawshow-92665.html.
② 关于调整 2011 年下半年城乡居民养老保障相关待遇标准的通知［EB/OL］. http：//www.bjld.gov.cn/xwzx/zxfbfg/201107/t20110701_25703.html.
③ 关于提前兑现中央财政对城乡居民基础养老金和福利养老金补贴有关问题的通知［EB/OL］. http：//www.bjld.gov.cn/xwzx/zxfbfg/201202/t20120210_26596.html.
④ 北京城乡低保 2015 年统一 福利养老金涨至 300 元［EB/OL］. http：//finance.chinanews.com/cj/2012/01-30/3627806.shtml.

表 5.13 2009～2012 年北京市农村社会养老保险福利养老金待遇情况　　单位：元

年份	2009 年 1 月起	2011 年 1 月起	2011 年 7 月起	2012 年 1 月起
福利养老金	200	230	250	277.5

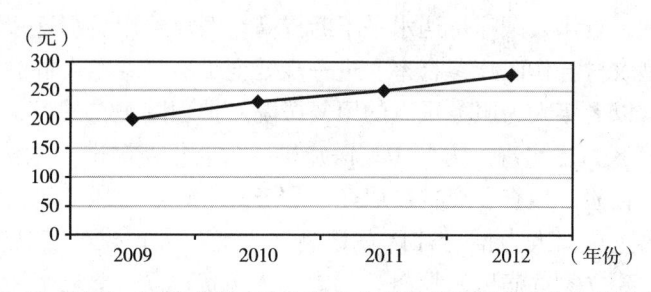

图 5.16　2009～2012 年北京市农村社会养老保险福利养老金待遇变化

2. 农村老年保障制度不断完善

2008 年 1 月 1 日起，北京市实施《北京市城乡无社会保障老年居民养老保障办法》，在全国率先建立统筹城乡、标准一致的福利性养老保障办法，2007 年 12 月 31 日前年满 60 周岁的城乡无社会保障老年人，每月可领到 200 元福利养老金。2 月 22 日起，北京市 18 个区县的 315 个社保所开展福利养老金申领登记工作。截至 5 月 5 日，北京市已受理符合申领福利养老金条件的人数达 48.26 万人，包括非农业人口 12.56 万人，农业人口 35.7 万人[①]。

"十一五"期间，北京市围绕实现老年人"老有所养、老有所医、老有所教、老有所学、老有所为、老有所乐"的目标，在健全社会养老保障制度，完善老年医疗保障体系，加强社会敬老优待服务，构建社会化养老服务体系，丰富老年人精神文化生活，维护老年人合法权益等方面稳步推进。第一，以制度建设为重点，建立了广覆盖、多层次、可持续的社会养老保障制度，在制度上实现城乡居民人人享有基本养老保障的目标。建立了城乡居民养老保险制度，17.2 万名参保人员享受到保险待遇。建立了福利养老金制度，61.3 万名无社会保障城乡老年居民享受福利养老金待

---

① 中华人民共和国国家发展和改革委员会就业和收入分配司工作动态：北京市在全国率先建立统筹城乡标准一致的福利性养老保障办法，http://jys.ndrc.gov.cn/gzdt/t20080514_211136.htm。

遇。建立了以最低生活保障制度为基础的城乡老年社会救助体系，4万名老年人应保尽保。建立了新型农村五保供养制度，实现了五保人员供养模式从村民互助向公共财政供养的转变。建立了高龄津贴制度，2.2万名90周岁及以上的老年人享受高龄津贴。第二，建立了覆盖城乡全体居民的医疗保障制度，老年人医疗待遇水平不断提高，医疗费用负担逐步减轻。不断提高新型农村合作医疗参合率。进一步健全了覆盖老年人群的医疗卫生服务网络，以老年人为服务重点的康复医院、护理院正在试点，临终关怀医院（或病区）已出现。大、中型医疗机构为老年人提供"六优先"（挂号、就诊、化验、检查、交费、取药）服务，社区卫生服务机构将老年医疗服务作为重点，大力推行社区首诊制并为老年人提供"三优先"（就诊、出诊、建立家庭病床）服务，为老年人免费建立健康档案，普及老年人健康知识，提高老年人健康水平[1]。

5.1.4 农村教育保障取得骄人的成绩

进入新世纪以来，北京市市委、市政府"全面贯彻党的教育方针，坚持教育优先发展、科学发展，加快探索中国特色社会主义教育现代化道路的步伐，全面实施首都教育发展战略，推动教育基本实现现代化，人民群众接受良好教育的权利得到保障。教育投入持续增加，办学条件显著改善；教育体系更加完善，教育普及程度大幅提高；人才培养模式持续创新，学生综合素质全面提升；教育公平惠及人民，初步实现基本公共教育服务均等化；教育功能不断拓展，学习型城市建设不断推进；教育改革开放逐步深化，教育活力不断增强"[2]。

就农村教育而言，其基础教育更是领跑全国。据我国政府公共服务的首份综合研究报告《中国公共服务发展报告（2006）》显示，在"基础教育"这一评价指标中，北京成为全国城市中唯一达到"优秀"等级的城市。市教委有关负责人认为，北京基础教育之所以在近五年来保持高速发展并成为领跑全国的重要推动力，主要得益于加快农村教育发展、缩小城乡教育差距、促进义务教育均衡发展三大重要发展举措。因为，在北京

---

[1] 北京市"十二五"时期老龄事业发展规划［EB/OL］. http：//www.bjpc.gov.cn/fzgh_1/guihua/12_5/12_5_zx/12_5_yb/125_yb_shfz/201108/U020120322545387636821.doc.
[2] 北京市中长期教育改革和发展规划纲要（2010~2020年）［EB/OL］. http：//www.bjedu.gov.cn/publish/portal0/tab456/.

市，农村中小学校数和在校生数在全市都占有相当大的比重，10个远郊区县有中小学1129所，占全市中小学总数的56%；在校生48.8万人，占全市中小学在校生总数的48%；农村教育的改革与发展在很大程度上影响着首都教育现代化的进程①。

1. 农村义务教育均衡发展取得巨大成绩

农村教育保障发展的重点在于义务教育的均衡发展，市委市政府对此非常重视。例如，2011年3月，北京市和教育部首批签署义务教育均衡发展备忘录，承诺到2015年全市所有区县实现区域义务教育基本均衡发展，并通过教育部挂牌认定；2011年7月，市、区县政府签署推进义务教育均衡发展责任书，对各区县推进义务教育均衡发展提出了明确工作要求和具体部署，确定了北京市实现义务教育均衡发展的路线图和时间表；2011年10月26日，北京市召开义务教育均衡发展工作推进会，在总结前一阶段工作成果的基础上就下一阶段全面推进义务教育均衡发展工作进行再动员、再部署，确保如期实现北京市和教育签署的推进义务教育均衡发展备忘录以及市、区政府签署的推进均衡发展责任书承诺的各项目标、任务②。

为了完成各项目标和任务，近年来，北京市组织实施了初中建设和小学规范化工程、农村义务教育工程、师资队伍建设等"三大工程"。为了在农村学校实现信息化"班班通"，政府投入20亿元，保证学生平均10人一台计算机，教师每人一台计算机。除了硬件之外，为解决师资方面的城乡教育差距问题，"十一五"期间，北京通过"绿色耕耘行动计划"，整合全市教师教育资源，"送教上门"，深入农村课堂进行诊断和追踪，促进农村教师的教学能力提高，截至目前培训农村教师10000名。同时，选派5000多名城镇教师到农村中小学全职任教。2008年，北京又启动农村中小学教师城镇研修工作，在城区优质学校建立40多个研修工作站，每年两批，每批500名农村中小学教师"进城"研修半年，通过导师"零距离"带教的方式，使远郊区县农村学校骨干教师迅速成长③。

农村义务教育均衡发展主要从以下几个方面体现出来：

---

① 北京农村基础教育领跑全国［EB/OL］．http：//club.news.sohu.com/r-make_friends-21359-0-0-900.html．
② 北京市义务教育均衡发展工作推进会召开 洪峰副市长出席并作重要讲话（2011年10月28日）［EB/OL］．http：//www.bjedu.gov.cn/publish/portal0/tab103/info12644.htm．
③ 北京每年新增教育经费七成用于农村［EB/OL］．http：//politics.people.com.cn/GB/99014/13509431.html．

(1) 不断完善办学条件。

第一，农村学校规模不断优化。按照"小学就近入学，初中相对集中"的原则，撤并规模小、效益低的村小和乡以下初中几百余所，在县城和中心城镇建设了一批高标准、规范化的中小学。例如，北京市在山区新建、改建123所寄宿制中小学，山区小学由500所合并为357所，还在11个远郊区县建设了24所名校分校①。再如，顺义区在城区周边和重点镇建设3所寄宿制中学和3所半宿制小学，优化农村学校规模②。

第二，教学及配套设施不断完善，如为农村寄宿制中小学配备生活用车、建设医务室，为农村中小学配备体育器材及音乐、美术教学设备，为远郊区县中小学配备计算机、多媒体、电子备课室等等。

第三，教育信息化环境建设不断加强。例如，为了在农村学校实现信息化"班班通"，政府投入20亿元，保证学生平均10人一台计算机，教师每人一台计算机③。再如，通州区采取如下几项措施加强教育信息化环境建设：继续完善通州区教育信息网的建设；完善通州区教育信息网核心机房，保证通州教育信息网与市教育信息网之间的连接；完成新建校、改造校的校园网建设与接入工作；完成CMIS系统数据库的数据补充、校对和修改工作，为中高考报名和教学质量监控提供准确数据；做好推广使用学生卡的工作等等④。

第四，校舍安全工程进一步实施。据有关资料显示，按照规划，北京市中小学校舍安全工程将改造校舍652万平方米，共涉及1639所学校，4403个项目，预计总投资170亿元。其中，加固511万平方米，翻（新）建141万平方米。截至2011年8月底，全市中小学校舍安全工程已累计开工635万平方米，占三年规划改造任务的97.4%，其中竣工550万平方米，全市中小学校舍抗震加固工程任务已经基本完成⑤。

(2) 不断充实师资力量和提升师资水平。

第一，为了稳定现有师资队伍而不断提高教师待遇。例如，最近五年

---

① 北京每年新增教育经费七成用于农村 [EB/OL]. http://politics.people.com.cn/GB/99014/13509431.html.
② 顺义区八项举措推进区域教育均衡发展 [EB/OL]. http://www.bjedu.gov.cn/publish/portal0/tab103/info13240.htm.
③ 北京每年新增教育经费七成用于农村 [EB/OL]. http://politics.people.com.cn/GB/99014/13509431.html.
④ 通州区加强教育信息化环境建设 [EB/OL]. http://www.bjedu.gov.cn/publish/portal0/tab103/info13250.htm.
⑤ 北京农村学生义务教育"三免两补" [EB/OL]. http://www.cnr.cn/hnfw/hngbjy/201108/t20110831_508438776.shtml.

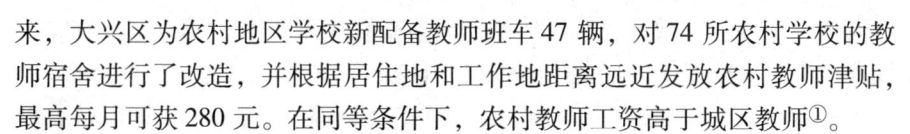

来，大兴区为农村地区学校新配备教师班车47辆，对74所农村学校的教师宿舍进行了改造，并根据居住地和工作地距离远近发放农村教师津贴，最高每月可获280元。在同等条件下，农村教师工资高于城区教师①。

第二，进一步完善了优质校与薄弱校的"手拉手"带动机制，选派优质校和薄弱校结对。例如，市教委组织103所城市优质学校与103所农村学校开展手拉手活动，签订了对口支援五年协议书②。再如，海淀区按照"相邻合并、强弱联合、名校承办"的原则，加大布局调整和资源整合力度，促使优质教育资源分布更加合理，在近些年先后委托人大附中、一零一中学、首都师范大学附中、清华附中等名校管理或承办了数所农村或城乡结合地区的学校③。再如，延庆县小学实行"1+2"捆绑发展促进教育均衡：延庆县第一小学等5所城区优质学校分别与大庄科等10所河湖山区薄弱学校实行"1+2"捆绑模式发展。城区学校选派中层干部到捆绑学校任职，选派骨干教师到河湖山区学校顶岗支教，将山区学校教师业务培训工作纳入城区学校教师培训工作中，无偿地为捆绑学校提供多媒体教学课件、教学案例等教育资源，并组织学生间的活动④。

第三，不断加大对教师的培训力度。例如，北京市财政每年投入6000多万元的专项经费，用于农村中小学教师培训，目前已培训教师20000余名。另外，北京还在城镇优质学校设立40个研修工作站，投入3000余万元选派2000多名农村骨干教师到工作站脱产学习半年⑤。再如，朝阳区形成了《朝阳区农村学校教师专项培训工作方案》，在未来五年对全区所有农村中小学自主开展教师培训工作进行专项资助⑥。

第四，不断提升农村教师的学历层次。例如，大兴区每年都要优先选派大学毕业生补充到农村学校。在评选骨干教师时，将各类骨干教师（学科带头人除外）分配指标的20%作为农村专项指标，并明确规定享受农

---

① 北京大兴农村教师工资高于城区[EB/OL]. http：//news. china. com. cn/rollnews/2011-11/07/content_11023861. htm.
② 北京农村基础教育领跑全国[EB/OL]. http://club. news. sohu. com/r-make_friends-21359-0-0-900. html.
③ 北京海淀区：努力让每个孩子享受优质义务教育[EB/OL]. http：//www. educhn. net/news/news_Foundation/20120512/344238. htm.
④ 延庆县小学实行"1+2"捆绑发展促进教育均衡[EB/OL]. http：//www. bjedu. gov. cn/publish/portal0/tab103/info12637. htm.
⑤ 北京关爱农村教师破解师资均衡化难题[EB/OL]. http：//news. xinhuanet. com/local/2011-09/11/c_122020087. htm.
⑥ 朝阳区教委三项措施提高农村地区教师水平[EB/OL]. http：//www. bjedu. gov. cn/publish/portal0/tab103/info13064. htm.

村专项指标的骨干教师在三年履职期间不得脱离原岗位。"十一五"期间，该区已引进800名大学毕业生到农村校任教①。

第五，进一步完善了教师队伍流动和交流机制。例如，北京市教委组织优秀教师利用网络对农村教师进行备课辅导、在线答疑；为密云、延庆等区县的200多所学校配备多媒体授课平台；组织东城区将优质网上课程资源与昌平、延庆、平谷等区县的师生共享；依托北师大、首师大、北京教科院等在农村中小学开展了"农村中小学信息化应用模式与策略研究"、"信息技术与学科教学整合研究"、"面向教育信息化教师专业发展"等实验，通过课题研究促进应用②。再如，大兴区将一些长期在相对偏远的农村学校工作，且能力较强、综合素质较高的中青年干部，选派到新城地区学校担任校长进行培养；新城地区学校优秀青年干部，提拔到农村地区学校担任校长。目前，通过双向流动的校长已达到60人。其中，从教育资源相对较发达的学校提拔交流到教育相对薄弱的农村地区学校的有22人。在教师交流方面，该区实行了教师双向流动机制和农村教师流失补偿机制，对超编单位按超编人数的10%到缺编单位支教③。

第六，继续实施支教计划。《北京市城镇教师支援农村教育暂行办法》实施后，从2005年开始，本市每年从城镇中小学选派1000名城镇优秀教师到农村中小学全职支教一年，同时，还选派2000名左右的教师到农村中小学兼职支教，力争为每个农村中小学配备一名城镇教师。从2006年起，市教委要求没有农村工作经历的特级教师到农村中小学或城镇一般中小学兼职支教，完成不低于480课时的支教工作④。

（3）不断增加教育经费投入和加强教育经费管理。当然，北京市农村义务教育均衡发展取得的成就必须建立在农村教育经费不断增加的基础之上。例如，就全市而言，为保障农村教育的发展，政府每年新增教育经费的70%用于农村教育；财政每年投入6000多万元的专项经费，用于农村中小学教师培训，投入3000余万元选派农村骨干教师到工作站脱产学习半年；投入20亿元，保证学生和教师有足够使用的计算机等等；从2012

---

① 北京大兴农村教师工资高于城区［EB/OL］. http://news.china.com.cn/rollnews/2011-11/07/content_11023861.htm.
② 北京农村基础教育领跑全国［EB/OL］. http://club.news.sohu.com/r-make_friends-21359-0-0-900.html.
③ 北京大兴农村教师工资高于城区［EB/OL］. http://news.china.com.cn/rollnews/2011-11/07/content_11023861.htm.
④ 北京农村基础教育领跑全国［EB/OL］. http://club.news.sohu.com/r-make_friends-21359-0-0-900.html.

年秋季开学起，对公办九年义务教育学校就读的具有京籍的包括10个远郊区县公办农村寄宿制中小学就读的寄宿学生等在内的4类寄宿学生等均提高80元的伙食补助，其标准由原每人每月160元增加到240元，每年按10个月计发。2012年9月至2013年8月提高伙食补助所增加的经费由北京市级财政全额负担，2013年9月以后由北京市、区县财政各负担50%①；在全部实现了"两免一补"基础上，对农村学生实行义务教育的"三免两补"，即免杂费、免教科书费、免住宿费、给予生活补助、给予交通补助②。再如，就区县而言，海淀区近年来将新增教育经费的20%以上用于农村地区教育投入并逐年递增，近几年累计投入专项资金3.6亿元，重点用于提高农村地区的中小学日常公用经费、教师工资补贴和培训费以及校园修缮改造等项目；海淀区农村中学的日常公用经费标准比城区小学高330元，中学日常公用经费标准比城区中学高388元，农村教师的培训费每人每年高于城区教师700元，农村地区教师的工资水平更是节节攀升。2012年，海淀区政府进一步加大义务教育阶段投入，增加的资金很大一部分投向农村校、基础相对薄弱学校和特殊困难群体。其中专项安排农村地区学校补助经费1.25亿元，教育信息化建设经费3.75亿元，学校操场恢复经费1.92亿元；1.14亿元专门用于资助困难家庭、弱势群体子女、残疾儿童和进城务工人员随迁子女接受义务教育③。通州区保证教育经费及时足额发放，坚持城乡统一并向农村倾斜；顺义区坚持教育投入向农村倾斜，高标准拨付日常公用经费，提高教师待遇等等。另外，为贯彻落实国务院《关于深化农村义务教育经费保障机制改革的通知》（国发〔2005〕43号），加强农村义务教育经费保障机制改革工作的组织实施，北京市专门成立农村义务教育经费保障机制改革工作领导小组，主要负责贯彻国务院和市委市政府关于农村义务教育经费保障机制改革的相关政策，负责本市保障机制改革工作的组织实施和监督检查，组织研究实施过程中遇到的问题及对策④。

---

① 北京市4类中小学寄宿生每月增加80元伙食补助［EB/OL］. http：//news.xinhuanet.com/edu/2012-05/12/c_111938489.htm.
② 北京农村学生义务教育"三免两补"［EB/OL］. http：//www.cnr.cn/hnfw/hngbjy/201108/t20110831_508438776.shtml.
③ 北京海淀区：努力让每个孩子享受优质义务教育［EB/OL］. http：//www.educhn.net/news/news_Foundation/20120512/344238.htm.
④ 我市加强农村义务教育经费保障机制改革力度［EB/OL］. http：//www.bjbb.gov.cn/2007/0706/4553.html.

2. 农村教育救助得到了一定的发展

为进一步解决本市城乡居民最低生活保障困难家庭高等教育新生子女就学问题，2007年北京市出台了《关于实施高等教育新生入学救助办法的通知》（京民救发〔2007〕228号），建立了针对城乡困难家庭子女大学就学的教育救助制度。2008年12月，市民政局、市财政局、市教委等9部门联合印发了《关于规范和统筹临时救助制度的通知》（京民救发〔2008〕546号），通知明确指出"城乡临时救助家庭中，在校就读学生符合条件的，可按照教委、民政、残联等部门的有关政策规定申请享受教育救助。从2009年开始，本市教育救助范围扩大到了城乡低保边缘家庭"①。《关于进一步规范高等教育新生入学救助办法的通知》规定的救助标准是：考取普通高等院校，接受本科、专科或高等职业教育的学生，当年一次性最多救助4500元。救助标准将随高等教育新生入学学费的变化和本市居民生活水平的提高适时调整，具体标准由市民政局、市财政局、市教委、市残联经测算后确定。学费低于上述救助标准的，按实际发生金额救助②。据《2007年北京市民政事业发展统计公报》显示，2007年北京市制定特困家庭大学新生子女入学救助政策，每人资助4000元，为1888名低保家庭子女发放高等教育救助资金754万元③。

5.1.5 北京市自然灾害保障制度建设取得了长足进展

北京市农村常见的自然灾害有干旱、洪涝、冰雹、大风、寒潮、雷击、霜冻、高温、阴雨、雪灾、地震、泥石流、坍塌和病虫害等，这些自然灾害的发生对农村居民和农业生产产生重要的影响。例如，2007年3月3日至4日，北京市出现了暴雪、大风和低温冷冻灾害性天气，由此导致延庆县、房山区、门头沟区、怀柔区、大兴区、顺义区、密云县等7区县部分地区经济作物和农作物受灾。经近一步核实统计，此次灾害过程共导致7个区县的5631人受灾，受灾面积513.6公顷，其中绝收面积18.3公

---

① 2009年本市高等教育新生入学救助工作启动［EB/OL］. http：//zhengwu. beijing. gov. cn/bmfu/bmts/t1055968. htm.

② 关于进一步规范高等教育新生入学救助办法的通知［EB/OL］. http：//bjshjz. bjmzj. gov. cn/showBulltetin. do？id=30482&dictionid=7083102&websitId=70890&netTypeId=2.

③ 2007年北京市民政事业发展统计公报［EB/OL］. http：//www. bjmzj. gov. cn/templet/mzj/ShowArticle. jsp？id=102293&NODE_ID=root.

顷，损坏居民住房4间，直接经济损失6068.3万元[①]；2007年7月9日，平谷区东高村镇南埝头村村民家10台电视机因雷击损坏，直接经济损失约2万元[②]；2010年3月12日，北京房山、怀柔2个区1.1万人遭受低温冷冻和雪灾，农作物受灾面积0.4千公顷，直接经济损失400万元[③]；2011年6月11日，顺义区遭受风雹灾害，截至6月14日9时统计，3500余人受灾，农作物受灾面积1.6千公顷，其中绝收100余公顷，直接经济损失2200余万元[④]；2011年6月11日，平谷区遭受风雹灾害，截至6月17日9时统计，6300余人受灾，农作物受灾面积3.1千公顷，其中绝收近400公顷，直接经济损失7000余万元[⑤]；2011年7月24~25日，大兴、顺义、平谷、密云、房山5县（区）遭受暴雨洪涝灾害，截至7月26日14时统计，近10万人受灾，4人死亡（2人因雷击致死，2人因溺水致死），1人失踪，8000余人紧急转移安置，农作物受灾面积20.1千公顷，房屋倒塌700余间，损坏1400余间，直接经济损失7.7亿元[⑥]。2011年8月9日，门头沟、房山、顺义、大兴、怀柔等7个县（区）遭受风雹灾害，截至8月12日9时统计，6.3万人受灾，农作物受灾面积3.7千公顷，其中绝收100余公顷，直接经济损失1亿余元[⑦]；2011年8月25日，房山区遭受洪涝灾害，造成300余人受灾，农作物受灾面积近100公顷，其中绝收近100公顷，直接经济损失1400余万元[⑧]等。

  为有效预防自然灾害和实施及时救助，北京市各级政府及相关部门在国家和相关部门的指导和支持下做了大量工作。2010年9月1日起国家实施的《自然灾害救助条例》对救助准备、应急救助、灾后救助、救助款物管理、法律责任等进行了界定。2011年10月16日修订的《国家自然灾害

[①] 北京：暴风雪灾害灾情统计 [EB/OL]. http://www.jinnong.cc/recommend/exhibition/disaster/regional/2007/content_14413.shtml.
[②] 2007年北京地区雷击灾情 [EB/OL]. http://bbs.news.163.com/bbs/shishi/119505982.html.
[③] 北京、湖南、新疆部分地区遭受低温冷冻和雪灾 [EB/OL]. http://www.jianzai.gov.cn/aticles/4028815d2770cdd5012773c46fb40003.html.
[④] 北京、河北、广西等地遭受风雹灾害 [EB/OL]. http://jzs.mca.gov.cn/article/zqkb/201106/20110600160664.shtml.
[⑤] 北京、四川部分地区遭受风雹灾害 [EB/OL]. http://jzs.mca.gov.cn/article/zqkb/201106/20110600161563.shtml.
[⑥] 北京密云等地遭受暴雨洪涝灾害 [EB/OL]. http://jzs.mca.gov.cn/article/zqkb/201107/20110700169679.shtml.
[⑦] 北京山西江苏云南遭受风雹灾害 [EB/OL]. http://jzs.mca.gov.cn/article/zqkb/201108/20110800174341.shtml.
[⑧] 北京河北安徽山东遭受洪涝灾害 [EB/OL]. http://jzs.mca.gov.cn/article/zqkb/201108/20110800177630.shtml.

救助应急预案》① 规定了组织指挥体系(国家减灾委员会、专家委员会)、应急准备(资金准备、物资准备、通信和信息准备、装备和设施准备、人力资源准备、社会动员、科技准备、宣传和培训组织)、信息管理(预警信息、灾情管理)、预警响应(启动条件、启动程序、预警响应措施、预警响应终止)、应急响应(根据自然灾害的危害程度等因素,国家减灾委设定四个国家自然灾害救助应急响应等级)、灾后救助与恢复重建(过渡性生活救助、冬春救助、倒损住房恢复重建)等等。北京市各级政府及相关部门以此为指导,认真宣传和实施上述政策措施,并积极制定北京市相关政策规定。

第一,加快制定和完善相关法律法规。例如,制定了《北京市突发公共事件总体应急预案》以及《北京市破坏性地震应急预案》、《北京市突发性地质灾害应急预案》、《北京市水旱灾害应急预案》、《北京市大风及沙尘暴天气应急预案》、《北京市冰雪天气应急预案》、《北京市暴雨雷电天气应急预案》、《北京市森林火灾扑救应急预案》②,制定了《救灾捐赠管理暂行办法》③等等。

第二,加强防灾、减灾和救灾宣传。例如,在第三个全国防灾减灾日(2011年5月12日)期间,北京市举办了许多防灾减灾宣传活动。2011年5月12日,市委副书记、市长、市应急委主任郭金龙出席本市防灾减灾主题宣传活动,开通北京应急网,并为刚刚成立的北京市应急志愿者服务总队授旗。据市应急办和团市委有关负责人介绍,本市目前已组建市级专业应急志愿者队伍17支、区县级应急志愿者队伍7支,应急志愿者总数达18万人,其中1.2万名已经正式注册。北京市各区县也纷纷采取措施,加强宣传。例如,北京市延庆县地震局联合市地震局延庆地震台共同开展了送防震减灾知识下乡活动,向村民发放了地震书籍120册,组织村民观看地震科普展板,举行《地震应急避险》科普知识专题讲座,组织部分村民开展应急疏散演练活动④;京郊北石槽镇便组织策划了"防灾减灾·从我做起"安全宣传教育活动。活动现场,消防队员示范了如何正确使用

---

① 国家自然灾害救助应急预案 [EB/OL]. http://www.mca.gov.cn/article/zwgk/fvfg/jzjj/201111/20111100191129.shtml.
② 北京市突发公共事件总体应急预案 [EB/OL]. http://www.bjmzj.gov.cn/templet/mzj/ShowArticle.jsp?id=102104&NODE_ID=root.
③ 救灾捐赠管理暂行办法 [EB/OL]. http://www.bjmzj.gov.cn/templet/mzj/ShowArticle.jsp?id=100927&NODE_ID=root.
④ 北京市延庆县地震局开展送防震减灾知识下乡活动 [EB/OL]. http://www.bjyj.gov.cn/zhb/dlsgzhb/jyjl/t1095933.html.

灭火器，安监科、应急办、城管等部门设置咨询台，接受群众咨询，并发放《首都市民防灾应急手册》、《家庭消防安全常识》、《社区意外事故防范》等宣传资料2000余份①等等。

第三，建立灾情快速发布制度。例如，北京已建立严格的震情灾情信息发布制度，北京地区发生有感以上地震，或其他地区发生造成北京有感以上地震，会在第一时间将测震台网的速报结果通过门户网站发布，让市民在第一时间了解有关地震活动的情况。目前本市已成立组建了市级地震灾害救援队，多个区县组建了区县级地震救援队，有12个区县建有志愿者队伍426支，总人数1.9万人。全市已建成达到国家规范要求，并经过市级验收组验收的避难场所33个，可安置灾民150万，"十二五"期间还将新建300应急避难场所②。再如，北京农村工作委员会2011年5月26日《关于汛期突发自然灾害上报工作的函》要求，防汛期间，郊区农村一旦发生泥石流、冰雹、暴雨、大风等突发性自然灾害，各区县要在做好抢险救灾工作的同时，及时填报《汛期突发性自然灾害情况快报表》，将发生灾害种类、地点迅速报告市农委值班室，报告时间最迟不超过灾情发生后半小时；灾情发生24小时内，必须上报《汛期突发性自然灾害初步调查报告表》，将灾害初步调查结果报告市农委值班室；如遇重大汛情、灾情，各区县要在进一步核准受灾情况的基础上，在一周内，以区县政府名义将灾情调查报告正式报市农委。市农委将根据情况，会同有关部门积极协调郊区抗旱、防洪抢险救灾工作③。

第四，启动防灾减灾社区救援体系建设项目。市民政局2012年5月7日宣布，本市防灾减灾社区救援体系建设项目正式启动。"十二五"期间本市将平均每年在200个社区组建社区救援队伍，共在1000个社区建立救援队伍，约占全市城乡社区（村）总数的六分之一。建设社区专业救援队伍的10亿元资金，将主要由公益社会组织北京市紧急救援基金会承担。同时还将在每个社区培训一至两名灾害信息员，全市预计培训7000名至10000名社区灾害信息员④。

---

① 北京入夏"防灾减灾"宣传入农村［EB/OL］. http：//www.cnr.cn/gundong/201105/t20110513_507992099.shtml.
② 北京建震情灾情信息发布制度 能监测到1级地震［EB/OL］. http：//www.ln.chinanews.com/html/2011-05-06/212340.html.
③ 关于汛期突发自然灾害上报工作的函［EB/OL］. http：//www.bjnw.gov.cn/zfxxgk/fgwj/zcxwj/201106/t20110608_268060.html.
④ 北京市防灾减灾社区救援体系建设项目5月7日正式启动［EB/OL］. http：//bj.wenming.cn/jj/rdxw/201205/t20120508_647664.html.

第五，防洪抗旱成绩卓著。整个"十一五"期间，北京市一大批防洪减灾工程得以实施，全市整体防洪能力显著提升。五年来全市完成防汛抗旱相关工程投资150亿元，比"十五"期间有了大幅度增长。永定河、潮白河、北运河重点河道和堤防完成除险加固，并全面推进流域综合治理。"十一五"期间，防汛抗旱保障工作纳入全市应急安全保障体系，应急能力明显提高，完善了市区两级防汛抗旱应急预案体系，建立了应急响应机制[①]。

第六，各级政府救灾支出不断增加以满足救灾需求。各级政府按照相关法律法规的规定，做好相对充足的和资金保证和物资准备。例如，据《2002年北京市民政事业发展统计公报》显示，2002年，北京市贯彻落实救灾工作分级管理、救灾资金分级负担的原则，认真做好核灾、救灾、备灾工作，2002年中央财政共安排救灾资金80万元，市、区县两级共安排救灾资金预算726万元，共为6.89万灾民困难户解决了口粮，为1.75万灾民困难户解决了衣被，恢复住房600余间，救治伤病人口7748人，妥善解决了农民吃、穿、住、治等方面的生活困难[②]。据《2003年北京市民政事业发展统计公报》显示，2003年中央财政共安排救灾资金400万元，市、区县两级共安排救灾资金预算816万元，共为13.9万人次灾民困难户解决了口粮，为3.1万灾民困难户解决了衣被，修缮住房700余间，救治伤病人口7270人，妥善解决了农民吃、穿、住、治等方面的生活困难。继续组织实施救灾物资政府采购工作，共安排专项资金100万元，储备救灾多功能睡袋6788条[③]。据《2004年北京市民政事业发展统计公报》显示，截至2004年年底，中央财政共安排救灾资金800万元，市、区县两级共安排救灾资金预算935.5万元，共为15万人次灾民困难户解决了口粮，为2.8万灾民困难户解决了衣被，修缮住房826间，救治伤病人口1.5万人，妥善解决了农民吃、穿、住、治等方面的生活困难。继续组织实施救灾物资政府采购工作，共安排专项资金100万元，储备救灾多功能睡袋3208条、棉被6327条、指挥帐篷70平方米共2顶，进一步提高了防

---

① 北京市"十一五"防汛抗旱总结表彰暨2011年防汛抗旱工作会召开 [EB/OL]. http://www.jianzai.gov.cn/aticles/2c9201822e79d182012e7fe2fd39009c.html.
② 2002年北京市民政事业发展统计公报 [EB/OL]. http://www.bjmzj.gov.cn/templet/mzj/ShowArticle.jsp?id=102285&NODE_ID=root.
③ 2003年北京市民政事业发展统计公报 [EB/OL]. http://www.bjmzj.gov.cn/templet/mzj/ShowArticle.jsp?id=102289&NODE_ID=root.

灾备灾水平[①]。据《2005年北京市民政事业发展统计公报》显示，全年共安排救灾资金1500余万元，及时有效地保障了灾民困难户的基本生活[②]。

另外，根据历年北京市民政事业费支出情况可以看出，救灾支出在不断增加。下面的表5.14所提供的数据和图5.17~图5.23的发展趋势可以说明这一问题。

表5.14　　2007年3月~2012年4月北京市救灾支出情况[③]　　单位：万元

时间	救灾支出
2007年3月	37.5
2007年4月	204.5
2007年5月	266.5
2007年6月	333.5
2007年7月	333.5
2007年8月	444.5
2007年9月	490.5
2007年10月	501.5
2007年11月	528.5
2007年12月	1129.8
2008年2月	74.5
2008年3月	104.5
2008年4月	104.7
2008年5月	104.5
2008年6月	104.5
2008年7月	284.5
2008年8月	326.5
2008年9月	356.5

---

① 2004年北京市民政事业发展统计公报［EB/OL］. http：//www.bjmzj.gov.cn/templet/mzj/ShowArticle.jsp? id=102290&NODE_ID=root.

② 2005年北京市民政事业发展统计公报［EB/OL］. http：//www.bjmzj.gov.cn/templet/mzj/ShowArticle.jsp? id=102291&NODE_ID=root.

③ 各省民政事业统计数据［EB/OL］. http：//cws.mca.gov.cn/article/tjsj/sjsj/? 3.

续表

时　　间	救灾支出
2008年10月	357.2
2008年11月	551.5
2008年12月	1231.4
2009年2月	50.0
2009年3月	72.0
2009年4月	72.0
2009年5月	72.0
2009年6月	72.0
2009年8月	112.0
2009年9月	112.0
2009年10月	112.0
2009年11月	153.0
2009年12月	433.2
2010年1月	70.0
2010年2月	70.0
2010年3月	70.5
2010年4月	90.5
2010年5月	90.5
2010年6月	1555.5
2010年7月	1555.5
2010年8月	1555.5
2010年9月	3075.5
2010年10月	3075.5
2010年11月	3175.5
2010年12月	3579.5
2011年1月	80.0
2011年2月	80.0
2011年3月	82.9
2011年4月	112.9
2011年5月	112.9

续表

时间	救灾支出
2011年6月	437.9
2011年7月	437.9
2011年8月	437.9
2011年9月	574.9
2011年10月	676.4
2011年11月	905.4
2011年12月	1103.4
2012年1月	40.0
2012年2月	40.0
2012年3月	110.0
2012年4月	125.0

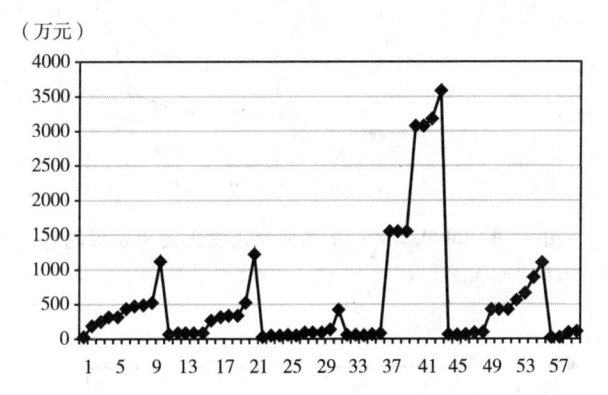

图 5.17　2007年3月~2012年4月北京市救灾支出总体发展趋势

注：横坐标为与表5.14对应的年月。

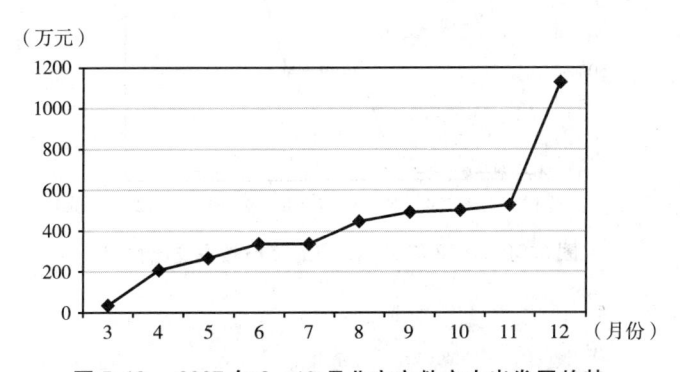

图 5.18　2007年3~12月北京市救灾支出发展趋势

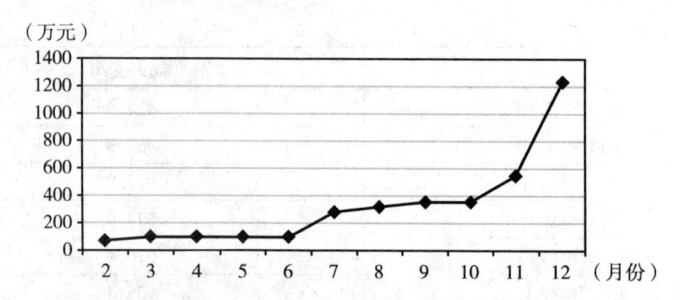

图 5.19　2008 年 2～12 月北京市救灾支出发展趋势况

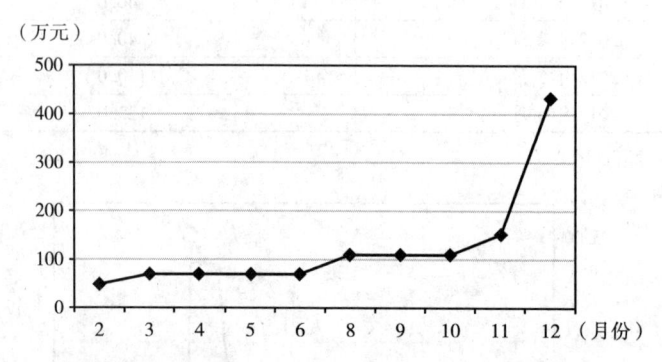

图 5.20　2009 年 2～12 月北京市救灾支出发展趋势

注：2009 年 7 月的数据无法获取。

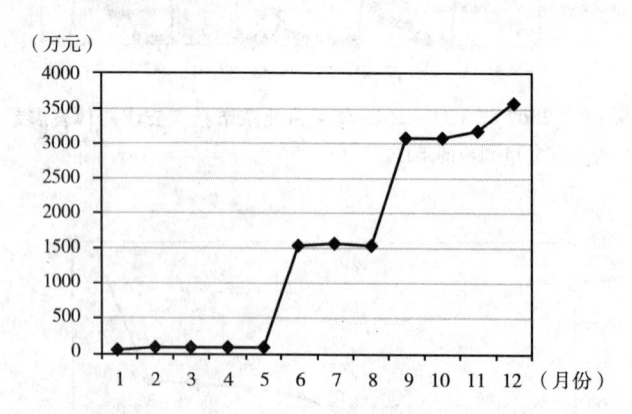

图 5.21　2010 年 1～12 月北京市救灾支出情况

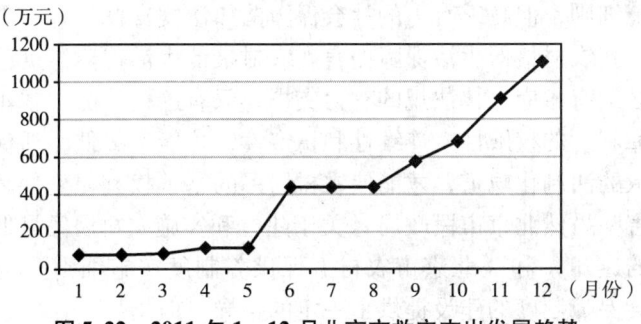

图 5.22　2011 年 1~12 月北京市救灾支出发展趋势

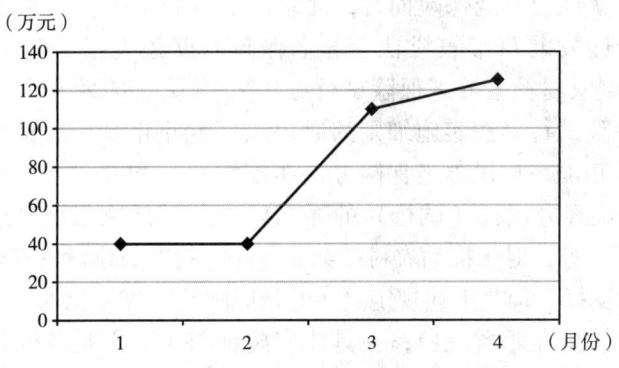

图 5.23　2012 年 1~4 月北京市救灾支出发展趋势

5.2　新世纪以来北京农村社会保障实践存在的问题

从整体上讲,北京农村社会保障体系基本框架已具雏形,并在许多方面取得较快进展,处于国内领先地位。但与城市居民的社会保障发展程度相比,与农村居民对社会保障的强烈需求相比,与北京作为首都城市构建和谐社会首善之区、实现基本公共服务均等化的要求相比,仍存在很大差距,存在不少亟待解决的问题和矛盾。

5.2.1　农村社会保障体系的法律法规建设有待进一步加强

北京市为促进农村社会保障体系的建设和发展,曾制定了一些相关的办法和实施细则,但缺乏有力的社会保障法律法规支撑。

例如,就农村最低生活保障而言。农村最低生活保障制度建设的每一个环节都必须有相应法律法规的有力支撑,只有这样才能从根本上保证最低生活保障制度的权威性、连续性和稳定性,才能使最低生活保障工作步入有法可依的法制化轨道,才能使农村居民的基本权利得到保障,生活权益不受侵害。虽然北京市民政局《关于建立和实施农村居民最低生活保障制度意见的通知》和《北京市农村五保供养制度实施细则》为北京市农村最低社会保障制度的建设提供了一定的指导,但指导工作的法律法规并不健全。

再如,就社会养老保险而言,北京市先后制定了《北京市人民政府办公厅关于印发北京市农村社会养老保险制度建设指导意见的通知》、《北京市新型农村社会养老保险试行办法》、《关于印发北京市新型农村社会养老保险试行办法实施细则的通知》、《北京市城乡居民养老保险办法》、《北京市城乡居民养老保险办法实施细则》和《关于印发新型农村社会养老保险经办规程(试行)的通知》以及《北京市城乡居民养老保险经办规程》等,对于推动农村社会养老保险制度的建设具有重要的指导作用和法律支撑。但是上述规定更多的是原则性、碎片化的,还存在同一问题不同文件相互矛盾现象;在具体实施细节上,也是各区县摸石头过河,各行其是。

因此,急需制定一部专门的、强有力的《社会保障法》。当然,建立如此高规格的法律不是北京市能够独立完成的,必须借助于国家和中央政府的力量。其实国家和中央政府已经为此做出了很大的努力,如由中华人民共和国第十一届全国人民代表大会常务委员会第十七次会议于 2010 年 10 月 28 日通过并于 2011 年 7 月 1 日实施的《中华人民共和国社会保险法》就是一部比较权威的法律,其第二章第二十条和二十一条对新型农村社会养老保险制度进行了界定①,第三章第二十四条对新型农村合作医疗制度进行了界定②。但《社会保险法》毕竟没有涵盖社会保障的所有

---

① 《中华人民共和国社会保险法》第二章第二十条"国家建立和完善新型农村社会养老保险制度。新型农村社会养老保险实行个人缴费、集体补助和政府补贴相结合";第二十一条"新型农村社会养老保险待遇由基础养老金和个人账户养老金组成。参加新型农村社会养老保险的农村居民,符合国家规定条件的,按月领取新型农村社会养老保险待遇"。http://www.china.com.cn/policy/txt/2010-10/29/content_21225907_2.htm。

② 《中华人民共和国社会保险法》第三章第二十四条"国家建立和完善新型农村合作医疗制度。新型农村合作医疗的管理办法,由国务院规定"。http://www.china.com.cn/policy/txt/2010-10/29/content_21225907_3.htm。

内容。

5.2.2 城乡社会保障发展程度差距有待进一步缩小

虽然北京市社会保障体系的建设一直致力于取消城乡差别,而且许多项目如社会养老保险等也已实现城乡统一,城乡统筹工作一直走在全国的前列。但是社会保障体系的"城乡二元特征"还没有完全消除。受二元经济结构长期存在的影响和制约,与城镇居民社会保障相比,北京市农村居民社会保障的内容、范围、方式和手段还存在一定的差距。

以最低保障标准为例,表 5.15 列举了 2005~2012 年北京市农村居民最低保障标准和城市居民最低保障标准,从表 5.15 和图 5.24 中可以看出,农村居民的最低保障标准一直低于城市居民的最低保障标准,2010 年以前(包括 2010 年)这一差距一直在 2000~3000 元之间,且呈逐年增加趋势(2009 年除外);从 2011 年开始,农村居民的最低保障标准增加幅度开始大于城市居民,两者的差距呈逐年减少趋势,已经降到了 2000 元以下,但差距的存在依旧是很明显的。

表 5.15　　　2005~2012 年北京市农村居民与城市居民
最低保障标准及其比较

单位:元/年

年份	2005	2006	2007	2008	2009	2010	2011	2011	2012
城市低保标准	3600	3720	3960	4680	4920	5160	5760	6000	6240
农村低保标准	1510	1580	1630	1780	2040	2250	3600	4080	4560
两者的差距	2090	2140	2330	2900	2880	2910	2160	1920	1680

注:① 关于调整 2011 年本市城乡低保标准的通知 [EB/OL]. http://bjshjz.bjmzj.gov.cn/showBulltetin.do?id=30139&dictionid=7083101&websitId=70890&netTypeId=2&subwebsitid=.
② 北京 2011 年 7 月起调高多项社保标准 [EB/OL]. http://news.xinhuanet.com/politics/2011-06/16/c_121544153.htm.
③ 关于调整本市社会救助相关标准的通知 [EB/OL]. http://bjshjz.bjmzj.gov.cn/showBulltetin.do?id=30700&dictionid=7083101&websitId=70890&netTypeId=2&subwebsitid=.
④ 表中 2011 年的数据,其中第一个数据是指 2011 年 1 月起的数据,第二个数据是指 2011 年 7 月起的数据。

资料来源:历年北京市国民经济和社会发展统计公报。

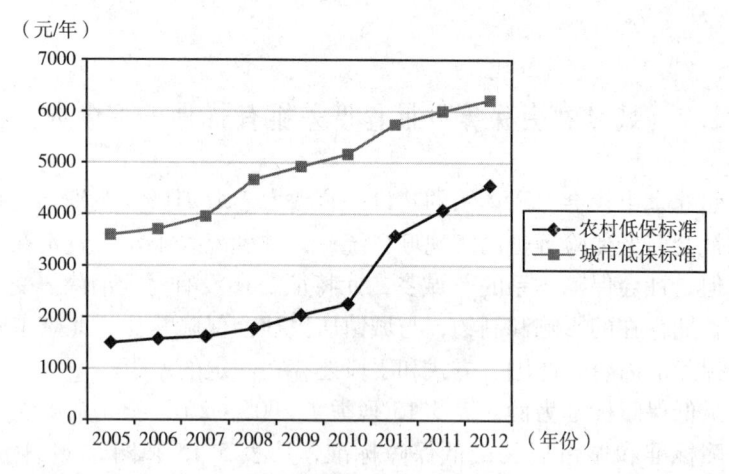

图 5.24　2005～2012 年北京市农村居民和城市居民最低保障标准变动趋势比较

注：图中第一个 2011 年的数据是指 2011 年 1 月起的数据，第二个 2011 年的数据是指 2011 年 7 月起的数据。

再以社会养老保险筹资标准为例。前文已述，北京市自 2009 年起建立了城乡居民养老保险制度，在缴费、待遇等标准上城乡一致，实现了养老保障城乡一体化。但是，按照《北京市城乡居民养老保险办法》规定，北京市城乡居民养老保险的缴费标准有最低标准和最高标准之分，其中最低缴费标准为北京市上一年度农村居民人均纯收入的 9%，最高缴费不超过北京市上一年度城镇居民人均可支配收入的 30%。根据表 5.16 提供的数据可以看出，最高标准和最低标准之间的差距还比较大，相差 6460 元。最低缴费标准对于城镇居民来说是非常容易实现的，因为最低缴费标准仅占城镇居民人均可支配收入的 3.42% 左右（4 年平均），对农村居民也不太难，占农村居民纯收入的 7.67%（4 年平均）；最高缴费标准对城镇居民来说也并不困难，因为只占城镇居民人均可支配收入的 30%。但是最高缴费标准对于农村居民来说是非常难达到的，因为最高缴费标准要占农村居民人均纯收入的 59.31% 左右（4 年平均），接近城镇居民（30%）的两倍，这当然主要源自于城镇居民人均可支配收入和农村居民人均纯收入之间的差距，而且这一差距还呈逐年扩大趋势。

表 5.16　2008～2012 年北京市社会养老保险最低缴费标准占城镇居民人均可支配收入的比重与最高缴费标准占农村居民纯收入的比重比较

单位：元

年份	2008	2009	2010	2011	2012	平均
农村居民人均纯收入	10747	11986	13262	14736	/	/
城镇居民人均可支配收入	24725	26738	29073	32903	/	/
两者的差距	13978	14752	15811	18167	/	/
最低缴费标准	/	960	960	960	960	/
最高缴费标准	/	7420	7420	7420	7420	/
最低缴费标准占上年城镇居民人均可支配收入的比重	/	3.88%	3.59%	3.30%	2.92%	3.42%
最高缴费标准占上年农村居民纯收入的比重	/	69.04%	61.91%	55.95%	50.35%	59.31%

5.2.3　缴费水平和筹资水平较低，保障水平偏低，政府财政投入力度有待进一步加强

以农村社会养老保险为例。按照《北京市城乡居民养老保险实施细则》[①] 规定，按月享受的城乡居民养老保险待遇由个人账户养老金和基础养老金两部分组成。其中基础养老金是在参保人领取待遇时由政府补助的财政性资金，标准全市统一，发放基础养老金所需资金由区（县）财政负担，并列入区（县）财政预算。前文已述，最近几年基础养老金的标准在不断提高，但是与农村居民人均生活消费支出相比还存在着较大的差距。为保证农村老人正常的生活消费，更多的还必须靠个人账户的支撑。个人账户养老金标准由个人账户积累总额（个人缴费和集体补助）和国家对城镇基本养老保险个人账户计发月数确定。根据《北京市城乡居民养老保险实施细则》[②] 的相关规定，城乡居民养老保险个人账

[①]　北京市城乡居民养老保险实施细则 [EB/OL]．http：//www.bjyq.gov.cn/services/yqsh/ldbz/2c9d9d8527ceb2500127d1a51b2a0024.html．

[②]　北京市城乡居民养老保险实施细则 [EB/OL]．http：//www.bjyq.gov.cn/services/yqsh/ldbz/2c9d9d8527ceb2500127d1a51b2a0024.html．

户养老金实行分段计发。2004年7月1日前参加农村社会养老保险的人员，在2008年1月1日前缴纳的保险费按8.8%的计发系数确定个人账户养老金标准。2004年7月1日之后参加农村社会养老保险的人员，在2008年1月1日前缴纳的保险费按5%的计发系数确定个人账户养老金标准。2008年缴纳的新型农村社会养老保险费和参保人员缴纳的城乡居民养老保险费，按照国家规定的基本养老保险个人账户养老金计发月数确定个人账户养老金标准。但不管是哪种计发方式，影响领取标准的一个关键因素就是存储额。存储额越多，领取标准才会越高，否则，保障水平会很低。而表5.18给出的数据则显示，个人账户中依靠个人缴费的空间毕竟有限。如果以农村居民人均纯收入扣除人均生活消费支出后的剩余作为个人缴纳社会养老保险基础的话，2007～2011年5年，平均剩余仅为3096元/年，也就是说，农村居民可能缴纳的社会养老保险只能占其人均纯收入的25.93%（5年平均）。假设农村居民将剩余全部用于缴纳社会养老保险，根据表5.17和表5.18的数据计算得知，要满足老年人的正常生活消费，还有不小的缺口，如2009年可能会缺2936元/年，2011年可能会缺3460元/年。这一缺口必须通过集体补助来完成。但集体补助这一部分目前还没有硬性的规定。《北京市城乡居民养老保险办法》只是规定"有条件的集体经济组织，可对参加城乡居民养老保险的人员给予补助"，如果没有条件则无需给予补助，这使得许多经济条件比较差的边远山区的农村居民基本得不到集体的补助。个人筹资和集体补助的部分受客观条件的限制无法在很大范围内提高，筹资水平不高的主要责任就落在了各级政府身上。

表5.17　北京市农村居民基础养老金与人均生活消费支出之间的差距

单位：元/年

年　份	2009	2011
人均生活消费支出	9141	11078
基础养老金	3360	3960
两者的差距	5781	7118

资料来源：人均生活消费支出的数据来源于北京市统计局官方网站［EB/OL］. http://www.bjstats.gov.cn/.

表 5.18　　2007~2011 年农村居民缴纳社会养老保险的可能水平　　单位：元/年

年份	2007	2008	2009	2010	2011
（1）人均纯收入	9559	10747	11986	13262	14736
（2）人均生活消费支出	6828	7656	9141	10109	11078
（3）=（1）-（2）	2731	3091	2845	3153	3658
（4）=（3）/（1）	28.57%	28.76%	23.74%	23.77%	24.82%

资料来源：北京市统计局官方网站［EB/OL］. http://www.bjstats.gov.cn/.

注：表里的（3）等于农村居民人均纯收入减去人均生活消费支出，属于收入剩余部分，理论上可以作为缴纳各项社会保障基金的基础；表里的（4）即农村居民纯收入中可能缴纳社会养老保险的最高比例。

表 5.19　　北京新型农村社会养老保险个人账户养老金标准计算

时间	领取标准
2004 年 7 月 1 日前参加、2008 年 1 月 1 日前缴纳	60 周岁领取，月领取养老金 = 0.008631526 × 存储额 55 周岁领取，月领取养老金 = 0.007871541 × 存储额
2004 年 7 月 1 日后参加、2008 年 1 月 1 日前缴纳	60 周岁领取，月领取养老金 = 0.006754475 × 存储额 55 周岁领取，月领取养老金 = 0.005503577 × 存储额
2008 年缴纳	55 周岁领取，月领取养老金 = 存储额/170 56 周岁领取，月领取养老金 = 存储额/164 57 周岁领取，月领取养老金 = 存储额/158 58 周岁领取，月领取养老金 = 存储额/152 59 周岁领取，月领取养老金 = 存储额/145 60 周岁领取，月领取养老金 = 存储额/139 61 周岁领取，月领取养老金 = 存储额/132 62 周岁领取，月领取养老金 = 存储额/125 63 周岁领取，月领取养老金 = 存储额/117 64 周岁领取，月领取养老金 = 存储额/109 65 周岁领取，月领取养老金 = 存储额/101

资料来源：北京新农保个人账户养老金标准计算［EB/OL］. http://shbz.beijing.cn/xnb/.

与养老保险一样，农村居民的最低生活保障同样也面临资金筹集水平不高和待遇偏低问题。由于最低生活保障资金由各级财政负担，但北京市各区县经济发展水平差距悬殊，使得最低生活保障在资金筹措方面往往会陷入一个恶性循环或怪圈：越是贫困的地区，需要纳入农村最低生活保障的对象越多，区县政府同时需要配套的资金就越多；而越是贫困的地区，区县政府的财政力量就越有限，投入到最低生活保障方面的资金就越少。因此有些区县政府虽然按照规定将农村最低生活保障资金列入财政预算，所筹集到的资金也很难满足需要；有些区县政府虽然每年把农村最低生活保障资金列入财政预算，但却列而不支、列而少支，所筹集到的资金更是少得可怜。而且，农村最低保障标准没有随北京市整体经济发展而同步增长。筹资水平不高，再加上在资金发放工作方面存在的问题，导致待遇水平不高。

新型农村合作医疗在筹资水平和待遇水平方面存在的问题和社会养老保险、最低保障制度存在的问题一致。由前文的分析可以看出，导致目前新型农村合作医疗筹资水平和待遇水平均不高的原因至少有两个：第一，在《北京市建立新型农村合作医疗制度》中虽然规定了村集体按照村经济组织利润额2%左右的标准对农民大病医疗统筹出资，但由于有些村集体的利润额很低，集体补助这一部分几乎形同虚设。第二，许多乡镇政府制定的筹资标准对边远山区不利，加重了边远山区个人的负担，同样会陷入恶性循环中。如上文提到的《房山区2011年度新型农村合作医疗制度管理办法实施方案》规定，2011年乡（镇）政府筹资为平原乡镇70元、山区丘陵乡镇55元，分别占总筹资额的13.40%和10.58%，相比较而言，乡镇政府补贴给山区丘陵地区的补助少于平原地区，虽然这一差距由区县政府消除了，但无论是平原地区还是山区丘陵地区，个人以户为单位每人每年承担的金额是一致的，但50元的金额对于山区丘陵地区的农民来说与平原地区相比则是比较重的负担。

再以北京市农村义务教育均衡发展为例。北京市农村义务教育均衡发展虽然取得了相当大的成就，但依旧存在许多问题，如骨干教师数量依旧不足、教师专业化水平和教学能力有待提高等，但其中最为突出的一个问题是农村教师待遇和地位水平有待提高。民盟北京市委"北京市农村中小学教师地位课题调研组"调查结果显示，（1）全市横向比，农村中小学教师待遇水平较低。问卷调查显示，66.03%的农村教师月收入在1500~2000元之间，30.13%的教师月收入在2000~2500元之间，仅有2.56%的教师月收入在2500元以上，而2006年北京市职工月平均工资为3008元；77.56%的农村中小学教师对目前收入表示比较不满意或非常不满意。（2）同行业城乡比，农村中小学教师待遇水平与城镇地区相比存在着一定差距。据调查统计，2006年延庆县教师平均年薪为3.2万元，海淀区教师平均年薪为5.5万元，相差1.7倍。（3）同地区与当地公务员相比，农村教师的待遇普遍要低得多。据调查，2006年怀柔区中小学教师月人均收入2740元，当地公务员月人均收入4400元，相差1.6倍；2006年延庆县教师平均年薪为 3.2 万元,当地公务员平均年薪为 5.2 万元,相差 1.6 倍①。

而上述问题的存在根本上还是缘于政府财政投入力度的不足。虽然北京市已经强调每年新增教育经费的 70% 用于农村教育,也有制定相应的拨付标准。但是由于北京市的义务教育经费主要由区县财政负担,致使市级财政对区县教育经费的调控力度不大;同时各区县经济发展又极不平衡,虽有拨付标准但不具刚性,这就导致有些区县尤其是偏远山区县的教育经费投入不足。

5.2.4 城乡社会保障体系的衔接有待进一步完善

西方发达国家社会保障体系建设的实践证明,要保证城乡社会保障体系的衔接必须具备如下条件:第一,城镇化率。城镇化率是一个国家或地区经济发展的重要标志,也是衡量统筹城乡发展、城乡社会保障体系衔接的重要指标。由表 5.20 可以看出,北京市的城镇化率已经非常高,全市还有不到 20% 的农村居民,这表明在经济发展水平方面北京市已经具备了衔接城乡社会保障体系的基本条件。第二,各级政府对社会保障的转移支付能力。随着财政收入的迅速增加,政府财政转移支付力度不断加强。前面的数据分析可以看出,近年来北京市政府每年投入社会保障补助支出的比重逐年上升。第三,农村人口参加基本社会保障项目的个人支付能力。由表 5.21 给出的数据可以看出,北京市农村居民人均纯收入在逐年增加,人均住房面积在不断增加(虽然有个别年份略有下降,但依旧改变不了不断增加的趋势),恩格尔系数近几年一直在 32.4% 左右徘徊②,这说明北京农村居民的生活水平已达到了相对富裕的程度,农村居民有一定的经济能力参加基本社会保障项目③。第四,构建城乡衔接社会保障制度的民意基础。绝大多数的农民和农民工都认为应加快推进社会保障制度的改革,

---

① 北京民盟调研:农村教师声望高 自身职业认同感低 [EB/OL]. http://news.xinhuanet.com/politics/2008-02/28/content_7686012.htm.

② 联合国根据恩格尔系数的大小,对世界各国的生活水平有一个划分标准,即一个国家平均家庭恩格尔系数大于 60% 为贫穷;50%~60% 为温饱;40%~50% 为小康;30%~40% 属于相对富裕;20%~30% 为富裕;20% 以下为极其富裕。

③ 李迎生,韩央迪,张瑞凯. 构建城乡衔接的社会保障体系——以北京市为例 [J]. 中国人民大学学报,2008 (6):65-66.

实现城乡衔接①。

表 5.20　　　　　2006~2011 年北京市城镇化率情况②　　　单位：万人、%

年份	2006	2007	2008	2009	2010	2011
全部人口	1581.0	1633.0	1695.0	1755	1961.9	2018.6
城镇人口	1333.3	1379.9	1439.1	1491.8	1686.4	1740.7
城镇化率	84.33	84.50	84.90	85.00	85.91	86.23

资料来源：(1) 2006~2010 年的数据：北京统计年鉴 2011 之 "3-2　常住人口（1978~2010 年）" [EB/OL]. http://www.bjstats.gov.cn/nj/main/2011-tjnj/index.htm.
(2) 2011 年数据：北京市 2011 年国民经济和社会发展统计公报 [EB/OL]. http://www.bjstats.gov.cn/.

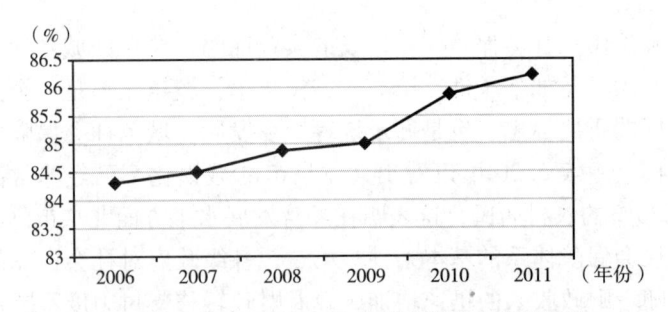

图 5.25　2006~2011 年北京市城镇化率变化趋势

表 5.21　　　　2007~2011 年北京市农村居民生活水平变化情况
　　　　　　　　　　　　　　　　　　　　　　　　单位：元/年、平方米、%

年份	2007	2008	2009	2010	2011
人均纯收入	9559	10747	11986	13262	14736
恩格尔系数	32.1	34.3	32.4	30.9	32.4
人均住房面积	39.5	39.4	39.42		48.6

资料来源：北京市历年国民经济和社会发展统计公报 [EB/OL]. http://www.bjstats.gov.cn/.

---

①　中共北京市委党校第 5 期区县局级干部培训一班农村社会保障课题组. 完善农村社会保障体系加快推进城乡一体化进程 [J]. 新视野，2009 (5).
②　城镇化率（城镇化水平）通常用市人口和镇人口占全部人口（人口数据均用常住人口而非户籍人口）的百分比来表示 [EB/OL]. http://baike.baidu.com/view/1794297.htm.

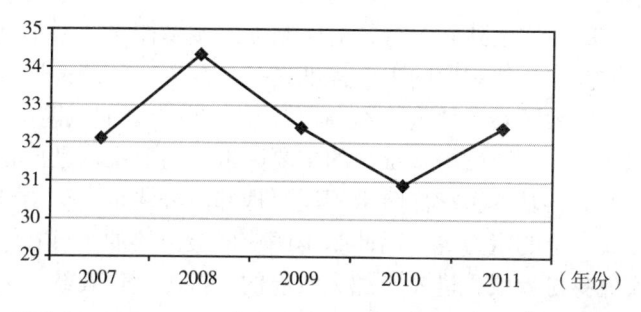

图 5.26 2007~2011 年北京市农村居民恩格尔系数变动趋势

北京市农村社会保障体系建设的终极目标就是城乡统一，而实现城乡统一必须是一个循序渐进的过程，先是逐渐实现各个项目的城乡衔接或对接，最后才是城乡统一。北京市为此做了大量的工作，与全国平均水平相比，其衔接程度已经非常高，但依旧存在一些问题。

以社会养老保险为例。《北京市城乡居民养老保险实施细则》专门设定了"保险制度的衔接"这一部分内容，如参加新型农村社会养老保险后转居又参加城镇职工基本养老保险的，其参加农保的缴费，可按照相应年度城保的缴费基数和比例折算缴费年限；参加城保的农民工不符合领取条件，按城保一次性待遇规定将资金划转到本人所在区县农保经办机构，按农保规定享受待遇；参加城保满 1 年的缴费，视同为新农保缴费 1 年的年限[1]。上述规定打破了以往城镇、农村居民各自参加养老保险的二元障碍，城乡居民养老保险办法实现了"五统一"，即保险制度、缴费标准、保险待遇、衔接办法及基金管理的统一。同时，城乡居民养老保险还可同基本养老保险衔接。但是依旧还存在一些问题。如城乡居民养老保险与城镇职工基本养老保险两大制度之间毕竟还存在差异，北京市的衔接工作还没有积累足够的经验；城乡居民养老保险的管理层次和基金经办管理服务水平还有待进一步提高；经办管理服务流程还有待进一步完善等等。

再以基本医疗保险为例。近年来，北京市在不断完善城镇职工基本医疗保险的基础上，重点加强非职工群体的基本医疗保险制度建设，先后建立了新型农村合作医疗制度和城镇居民基本医疗保险制度，初步建立起以"三驾马车"为主要内容的基本医疗保险体系，在全国范围内率先实现了基本医疗保险制度对城乡居民的全覆盖。但是，因为针对的人群不同等原

---

[1] 解读新型农村社会养老保险的四点创新 [EB/OL]. http://ldjy.beijing.cn/shbx/ylbx/n214061665.shtml.

因，上述三项制度均是独立运行，对于制度的城乡衔接非常不利。户籍仍然是划分各类群体参加制度的主要标准之一；在资金的统筹层次上，新农合的统筹层次仅为区县级统筹，统筹层次低，基金分散风险的能力有限，是制约基本医疗保险制度衔接统一的重要因素，需要推动其向市级统筹过渡；在管理方面，基本医疗保险由不同管理部门分块负责会给整个制度体系的完善形成一定的阻力等，因此基本医疗保险衔接的关键在于从根本上打破参保人员身份界限，进一步加大政府的支持力度以及统一基本医保经办管理机构等①。

5.2.5 各涉农区县的保障水平差距较大

各涉农区县的保障水平差距较大主要取决于各涉农区县的经济发展水平和财政能力。地区生产总值是反映县区经济实力的一个宏观指标，地区生产总值高的县区更有能力提高社会保障水平；但是由于农村社会保障制度建立的资金大部分来源于财政拨款，而且主要由县、区级财政预算安排，因此，北京市各涉农区县财政收入的高低更能反映建立农村社会保障制度能力的大小，财政收入排名靠后的县、区，其支持建立农村社会保障制度的能力相对弱一些。而相比较于总量水平，人均值更能反映各涉农区县的差距。除此之外，农村人口占涉农区县总人口的比重也是影响农村社会保障水平的一个重要指标。因此本书选取各涉农区县的地区生产总值及其人均值、地方财政收入及其人均值、乡镇及行政村常住人口占常住人口的比率等指标对各涉农区县可能的农村社会保障能力进行分析。

从分析表 5.22 ~ 表 5.27 可以得出如下三点结论：

第一，北京市各涉农区县的经济实力和财政实力差距很大。首先，北京市各涉农区县的经济实力总量差距很大：2009 年地区生产总值排在第一位的海淀区和最后一位的延庆县相差 2385.4 亿元；2010 年地区生产总值排在第一位的朝阳区和最后一位的延庆县相差 2736.5 亿元。其次，北京市各涉农区县的经济实力人均值差距很大：若按常住人口计算，2009 年人均地区生产总值排在第一位的顺义区和最后一位的延庆县相差 72935.4 元；2010 年人均地区生产总值排在第一位的顺义区和最后一位的延庆县相差 77605.9 元。若按户籍人口计算，2009 年人均地区生产总值排

---

① 王秀峰. 北京市城镇居民基本医疗保险制度和新型农村合作医疗制度的比较分析 [J]. 北京劳动保障职业学院学报, 2010 (1): 10 - 13.

在第一位的朝阳区和最后一位的延庆县相差106575.9元；2010年人均地区生产总值排在第一位的顺义区和最后一位的延庆县相差124858.5元。再次，北京市各涉农区县的地方财政收入差距很大：2009年地方财政收入排在第一位的朝阳区和最后一位的延庆县相差1836943万元；2010年地方财政收入排在第一位的大兴区和最后一位的延庆县相差2497296万元。最后，北京市各涉农区县的地方财政收入人均值差距很大：若按常住人口计算，2009年人均地方财政收入排在第一位的顺义区和最后一位的丰台区相差9459.9元；2010年人均地方财政收入排在第一位的大兴区和最后一位的丰台区相差16782.8元。若按户籍人口计算，2009年人均地方财政收入排在第一位的顺义区和最后一位的延庆县相差12267.9元；2010年人均地方财政收入排在第一位的大兴区和最后一位的延庆县相差39792.4元。

第二，虽然在不同的年份，在不同的指标方面，各涉农区县的排名会有所波动，但是从总体上看，离市区较近的涉农区县排名都比较靠前，而离市区较远的偏远山区的涉农区县的排名（除农村人口占常住人口的比率之外）均比较靠后，尤其是延庆县，在我们探讨的上述几个指标中，除人均地方财政收入是倒数第二外，其他指标均是倒数第一。这充分说明这些偏远山区的涉农区县的农村社会保障供给能力较弱。而更加雪上加霜的是，这些涉农区县的农村人口占常住人口的比率排名却非常靠前，如延庆县，2009年排名第一，2010年排名第二，这充分说明农村社会保障的需求量较大。因此在这些涉农区县的农村社会保障的供求失衡现象更为严重，陷入恶性循环中：越是贫穷，越需要社会保障，而越是贫穷，提供社会保障的能力越弱。

第三，当用常住人口和户籍人口分别计算人均地区生产总值和地方财政收入时，各涉农区县的排名发生了一些变化。常住人口和户籍人口之间的差距主要是外来人口，因此那些用常住人口计算排名低于用户籍人口计算排名的涉农区县，如从人均地区生产总值看，2009年年的朝阳区、丰台区、昌平区、大兴区，2010年的朝阳区、丰台区、通州区、昌平区和大兴区；如从人均地方财政收入看，2009年的朝阳区、丰台区、昌平区，2010年的朝阳区、丰台区、海淀区、通州区、昌平区，其外来人口的人数较多，尤其是朝阳区、丰台区、昌平区和大兴区，而外来人口的社会保障问题也需要解决。

表 5.22　　　2009 年北京市涉农区县农村基本情况　　　单位：亿元、万元、万人

各区县	地区生产总值	地方财政收入	户籍人口	常住人口	乡镇及行政村常住人口
朝阳区	2380.4	1906567	185.3	317.9	84.2
丰台区	627.4	398049	105.2	182.3	42.8
海淀区	2446.9	1648042	215.8	308.2	50.7
房山区	293.5	527241	76.7	91.2	53.8
通州区	278.9	660860	65.6	109.3	59.5
顺义区	690.2	852298	57.8	73.2	50.9
昌平区	342.4	519579	52.3	102.1	48.7
大兴区	271.2	847589	59.3	115.9	67.1
门头沟区	74.8	140997	24.4	28.0	10.7
怀柔区	131.4	202704	27.8	38.0	21.6
平谷区	107.0	136525	39.8	42.7	30.9
密云县	119.5	149120	43.1	45.8	30.4
延庆县	61.5	69624	28.1	28.8	21.1

资料来源：北京市统计局 2010 年度区县数据："2-4　户籍人口数"、"2-9　常住人口及外来人口"、"2-13　地区生产总值"、"2-14　地方财政收入"、"2-21　农村基本情况" [EB/OL]. http://www.bjstats.gov.cn/.

表 5.23　　　2010 年北京市涉农区县农村基本情况　　　单位：亿元、万元、万人

各区县	地区生产总值	地方财政收入	户籍人口	常住人口	乡镇及行政村常住人口
朝阳区	2804.2	2342627	188.6	354.5	82.3
丰台区	734.8	472831	106.3	211.2	43.1
海淀区	2771.6	1909391	219.6	328.1	51.6
房山区	371.5	1685783	76.8	94.5	55.4
通州区	344.8	1746727	66.3	118.4	67.0
顺义区	867.9	1457031	58.2	87.7	55.4
昌平区	399.9	1402811	53.3	166.1	55.0
大兴区	311.9	2596455	59.9	136.5	63.2
门头沟区	86.4	253058	24.6	29.0	10.8
怀柔区	148.0	233921	27.7	37.3	22.6
平谷区	117.9	401382	39.5	41.6	30.9
密云县	141.5	240537	42.8	46.8	30.9
延庆县	67.7	99159	27.9	31.7	21.3

资料来源：北京市统计局 2010 年度区县数据："2-4　户籍人口数"、"2-9　常住人口及外来人口"、"2-13 地区生产总值"、"2-14　地方财政收入"、"2-21　农村基本情况" [EB/OL]. http://www.bjstats.gov.cn/.

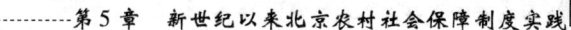

表 5.24　　2009～2010 年按常住人口计算的人均地区生产总值、
地方财政收入等情况　　　　　　　　　　　单位：元、%

各区县	人均地区生产总值		人均地方财政收入		乡镇及行政村常住人口占常住人口的比率	
	2009 年	2010 年	2009 年	2010 年	2009 年	2010 年
朝阳区	74878.9	79103.0	5997.4	6608.3	26.5	23.2
丰台区	34434.7	34791.7	2183.5	2238.8	23.5	20.4
海淀区	79393.3	84474.2	5347.3	5819.5	16.5	15.7
房山区	32182.0	39312.2	5781.2	17839.0	59.0	58.6
通州区	25517.0	29121.6	6046.3	14752.8	54.4	56.6
顺义区	94289.6	98962.4	11643.4	16613.8	69.5	63.2
昌平区	33535.7	24075.9	5088.9	8445.6	47.7	33.1
大兴区	23399.5	22849.8	7313.1	19021.6	57.9	46.3
门头沟区	26714.3	29793.1	5035.6	8726.1	38.2	37.2
怀柔区	34578.9	39678.3	5334.3	6271.3	56.8	60.6
平谷区	25058.5	28341.3	3197.3	9638.6	72.4	74.3
密云县	26091.7	30235.0	3255.9	5133.3	66.4	66.0
延庆县	21354.2	21356.8	2417.5	3128.0	73.3	67.2

表 5.25　　2009～2010 年按户籍人口计算的人均地区生产总值、
地方财政收入情况　　　　　　　　　　　　单位：元

各区县	人均地区生产总值		人均地方财政收入	
	2009 年	2010 年	2009 年	2010 年
朝阳区	128462.0	148685.0	10289.1	12421.1
丰台区	59638.8	69125.1	3783.7	4448.1
海淀区	113387.4	126211.3	7636.9	8694.9
房山区	38266.0	41395.0	6874.1	21950.3
通州区	42515.2	52006.0	10074.1	26345.8
顺义区	119411.8	149123.7	14745.6	25034.9
昌平区	65468.5	75028.0	9934.6	26319.2
大兴区	45733.6	52070.1	14293.2	43346.5
门头沟区	30655.7	35122.0	5778.6	10286.9
怀柔区	47266.2	53429.6	7291.5	8444.8
平谷区	26884.4	29848.1	3430.3	10161.6
密云县	27726.2	33060.7	3459.9	5613.0
延庆县	21886.1	24265.6	2477.7	3554.1

表 5.26　　2009~2010 年北京市涉农区县农村基本情况排名

各区县	地区生产总值		地方财政收入		人均地区生产总值		人均地方财政收入		乡镇及行政村常住人口占常住人口的比率	
	2009年	2010年	2009年	2010年	2009年	2010年	2009年	2010年	2009年	2010年
朝 阳 区	2	1	1	2	3	3	4	8	11	11
丰 台 区	4	4	8	8	5	6	13	13	12	12
海 淀 区	1	2	2	3	2	2	6	10	13	13
房 山 区	6	6	6	5	7	5	5	2	5	6
通 州 区	7	7	5	4	10	9	3	4	8	7
顺 义 区	3	3	3	6	1	1	1	3	3	4
昌 平 区	5	5	7	7	6	11	8	7	9	10
大 兴 区	8	8	4	1	12	12	2	1	6	8
门头沟区	12	12	11	10	8	8	9	6	10	9
怀 柔 区	9	9	9	12	4	4	7	9	7	5
平 谷 区	11	11	12	9	11	10	11	5	2	1
密 云 县	10	10	10	11	9	7	10	11	4	3
延 庆 县	13	13	13	13	13	13	12	12	1	2

表 5.27　　2009~2010 年北京市涉农区县分别按常住人口和户籍人口计算的人均地区生产总值和人均地方财政收入排名情况比较

各区县	人均地区生产总值				人均地方财政收入			
	2009年		2010年		2009年		2010年	
	按常住人口	按户籍人口	按常住人口	按户籍人口	按常住人口	按户籍人口	按常住人口	按户籍人口
朝 阳 区	3	1	3	2	4	3	8	6
丰 台 区	5	5	6	5	13	10	13	12
海 淀 区	2	3	2	3	6	6	10	9
房 山 区	7	9	5	9	5	8	2	5
通 州 区	10	8	9	8	3	4	4	2
顺 义 区	1	2	1	1	1	1	3	4
昌 平 区	6	4	11	4	8	5	7	3
大 兴 区	12	7	12	7	2	2	1	1
门头沟区	8	10	8	10	9	9	6	7
怀 柔 区	4	6	4	6	7	7	9	10
平 谷 区	11	12	10	12	11	12	5	8
密 云 县	9	11	7	11	10	11	11	11
延 庆 县	13	13	13	13	12	13	12	13

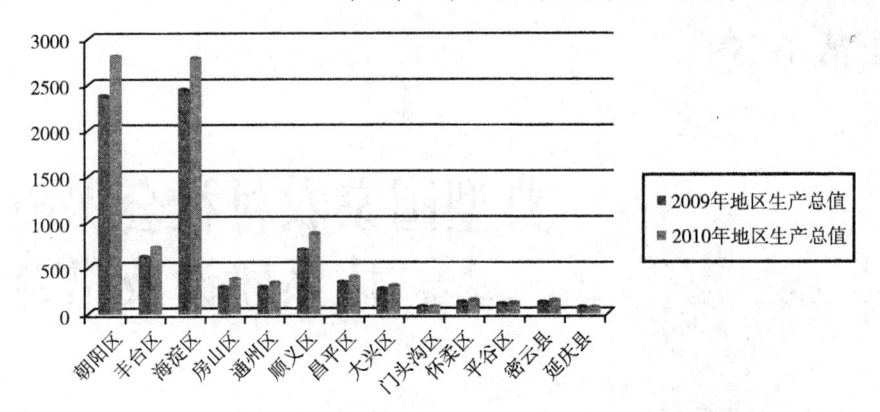

图 5.27　2009~2010 年北京市各涉农区县地区生产总值比较

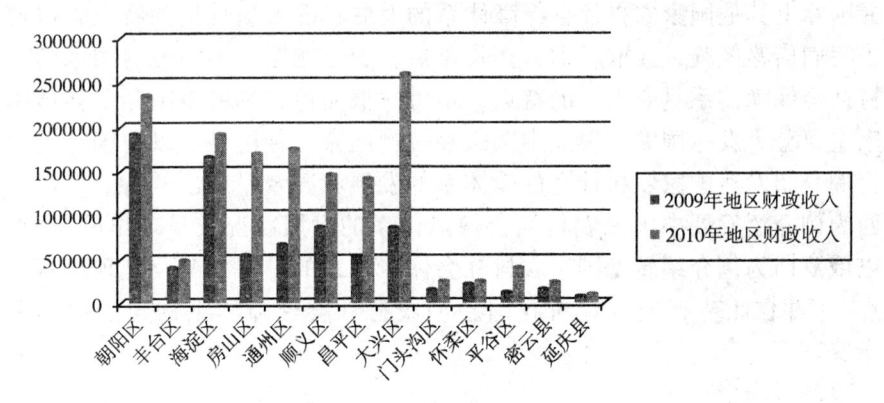

图 5.28　2009~2010 年北京市各涉农区县地方财政收入比较

第6章

典型国家农村社会保障体系建设及借鉴

他山之石,可以攻玉。构建新型农村社会保障体系,必须学习和掌握国际上其他国家农村社会保障体系的发展状况及呈现出的特点,以便于我们借鉴经验,汲取教训,扬长避短,少走弯路。不同类型国家的农村社会保障体系具有不同的特点,不可一概而论,本书将国际上其他国家主要分为发达国家、发展中国家和转型国家三种类型,以德国和美国为例介绍发达国家农村社会保障体系的发展状况及呈现出的特点,以巴西为例介绍发展中国家农村社会保障体系的发展状况及呈现出的特点,以俄罗斯为例介绍转型国家农村社会保障体系的发展状况及呈现出的特点[1],并在此基础上探寻对我国新型农村社会保障体系构建的启示和借鉴。

6.1 德国农村社会保障体系

6.1.1 德国农村社会保障体系的发展历程

德国是世界上最早建立社会保障制度的国家,社会保障体系的确立迄今已有一百多年的历史,其核心立法可追溯到19世纪末。农村社会保障方面也是历史悠久,1886年5月公布生效的《关于农业企业中被雇佣人员工伤事故保险法》,可以看做是德国农村社会保障制度体系构建的始端;

---

[1] 发达国家之所以选择德国和美国,因为德国是第一个建立社会保障制度的发达国家,而美国是世界上最大的发达国家;发展中国家之所以选择巴西,是因为巴西是典型的发展中国家;转型国家选择俄罗斯,是因为俄罗斯是典型的转型国家。

1951年颁布的《农民养老保障法》迈出了建立一个独立的农村社会保障制度的第一步；1957年颁布的《农民老年救济法》通过法定强制保险的方式将农民纳入社会保障体系，农村养老保险体系的建立标志着德国朝着建立一个全面的、独立的农村社会保障体系的方向迈出了重要一步；1972年政府颁布的《农民医疗保险法》规定法定农业医疗保险机构有义务为农民及其家庭成员提供医疗保险；1995年正式实施的《农业社会保障改革法》为独立经营的农民、与他们共同劳动的配偶和其他共同劳动的成员提供了保障等等[1]。

6.1.2 德国农村社会保障体系的主要内容

目前德国农村已经建立了以五大法定社会保险为主干（养老、医疗、失业、事故和护理保险）、以社会救济和家庭补贴相结合的社会保障体系，形成了覆盖防范老、病、残、孕、事故、失业等各种风险及改善照顾家庭、婚姻生活、促进就业、青年培训、子女抚育和救济贫困的社会福利网络。下面主要介绍养老保险和医疗保险。

1. 农民养老保险

德国农民养老保险是依据1957年7月颁布的《农民老年救济法》而建立的。其主要任务是，在农场主（包括配偶）、共同劳作的家属及其遗属出现诸如年老、丧失劳动力的情况时，以现金的形式支付养老金（或丧失劳动能力时的抚恤金和劳动能力受到严重威胁时的援助金等），为老年农民和过早丧失劳动能力的农民提供基本生活保障[2]。

（1）投保对象。德国《农民养老保障法》对参加法定养老保险的人群范围进行了明确界定，并对法定农民保险机构所提供的养老保险服务给予了详尽规范。农民养老保险的法定投保人为所有农业和林业企业主、其配偶、共同劳作的家属。但不包括农林企业中被雇用的雇员，他们应参加普通工人或职员法定养老保险。除此之外，其他人员必须强制参保。

---

[1] 中国劳动力市场信息网监测中心. 赴德国俄罗斯农村社会保障考察报告 [EB/OL]. http://www.lm.gov.cn/gb/faqs/2006-12/31/content_156916.htm.
[2] 李君如，吴焰. 建设中国特色农村社会保障体系 [M]. 中国水利水电出版社，2008：270.

(2) 资金来源。德国农村养老保险体系实行现收现付模式,其资金通过个人缴费和联邦财政资金共同筹集,保险费数额由法律予以确定。其中,财政资金占主体,例如,2002 年农民养老保险支付总额为 15 亿欧元,其中农民养老保险缴费约 5 亿欧元,联邦财政资金约 10 亿欧元;农民实行均一缴费制,1995 年前缴费基数为农场的经济价值,1995 年后,缴费依据为应税收入①(对于年收入低于 3 万马克的低收入农民可以领取缴费补贴)。农民缴费采取统一标准,一个农场主只交一份保费,其他投保者的保险费是农场主的一半,并由农场主承担。

(3) 给付形式。现金给付是养老金给付的主要形式,若出现特定风险也会有实物给付。例如,投保者面临或出现丧失劳动能力情况时,可以获得康复性医疗服务;如果投保者由于丧失劳动能力、处于母婴保护期或孕期、死亡及接受康复服务等原因致使企业无法正常运营,农村养老保险机构也可以提供经营帮工和家政帮工②。

(4) 享受条件。德国农民享受养老金必须具备三个条件:一是养老金的给付必须以农场主移交农业企业为先决条件;二是参保人的最低投保年限一般不得少于 15 年,当然真正丧失了劳动能力的最低投保年限可为 5 年;三是必须达到法定的 65 周岁退休年龄后方可全额享受,提前退休者将减少相应比例的养老金③(20 世纪 70 年代,农民的退休年龄从 65 岁降低到了 55 岁④)。

(5) 机构设置。德国农村养老保险由联邦和各州农村社会保险经办机构进行管理,这些社会保险经办机构独立于政府、议会和公共权力机构,实施自治管理,受到国家监督。据劳动保障部 2006 年《赴德国俄罗斯农村社会保障考察报告》显示,德国共有农村养老保险机构 10 余家,分别设在当地的农村同业工伤事故保险机构里,并设有全国农村养老保险机构总联合会(GLA)。农村养老保险机构和总联合会实行会员代表大会和理事会制度。会员代表大会和理事会由独立从业者和雇主按照一定比例组成,总联合会的理事会中,也有相关联邦政府部门的代表。"代表

---

① 国外农村社会养老保障制度变迁与模式比较 [EB/OL]. http://www.cnca.org.cn/default/iroot100051002010000/4028e47d20e6cce70120eaa1911a0038.html.
② 赴德国俄罗斯农村社会保障考察报告 [EB/OL]. http://www.lm.gov.cn/gb/faqs/2006 -12/31/content_156916.htm.
③ 国外农村社会保障法律制度的借鉴及启示 [EB/OL]. http://www.studa.net/shehuiqita/090605/10284346.html.
④ 德国实行的四种农民养老保险模式 [EB/OL]. http://www.shac.gov.cn/zxzx/xwkd/gjxw/200801/t20080129_223495.htm.

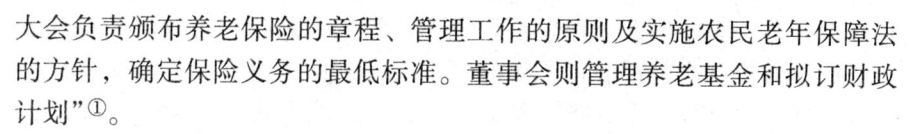

大会负责颁布养老保险的章程、管理工作的原则及实施农民老年保障法的方针，确定保险义务的最低标准。董事会则管理养老基金和拟订财政计划"①。

（6）保险模式。经过探索，德国农民养老保险制度实施过四种模式：一是平等模式，这一模式是在20世纪50年代发展起来的，即农民在退休之前，每个农民缴纳一笔费用，待其退休之后，政府支付他们同等的一笔退休金；二是额外奖励模式，20世纪70年代，政府调整农民退休年龄从65岁降为55岁，等于农民提前放弃了土地生产，政府额外付给农民一笔养老金；三是收入支付模式，进入20世纪90年代，政府对于退休农民养老金的支付，根据农民和他妻子的收入决定；四是"付多少，用多少"的模式，即由年轻人出钱、老年人享用。不管是那种模式，政府的负担都很沉重，因此，目前德国仍在寻求一种更为合理的农民养老保险模式②。

2. 农民医疗保险

1972年德国出台了《农民医疗保险法》，规定法定农业医疗保险机构有法律义务为农民及与其协作的家庭成员提供医疗保险。

（1）保障对象。农民医疗保险保护的对象不仅包括农民（自身从事农业劳动的农业业主、农业小业主和共同劳动的家庭成员），而且还包括农民的家属，农业退休人员及家属，农业失业人员及家属。德国的医疗保险制度中普遍实行家庭保险原则，根据这一原则，参保者的配偶、子女及其他家庭成员随参保者一起参加医疗保险。其中，农业业主、农业小业主和共同劳动的家庭成员的配偶以及未过18周岁的子女、与他们在家庭里共同生活的并且主要由他们供给生活费用的其他家属等作为家庭成员参加医疗保险，享受医疗保险待遇，无需另外交纳保险费。

（2）保险项目。农民医疗保险的保险项目，即参保人可以享受的医疗待遇，原则上和德国从事其他职业的公民等同，均受《社会法典》第五章法定医疗保险条款的约束。同时，由于农业劳动的特殊性，农民医疗保险还为生病期间的农民及其配偶提供了诸如营业帮助和家政帮助等

---

① 徐嘉辉，郭翔宇．关于德国农村社会保障制度及其借鉴［EB/OL］．http：//www．studa．net/jingji/100301/14166069．html．
② 德国实行的四种农民养老保险模式［EB/OL］．http：//www．shac．gov．cn/zxzx/xwkd/gjxw/200801/t20080129_223495．htm．

特殊保险待遇。农民医疗保险项目主要包括疾病预防、疾病治疗、病人生病期间的帮助和补助、母婴保健等。农民医疗保险公司为参保者提供的以上保险项目，内容齐备，覆盖面广，但自然也会为农民带来非常沉重的经济负担。为了保护那些经济非常困难的参保者，使他们不至于因为这些自缴费用而承受更大的经济负担，法律规定，农业医疗保险参保者只在自己经济承受能力范围内承担自缴费用。法律在进一步定义参保者经济承受能力的时候，将该参保者家庭用于家庭生活的年税前总收入作为定义的基本标准。

（3）资金筹集。农民医疗保险的资金主要是来源于投保农民的保险费和联邦政府的补助。其中，投保农民的保险费按照农业生产能力即收入征税单来计算。有数据显示，2003 年，有大约 62 万农民在联邦农业医疗暨护理保险联合会（BLK）投保，另外还有 35 万家庭成员免费一同加入。2003 年，BLK 收入总计 21.6 亿欧元，其中保险费收入约 9.1 亿欧元，联邦政府补助 12.3 亿欧元[①]。

（4）组织形式。在组织形式上，德国成立了公权性质的机构——农业社会保险联合总会，代表着 9 个覆盖不同区域的地方农业社会保险联合会。BLK 和 GLA 都属于农业社会保险联合总会。农业医疗保险机构由农业同业工伤事故保险联合会负责建立。

6.1.3 德国农村社会保障体系的基本特点

（1）专门性。一些学者根据农村社会保障体系与城镇社会保障体系的关系，将其划分为三种类型，即专门型、统一型和统分结合型，而德国农村社会保障体系就属于专门型。制定了专门的法律法规，如上面已经提到的 1951 年颁布的《农民养老保障法》、1957 年颁布的《农民老年救济法》、1972 年政府颁布的《农民医疗保险法》以及 1995 年正式实施的《农业社会保障改革法》等等。法规的专门化和完善化有力地保证和促进了德国农村社会保障体系的建立和发展。

（2）强制性。德国农村社会保障体系以社会保险为主，而社会保险中的许多项目都要求全部农民必须参加。如养老保险、医疗保险业，凡是法律规定的参保对象必须全部参加。

---

① 看德国、印度、巴西、日本的医疗保险体系 [EB/OL]. http://www.gtja.com/share/NewsContent.jsp?docId=211755.

(3) 在责任分担的基础上政府承担很大的责任。虽然德国的农村社会保险强制农民参加，而且保险费的缴纳要与收入挂钩，但无论是养老保险还是医疗保险，如上文所述，联邦政府补贴都占有更大的比重。

6.2 美国农村社会保障体系

6.2.1 美国农村社会保障体系的发展历程

第二次世界大战后美国成为社会保障体系的世界典型。美国社会保障体系的建设和发展并没有"城市"与"农村"严格区分，像社会保障号（SSN）、健康医疗保险等从城市到乡村都普遍适用。因此这里介绍的美国社会保障体系发展情况基本等同于农村社会保障体系的发展。

美国社会保障制度的发展主要分为以下三个阶段：

20世纪30年代中后期为美国社会保障体系发展的第一阶段。1935年，美国在罗斯福总统领导和主持下，通过了历史上第一部社会保障法典——《社会保障法》，作为一种保障人们在任何风险下都能享受到的基本生活的"社会安全网络"而载入美国史册。最初的社会保障制度在很大程度上带有社会救助的色彩，主要由老年社会保险、失业社会保险、盲人补助、老年补助、未成年人补助五个基本项目构成。

20世纪50~70年代为美国社会保障体系发展的第二个阶段。在这个阶段，美国的社会保障制度获得了空前的发展，社会保险参加者的受益者人数剧增，社会保障制度也增添了老年医疗保险、教育保障、住房补助等重大项目，社会保障体系日臻完善。

20世纪80年代后为美国社会保障体系发展的第三个阶段。在这个阶段，人们（美国政界、学界、经济界）更多关注的是社会保障制度发展所带来的一系列问题，如社会保障支出不断增大导致赤字有增无减，有些社会保险项目助长了懒惰、妨碍了经济效率，普通公民因社会保险税的不断提高而增加了对政府的不满和对立情绪等等。种种弊端的存在导致人们开始怀疑社会保障制度建设的国家性、强制性、集中管理性的优胜之处，有人开始主张由私人而非国家提供社会保障产品。

6.2.2 美国农村社会保障体系的主要内容[①]

美国社会保障体系主要包括：市场主导的商业医疗保险、覆盖全民的养老保险和农业保险等。下面主要探讨医疗保险和养老保险。

1. 医疗保险

（1）医疗保险的体系构成。美国的医疗保险制度由私人医疗保险和社会医疗保险组成。其中社会医疗保险是由政府资助的社会保险项目，主要由医疗保险、医疗补贴和通过联邦所得税税制对私人保险的隐含补贴组成，而医疗保险又由住院医疗保险和补充性医疗保险组成；私人医疗保险在美国医疗保险中承担着重要角色，美国约50%的医疗费用来自私营医疗保险计划。

（2）医疗保险的对象。不同类型的医疗保险所保障的对象有所不同。其中社会医疗保险中的医疗保险主要覆盖的是65岁以上的老年人，医疗补贴主要覆盖的是贫困人口，现役军人、退伍军人及家属和少数民族可享受免费医疗服务；私人保险主要覆盖的是雇员。

（3）医疗保险资金的筹集。其中社会医疗保险中的"住院医疗保险"主要通过对在职人员征收医疗保险工薪税来筹集资金，雇主和雇员分别缴纳工资收入的1.45%，实行现收现付制度，而"补充性医疗保险"主要是通过一般性财政收入（大概占3/4）和自愿投保者每月缴纳的保险费；退伍军人及家属和少数民族所享受免费医疗服务费用全部由联邦政府支付。私人保险是由雇主为雇员支付保险金，通常雇员所在的公司雇主会负担一部分保费，一般的做法是公司负担80%~90%，个人负担10%~20%[②]。

2. 养老保险

（1）养老保险的体系构成。美国的养老保险制度是一个包括政府社会保障养老金、公共部门养老金、雇主养老金和个人退休账户养老金在内的

[①] 李君如，吴焰. 建设中国特色农村社会保障体系 [M]. 中国水利水电出版社，2008：278.

[②] 刘玮，刘思宇. 美国医疗保险：弊端凸显改革艰难 [EB/OL]. http：//money1.jrj.com.cn/news/20071119/000000176694.htm.

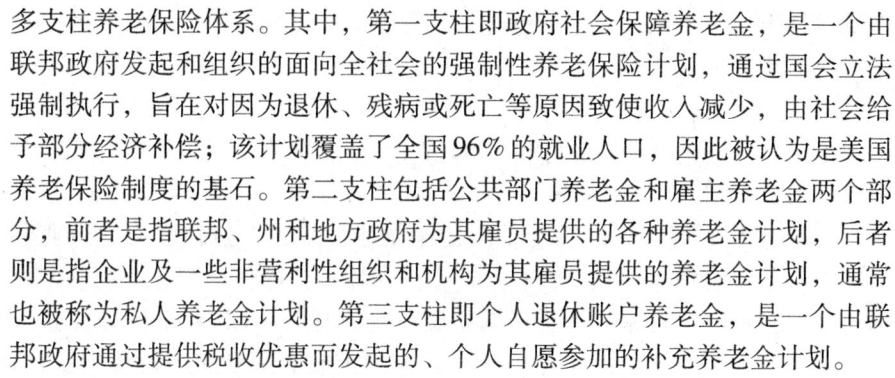

多支柱养老保险体系。其中,第一支柱即政府社会保障养老金,是一个由联邦政府发起和组织的面向全社会的强制性养老保险计划,通过国会立法强制执行,旨在对因为退休、残病或死亡等原因致使收入减少,由社会给予部分经济补偿;该计划覆盖了全国96%的就业人口,因此被认为是美国养老保险制度的基石。第二支柱包括公共部门养老金和雇主养老金两个部分,前者是指联邦、州和地方政府为其雇员提供的各种养老金计划,后者则是指企业及一些非营利性组织和机构为其雇员提供的养老金计划,通常也被称为私人养老金计划。第三支柱即个人退休账户养老金,是一个由联邦政府通过提供税收优惠而发起的、个人自愿参加的补充养老金计划。

(2) 养老保险的保障对象。美国养老保险的保障对象,既包括工业和商业企业的工薪劳动者,又包括农业工人、小商贩和个体经营者,还包括联邦政府公务员等,即美国养老保险是覆盖全体国民的。其中,第一支柱社会养老保险覆盖了美国约96%的劳动人口;第二支柱养老保险包括政府公职人员的职业年金计划,覆盖近一半的劳动人口。

(3) 保险基金的筹集。养老保险因种类不同,基金筹集亦不相同。政府社会保障养老金、公共部门养老金主要来源于美国联邦收入税、社会保障收入本身的课税、美国财政部的一般资金、社会保障资金的投资收益等,雇主养老金和个人退休账户养老金主要来源于企业和个人。

(4) 养老金的发放。养老保险办法规定,劳动者凡年满法定退休年龄65岁,并在工作期间缴满十年养老保险费的,退休后可按月领取养老金;养老金的计发以退休者一生的平均工资为计算基数,将工资基数分为三段计算,低段工资基数的养老金支付比为90%,中段基数的支付比例为32%,高段基数的支付比例为15%;养老金水平会随着物价水平的变化而进行调整。同时,鉴于劳动力资源相对缺乏问题,美国对到法定退休年龄的职工不实行强制退休办法,相反地,凡是推迟退休的,每推迟一个月可增加0.25%养老金,推迟一年可增加3%;而凡要求提前退休的,每提前一个月则减发0.56%养老金,提前一年减少发6.72%[①]。

(5) 管理机构。美国养老保险的管理机构为美国卫生与人类服务部的社会保障署。社会保障署的主要工作任务是建立社会保障号码、实行档案记录、计算退休金等。其中社会保障号是每一个美国公民在出生时就必须注册的,社会保障号码记录了个人的各种信息,包括工作、居住、信誉、

---

① 美国社会保障体系和养老保险制度 [EB/OL]. http://blog.sina.com.cn/s/blog_494a6e590100bauv.html.

奖惩等情况，是美国政府进行所有人口管理活动的基础，在人口管理活动中发挥着重要的作用。

6.2.3 美国农村社会保障体系的基本特点

1. 复合性和多层次性。美国社会保障体系是一个包括政府、企业和个人参加的复合体系，政府、企业、个人在体系中的作用与分工明确，三者都为维持原有生活水准不降低承担着一定责任[①]。美国社会保障体系针对不同的人群设立不同的保障项目，并分别由政府和私人经营机构提供。如上面提到的，对65岁以上的老人、低收入人群等，主要由政府提供各类保障，而对雇员群体，则由私人营利机构提供。

2. 市场化程度高。虽然政府提供的项目及所耗费的财政支出也非常庞大，但其在整个社会保障体系中所占的比重并不高，大部分是由私人营利机构提供的。

3. 州政府主导性。在社会保障管理方面，美国实行州政府管理为主、联邦政府支持的管理机构，并尽可能把权力下放到地方和基层，以提高效率。

6.3 巴西农村社会保障体系

6.3.1 巴西农村社会保障体系的发展历程

巴西的社会保障事业始于20世纪20年代，是西半球较早建立社会保障制度的国家之一。20世纪中期，巴西农业部门的政治力量增强，农民工会组织也相继成立。当时巴西的社会贫困已经严重影响了巴西经济的发展，许多政府官员意识到要使巴西成为经济大国，必须首先解决贫困特别是赤贫问题。政府社会保障部门的官员受国际劳工组织普遍型社会保障思路的影响，促使巴西政府开始考虑解决农村贫困人口的保障问题。

---

① 中国驻美使馆经济处. 美国退休金体系及社会保障改革思路 [J]. 宏观经济研究，2002 (5)：37–40.

1971年巴西军政府颁布一项法令，由农村劳动者社会保障基金为农村人口及其家庭提供养老金；1972年该计划的覆盖面扩大到无雇主的家庭作业的淘金者和渔夫。1988年巴西联邦宪法规定，不分种族、信仰、肤色、职业、社会阶层、居住地点，国家有义务向全民确保提供卫生服务，为此建立了全国统一卫生体系。1990年，国会通过卫生组织法，为实施统一卫生体系制定了细则。巴西从20世纪70年代开始实施农村年金计划，从1996年开始实施社会救助年金计划。

2003年10月，巴西政府将过去由多个部门发放的助学金、基本食品、燃气补贴、最低保障金等整合为"家庭救助金计划"，以便统一管理，提高效率，增加透明度。

6.3.2 巴西农村社会保障体系的主要内容

城乡一体化是巴西农村社会保障的基本特点。农民在养老、医疗、教育等方面与城里人享有同等的权利。巴西农村社会保障体系的主要内容包括农村医疗保障、养老保障、农村社会救助等，其社会保障基金的来源主要通过国家税收附加的形式征收。下面主要介绍养老保障和医疗保障。

1. 养老保障

巴西农民养老保险按其从业性质分为两大类：一是雇工，受聘为农业和农村企业工作；一是独立从业者，从事家庭农业劳动。前者从企业领取工资，企业按照一定比例为其向政府社会保险基金缴纳保险费，同时本人也须缴纳一定保险费，他们被纳入国家社会保险体系，享受与城市劳动者基本相同的养老保险待遇，只是退休年龄与城市劳动者不同；后者由于独立从业，没有任何人为其缴纳保险费，自己也不缴纳任何税费，无法纳入国家社会保障体系，他们退休后国家规定可享受相当于最低工资的养老金待遇，被称为特别受保者。

2. 医疗保障

巴西医疗保险制度建立于20世纪20年代，逐渐发展为覆盖全国城乡居民的全民医疗保险，农民和城镇居民享受同样的国民待遇。巴西医疗保险以全民免费医疗为主、个人医疗保险为辅，不论贫富贵贱都享有同等医疗保障的权力，医疗保险覆盖面广、保障水平较高，处于发展中国家的前列。

（1）全民统一医疗制度。1990年巴西正式建立"统一医疗体系"，其宗旨是为全体公民提供免费的卫生保健医疗。患者在由政府举办的公立医院和卫生所挂号、看病、拿药、住院、做检查和手术全部免费，只有部分药品需要自费。全民统一医疗制度的筹资为公共筹资，由联邦、州和地区三级政府共同筹集。巴西宪法规定：联邦政府按GDP的1%～2%安排医疗保健费用；州、市两级政府按不低于15%的年度财政预算安排医疗保健费用[1]。"医疗保险基金采用集中收缴、分散包干使用的办法，即中央社会福利部通过银行和财政筹集，根据各州和地区按接诊人次上报的实际需要，经社会福利部审查和综合平衡，将经费下拨到州，各州再根据预算，经州长批准，下拨经费"[2]。巴西医疗机构分为高、中、初三个层次，除自办保险医疗机构外，还有一些合同私人医院和医生；巴西医疗机构建有转诊制度，农民患病后必须在当地初级医疗机构就诊，经初诊医生同意后才可以转到中级或高级医疗机构就诊。

（2）私人医疗保险。作为全民统一医疗制度的重要补充，对于一些经济收入较高的公民，私人医疗保险公司可以提供更多类型、更优服务的医疗保险产品，以满足社会各阶层的需要。

6.3.3 巴西农村社会保障体系的主要特点

（1）农村社会保障模式采取城乡一体化。在巴西，农民在医疗、教育和社会保障方面享有与城里人同等的权利，差别只是农村的医疗和教育条件不如城市。

（2）政府起主导责任，尤其是资金支持。例如，全民统一医疗制度的宗旨是为全体公民提供免费的卫生保健医疗，而农村养老保障也主要是政府的投入。巴西农村社会保障基金的来源主要是通过国家税收附加的形式征收。

---

[1] 马丹，任苒. 巴西医疗保障体系 [J]. 医学与哲学（人文社会医学版），2007（10）：1-3.
[2] 杨惠芳，陈才庚. 墨西哥和巴西的农村医疗保险制度及其对中国建立农村新型合作医疗制度的几点启示 [J]. 拉丁美洲研究，2004（5）.

6.4 俄罗斯农村社会保障体系

6.4.1 俄罗斯农村社会保障体系的发展历程

经济转轨后的俄罗斯在很长一段时期内自然延续着苏联时代国家统筹模式的社会保障制度，没有城市和乡村之分。第一个社会主义国家建立后，苏联先后颁布了一系列关于社会保障的法规、条例和制度，从1918年最早的社会保障法规《劳动者社会保障条件》到1956年具有全国普遍意义的《国家退休法》，历经第二次世界大战初步形成了苏联社会保障体系；而苏联社会保障体系的成熟完善则是在20世纪50~80年代。1965年颁布《集体农庄庄员养老金和补助费法》，1973年提高残疾人和丧失赡养者家庭的优抚金，1974年提高残废军人和阵亡者亲属、子女优抚金，1987年颁布《进一步改善集体农庄庄员老残抚恤金待遇法》，等等。至20世纪80年代末，苏联形成了一套颇为完整的社会保障体系，涵盖养老、残障、工伤、疾病与健康、失业、教育、住房、灾害及军烈属等，保障基金来源于国家和企业，个人无需缴纳保险费；统一保险机构经办各种社会保险项目，职工通过工会组织参与决策和管理。这套内容庞大的社会保障制度对苏联维持社会稳定、满足劳动人民基本需要、提高国民的文化素质和健康水平、提升综合国力等发挥了极为重要的作用。

这种由国家包揽一切的社会保障制度，强调的是国家责任，是高度集权的中央计划经济体制的产物，其可持续运行的前提是人口增长率和劳动生产率保持正增长。但是，随着苏联经济社会的发展，人口的老龄化加剧、退休人数剧增，加之各种社会矛盾不断涌现、经济运行持续下滑，国家财政负担沉重，原有的社会保障体制已难以维持正常运转。苏联为此曾进行过一些改革的尝试，但是收效甚微。真正的改革是在苏联解体之后。俄罗斯政府当初的设想是推行个人退休金账户，实行养老金管理私营化。但是由于市场机制不健全、资金匮乏、受制于世界银行的约束等原因，当时的俄罗斯政府制定了一项妥协方案，"老人老办法、新人新办法"，即"国家对目前这一代退休职工的义务不变，新职工将来的养老金一半来自国家管理的基金，其余来自个人退休金账户，个人可以自由选择保障方案，还可以自由选择个人存款投资于私人养老金计划，从而使传统的退休保障制度同新的制度结合起来，实现新旧制度的逐渐过渡"①。为了进一步减轻政府财政的负担，俄罗斯国家杜马和联邦委员会2004年8月审议通过、2005年1月1日实施的《关于以津贴取代优惠》的福利改革法案规定，取消免费乘坐公共交通工具、免费医疗和疗养等优惠政策，转而用现金对享受福利的公民进行分类补偿；联邦政府将负责每月为卫国战争伤残军人、卫国战争参战者以及老战士等支付650~1550卢布，对残疾人员支付350~1000卢布；至于儿童福利待遇，则由各地方政府自行决定。

6.4.2 俄罗斯农村社会保障体系的主要内容

俄罗斯没有专门的农村社会保障制度，农村人口和城镇人口一样享受社会保障待遇。俄罗斯目前已经形成了比较健全的社会保障体系，下面主要介绍养老保障和医疗保障。

1. 养老保障

1991年12月，俄政府颁布《退休养老基金法》，确立了国家社会保险的基本原则，建立独立于国家预算的退休养老基金。该法规定，退休养老基金由国家、企业和个人三方承担，"雇主按工资总额的31.6%缴纳费用，农场主按工资总额的20.6%缴纳，工人和公司职员按本人工资收入的5%缴纳，其他人员按工资收入的1%缴纳"②；同时对给付水平做出了法律规定，并明确指出任何政府、劳资双方都无权改变法律规定。《退休养老基金法》也对养老金计算方式进行了改革，该法延长了养老金收入基数计算的期限，"规定按照最后15个工作年的前5个月的平均收入计算养老金，新的养老金由两部分组成，一部分是固定的，按平均收入或最低生活费标准的一定百分比发放，所有退休人员数额都相等，另一部分是浮动的，与领取者的工龄和收入水平挂钩"③。需要注意的是，《退休养老基金法》变过去国家包揽式的现收现付制为三方共同负担的现收现付制，其现收现付基本模式并没有改变，因此国家财政负担依然沉重，社会保障体系运行举步维艰。

---

① 翼翔. 俄罗斯退休制度的沿革 [J]. 今日东欧中亚, 2000 (8): 15.
② 王义祥. 俄罗斯的社会保障制度 [J]. 东欧中亚研究, 2001 (1): 92-94.
③ 李传桐. 新自由主义与俄罗斯养老保障制度改革. 价值中国网 [EB/OL]. http://www.chinavalue.net/Finance/Article/2008-11-9/143487.html.

普京上台后加大改革力度，多措并举提振俄罗斯经济，特别是实行税制改革，积累国家财富，为全面深化社会保障制度改革奠定了经济基础。从2005年1月1日起，俄罗斯在全国范围内实行养老制度改革，放弃建立在现收现付制基础上的名义缴费制，改革"三支柱"养老制度，建立混合型半积累式养老金制度，从以前的养老社会统筹，过渡到社会统筹和养老保险相结合，即退休人员的养老金将由基本养老金、养老保险金和养老储蓄金三部分组成。其中基本养老金由企业和国家承担，企业每月将职工工资总额的14%上缴国家财政，国家用这笔钱和部分财政拨款来发放退休人员的基本养老金；企业每月还需上缴职工工资的12%，作为职工的养老保险金；同时，职工个人还须缴纳养老储蓄，其中35岁以下缴纳工资的6%，35岁至50岁为2%，50岁以上男职工和45岁以上女职工无需缴纳。为减轻企业负担，企业缴纳的比例逐年下降，而个人缴纳的比例逐渐增加①。

2. 医疗保障

同养老保障一样，苏联时期的医疗保障制度实行全民公费医疗，医疗费用完全由国家统包，经费由国家预算全额拨付。这种模式也同样给全体国民带来巨大福利的同时，给国家财政带来巨大负担。苏联解体后，1991年6月俄罗斯通过《俄联邦公民医疗保险法》，1993年1月1日开始在俄全境建立强制医保基金，实行强制医疗保险制度。

（1）强制医疗保险的主要任务。强制医疗保险是俄罗斯国家立法强制实行的非营利性社会事业，它保证俄罗斯法律规定的公民在强制医疗保险体系中的权利，即全体公民都享有所需医疗服务和经济补偿的权利，最根本目的是提高公民的健康水平，从而最终提高劳动生产率，促进经济社会发展。保证强制医疗保险制度运行的主要手段是建立医疗保险公司、设立强制医疗保险基金、建立强制医疗保险基金会。

（2）医疗保险公司。《俄联邦公民医疗保险法》规定，根据该法建立的医疗保险公司是独立法人单位，不受任何医疗保健管理机关和医疗机构支配。企业和国家管理机关作为投保人应当同保险公司订立为本单位就业人员提供医疗服务的合同；医疗保险公司作为医疗费用支付单位有权选择医疗机构，并对医疗机构进行监督检查，必要时可代表被保险人对医疗机

---

① 林跃勤. 俄社会保障体系改革的启示［J］. 科学决策月刊，2006（8）：37-39.

构进行索赔和罚款制裁①。

(3) 强制医疗保险基金。强制医疗保险制度的基金来源主要分为三部分：一是企业、组织等投保单位缴纳的强制性医疗保险费，费率为本单位工资基金总额的 3.6%，其中 0.2% 上缴联邦基金，3.4% 上缴地方基金，这部分基金主要用于支付企业和组织在职人员的强制医疗保险费；二是国家的预算拨款，约占医疗保险基金总额的 30%，这部分基金主要用于儿童、老残恤金领取者和预算范围内就业人员的医疗费用开支；三是从事个体劳动和私人经济活动的公民缴纳的强制医疗保险费②。对于没有劳动收入的居民，国家为其办理医疗保险，保险费从国家预算中支出；残疾人、退休者创建的企业和组织或残疾人、退休者人数超过 50% 的企业和组织可免缴强制医疗保险金。

(4) 强制医疗保险基金会。1993 年 4 月，俄罗斯通过《关于建立联邦和地方强制医疗保险基金会的规定》。根据该规定，联邦强制医疗保险基金会和各地区强制医疗保险基金会作为收缴强制医疗保险费、积累医疗保健资金和向医疗保健部门支付医疗保健费用的专门机构，是独立的国有非商业性金融信贷机构。其中地方强制医疗保险基金会及其分支机构被授权不仅可以同医疗保险公司签订医疗保险合同，而且自己也可以履行承保人职能，并同医疗机构直接发生作用。

6.4.3 俄罗斯农村社会保障体系的主要特点

(1) 过渡性或市场化明显。俄罗斯社会保障体系的一个非常重要的特点就是过渡性或市场化明显。上面已经提到，俄罗斯经历了由计划经济体制向市场经济体制的过渡和转型，社会保障体系也经历了由国家全盘掌握、保障项目基本免费向社会保障体系市场化建设的过渡和转型，构成了"激进式"、"休克疗法"改革的重要组成部分。

(2) 改社会保险费为统一社会税。2001 年开始执行的税法，将除养老基金以外的其他三项社会付费改为统一社会税，纳入预算实行统一的上缴额度、统一的核算和监督形式以及统一的惩治违法措施，同时小幅度降低社会税率，由雇主按员工工资 28% 缴纳，从而降低了劳动成本和风险承

---

①② 穆怀中. 发展中国家社会保障制度的建立和完善 [M]. 北京：人民出版社，2008：206-207.

担成本，有利于进一步减轻企业负担，促进企业和个人依法纳税①。

6.5 典型国家农村社会保障体系发展经验借鉴

6.5.1 社会保障发展水平一定要与经济发展水平相适应

经济发展水平是社会保障发展水平的重要物质基础，社会保障水平应与经济发展水平相适应，社会保障水平发展超前或滞后于经济发展水平，都会导致消极的后果。如前苏联形成的全民免费社会保障等使国家背上了非常沉重的负担，既阻碍了经济的发展，社会保障水平也没有得到质的提高，只能是低水平的全面覆盖而已。社会保障发展水平一定要与经济发展水平相适应主要表现在两个方面：一方面是在农村社会保障体系建设中要兼顾效率与公平。从世界各国的发展过程来看，很多国家在追求高福利的过程中不惜以牺牲效率为代价来换取公平的做法造成社会惰性，导致一部分人消极怠工、好吃懒做而成为社会的"寄生虫"，在挫伤就业者工作积极性的同时也导致经济发展衰退、竞争力减弱、税负高举不下乃至出现财政危机和"福利危机"，既不利于经济的发展和人民生活水平的提高，也不利于社会保障程度和福利待遇水平的可持续提升，甚至造成社会危机，引发不安定因素。当然，如果社会保障水平严重滞后于经济发展水平，也会因人民的基本生存权等无法保障而引起一系列的社会不安全问题。另一方面是社会保障体系的建立往往不是一蹴而就的，通常是根据经济发展的阶段一步步建立起来的。从世界各国的发展经验来看，西方国家的农村社会保障制度是建立在工业化基础上的，是工业化中后期的产物。

6.5.2 建立覆盖城乡居民社会保障体系是历史发展的必然趋势

有着"福利国家之父"之称的贝弗里奇，早在1942年就提出了社会保障的"全面普遍"原则，即社会保障要覆盖全体国民。综观国外农村社

---

① 魏玉东. 苏俄社会保障政策的演化及启示［J］. 辽宁教育行政学院学报，2008（11）：8-10.

会保障体系的发展，我们不难发现，社会保障建设一直遵循"广覆盖"的原则。世界上大部分国家在建设社会保障体系时都没有将农村居民和城镇居民区别开来，而是给予农村居民和城镇居民同样的国民待遇，美国是，巴西是，俄罗斯也是。虽然德国对农村社会保障建设有专门的法律和规定，但其社会保障体系也是覆盖全体国民的。只不过由于经济发展水平和国家财力的限制，全面覆盖的建设是一个循序渐进的过程，是先工业后农业、先城市后农村，但农民最终被纳入社会保障体系之中是历史的必然。

6.5.3 建立健全社会保障的法律法规体系

现代社会保障制度是一项复杂的经济制度，要保证其规范和稳定，必须具有完善的法律体系作保证。西方各国建立社会保障制度的历程存在一个共同点，即都是以法律形式确立并推进其发展。我国目前的现状是还没有针对社会保障制度建设出台专门的法律，只是出台了一部分与保障项目有关的单项法律或法规；而且现有的社会保障法律体系主要以城镇为主，关于农村社会保障的法律、法规几乎是空白。目前我国农村的社会保障工作主要是依靠由各级政府及其职能部门制定下发的政策文件予以指导界定，而且有关政策文件的界定更多强调的是农民自愿参加。与体现国家和全民意志的法律规章相比，政府政策不具有法律属性，不具备法律效力，因此很容易受到国家政治、经济等变化的影响，稳定性和连续性差。如果农村社会保障无法可依、无章可循，会存在很大的风险。西方发达国家社会保障发展历史告诉我们，国家通过立法形式建立社会保障制度，依靠法律的权威性在社会中普遍推行，是建立和完善社会保障体系的重要制度保障。因此我们应借鉴西方发达国家有益经验，通过走法制化之路，确保农村社会保障的规范性和稳定性，使其在新农村建设中发挥积极作用。目前极为紧迫的任务是，一方面要加紧制定促进农村社会保障体系发展的法律法规，另一方面要抓紧促使全国社会保障法的出台，以真正促进城乡社会保障体系的统筹发展和一体化发展。

6.5.4 建设农村社会保障体系应充分发挥政府尤其是公共财政的主导责任

从典型国家的发展经验来看，政府部门在农村保障体系的建立的过程中扮演着重要的角色,发挥着重要的作用。不管是发达国家、发展中国家还是转型国家,都强调国家或政府在社会保障体系建设中的主导责任,尤其是财力支持的主导责任。例如,巴西全民统一医疗制度的宗旨是为全体公民提供免费的卫生保健医疗,其农村社会保障基金的来源主要是通过国家税收附加的形式征收;2002年,德国农民养老保险资金来源中联邦财政资金投入占2/3等等。

当然,这并不意味着社会保障体系建设的资金来源单一化为政府投入,也不意味着政府可以超越于经济发展水平而过分投资。目前世界各国在资金筹集方面的原则是一致的,那就是国家、单位(或企业或集体组织)、个人三方共同分担原则,但在三方所占的比例中,政府投入必须占据比较大的比重,一般都在50%以上,甚至60%以上。

6.5.5 建立专门机构负责社会保障体系建设

为了加强对农村社会保障工作的管理,大部分国家都设有专门机构来负责社会保障体系建设。如德国的农村养老保险业务由联邦和各州农村社会保险经办机构管理,该机构是自治的法人组织;俄罗斯建立联邦强制医疗保险基金和各地区强制医疗保险基金,作为收缴强制医疗保险费、积累医疗保健资金和向医疗保健部门支付医疗保健费用的专门机构;巴西医疗保险事业由社会福利部管理,下设国家医疗保险协会;美国养老保险的管理机构为美国卫生与人类服务部的社会保障署,社会保障署的主要工作任务是建立社会保障号码、实行档案记录、计算退休金等。

第 7 章

新型农村社会保障体系的构建原则、目标与框架

构建新型农村社会保障体系，必须首先确定构建目标、勾勒构建框架。而确定构建目标、勾勒构建框架必须遵循构建原则，而构建原则的确立是建立在坚持社会保障基本理念的基础之上的。本章首先探讨构建新型农村社会保障体系的基本理念和基本原则，并在此基础上确定构建目标，勾勒构建框架。

7.1 基本理念和原则

7.1.1 基本理念

社会保障理念是指人们对社会保障的理解和持有的基本态度，是支配和制约社会保障实践活动的基本信念。社会保障理念决定着社会保障目标的制定和原则的选择，决定着社会保障制度的安排和模式的选择，还决定着制度的运作和目标的实现。社会保障理念一旦被选定，就会形成强大的惯性力量，按照自己的固有规律运行。纵观现代社会保障制度的发展历程，可以发现公平、公正和共享是社会保障制度建设的基本理念。而回顾我国农村社会保障制度建设的历程，可以发现，当社会保障制度建设遵循了"公平、公正和共享"的基本理念时，就取得了成功；而当忽视甚至违

背这些理念时，社会保障制度建设就偏离了正确的方向[①]。因此，在构建新型农村社会保障制度时，必须强调这些理念。

1. 公平理念

公平是现代社会保障制度的核心价值诉求，能否维护公平是衡量社会保障制度是否有效的根本评判标准。社会保障制度设计所遵循的"公平"理念主要体现在以下两个方面：第一，"公平"理念要求在建立社会保障制度时要平等地对待每一个国民并保障满足其基本生活需求，不能因身份、性别、家族、民族、种族、地域等差异而歧视或者排斥任何国民，要让全体国民都能够分享到经济社会发展的成果。第二，"公平"理念要求通过社会保障制度的建设来解决国民因个人因素或社会因素所导致的各项发展权利的不公平问题，如通过医疗保障来防止公民因健康水平太低而陷入贫困；通过社会救助、五保供养、最低生活保障等方式保障弱势群体的基本生存条件等。因此，公平是社会保障制度必须始终坚守和追求的核心价值理念，任何偏离这一价值理念的社会保障制度安排带来的必然是阻碍经济社会健康发展的"负能量"。在遵循"公平"理念建设农村社会保障体系时一定要正确处理好公平与效率的关系。这一关系如果处理不好，肯定会影响到农村社会保障体系的建设和发展。例如，在改革开放以前，由于过分注重公平而忽视了效率，结果是传统农村社会保障体系所体现的公平是水平非常低的公平，是覆盖面非常窄的公平。而在改革开放初期，由于过分强调效率优先而把公平放在了兼顾的位置，还将经济领域中的效率优先简单地复制到社会保障领域，结果造成了不良后果并留下了一些难以治愈的后遗症。因此，要正确理解和处理好社会保障中的公平与效率的关系，真正把公平确立为社会保障制度追求的根本目标，使效率成为提高社会保障水平的必要手段。

2. 正义理念

正义包括法律正义与分配正义。法律正义是指通过法律法规的制定和执行即立法和司法来确立国民的生存权与发展权，并赋予国民平等的社会

---

① 例如，在改革开放初期，"效率优先"原则的确立，严重背离了现代社会保障维护公平正义的核心理念，直接损害了社会公平正义，导致经济社会发展中的不和谐。在这种错位理念的支配下，"天下没有白吃的午餐"、"社会保障不是免费午餐"的争论此起彼伏，社会保障投入被认为是经济社会发展的负担，社会保障制度的改革由"平均主义"、"大锅饭"走向追求效率、忽略公平的另一个极端。

保障权益，通过相应的程序正义来加以保障。也就是说，在构建新型农村社会保障体系时一定要加强立法和司法，强调社会保障体系的法制化。分配正义主要是指通过再分配机制来缩小分配不公平或者促进结果公平，它以免除国民的生存恐惧与危机为正义底线，如最低生活保障制度、义务教育福利及对孤寡老残幼的福利照顾等。因此，北京新型农村社会保障体系是符合正义原则的合理分享，是法律正义和分配正义的具体体现，而绝不是劫富济贫。

3. 共享理念

社会保障对公平正义的维护，都是通过共享机制来实现的，通过让全体国民共享经济社会发展成果和社会保障体系所提供的各项保障和服务，公平和正义才能真正地实现。因此，共享既是社会保障制度自身追求的一个基本目标，也是实现社会保障体系建设的基本手段。社会保障制度追求的共享，主要包括两个方面的内容：一是过程的参与和结果的分享，这一点必须通过确保基本权利平等、实质机会公平和分配结果公平来实现；二是共享的公平指向。因此，社会保障制度追求的不仅仅是分享与普惠，而且追求的是合理的分享和公平的普惠，这是社会保障制度的本质要求。

7.1.2 基本原则

在中国共产党第十七届三中全会上，中央充分借鉴了一般社会保障体系构建的基本原则并结合中国的具体国情，提出了目前和未来一段时期构建农村社会保障体系建设的基本原则，即"全覆盖、保基本、多层次、可持续"，这些原则正是对"公平、正义、共享"保障理念的充分体现。

1. 全覆盖原则

全覆盖原则主要体现在以人为本原则、普遍性原则和统一性原则方面。

（1）以人为本原则。"以人为本"就是"以实现人的全面发展为目标，从人民群众的根本利益出发谋发展、促发展，不断满足人民群众日益增长的物质文化需要，切实保障人民群众的经济、政治和文化权益，让发展的成果惠及全体人民"①。以人为本作为我们党科学发展观的核心，同我们党全心全意为人民服务的根本宗旨一脉相承，与代表中国最广大人民的根本利益的执政理念高度一致。具体到社会保障事业中，"以人为本"又是社会保障制度建设的题中应有之意和最根本的目标，它强调的正是经济和社会发展是为了人民，发展成果理应由全体人民共享；社会保障体系的建设要确保人民对生存、健康、教育、医疗等各方面的最基本的需要，确保人民的全面发展。

（2）普遍性原则。社会保障体系构建的普遍性原则是由英国人 W. H. 贝弗里奇在其著名的"贝弗里奇报告"提出的，它是指社会保障体系建设应该是普遍而非选择性的，应该是针对所有国民的。普遍性原则很好地体现了"公平、正义与共享"的社会保障理念，它强调人人都应该平等地享有社会保障的权利，强调政府应该承担起向所有国民提供基本社会保障的责任和义务，不能因为国民在身份、职业、性别、种族等方面的差别而在提供基本社会保障方面存在歧视和不公平，也不能因区域、城乡以及财力等方面的差异而在提供基本社会保障方面存在歧视和不公平。我国在《宪法》中所作的中华人民共和国"公民在年老、疾病或者丧失劳动能力的情况下，有从国家和社会获得物质帮助的权利"的规定，就体现了社会保障制度建设的普遍性原则。因此，在目前新型农村社会保障制度的建构中，必须严格遵循这一原则，确保把全体农村居民纳入社会保障的范围。但是必须注意的是，从我国的实际国情尤其是农村的实际发展实践出发，普遍性原则的实现不能一步到位，只能分阶段推进，从有差别的普惠逐步发展到公平的普惠。

（3）统一性原则。社会保障中的统一性是指基本社会保障制度要在全国范围内的实现统一。只有统一的社会保障制度才是公平的制度，只有统一的社会保障制度才能有效地防止区域分割和城乡分割，只有统一的社会保障制度才能通过推行标准化的管理提高社会保障制度运行和管理的效率，等等。但是，由于中国农村地区发展和城乡发展的不平衡现象还不可能马上消除，中国的农村社会保障体系建设还不可能在短期内实现高度的统一。但是我们必须时刻记住这一原则，尽可能地防止制度碎片化，尽可能保证不同制度之间避免相互矛盾，能够有效衔接，为最终实现制度的统一而创造条件。

---

① 以人为本．百度百科，百科名片［EB/OL］．http：//baike.baidu.com/view/93347.htm.

2. 保基本原则

保基本原则主要包括保障基本生活原则和弱者优先原则。

（1）保障基本生活原则。按照社会保障内涵的要求，社会保障提供的只是最基本的生活保障。这就说明，社会保障水平要控制在一定的范围内。社会保障水平只需要控制在保障最基本生活需要的水平上，保障水平过高，会产生"福利病"，这既会让政府财政背上过于沉重的包袱而影响政府职能的正常运行，也会因可能导致偷懒（当失业救济金等于甚至高于就业工资时，许多人会选择失业）而挫伤劳动者的积极性而降低效率。当然，社会保障水平也不能过低，否则就无法起到保障公民基本生活的作用。就中国目前乃至未来一段时间的发展来看，一方面由于生产力发展水平还不够高、国家财力有限，另一方面由于社会保障的需求压力较大，社会保障水平也只能保障最基本的生活需要。

（2）弱者优先原则。社会保障体系的内涵是分层次的，社会保障体系的建设是分阶段的，在存在资源稀缺和财力的约束条件时，必须遵循弱者优先原则，优先满足弱者对社会保障的需求，因为弱者对社会保障体系的需求最强烈。例如，低收入阶层、老年人、残疾人、丧失劳动能力的人和未成年人等都属于弱势群体，他们抵御生存风险的能力非常弱，非常容易陷入生存困境，是社会保障体系建设需要特别重视的对象群体。社会保障体系建设应该集中资源，积极地向这些群体提供物质和服务帮助，同时增加其自身能力和素质，扩展其社会参与的途径和机会。弱势群体能否获得相应的社会保障，是衡量社会保障制度公平、正义、共享核心价值理念是否得到体现的客观标志。

3. 多层次原则

多层次原则主要体现为区别对待原则、互助共济原则和政府主导与责任分担原则。

（1）区别对待原则。区别对待原则是指根据农村居民所处的不同地区、不同阶层等，采用不同的社会保障模式，制定不同的社会保障标准。第一，从目前我国农村实际情况看，东、中、西部地区之间经济发展极不平衡，东部地区经济发展水平比较高，农村集体的经济实力比较强，农村居民收入水平和生活水平比较高，对社会保障的需求层次也比较高；中西部地区经济发展水平比较低，农村集体的经济实力比较弱，农村居民收入

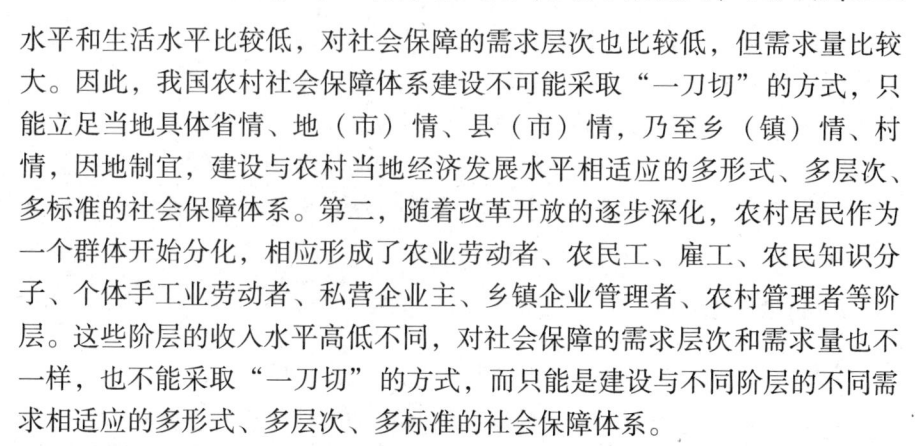

水平和生活水平比较低，对社会保障的需求层次也比较低，但需求量比较大。因此，我国农村社会保障体系建设不可能采取"一刀切"的方式，只能立足当地具体省情、地（市）情、县（市）情，乃至乡（镇）情、村情，因地制宜，建设与农村当地经济发展水平相适应的多形式、多层次、多标准的社会保障体系。第二，随着改革开放的逐步深化，农村居民作为一个群体开始分化，相应形成了农业劳动者、农民工、雇工、农民知识分子、个体手工业劳动者、私营企业主、乡镇企业管理者、农村管理者等阶层。这些阶层的收入水平高低不同，对社会保障的需求层次和需求量也不一样，也不能采取"一刀切"的方式，而只能是建设与不同阶层的不同需求相适应的多形式、多层次、多标准的社会保障体系。

（2）互助共济原则。互助共济原则是指社会保障尤其是缴费型的保障制度所覆盖的人群要实现互助共济，这是支撑社会保障制度持续发展的关键要素，是对国家、集体和农村居民个人三方共同提供保障的一种补充。互助共济是非组织性质的、非强制性质的，是完全自发的、完全依靠自觉。当风险来临时，互助共济可能是最先发挥作用的保障方式。在互助共济中，互助是共济的必要前提，共济是互助的当然结果，互助共济是整个社会合作与团结的基础。鉴于我国农村经济发展和农村居民的收入水平，我们更应该强调互助共济原则，尽量转变只想独享而不愿共享、不愿互助共济的错误观念。

（3）政府主导与责任分担原则。从社会保障制度的概念中可以看出，社会保障的提供主体和建设主体主要是国家和政府。这主要表现在两个方面：一方面，社会保障的实现方式是国民收入再分配，而收入再分配的任务是由国家和政府通过制定经济政策（财政政策、货币政策、收入分配政策等）、运用经济杠杆（税率、最低工资标准等）、完善立法和严格司法、进行制度创新、加大财政投入等方式来实现的；另一方面，社会保障体系中所涵盖的各类项目属于公共物品和劳务，而在公共物品和劳务的提供方面，市场是存在着失灵现象的，或者说市场是不愿意也无法提供公共物品和劳务的，这一任务只能落在国家和政府的肩上。就中国发展的实践来看，由于政府目前还负有承担制度转制成本的特殊责任，通过社会保障体系的建设来保障民生与改善民生更是执政党的宗旨和各级政府的根本职责。但是也必须注意，遵循国家和政府主导原则并不意味着社会保障体系建设完全由国家包办，毕竟国家和政府的实力相对于全体国民对社会保障的需求而言是有限的，还必须充分调动各方面积极性，动员各方资源，落实责任分担机制，最终促使社会保障体系全面发展、可持续发展。总之，社会保障体系的建设既不能政府"全面包办"和排斥市场进入，也不能政府责任缺位，我国社会保障体系的建设的实践已经充分证明了这一点①。当前社会保障体系建设的关键，是在进一步明确政府主导责任的基础上，明晰中央政府、地方政府、个人、市场和社会等各个责任主体间的责任分担机制。

4. 可持续原则

可持续原则包括可持续发展原则和渐进发展原则。

（1）可持续发展原则。可持续发展是指既满足当代人的需要，又不对后代人满足其需要的能力构成危害的发展。实现可持续发展必须遵循公平性、阶段性、持续性和共同性原则。社会保障体系在建设过程中要遵循可持续发展原则，体现为两个方面：第一，当今社会保障体系的发展要满足当代人的需要，这就要求社会保障体系的建设必须覆盖所有的国民和所有的项目，不能滞后于社会对社会保障体系建设的需要；第二，当今社会保障体系的发展又不能对后代人对社会保障体系的需求构成危害，这就要求当今社会保障体系的发展不能竭泽而渔，要适度发展，要与经济发展水平相适应，不能超前于社会对社会保障体系建设的需要。总之，一定要充分考虑社会保障体系发展的稳定性和持续性。实践证明，社会保障体系自身的可持续发展，将会有力地促进整个社会、经济的可持续发展；而社会保障体系发展的滞后或超前，都会使其陷入不可持续的发展困境，并对经济和社会的发展构成严重的危害。因此，可持续发展原则日益成为各国构建社会保障体系的重要原则。我国在构建北京新型农村社会保障体系时自然也要充分重视这一原则。

（2）渐进发展原则。渐进发展原则是指社会保障体系的建设应该遵循社会保障体系呈现出层次性的特点②，按照由低到高的思路，从实际经济发展实践和对社会保障需求层次的实际出发，循序渐进地建设社会保障体系，而不能一蹴而就。例如，从社会保障目标来看，应该先从建设生存型保障出发，待条件成熟后再向发展型保障过渡，最后进入生活质量型保障

---

① 中国社会保障制度国家—单位保障型向国家—社会保障型的转型过程，政府责任从"全面包办"一度滑向了过度强调家庭、个人责任而回避政府承担主导责任的另一个极端，它在一定程度上造成了政府责任的缺位，进而导致了制度建设中的公平性不足、有效性不高现象。
② 社会救助等属于最低层次的保障、社会保险属于一般层次也是主要层次的保障、社会福利是属于最高层次的保障。

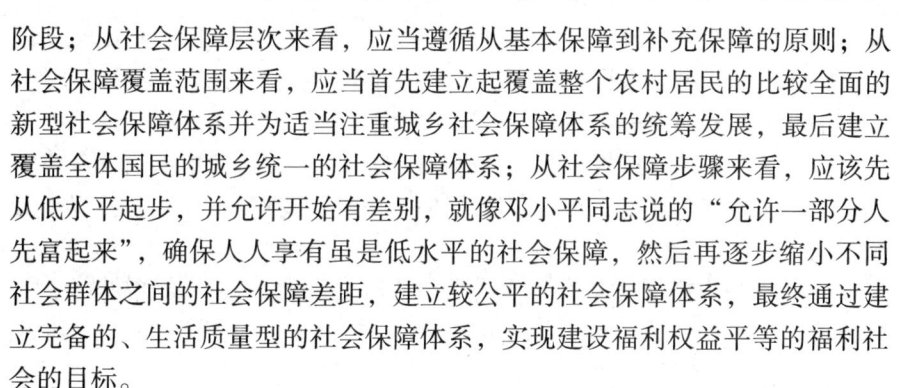

阶段；从社会保障层次来看，应当遵循从基本保障到补充保障的原则；从社会保障覆盖范围来看，应当首先建立起覆盖整个农村居民的比较全面的新型社会保障体系并为适当注重城乡社会保障体系的统筹发展，最后建立覆盖全体国民的城乡统一的社会保障体系；从社会保障步骤来看，应该先从低水平起步，并允许开始有差别，就像邓小平同志说的"允许一部分人先富起来"，确保人人享有虽是低水平的社会保障，然后再逐步缩小不同社会群体之间的社会保障差距，建立较公平的社会保障体系，最终通过建立完备的、生活质量型的社会保障体系，实现建设福利权益平等的福利社会的目标。

7.2 基本目标和实现步骤

7.2.1 基本目标

要构建北京新型农村社会保障体系，并将上述社会保障理念和原则充分体现出来，必须首先确定北京新型农村社会保障体系的发展目标。确定我国农村社会保障体系建设的目标，必须坚持解放思想、实事求是、循序渐进的方针。2009年4月22日，民政部李学举部长在第十一届全国人民代表大会常务委员会第八次会议上作了《国务院关于农村社会保障体系建设情况的报告》，根据"党的十七大确立了到2020年绝对贫困现象基本消除、人人享有基本生活保障的目标，提出了着力保障和改善民生、加快建立覆盖城乡居民的社会保障体系"的要求，报告中明确了基本目标，即"今后一段时间的农村社会保障工作，需要按照广覆盖、保基本、多层次、可持续的原则，以解决制度缺失问题为重点，继续健全和规范各项保障制度，逐步扩大覆盖面，不断提高保障水平，着力从体系层面进行衔接配套，增强推进合力"①。郑功成教授在其主笔的《中国社会保障改革与发展战略——理念、目标与行动方案》一书中，也提出了中国未来50年社会保障体系发展的战略目标，即"从弥补制度缺失、构建覆盖城乡居民的社会保障体系入手，积极稳妥、循序渐进地推进社会保障制度沿着公平、

---

① 李学举. 国务院关于农村社会保障体系建设情况的报告 [EB/OL]. http://www.mca.gov.cn/article/zwgk/mzyw/200904/20090410030076.shtml.

普惠、可持续的方向发展，在解除人民生活后顾之忧的同时，不断提高人民的生活质量并增进人民的幸福感，切实维护个人的自由、平等与尊严，在中华人民共和国成一百周年前后迈向中国特色社会主义福利社会"①。

借鉴李学举部长的报告和郑功成教授的构想，充分考虑农村的具体情况，笔者认为北京新型农村社会保障体系建设的基本目标应该包括以下五个方面：

（1）保障农村居民基本生活需求。从转变观念、弥补制度缺失入手，构建覆盖全部农村居民的社会保障体系；积极稳妥、循序渐进地推进北京新型农村社会保障体系沿着公平、普惠、可持续的方向发展，每个农村居民都能够享有基本生活保障。目前农村社会保障体系建设应着重以解决贫困问题为核心，以农村最低生活保障为基本内容，以社会救济为辅助，为农村居民提供最基本的生活安全保障，主要的任务应该包括建立农村居民最低生活保障制度、农村居民社会养老保险制度、新型农村合作医疗制度以及自然灾害社会救助制度等。

（2）不断提高农村居民的社会保障水平和层次。在满足农村居民基本社会保障需求、解除农村居民生活后顾之忧的基础上，不断提高农村居民的社会保障水平和层次以提高农村居民的生活质量，增进农村居民的幸福感，最终实现"幼有所育、学有所教、劳有所得、病有所医、老有所养、住有所居、弱有所帮、贫有所济、孤有所助、伤有所治、残有所扶、死有所葬、遭灾者有救助、失业者能解困"②等民生目标，引领全体人民真正走向共同富裕。

（3）逐渐消除农村居民与城镇居民的"身份"差异，让农村居民享受相同的国民待遇。统筹城乡发展，为社会保障体系城乡的一体化发展准备条件，并最终取消城乡社会保障体系的二元分割而实现社会保障体系的城乡一体化。

（4）切实保证和促进农村经济社会的正常运行和发展。"保证农村经济社会的正常运行和发展"是指农村社会保障体系的建设必须以农村经济的发展作为后盾，不能与农村经济发展相抵触，保障项目、保障水平和保障标准的设计都必须以不牺牲或阻碍农村经济发展为前提。例如，如果将新型合作医疗中需要农村居民支付部分的标准制定的过高，

---

① 郑功成．中国社会保障改革与发展战略——理念、目标与行动方案［M］．北京：人民出版社，2008：42．

② 郑功成．中国社会保障改革与未来发展［J］．中国人民大学学报，2010（9）：16．

将会严重影响农村居民投资农村经济发展的能力从而制约农村经济社会的正常运行和发展;如果将新型合作医疗中需要政府支付的部分的标准制定得过高,将会影响政府财政的造血机能和良性循环从而制约农村经济社会的正常运行和发展。而如果农村经济社会的正常运行和发展受到影响和制约则会进一步制约农村社会保障体系自身的建设。"促进农村经济社会的正常运行和发展"是指健全的农村社会保障体系不仅能够解除农村居民生活的后顾之忧,而且还能够在很大的程度上提高农村居民的教育水平和技术素质,这就能够大大提升农村居民抵抗各种风险的能力,并且能够保证农村居民和政府更高投入更高质量地促进农村经济和社会的发展。

(5) 保持农村社会的稳定和安宁。随着农村经济体制改革的逐步深入,市场化程度不断提高,农村居民面临着越来越多的风险:因家庭养老功能日趋弱化而导致的养老风险加剧、因医疗卫生制度不健全而导致的医疗、疾病风险劳动者面临越来越大的经营风险等等。这些风险如果不能得到及时的解决,将引发激烈的社会矛盾,导致社会动荡。而健全的农村社会保障体系作为"稳定器"和"调节器",则能够在很大的程度上规避或化解上述风险,从而保持农村社会的稳定和安宁。

7.2.2 实现步骤

郑功成在其主笔的《中国社会保障改革与发展战略——理念、目标与行动方案》一书中,详细地勾画了中国社会保障"三步走"的发展战略[1],笔者参考、借鉴其构想,对中国农村社会保障体系未来的实现步骤进行了勾画,认为中国农村社会保障体系的建设与中国社会保障体系的建设同步,也主要分为三个大的发展阶段。

1. 第一步,2010~2015年,北京新型农村社会保障体系基本形成。贯彻"广覆盖、保基本、多层次、可持续的原则",建立起水平较低但覆

---

[1] 第一步(2008~2012年)以现届政府任期为期,目标任务是构建起"二免除一解除"的社会保障制度支架,为建设健全、完备的中国特色社会保障制度奠定坚实的基础;第二步(2013~2020年)以下一届政府任期为起点,到2020年全面建设小康社会为终点,目标任务是实现中国特色社会保障制度全面定型、稳定发展;第三步(2021~2049年)以2021年为起点,到中华人民共和国成立一百周年(21世纪40年代末),目标任务是在进一步完善中国特色社会保障制度并实现这一制度可持续发展的同时,不断提高保障水平,确保国民的生活质量,全方位满足国民对社会保障及相关服务的需求,真正迈向中国特色社会主义福利社会。参见郑功成. 中国社会保障改革与发展战略——理念、目标与行动方案 [M]. 北京: 人民出版社, 2008: 45.

盖全部农村居民的最低生活保障制度，努力提高贫困线标准，继续加大政府财政投入力度，初步形成定型的和稳定的综合型社会救助体系框架；建立起覆盖全部农村居民的新型农村合作医疗制度，实现新型农村合作医疗与城镇居民医疗保险的制度整合，不断提高新型农村合作医疗的保障水平，使其不低于保障范围内平均医疗费用的50%，个人负担的疾病医疗费用占比应该不断下降，控制在50%以内，真正切断因病致贫链条，缓解"看病贵、看病难"现象；建立起覆盖全部农村居民的社会养老保险制度和老年津贴制度，发展多元化的养老保障；通过构建"两免一补"的义务教育和扩展的义务教育建立起覆盖高等教育前的农民教育保障制度；等等。

2. 第二步，2016~2020年，北京新型农村社会保障体系最终形成并充分注重农村社会保障体系与城镇社会保障体系的有效衔接。在这一阶段，农村社会保障各个项目的水平都得到很大的提高，北京新型农村社会保障体系全面定型、稳定发展，确保全体农村居民人人享有基本的社会保障：基本形成定型、稳定、综合型社会救助体系框架，贫困线标准与国际标准持平，各项救助制度规范化；进一步整合医疗保障制度，完善多层次的医疗保障体系，促使疾病医疗风险在更大的范围内分散；进一步整合养老保险制度，全面推进老年人福利；发展适度普惠型的农村各项福利服务事业；等等。同时，要注重农村社会保障体系与城镇社会保障体系建设的有效衔接，大力发展社区型社会保障。

3. 第三步，2021~2050年，中国社会保障体系城乡一体化基本形成。在这一阶段，导致中国社会保障体系城乡分割的各种障碍基本消除，构建城乡统一社会保障体系的条件已经具备、时机已经成熟。在这一阶段，"社会保障体系进一步完善，真正跨入公平的普惠发展阶段；与社会保障相关的公共服务十分发达，人人能够公平地享有较高水准的社会保障及相关服务；国民的各项保障需求可以得到全面满足、生活质量得到较大提高，个人的自由、平等与尊严因社会保障制度而得到有效维护，社会保障由基本保障型向生活质量型转化，并逐渐向中国特色社会主义福利社会迈进"[①]。

---

① 郑功成. 中国社会保障改革与发展战略——理念、目标与行动方案[M]. 北京：人民出版社，2008：45.

7.3 基本框架及创新重点

7.3.1 基本框架（见图7.1）

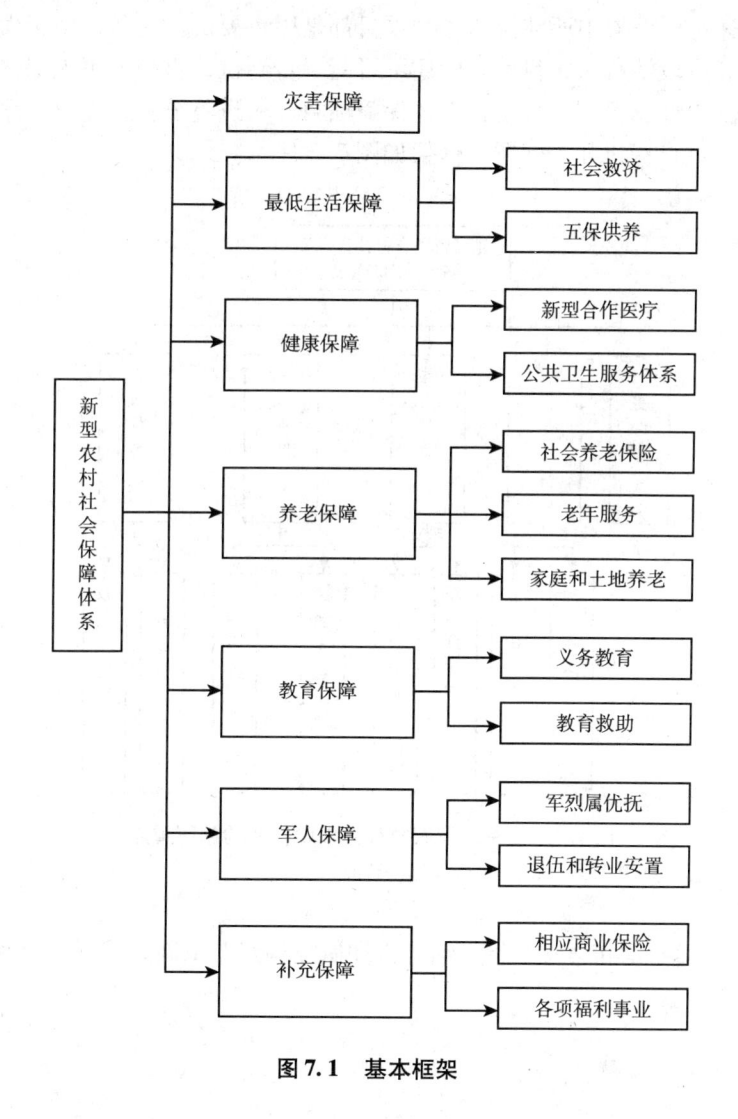

新型农村社会保障体系：
- 灾害保障
- 最低生活保障
  - 社会救济
  - 五保供养
- 健康保障
  - 新型合作医疗
  - 公共卫生服务体系
- 养老保障
  - 社会养老保险
  - 老年服务
  - 家庭和土地养老
- 教育保障
  - 义务教育
  - 教育救助
- 军人保障
  - 军烈属优抚
  - 退伍和转业安置
- 补充保障
  - 相应商业保险
  - 各项福利事业

图 7.1 基本框架

以上框架是根据上述农村社会保障体系建设理念、原则、基本目标和战略步骤而构建的，一个完善的北京新型农村社会保障体系必须首先保证保障项目的齐全。

7.3.2 创新重点

上述构建框架中所涉及的各个项目都是很重要的。但是，由于发展的渐进性和阶段性特点，目前阶段还不可能一步到位，再加上军人保障的特殊性和强制性，笔者不准备将上述保障项目一一进行分析，而是与第一章相呼应，重点探讨几个问题，框架如图7.2所示。

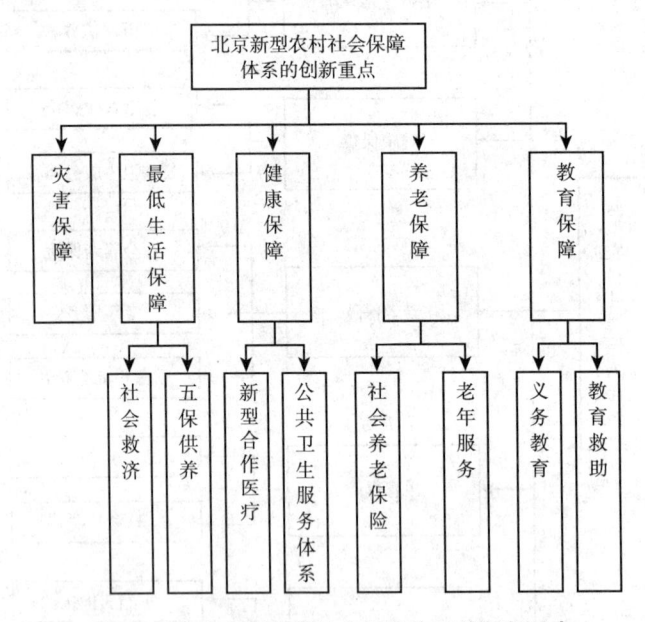

```
                北京新型农村社会保障
                  体系的创新重点
    ┌──────┬──────┬──────┬──────┬──────┐
   灾害    最低    健康    养老    教育
   保障    生活    保障    保障    保障
           保障
   ┌─┬─┐  │    ┌──┬──┐  ┌──┬──┐  ┌──┬──┐
  社 五      新  公    社  老    义  教
  会 保      型  共    会  年    务  育
  救 供      合  卫    养  服    教  救
  济 养      作  生    老  务    育  助
             医  服    保
             疗  务    险
                体
                系
```

图 7.2　北京新型农村社会保障体系的创新重点

注：此处的框架与第1章设计的框架是一致的。

以下第8章和第9章将详细分析和研究构建北京新型农村社会保障体系的创新重点。

第 8 章

构建北京新型农村社会保障体系的创新重点（上）

北京新型农村社会保障体系的构建是一个非常庞大的工程，它涉及农村经济社会生活的方方面面。本章及下一章主要探讨构建北京新型农村社会保障体系的创新重点，涉及农村最低生活保障、自然灾害保障、养老保障、健康保障和教育保障。其中，第 8 章主要探讨农村最低生活保障制度、自然灾害保障制度和养老保障制度在发展过程中存在的问题及进一步发展的对策建议；第 9 章主要探讨农村健康保障制度和教育保障制度在发展过程中存在的问题及进一步发展的对策建议。

8.1 北京农村最低生活保障制度

8.1.1 农村最低生活保障制度发展过程中存在的问题

前文已述，为进一步完善北京市社会保障体系，使农村社会救助工作制度化、规范化，切实保障农村低收入居民的基本生活，北京市政府决定从 2002 年度起，在北京市建立并实施农村居民最低生活保障制度。到目前为止，农村最低保障工作取得了巨大进展，做到了全覆盖和应保尽保。但是农村最低生活保障制度在建设过程中依旧存在一些问题，这些问题的存在制约了农村最低生活保障制度的进一步发展。

1. 各涉农区县农村最低保障能力差距较大，保障标准差别较大

北京市批转市民政局《关于建立和实施农村居民最低生活保障制度的意见》在确定保障标准时指出，"农村居民最低生活保障标准由各区县政府自行确定，各区县要本着既与本地区社会经济发展水平相适应，又考虑当地财政的承受能力，既保障低收入农村居民的基本生活，又有利于克服依赖思想、调动劳动生产积极性的原则，按照维持当地农村居民衣、食、住等基本生活需要，并适当考虑水电、燃煤（柴）以及未成年人义务教育等因素，合理确定保障标准。各区县民政部门会同当地财政、农业、统计、物价等部门提出保障标准方案，经区县政府批准后向社会公布，并随着当地社会经济发展、人民生活水平和物价指数的变化情况，适时进行调整，一般每年度调整一次"[①]。也就是说，各区县人均地区生产总值、人均财政收入、当地居民基本生活需要、高收入家庭与低收入家庭生产生活状况等指标，是确定各区县农村最低保障标准的重要依据，而人均地区生产总值和人均财政收入更是重中之重的指标。

由于最低生活保障标准由各区县政府自行确定，而北京市各区县经济发展水平差距悬殊（参见本书第5章的表5.20～表5.25），使得最低生活保障在资金筹措方面往往会陷入一个恶性循环或怪圈：越是贫困的地区，需要纳入农村最低生活保障的对象越多，区县政府同时需要配套的资金就越多；而越是贫困的地区，区县政府的财政力量就越有限，投入到最低生活保障方面的资金就越少。表8.1给出了2006年和2009年北京市各涉农区县的农村低保标准，可以看出：第一，各涉农区县的低保标准存在着一定的差异，最高标准和最低标准之间，2006年相差216.7/月，2009年相差240/月。第二，低保标准比较高的区县如朝阳区、海淀区、丰台区、顺义区、昌平区，就是那些地区生产总值和地方财政收入比较高而农村人口比较占比较小的区县，而低保标准比较低的区县如延庆县、密云县、怀柔区和平谷区等，正是那些地区生产总值和地方财政收入比较低而农村人口比较占比较大的区县。这正印证了刚才上文刚刚提到的恶性循环。

表8.1　　　　　　　　北京市各区县农村低保标准一览表　　　　　　单位：元/月

区　县	2006年	2009年
朝阳区	300	410
海淀区	240	410
丰台区	210	410

---

① 北京市人民政府批转市民政局关于建立和实施农村居民最低生活保障制度意见的通知，2002年4月27日。

第8章 构建北京新型农村社会保障体系的创新重点（上）

续表

区　县	2006年	2009年
门头沟	100	200
房山区	100	170
通州区	100	170
顺义区	147.1	211
昌平区	140	210
大兴区	100	200
平谷区	100	170
怀柔区	100	170
密云县	100	170
延庆县	83.3	170

资料来源：（1）2006年的数据来源：北京13区县农村低保标准公布［EB/OL］.http://chinacounty.ce.cn/home/report/200606/14/t20060614_7330765.shtml.

（2）2009年的数据来源：北京市各区县农村低保标准调整工作全面落实［EB/OL］.http://www.cnpension.net/sbzn/shjz/2011-01-08/1204646.html.

根据本书第5章表5.3（2008年1月至2012年4月北京市涉农区县农村最低社会保障人均支出水平）给出的部分数据绘制的图8.1可以看出：不同区县的人均支出水平存在较大差异，而且是经济发展比较落后的区县支付水平较高。如经济发展水平较低的延庆县，2009年9月份之前的平均支付水平还较低，但自2009年9月份之后，其支付水平相对较高，大部分情况下排名第七、第八，而2012年3、4月则排名第二位。

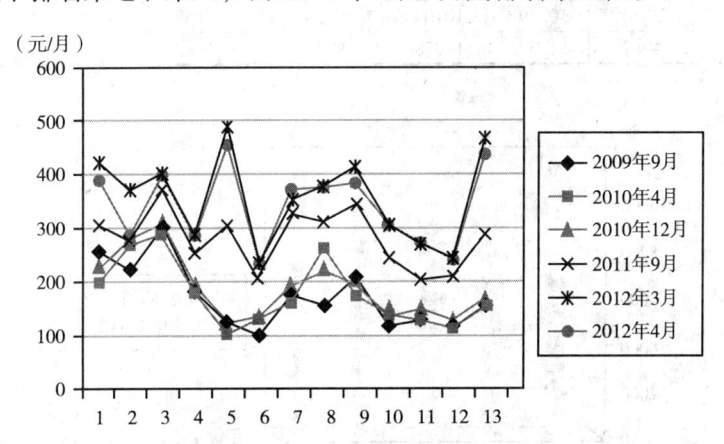

图8.1　部分月份北京市涉农区县农村最低社会保障人均支出水平比较

注：图中的1～13分别代表朝阳区、丰台区、海淀区、门头沟区、房山区、通州区、顺义区、昌平区、大兴区、怀柔区、平谷区、密云县和延庆县。

2. 农村最低生活保障标准和筹资水平还有待提高

前文已述，北京市各区县确实通过综合考虑确定了当地的最低保障标准，并根据物价变动情况进行了实时调整，北京市最低保障标准由2005年的1510元/年提高至2012年的4560元/年。但是与当年的农村居民人均生活消费支出相比还存在一定的距离。表8.2中的数据显示，在绝对量方面，农村最低生活保障标准与当年的农村居民人均生活消费支出相比，其差距除2011年之外，其他年份均呈增加趋势；在增长率方面，同样除2011年之外，农村最低生活保障标准的提高均慢于农村居民人均生活消费支出的增加。虽然制度规定不可能将最低保障标准提高至人均生活消费支出，否则财力既不允许，也会助长懒惰、等靠要行为，但是当年的人均生活消费支出毕竟是一个参考系，如果两者差距太大，也会严重影响到最低保障人群的生活水平。

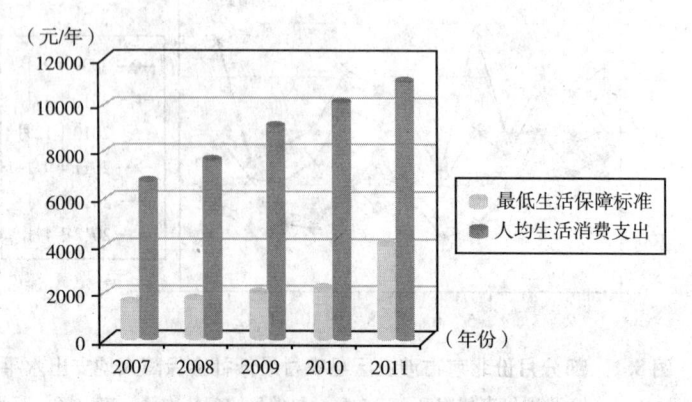

表8.2　　2007~2011年北京市农村最低生活保障标准与农村居民人均生活消费支出比较　　单位：元/年、%

年份	最低生活保障标准		人均生活消费支出		两者绝对量差距	两者增长率差距
	绝对数	增长率	绝对数	增长率	/	/
2007	1630	/	6828	/	5198	/
2008	1780	9.20	7656	12.13	5876	2.93
2009	2040	14.61	9141	19.40	7101	4.79
2010	2250	10.29	10109	10.59	7859	0.3
2011	4080	81.33	11078	9.59	6998	71.74

图8.2　2007~2011年北京市农村最低生活保障标准与农村居民人均生活消费支出绝对数比较

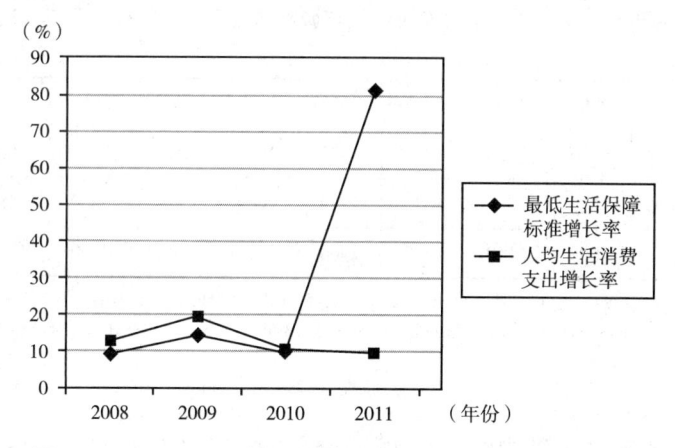

图 8.3　2008~2011 年北京市农村最低生活保障标准与农村居民人均生活消费支出增长率比较

3. 城乡最低保障标准差距有待进一步缩小

表 8.3 列举了 2005~2012 年北京市农村居民最低保障标准和城市居民最低保障标准，从表 8.3 和图 8.4 中可以看出，农村居民的最低保障标准一致低于城市居民的最低保障标准，2010 年以前（包括 2010 年）这一差距一直在 2000~3000 元之间，且呈逐年增加趋势（2009 年除外）；从 2011 年开始，农村居民的最低保障标准增加幅度开始大于城市居民，两者的差距呈逐年减少趋势，已经降到了 2000 元以下，但差距的存在依旧是很明显的。

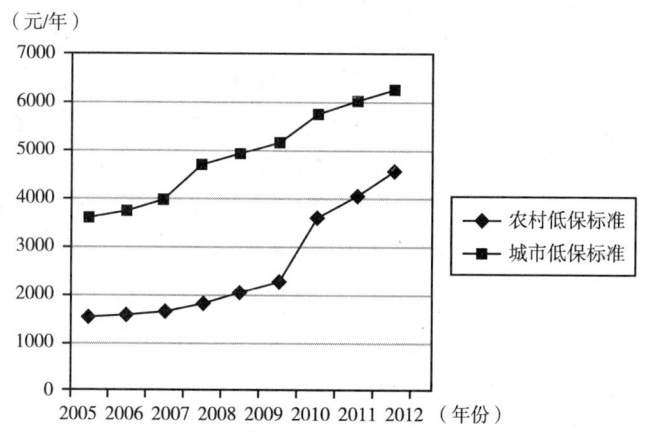

图 8.4　2005~2012 年北京市农村居民和城市居民最低保障标准比较

表 8.3　2005～2012 年北京市农村居民与城市居民最低保障标准及其比较

单位：元/年

年份	2005	2006	2007	2008	2009	2010	2011	2011	2012
城市低保标准	3600	3720	3960	4680	4920	5160	5760①	6000②	6240③
农村低保标准④	1510	1580	1630	1780	2040	2250	3600	4080	4560
两者的差距	2090	2140	2330	2900	2880	2910	2160	1920	1680

注：① 关于调整 2011 年本市城乡低保标准的通知（京民社救发〔2010〕592 号）[EB/OL]. http：//bjshjz.bjmzj.gov.cn/showBulltetin.do? id = 30139&dictionid = 7083101&websitId = 70890&netTypeId = 2&subwebsitid = .

② 北京 2011 年 7 月起调高多项社保标准 [EB/OL]. http：//news.xinhuanet.com/politics/2011 - 06/16/c_121544153.htm.

③ 关于调整本市社会救助相关标准的通知（京民社救发〔2012〕3 号）[EB/OL]. http：//bjshjz.bjmzj.gov.cn/showBulltetin.do? id = 30700&dictionid = 7083101&websitId = 70890&netTypeId = 2&subwebsitid = .

④ 表中 2011 年数据，其中第一个数据是指 2011 年 1 月起的数据，第二个数据是指 2011 年 7 月起的数据。

资料来源：历年北京市国民经济和社会发展统计公报。

4. 城乡最低保障标准并轨还存在一定的困难

本书第 5 章表 5.19 的数据曾显示，北京市的城镇化率水平在不断提高，由 2006 年的 84.33% 提高到 2011 年的 86.23%，而且还将继续提高。与城镇化率提高相伴随的是越来越多的农村居民转变为城镇居民，必然要求提高最低保障标准，必然会提高最低保障的平均支付水平，这会给区县财政尤其是那些经济发展水平和财政能力较弱的区县以巨大的压力。表 8.3 的数据已经显示，北京市农村最低保障标准和城市最低保障标准存在一定的差距，即使到现在，依旧还相差 1680 元/年。表 8.4 的数据显示，除朝阳区、丰台区和海淀区之外，其他区县的农村最低保障标准和城市最低保障标准之间还存在较大的差距，尤其是门头沟区、房山区、昌平区、怀柔区、密云县和延庆县，两者相差 170 元，而平谷区更是相差 192.5 元，这些区县恰恰是经济发展水平和才能能力比较薄弱的区县。

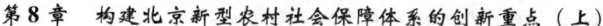

表8.4 2011年北京市涉农区县城市最低保障标准与农村最低保障标准之间的差距

单位：元/月

各区县	城市最低保障标准	农村最低保障标准	两者的差距
朝阳区	490	490	0
丰台区	490	490	0
海淀区	490	490	0
门头沟区	490	320	170
房山区	490	320	170
通州区	477.5	317.5	160
顺义区	490	392	98
昌平区	490	320	170
大兴区	490	325	165
怀柔区	490	320	170
平谷区	490	297.5	192.5
密云县	490	320	170
延庆县	490	320	170

注：表中数据根据民政部规划财务司给出的低保标准得出，即将2011年4个季度的低保标准计算平均数。

除了上述问题之外，北京市农村最低社会保障制度还存在诸如最低生活保障资金发放不力以及管理工作还不规范等问题。例如在发放工作方面，存在着负责发放工作的农村金融网点积极性不高、保障资金的代领方面产生一些欺诈等问题。在管理工作方面存在的问题主要表现为指导工作的法律法规尚待进一步完善、专职的管理人员依旧缺乏、资金管理混乱等等。

8.1.2 农村最低生活保障制度进一步发展的对策建议

1. 农村最低生活保障制度进一步发展的目标和方向

民政事业发展"十二五"规划和社会保障发展"十二五"规划为北京农村最低生活保障制度进一步发展明确了目标和方向。

全国《民政事业发展第十二个五年规划》规定，要完善城乡最低生活保障制度，巩固动态管理下的应保尽保。落实社会救助和保障标准与物价上涨挂钩的联动机制,实行物价短期波动发放补贴、持续上涨调整标准。规范最低生活保障标准制定和调整工作,确保救助标准年均增幅不低于同期城乡居民人均生活消费支出增幅。坚持分类施保,合理提高老年人、残疾人、未成年人和重病患者保障水平。规范最低生活保障申请、调查、评议、审核、审批、公示等程序和操作、管理、监督、考评等环节。加强最低生活保障与最低工资、养老保险、失业保险、农村扶贫开发等政策的配套衔接①。

北京市农村最低生活保障制度的建设已经走在全国的前列,《北京十二五时期社会保障发展规划》指出,要在巩固已经取得成就的基础上"进一步完善低保分类救助制度,建立城乡一体化社会救助体系。出台实施低收入家庭收入、财产认定和核查办法,建立健全多部门参与的城乡社会救助对象家庭经济状况核查机制,建立专门的居民家庭经济状况核查机构和认定管理信息系统平台,提高救助对象认定的准确性,完善退出机制,实现动态管理下的应保尽保"②。《北京十二五时期民政事业发展规划》指出:要"推进城乡低保制度一体化,加快推进城乡低保标准一体化进程;进一步提高低保分类救助系数,加大对'三无'人员、五保对象、老人、残疾人、单亲家庭等特殊群体的救助力度;提高救助对象认定的准确性,完善退出机制,实现动态管理下的应保尽保"③。

北京市各涉农区县也在其《国民经济和社会发展第十二个五年规划纲要》里对最低生活保障制度的建设明确了方向。例如,《北京市朝阳区国民经济和社会发展第十二个五年规划纲要》规定,要"完善困难群众的基本生活保障制度,全面落实低收入家庭救助制度,探索对低保边缘家庭的救助政策,完善低保对象退出机制,推动救助标准科学化、管理服务规范化"④。再如,《北京市海淀区国民经济和社会发展第十二个五年规划纲要》规定,要"建立低保水平与经济发展、物价水平的联动机制,最低生活保障继续保持全市最高水平"⑤。再如,《北京市密云县国民经济和社

---

① 民政事业发展第十二个五年规划 [EB/OL]. http://www.mca.gov.cn/article/zwgk/jhgh/201112/20111200248418.shtml.
② 北京十二五时期社会保障发展规划 [EB/OL]. http://zhengwu.beijing.gov.cn/ghxx/sewgh/t1201016.htm.
③ 北京十二五时期民政事业发展规划 [EB/OL]. http://www.bjpc.gov.cn/fzgh_1/guihua/12_5/12_5_zx/.
④ 北京市朝阳区国民经济和社会发展第十二个五年规划纲要 [EB/OL]. http://www.bjpc.gov.cn/fzgh_1/guihua/12_5/12_5_qx/.
⑤ 北京市海淀区国民经济和社会发展第十二个五年规划纲要 [EB/OL]. http://www.bjpc.gov.cn/fzgh_1/guihua/12_5/12_5_qx/.

发展第十二个五年规划纲要》规定，要"完善城乡一体的最低生活保障制度，扩大低保救助范围，逐年提高保障标准"①。再如，《北京市延庆县国民经济和社会发展第十二个五年规划纲要》规定，要"健全以最低生活保障为基础、专项救助相配套、临时救助和社会互助为补充的城乡社会救助制度，让每个困难家庭和特定人员都能得到帮助"②。

通过对上面发展规划的分析可以看出，进一步完善农村最低生活保障制度需要做好以下工作：第一，合理界定保障对象，进一步完善进入与退出机制，做到应保尽保；第二，进一步提高财政统筹层次和加大财政支持力度，提高农村居民最低生活保障水平；第三，进一步完善和落实农村最低生活保障分类救助制度；第四，进一步推进城乡最低生活保障制度的一体化进程。

2. 北京市农村最低生活保障制度进一步发展的具体对策建议

（1）合理界定保障对象，进一步完善进入与退出机制，做到应保尽保。按照《北京市农村居民最低生活保障制度实施细则》的要求，凡具有本市正式农业户口，家庭年人均收入低于户籍所在区县当年农村低保标准的农村居民均属保障范围。因此界定保障对象的一个关键环节就是科学界定申请者的家庭年人均收入。按照《民政事业发展第十二个五年规划》的要求，应该出台实施低收入家庭收入、财产认定和核查办法，建立健全多部门参与的城乡社会救助对象家庭经济状况核查机制，建立专门的居民家庭经济状况核查机构和认定管理信息系统平台，提高救助对象认定的准确性，完善退出机制，实现动态管理下的应保尽保。具体来讲，农村最低生活保障对象的确定应该在遵循"公开、公正、公平、透明"原则的基础上主要做好两项工作。

第一，通过详细、全面的家计调查，将所有家庭年人均纯收入低于当地最低生活保障标准、常年生活困难的农村居民全部纳入进来，重点关注有重病重残人员、高龄老人、儿童以及缺乏劳动力、单亲家庭等。为此必须设计一个涵盖农村居民家庭年人均收入组成部分的指标体系，设计时尽量将指标细化，以保证家计调查结果的准确性。"一般来说，应计入家庭

---

① 北京市密云县国民经济和社会发展第十二个五年规划纲要 [EB/OL]. http：//www.bjpc. gov. cn/fzgh_1/guihua/12_5/12_5_qx/.
② 北京市延庆县国民经济和社会发展第十二个五年规划纲要 [EB/OL]. http：//www.bjpc. gov. cn/fzgh_1/guihua/12_5/12_5_qx/.

收入的内容是指共同生活的家庭成员通过农副业生产和其他合法劳动经营,全年所获得的纯收入总和。包括:家庭成员从事种植、养殖等农副业生产劳动所得的纯收入;在外务工获得的工资、奖金、津贴、补贴、退休金和各种劳动收入;储蓄存款、有价证券及孳息;参加养老保险领取的养老金等。不应计入家庭收入的内容有:优抚对象、见义勇为人员享受的抚恤金、补助金、护理费,对国家、社会和人民作出特殊贡献由政府给予的一次性奖励金、市级以上劳动模范退休后享受的荣誉津贴;在校学生(非择校生)获得的奖学金、助学金、生活津贴、困难补助等。农业户口家庭成员年人均收入=家庭上年收入÷家庭人口。人均收入低于低保标准的,才能享受差额最低生活保障"①。

第二,家庭年人均收入的调查必须是持续和动态的,以此确保最低生活保障制度的合理高效的进入退出机制:一方面,有些家庭年人均收入高于户籍所在区县当年农村低保标准的农村居民,或许会由于突发性自然灾害造成生活一时困难或生产经营不善而面临一时困境或其他原因导致一时生活困难等可能会暂时产生对最低生活保障的需要,一定要考虑到他们的利益,将他们及时纳入到最低生活保障中来,做到应保尽保;另一方面,随着农村居民收入水平的不断提高,有些原先享有最低生活保障的农村居民已经不再具备相应条件,应该及时退出,否则既会造成政府财政不必要的负担,也会助长懒惰情绪,违背最低生活保障的宗旨。例如,刚才提及的因一时困难而申请最低生活保障的农村居民一旦摆脱困境,应该选择立即退出;有些家庭年人均收入已经高于户籍所在区县当年农村低保标准的农村居民,也必须选择退出。政府必须设计相应的规则敦促其退出。

(2)进一步提高财政统筹层次和加大财政支持力度,提高农村居民最低生活保障水平。资金问题是建立农村居民最低生活保障制度的核心问题也是个难点问题,资金的筹集更是建立最低保障制度的先决条件。

第一,各级政府尤其是市级政府要承担起筹集保障资金的主要责任。鉴于不同区县经济发展水平和财政能力的差异,农村居民最低生活保障资金的筹集层次政府应该提高,要加大市级统筹力度,区别不同的区县而设计各级政府的不同分摊比例。笔者非常同意中央财经大学财政学院李燕和王文素教授主持的北京市社科规划课题《北京农村最低生活保障财政投入机制设计》中的观点,即"最低生活保障制度属于纯公共产品,为了体现

---

① 杨良初. 北京市农村居民最低生活保障制度的分析与建议[EB/OL]. http://www.mof.gov.cn/zhuantihuigu/knqzshap/llyj/200805/t20080519_22550.html.

每一个国民在享受政府提供的公共产品面前的公平性,该资金的投入应该由中央政府和北京市政府承担基础保障责任,考虑到北京市政府的财政能力较强,并且中央尚无统一的低保资金投入办法,这部分资金暂时先由北京市政府全额承担;区县政府承担补充保障责任,按照其财政能力承担适当比例;免除乡镇政府的资金投入责任。按照我们设计的评判标准,北京市各区县可以分成三档:财政能力最弱的区县(怀柔区、平谷区、密云县、延庆县、门头沟区)为C级,由北京市政府拨款建立最低生活保障基金;财政能力中等的区县为B级(顺义区、昌平区、大兴区、房山区、通州区),北京市政府负担资金的60%,区县负担40%建立最低生活保障基金;财政能力强的区县为A级(朝阳区、海淀区、丰台区),北京市政府拨付资金20%,区县负担80%建立最低生活保障基金"①。

第二,各级政府要积极探索多元化的筹资渠道,引导和吸引社会力量参与最低生活保障资金的筹集。为了进一步扩大农村最低生活保障的覆盖面和提高保障对象的补助标准以保障保障对象的基本生活,各级政府及主管部门可以制定各种鼓励政策,鼓励社会力量以捐赠、资助等方式参与最低生活保障资金的筹集。例如,对提供农村最低生活保障捐赠的企业实行税收优惠或在年终时进行表彰和奖励;大力开展针对最低生活保障的各类志愿活动,向农村最低生活保障对象提供各类优惠的急需的教育、科技、文化、医疗保健等公共基础服务;继续大力开展社会福利彩票事业,将其收益中的更大部分的比例用于农村最低生活保障建设;通过组织专门的义演、义卖(拍)等慈善活动筹集资金;充分利用报刊、广播、电视等宣传媒体做好宣传,倡导大家有仁爱之心、有恻隐之心、有助困之心,营造良好的社会气氛等。

为了保证所筹集资金能够真正满足申请者的需要,还必须进一步加强农村最低生活保障资金的发放、落实和监管工作:各级政府及相关部门要保证足额、及时将农村最低生活保障资金划拨到负责发放和落实的具体部门手中;进一步强化资金发放部门的服务意识,提高发放效率;可以选择多元化的、灵活的方式发放;各级政府财政、监察和审计部门要定期对最低生活保障资金的拨付和发放情况进行全面严格的检查和审计,防止和杜绝挤占、挪用、贪污等问题,如发现的问题则依法严肃处理;进一步规范农村最低生活保障的运作流程,做到申请、审核和审批,民主公示,资金

---

① 北京市农村社会保障财政投入机制创新[EB/OL]. http://www.bjpopss.gov.cn/bjpopss/skjb/skjb2008k.htm.zh.

发放，动态管理每个环节的工作都按章办事和有条不紊；加强农村最低生活保障的管理和监督工作，建立高效率的组织机构，提高管理人员的专业素质和服务素质，激励管理人员的工作热情，提高管理人员的工作效率。

（3）进一步完善农村最低生活保障分类救助制度。按照《北京市农村居民最低生活保障制度实施细则》的要求，对符合享受农村低保待遇条件的家庭，按两种情况享受低保待遇。第一种情况，对尚有一定收入的农村居民，批准其按照家庭年人均收入低于本地当年农村低保标准的差额享受。第二种情况，"农村五保对象；孤老烈军属等特殊优抚对象困难户；原民政部门管理的20世纪60年代初精减退职老职工，国民党起义投诚、宽释及特赦人员等特殊救济对象；无劳动能力的重残人员以及其他特殊生活困难人员等，按照当地农村居民最低生活保障标准全额享受低保待遇"①。此种分类过于简单，可能无法满足不同层次申请者的需求，甚至还出现低保养懒现象。应该进一步细化分类。

2008年12月，北京市民政局和财政局联合发布了《关于建立和实施本市农村低保分类救助制度的通知》，强调从2009年1月1日起，"有条件的区县实现城乡低保标准并轨，并参照本市城市低保分类救助政策执行；未实施城乡低保标准并轨的区县，要合理区分不同救助家庭的困难程度，采用适当的救助标准和救助系数，适度提高重残人、老年人及未成年人等特殊困难人员的救助待遇。对于在法定劳动年龄内有劳动能力的低保对象，实施积极的生活救助和就业援助政策，进一步体现农村低保制度的针对性和科学性"②。通知明确了不同救助家庭的救助标准和救助系数：农村五保分散供养对象每月的生活费，按照农村低保分类救助系数1.15的标准发放；具有本市正式农业户口、享受农村低保待遇且没有劳动能力的重残人，其本人按照本市当年城市低保标准享受救助；民政部门管理的20世纪60年代初精减退职老职工、原国民党人员等传统民政救济对象、享受农村低保待遇的70岁以上老年人、享受农村低保待遇的16周岁以下的未成年人（含16周岁以上全日制在校学生）按救助系数1.10享受分类救助待遇；其他因患病等原因暂时丧失或大部分丧失劳动能力的农村低保对象，按救助系数1.05享受分类救助待遇；法定劳动年龄内有劳动能力

---

① 北京市人民政府批转市民政局关于建立和实施农村居民最低生活保障制度意见的通知，2002年4月27日。
② 北京市民政局．北京市财政局关于建立和实施本市农村低保分类救助制度的通知［EB/OL］．http：//bjshjz.bjmzj.gov.cn/showBulltetin.do?id=30137&dictionid=7083101&websitId=70890&netTypeId=2&subwebsitid．

的农村低保对象，设定其救助系数为1[①]。

《关于建立和实施本市农村低保分类救助制度的通知》发布后，未实施城乡低保标准并轨的区县纷纷采取相应措施。如通州区已经采取了一定的措施，根据被救助家庭的不同困难程度，通州区救助系数确定为1、1.05、1.10、1.15，适度提高了重残人、老年人及未成年人等困难人员的救助待遇[②]。顺义区《顺义区民政局关于调整农村低保标准及建立和实施农村低保分类救助制度的通知》也进行了相应的规定，等等。只有各级政府和相关部门充分重视，认真实施《关于建立和实施本市农村低保分类救助制度的通知》的相关规定，并配以足够大的财政投入，才能将农村低保分类救助制度真正落到实处。

（4）进一步推进城乡最低生活保障制度的一体化进程。《北京市"十二五"时期社会保障发展规划》规定了"十二五"时期社会保障事业发展的主要目标，即"加快健全社会保障城乡一体化、服务均等化、管理精细化的全面小康型社会保障体系，努力实现社会保障人群全覆盖，让每个家庭都有可靠的保障"[③]。加快健全社会保障城乡一体化是其中的首要目标，为此，北京市政府和社保局部署，2012年将积极推进城乡一体化的社会保障体系建设。

而作为社会保障体系基础的最低生活保障制度必须首先完成城乡的一体化。《北京市"十二五"时期民政事业发展规划》[④]指出，要推进城乡低保制度一体化。健全与经济发展和物价水平相适应的救助标准动态调整机制，加快推进城乡低保标准一体化进程。进一步提高低保分类救助系数，加大对"三无"人员、五保对象、老人、残疾人、单亲家庭等特殊群体的救助力度。《北京市"十二五"时期城乡经济社会一体化发展规划》规定，要加大全市城乡低保工作统筹力度，在城乡低保制度一体化发展的基础上，逐步提高低保水平并缩小城乡差距，切实保障低收入群体基本生活。到2015年，全市基本实现城乡低保标准一体化[⑤]。

[①] 北京规定农村低保明年分类救助［EB/OL］．http：//news.qq.com/a/20081230/001477.htm.

[②] 我区农村低保实行分类救助制度［EB/OL］．http：//www.bjcz.gov.cn/tongzhou/czdt/t20090518_162857.htm.

[③] 北京市"十二五"时期社会保障发展规划［EB/OL］．http：//baike.baidu.com/view/6850689.htm.

[④] 北京市"十二五"时期民政事业发展规划［EB/OL］．http：//zhengwu.beijing.gov.cn/ghxx/sewgh/t1200254.htm.

[⑤] 北京市"十二五"时期城乡经济社会一体化发展规划．北京市人民政府公报：2012（1）［EB/OL］．http：//www.beijing.gov.cn/zfgb/.

前文已述，北京市13个涉农区县中的朝阳区、丰台区和海淀区在低保标准等方面已经完成城乡一体化，而其他10个涉农区县还没有完成这一任务，有些区县的差距还比较大，还必须进一步加强，必须在制度、标准和管理方面逐渐实现统一。首先，必须整合现有的《北京市实施〈城市居民最低生活保障条例〉办法》及《北京市城市居民最低生活保障制度实施细则》、《北京市人民政府批转市民政局关于建立和实施农村居民最低生活保障制度的意见的通知》及《北京市农村居民最低生活保障制度实施细则》，并在此基础上制定新的"北京市城乡居民最低生活保障制度实施办法及实施细则"，在低保标准、低保范围、低保资金、申请审批程序、家庭收入的核算、低保待遇及发放、低保待遇的复审和变更及迁移、政府部门责任、依法行政和行政处罚等方面实现对接。其次，统一城乡低保标准，这需要市级政府和区县政府加大财政支持力度。最后，统一城乡低保落实工作，实现低保组织机构城乡一体化，对现有的低保组织机构进行整合，对人员、编制、经费、设施等做出统一的规范化要求，培训现有工作人员，让每一位工作人员都同时熟悉城市低保制度和农村低保制度，并熟悉城乡对接的具体制度安排。

当然，城乡一体化的推进并不意味着相关涉农区县必须在很短时间内完成，也并不意味着相关涉农区县必须同时完成一体化任务，一定要从实际出发，循序渐进，如果过于追求目标，很可能会不顾当地的经济发展水平和财政能力而适得其反。

8.2 北京农村自然灾害保障制度

8.2.1 农村自然灾害保障制度发展过程中存在的问题

前文已述，北京市也是一个自然灾害比较多发的地区，北京市为此也做出了大量的工作，相比较于全国水平，北京市的农村自然灾害保障也做得比较到位，但依旧存在一些问题需要进一步解决。

1. 防灾减灾备灾法律法规建设有待加强

北京市防灾减灾备灾法律法规建设存在的问题主要表现为缺乏规范整个救灾工作系统的综合法律，目前已经出台的诸如《北京市突发公共事件总体应急预案》以及《北京市破坏性地震应急预案》、《北京市突发性地质灾害应急预案》、《北京市水旱灾害应急预案》、《北京市大风及沙尘暴天气应急预案》、《北京市冰雪天气应急预案》、《北京市暴雨雷电天气应急预案》、《北京市森林火灾扑救应急预案》①，制定了《救灾捐赠管理暂行办法》等仅仅属于应急预案，规范整个救灾工作系统的综合法律并没出台。例如，国家《自然灾害救助条例》已经出台，要求各省市自治区也要出台相应的《自然灾害救助条例》，而北京市目前还没有出台。

2. 防灾减灾备灾能力有待加强

（1）救灾资金和物资保障不足。救灾资金和物资保障不足主要表现在四个方面：一是救灾资金和物资事先准备不充分，二是救灾资金和物资拨付不及时，三是救灾资金和物资无法满足救灾需求，四是救灾资金和物资监督不力。

第一，救灾资金和物资事先准备不充分。按照马克思在《哥达纲领批判》里的"六项扣除"理论，用于自然灾害的后备基金是要事先从社会总产品中进行扣除的，也就是说，用于自然灾害救助的资金和物资必须事先有一定的准备。然而在目前的备灾救灾实践中，救灾资金和物资的准备是不充分的。首先，政府用于自然灾害的资金预算不足。按照国家《自然灾害救助条例》的要求，要依法将灾害救助资金和工作经费纳入财政预算。北京市各级政府确实安排了相关预算，但存在资金预算不足的问题。例如，《北京市民政局关于全市近期自然灾害情况的报告》（2011年7月16日）指出，2011年全市共安排救灾资金预算1110万元，其中，市级救灾资金预算800万元，区县级救灾资金预算310万元②。而根据本书第5章表5.14的计算，2011年全年救灾支出总计为5042.5万元，两者相差3932.5万元。其次，救灾物资储备能力不足。目前北京市的救灾物资储备库规模不大，存储场所和储备库（点）网络过疏，救灾物资储备的数量不够、品种也不够齐全，无法满足救灾的应急需求。最后，社会力量援助不足。近些年来，在国家的大力倡导下，面对巨大自然灾害，全国人民（及华人华侨、外国友人和外国政府）众志成城，通过各种方式捐款捐物，

---

① 北京市突发公共事件总体应急预案［EB/OL］. http：//www.bjmzj.gov.cn/templet/mzj/ShowArticle.jsp？id=102104&NODE_ID=root.
② 北京市民政局关于全市近期自然灾害情况的报告［EB/OL］. http：//hk.lexiscn.com/law/law-chinese-1-1349831.html.

有效地帮助了受灾群众。但是，这些捐助更多的是发生在灾害发生后，很少有灾前的捐助行为。

第二，救灾资金和物资拨付不及时。救灾资金和物资拨付不及时的一个重要原因就是工作效率不高。按照北京市民政局灾民救助办事指南的规定，灾民救助的办理程序是："符合政府救济的居民，以家庭为单位由户主向户口所在地居（村）委会提出书面申请，经居（村）委会初审，由居（村）民代表大会或居（村）民评议小组评议，并进行公示（公示时间区县自定），公示内容包括：接受资金物资数量、救助对象、救济标准、数量和时段等。经公示无异议的，上报街道、乡（镇）政府核准。同时，街道、乡（镇）政府报送区县民政部门备案。申请救助的灾民困难户经批准后，凭户主身份证到街道、乡（镇）经办机构领取灾民救助卡和救灾物资"①。虽然该程序的设计体现了公开、公正和公平的原则，但链条过长、程序过于繁琐，其中任何一个环节出现效率低下问题或扯皮问题，都会大大延长救助被批准的实践，对灾民的生产生活会造成不利的影响。

第三，救灾资金和物资无法满足救灾需求。例如，2007年6月下旬至7月16日，北京市的大兴区、房山区等9个郊区县因相继发生大风、冰雹及暴雨等灾害，直接经济损失2.27亿元，其中农业经济损失2.19亿元②，而同期的救灾支出仅为667万元（根据本书第5章表5.14计算得出），后者仅占前者的2.9%。再如，2010年3月12日，北京房山、怀柔2个区因遭受低温冷冻和雪灾，直接经济损失400万元③，而2010年3月份的救灾支出为70.5万元，后者仅占前者的17.6%。2011年夏季北京市受灾较为严重，2011年6月，平谷区因遭受风雹灾害，直接经济损失7000余万元④；2011年7月，大兴、顺义、平谷、密云、房山5县（区）因遭受暴雨洪涝灾害，直接经济损失7.7亿元⑤；2011年8月9日，门头沟、房山、

---

① 灾民救助办事指南［EB/OL］. http：//www.bjmzj.gov.cn/templet/mzj/ShowClass_wmfw.jsp?show_this=zmjz&class_num=3&CLASS_ID=wmfw&show_ID=grbs&type=zmjz&floor=1&id=102109.

② 北京市民政局关于全市近期自然灾害情况的报告［EB/OL］. http：//hk.lexiscn.com/law/law-chinese/1-1349831.html.

③ 北京、湖南、新疆部分地区遭受低温冷冻和雪灾［EB/OL］. http：//www.jianzai.gov.cn/aticles/4028815d2770cdd5012773c46fb40003.html.

④ 北京、四川部分地区遭受风雹灾害［EB/OL］. http：//jzs.mca.gov.cn/article/zqkb/201106/20110600161563.shtml.

⑤ 北京密云等地遭受暴雨洪涝灾害［EB/OL］. http：//jzs.mca.gov.cn/article/zqkb/201107/20110700169679.shtml.

顺义、大兴、怀柔等7个县（区）遭受风雹灾害，直接经济损失1亿余元①；2011年8月25日，房山区因遭受洪涝灾害，直接经济损失1400余万元②；等等。这几项灾情直接经济损失相加为95400万元，而2011年6~8月的救灾支出总计为1313.7万元，后者仅占前者的1.4%左右。

第四，救灾资金和物资监督不力。虽然相对于实际经济损失而言，通过各种途径筹集上来的救灾资金和物资无法满足救灾的大量需求，但这毕竟是一笔数目非常大的资金和物资。在该项资金和物资的拨付过程中，许多经手人员经不住诱惑，贪心、私心战胜了良心，将部分救灾资金和物资截留、挪作他用，甚至据为己有。这种现象的出现反映出各级政府对救灾资金和物资的监督力度明显不够。

（2）救灾技术保障不足。救灾技术保障不足主要表现为两个方面：一是预测灾害发生的技术保障不足，二是救灾的技术保障不足。第一，预测灾害发生的技术保障不足。自然灾害的预测预报是一项非常重要的工作，预测和预报准确，将会大大降低灾害所导致的人员伤亡和经济损失，而预测预报能力的高低主要取决于相关工作人员的素质水平和预测设备的水平，这一切都需要高科技的支撑。尽管近几年来我国在灾情预测方面取得了一定的成绩，但预测不准或未预测到的情况还是大量存在。第二，救灾的技术保障不足。一方面，救灾的技术装备水平不高，现代化装备严重匮乏。另一方面，救灾的信息处理系统科技含量不高，灾情信息的采集与分析速度较慢，有时还不准确，等等。

8.2.2 农村自然灾害保障制度进一步发展的对策建议

1. 农村自然灾害保障制度进一步发展的目标和方向

2009年9月19日，《民政部关于加强救灾应急体系建设的指导意见》出台，明确了救灾应急体系的建设目标，即"用3~5年左右的时间，健全政府主导、分级负责、条块结合、属地为主的救灾应急管理体制；构建统一指挥、反应灵敏、协调有序、运转高效的救灾应急综合协调机制；建

---

① 北京山西江苏云南遭受风雹灾害［EB/OL］．http：//jzs.mca.gov.cn/article/zqkb/201108/20110800174341.shtml．
② 北京河北安徽山东遭受洪涝灾害［EB/OL］．http：//jzs.mca.gov.cn/article/zqkb/201108/20110800177630.shtml．

成覆盖各级政府和城乡社区的救灾应急预案系统；建立健全规范、高效的灾情管理系统；建成布局合理、品种齐备、数量充足、管理规范的救灾物资储备系统；完善救灾法律法规，打造救灾科技支撑平台，建立专兼结合的救灾应急队伍；建立部门协调、军地结合、全社会共同参与的救灾应急工作格局，形成具有中国特色的救灾应急体系，全面提升救灾应急工作的整体水平"[①]。2010年9月1日起实施的《自然灾害救助条例》（中华人民共和国国务院令第577号）也对自然灾害救助工作进行了界定。自然灾害救助工作实行各级人民政府行政领导负责制："县级以上人民政府应当将自然灾害救助工作纳入国民经济和社会发展规划，建立健全与自然灾害救助需求相适应的资金、物资保障机制，将人民政府安排的自然灾害救助资金和自然灾害救助工作经费纳入财政预算。村民委员会、居民委员会以及红十字会、慈善会和公募基金会等社会组织，依法协助人民政府开展自然灾害救助工作。国家鼓励和引导单位和个人参与自然灾害救助捐赠、志愿服务等活动"[②]。

《北京市"十二五"时期社会保障发展规划》指出，要加强救灾应急体系建设：进一步健全救灾应急管理体制和工作机制，开展自然灾害救助立法工作，修订救灾应急预案。加强救灾应急队伍建设，推行灾害信息员国家职业资格证书制度，每个社区（村）配备1名以上具有职业资质的灾害信息员。加快救灾物资储备库建设，加快推进以中心库为依托、四个分中心库为辐射的救灾应急物资储备设施建设，实现可应急保障本市1%常住人口的救灾物资储备规模。以创建"综合减灾示范社区"为抓手，积极推动应急避灾场所建设，提高全民防灾减灾意识和救灾应急社会动员能力[③]。

2. 农村灾害保障进一步发展的具体对策建议

（1）进一步增强防灾减灾备灾意识，高度关注防灾减灾备灾工作，加强防灾减灾备灾宣传力度。近些年来，由于全球气候变暖、过分追求经济增长等原因，北京市尤其是边远山区自然灾害发生率大幅提高。各级政府

---

① 中华人民共和国民政部．民政部关于加强救灾应急体系建设的指导意见［EB/OL］．http：//jzs.mca.gov.cn/article/zhjz/zcwj/201003/20100300060335.shtml.
② 自然灾害救助条例［EB/OL］．http：//www.mca.gov.cn/article/zwgk/fvfg/jzjj/201008/20100800095101.shtml.
③ 北京市"十二五"时期社会保障发展规划［EB/OL］．http：//baike.baidu.com/view/6850689.htm.

不能再心存侥幸，必须转变重救灾轻防灾减灾备灾的观念，充分意识到防灾减灾备灾对救灾甚至是对北京市生态、经济和社会可持续发展所具有的重要意义，充分意识到有效的防灾减灾备灾将会对救灾起到"事半功倍"的作用，充分意识到有效的防灾减灾备灾不仅不会制约经济增长反而会促进经济增长和经济发展，将防灾减灾备灾工作上升到战略高度。同时，转变工作作风，深入基层进行调查研究，摸清本地灾害情况和救灾需求，找准救灾应急工作中的薄弱环节，提出救灾应急体系的建设思路，有针对性地制订有关政策措施。

同时，北京市"各级政府应当加强防灾减灾宣传教育，提高公民的防灾避险意识和自救互救能力。村民委员会、居民委员会、企业事业单位应当根据所在地人民政府的要求，结合各自的实际情况，开展防灾减灾应急知识的宣传普及活动"[①]。

(2) 进一步加强救灾资金和物资保障工作。针对上述救灾资金和物资保障工作所存在的问题，主要从以下几个方面进一步加强救灾资金和物资保障工作。

第一，开拓多元化渠道，多方筹集救灾资金和物资，尽量做好事先的准备工作。首先，各级政府要进一步落实防灾减灾备灾和救灾工作分级负责、经费分级负担制度，切实履行防灾减灾备灾和救灾职责，如前所述"县级以上人民政府应当将自然灾害救助工作纳入国民经济和社会发展规划，建立健全与自然灾害救助需求相适应的资金、物资保障机制，将自然灾害救助资金和自然灾害救助工作经费纳入财政预算"。防灾减灾备灾和救灾投入要与国民经济和社会发展相协调，并按照事权划分纳入各级财政预算；要制定与经济发展、人民生活水平相适应的救灾补助标准，完善救灾补助项目；要制定基层救灾工作经费保障制度，明确经费来源渠道，落实救灾工作经费；要保证救灾资金和救灾工作经费的稳定性和可持续性；要保证救灾资金和救灾工作经费专款专用等等。尤其要强调的是，中央政府和市级政府必须在救灾资金和救灾工作经费的拨付方面投入更多的比例。其次，要建立和完善救灾应急物资储备体系。各级政府要建立健全救灾应急物资储备管理制度，严格物资采购、入库、管理、调拨和使用；各级政府要进一步增加救灾应急物资储备品种和数量，多灾易灾地区每年都应储备一定数量的帐篷、棉衣、棉被、食品、饮水、照明和取暖设备等救

---

① 自然灾害救助条例［EB/OL］. http：//www.mca.gov.cn/article/zwgk/fvfg/jzjj/201008/20100800095101.shtml.

灾应急物资等;"自然灾害多发、易发地区的县级人民政府应当根据自然灾害特点、居民人口数量和分布等情况,按照合理布局、规模适度的原则,设立救灾物资储备库"①,储备必要的救灾物资,保障救灾所需物资的峰值供应。在"十二五"期间,要加快推进以中心库为依托、四个分中心库为辐射的救灾应急物资储备设施建设,实现救灾物资储备量可应急保障本市1%的常住人口;推动应急避灾场所建设,把室内(外)应急避灾场所建设纳入市政建设规划,综合利用城乡社区服务设施、公园、广场等设施,实现每个社区有1个以上的应急避灾场所。再次,各级政府要积极引导全社会力量参加到救灾资金和物资储备的工作中来。通过各种媒体向广大人民群众和各个单位宣传防灾减灾备灾工作的重要性,鼓励他们在灾害未发生之前就积极捐款捐物,并对积极捐款捐物的个人和单位进行表彰(例如,对积极捐款捐物的个人减免个人所得税,对积极捐款捐物的单位提供税收优惠、税收减免或信贷优惠等);建立专门的日常捐助机构,开展经常性社会捐助活动,随时接待捐款捐物的个人和单位,并将所捐款物妥善保管。最后,把社会保险引入救灾工作,实行救灾与保险相结合,通过市场化运作,充分壮大救灾资源。除此之外,还要按照我国的有关规定和国际公法、国际惯例联系和接收国际援助款物。

第二,建立救灾资金和物资快速拨付和发放机制,保证及时满足灾民的需求。按照应急预案的要求,在灾害发生24小时之内,必须保证灾民得到食物、饮用水、衣物、医疗卫生救援、临时住所等方面的基本生活救助。因此,一旦灾情发生并得到报告后,负责资金和物资拨付与发放的部门必须及时将灾民所需资金和物资发放到灾民手中,这就要求相关部门必须建立救灾资金和物资快速拨付和发放机制,最大限度地减少救灾资金和物资拨付和发放的行政环节、缩短公文运转周期、加快拨付速度;进一步规范救灾资金和物资基层发放管理工作;广泛建立救灾资金和物资积极防范、跟踪管理、审计监察等措施,加强监督,确保救灾资金和物资及时到位。一般情况下救灾资金和物资的调拨、使用、管理和监督主要由县级以上人民政府财政、民政部门负责。发生重特大灾害的,由国家减灾委员会协调运送救援人员,拨付中央救灾物资和抗灾救灾资金,组织开展全国救灾捐赠活动,协调拨付救灾捐赠款物。甚至可以根据灾害情况,请求国际救灾援助。

---

① 自然灾害救助条例[EB/OL]. http://www.mca.gov.cn/article/zwgk/fvfg/jzjj/201008/20100800095101.shtml.

第三,加强对救灾资金和物资的监管力度,做到专款专用,做到及时拨付和发放。按照救灾条例的规定,救灾资金和物资必须用于下列活动的支出:"受灾人员紧急转移安置,受灾人员口粮、饮用水、衣被、取暖等基本生活救助,受灾人员住房恢复重建,受灾人员伤病救治,抚慰因灾遇难人员亲属,救灾物资采购、储存及运输等"[1]。要建立和落实救灾资金和物资使用公示制度,广泛接受群众和社会监督,对不按照规定任意挪用、截留甚至是贪污救灾资金和物资的现象必须给予严惩。

第四,当灾情发生后,继续通过多元化渠道筹措救灾资金和物资,以最大可能弥补灾民实际需要与事先准备好的救灾资金和物资之间的缺口。这依旧需要全社会的力量:各级政府尤其是中央政府要根据灾情的实际情况加拨应急救灾资金和物资;全社会的单位和个人积极捐款捐物,尤其是捐助灾民最需要的物资。

(3) 进一步加强管理保障工作。防灾减灾备灾和救灾工作是一项非常庞大而又复杂的系统工程,加强管理保障是高效完成此项工作的重中之重,应该建立专门的应急管理部门,健全救灾应急管理体制机制。健全政府主导、分级负责、条块结合、属地为主的救灾应急管理体制。推进减灾救灾应急协调指挥机构建设,建立和完善协调联动、信息共享、灾情评估、款物调拨等规范有效的工作机制。北京市已经为此建立了北京市突发事件应急委员会(参见附录),其主要职责为:研究制定全市应对突发事件重大决策和指导意见;审定市突发事件总体应急预案;组织指挥处置特别重大、重大突发事件应对突发事件工作中协调与中央和国家各部委、驻京部队及其他有关部门和单位的关系;领导区县突发事件应急委员会开展特别重大、重大突发事件的相关应对工作;分析总结全市年度应对突发事件工作。北京市突发事件应急委员会办公室(设应急指挥处、预案管理处、综合信息处、宣教动员处、技术通信处)为北京市突发事件应急委员会(简称市应急委)的常设办事机构,挂北京市人民政府总值班室和北京市应急指挥中心的牌子。负责协助市政府领导同志处理需由市政府直接处理的突发事件和重大事故,承担市应急委的具体工作,负责规划、组织、协调、指导、检查本市突发事件应对工作及应急管理的预案、体制、机制和法制建设。

北京市突发事件应急委员会应该在相关部门的配合下将各项日常工作

---

[1] 中华人民共和国救灾条例(征求意见稿)[EB/OL]. http://www.cec.org.cn/html/news/2009/4/10/2009410104479402.html.

落实到位。第一，积极开展综合灾害风险调查。调查结果出来后，一方面及时向社会公布，以让全社会尤其是当地居民做到心中有数；另一方面以此为依据制定救灾工作预案并组织开展预案演练。第二，建立和完善救灾工作信息系统，加强相关各部门之间的灾害信息互联互通，完善信息共享机制。第三，及时发布灾害风险警情预报和报告，发布灾害风险规避警告，宣传避灾自救常识，开放避难场所并公布具体地址和到达路径，启动应急预案，启动救灾物资调运机制，做好避险转移人员安置等工作。第四，受灾地区救灾应急管理部门必须在灾害发生后第一时间向上级部门报告受灾基本情况。第五，"在灾情稳定前，受灾地区救灾应急管理部门应当每日报告灾害造成的人员伤亡、需救助人口、房屋倒塌损坏、农作物受灾、直接经济损失、灾情趋势、灾区需求和救灾工作动态等"①。第六，各级救灾应急管理部门在相关部门的配合下，应当积极开展和引导灾后救助和民房恢复重建工作。

（4）进一步加强人力资源保障。按照《自然灾害救助条例》和《国家自然灾害救助应急预案》的要求，加强自然灾害各类专业救援队伍建设、民政灾害管理人员队伍建设，提高自然灾害救助能力。培育、发展和引导相关社会组织和志愿者队伍，鼓励其在救灾工作中发挥积极作用。组织民政、国土资源、水利、农业、商务、卫生、安全监管、林业、地震、气象、海洋、测绘地信等方面专家，重点开展灾情会商、赴灾区的现场评估及灾害管理的业务咨询工作。推行灾害信息员培训和职业资格证书制度，建立健全覆盖中央、省、市、县、乡镇（街道）、村（社区、居委会）的灾害信息员队伍。村民委员会、居民委员会和企业事业单位应当设立专职或者兼职的灾害信息员②。例如，2012年，北京市要加强基层灾害救助队伍建设，完成7000名灾害信息员职业资质鉴定和技能培训③。"十二五"期间，北京市要培育和发展救灾应急专业队伍、志愿者队伍，推行灾害信息员国家职业资格证书制度，每个社区（村）配备1名以上灾害信息员④。

---

① 中华人民共和国救灾条例（征求意见稿）[EB/OL]. http://www.cec.org.cn/html/news/2009/4/10/20094101104479402.html.
② 自然灾害救助条例[EB/OL]. http://www.mca.gov.cn/article/zwgk/fvfg/jzjj/201008/20100800095101.shtml.
③ 2012年北京市民政工作要点[EB/OL]. http://www.bjmzj.gov.cn/templet/mzj/ShowArticle.jsp?id=103227&NODE_ID=root.
④ 北京市"十二五"时期社会保障发展规划[EB/OL]. http://baike.baidu.com/view/6850689.htm.

（5）进一步加强技术保障。高水平的技术保障将会大大减少灾害所造成的危害，针对上述技术保障存在的问题，建议从以下几个方面加强技术保障。

第一，加强预测、预报和预警灾害的技术保障。这需要政府鼓励和支持救灾领域的科学研究、技术开发、标准制定及成果的推广应用工作，对未来灾害发生的时间、地点、强度及其后果作出准确估计，为在灾害来临之前采取有效措施、避免或减轻灾害损失提供科学依据。例如，要结合本地灾害特点研究灾害发生的机理，要建立本地历史灾情、灾害风险、地形地貌、人口分布、农房情况及救灾能力等方面的数据库等等。同时，还要强化以地震预测预报、气象预报、水文监测预报系统为主的灾害预测预报组织体系。

第二，加强救灾的技术保障。首先，加强救灾应急指挥技术支撑系统建设，完善救灾工作通信指挥网络。要运用现代信息技术手段，加强灾情信息微机通信网络系统的建设和运用工作，以提高核灾、报灾的时效性和准确性。其次，加强救灾装备建设，提高救灾装备水平。例如，各级救灾应急管理部门应该配备性价比高、安全适用的救灾专用车辆，确保应急用车；配备卫星电话、北斗导航定位终端等应急通讯装备，建设覆盖省、地、县、乡四级的应急通信网络系统，确保救灾指挥通讯畅通；配备日常救灾工作所需的计算机、传真机、打印机、数码相机和摄像机等办公设备，确保应急期间信息传递畅通；等等。另外，我们还应该加强航天飞机方面的研究和建设。

（6）进一步加强法律法规保障。出台贯彻《自然灾害救助条例》实施办法，制定救灾补助标准，修订救灾应急工作规程和受灾人员冬春生活救助工作规程，探索建立灾害保险制度。修订救灾应急预案，基本形成"纵向到底、横向到边"，覆盖各级政府和城乡社区的救灾应急预案体系。

附录：北京市突发事件应急委员会组织机构

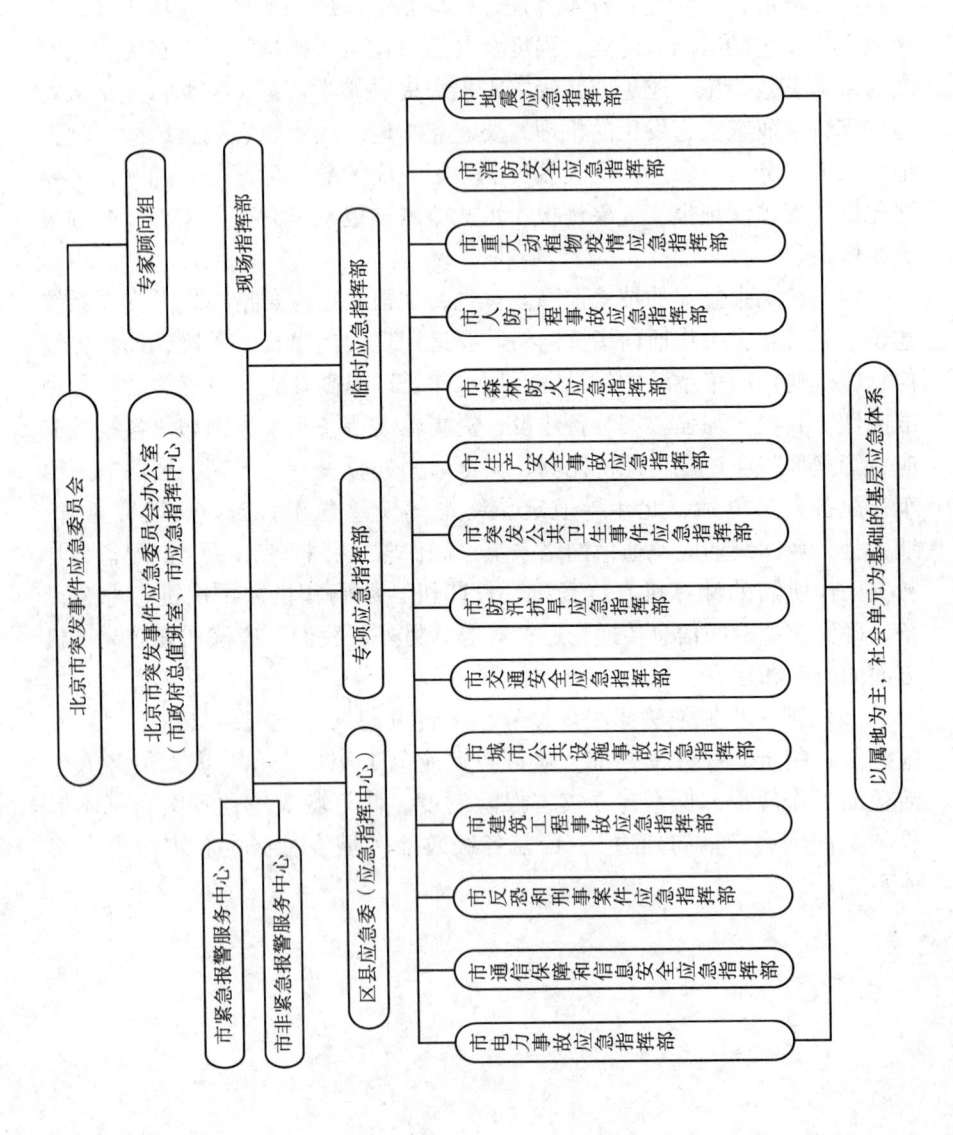

8.3 北京农村养老保障制度

8.3.1 农村养老保障发展过程中存在的问题

按照第1章"新型农村社会保障体系"的界定,为了应对养老风险,农村居民养老保障主要是指社会养老保险和老年服务保障。我国是世界上人口最多的国家,也是老年人最多的国家。从总体上看,截至2009年年底,中国60岁及以上人口1.67亿多人,占总人口的比例达12.5%,65岁及以上人口1.13亿多人,占总人口的比例达8.5%[①]。相对于经济发展水平而言,中国提前进入了老龄化阶段。

同样,随着经济快速发展、生活水平大幅提高、生育率的逐年下降,北京市人口年龄结构正经历快速的改变,老年人口规模逐渐扩大。根据《北京市2010年第六次全国人口普查主要数据公报》数据显示,全市常住人口中,60岁以上的人口为246.1万人,占常住人口的12.6%;65岁以上的人口为170.9万人,占常住人口的8.7%[②],与2000年第五次全国人口普查相比,65岁及以上的人口比重上升了0.3个百分点[③]。国际上通常把65岁以上人口占总人口的比重达到7%作为国家或地区进入老龄化社会的标准,由此可以得出结论,北京市也已经进入老龄化社会。只是与全国相比,北京市常住人口中居住在乡村的常住人口占14.0%,且该比例与2000年全国人口普查相比在逐渐下降,但这丝毫降低不了北京市农村居民的老龄化程度,北京市农村的养老保障也迫在眉睫。

本书第5章已述,近几年来,北京市农村养老保障取得了很大的发展,且一直领先于全国的水平,但是依旧存在许多问题。

1. 新型农村社会养老保险存在的问题

北京市新型农村社会养老保险存在的问题在第五章中分析"北京市农

---

① 中华人民共和国2009年国民经济和社会发展统计公报 [EB/OL]. http://www.stats.gov.cn/tjgb/ndtjgb/qgndtjgb/t20100225_402622945.htm.
② 北京统计年鉴2011:3-5 常住人口年龄构成(2010) [EB/OL]. http://www.bjstats.gov.cn/nj/main/2011-tjnj/index.htm.
③ 北京市2010年第六次全国人口普查主要数据公报 [EB/OL]. http://www.bjstats.gov.cn/nj/main/2011-tjnj/index.htm.

村社会保障体系存在的问题时"均有所涉及,归纳一下主要表现为以下三个方面:

第一,各级政府财政支持力度不够。从具体的问题来看,新型农村社会养老保险会表现为筹资标准、水平以及待遇水平不高。虽然"新农保"最大的特点是采取个人缴费、集体补助和政府补贴相结合的模式,但由于农村居民个人筹资能力有限、集体经济筹资能力不确定或不稳定甚至没有保障等原因,水平的低下则主要源于各级政府财政支持力度不够。各级政府的财政支持主要体现在基础养老金方面,虽然本书第5章提供的数据显示北京市各级政府为了提高基础养老金的标准而不断加大财政投入力度,其基础养老金的标准也远远领先于全国平均水平,但基础养老金的标准依旧不高,依旧无法满足农村居民对社会养老保险的日益增长的需求。

第二,集体经济组织的责任界定不具有约束性,责任意识不强。"新农保"在制定政策时,对于村集体应该承担的责任界定是比较灵活的,这在一定程度上充分考虑了村集体的承受能力,避免了超过承受能力进行支付、最后导致背上沉重负担的问题。但这种灵活或不约束却给村集体以逃避责任的借口,它们往往以自身承受能力有限而拒绝为农村居民支付更多的补贴。

第三,与城镇社会养老保险相比存在一定的差距,城乡衔接还没有实现无缝对接。本书第5章已述,在筹资标准方面,城乡社会养老保险存在一定的差距;城乡居民养老保险与城镇职工基本养老保险两大制度之间毕竟还存在差异;北京市的衔接工作还没有积累足够的经验;城乡居民养老保险的管理层次和基金经办管理服务水平还有待进一步提高;经办管理服务流程还有待进一步完善;等等。

2. 传统养老保障模式功能在逐渐弱化

鉴于"新农保"的保障能力还无法满足农村居民的保障需求,传统的养老保障模式即家庭保障和土地保障还无法退出历史舞台,甚至在有些偏远山区还必须以此为主。但是,随着改革开放的逐步深化以及经济、社会、文化等方面的发展,传统的保障模式功能在逐渐弱化。例如,就家庭保障模式保障功能而言,其弱化主要基于以下原因:一方面,家庭养老保障的需求在增加(主要原因有二:一是由于实行农村家庭承包制,将为老年人提供保障的责任由集体转移到家庭;二是现代医学的发展延长了老年人的寿命);但另一方面家庭养老保障的供给能力却在下降(原因有三:

一是计划生育政策的执行显著降低了农村家庭子女数;二是农村年轻劳动力流向城市和经济发达地区寻找就业机会,许多农村老人成为"空巢老人";三是现代生活方式导致年轻人赡养老人的传统道德约束力在弱化)。再如,就土地保障而言,由于耕地被越来越多地非农征用、农产品丰产不丰收所导致的土地比较收益下降、自然灾害等原因,土地保障功能也在逐渐弱化。

3. 老年服务保障发展严重不足

我国的养老服务体系主要由居家养老、社区养老、机构养老三部分组成。居家养老服务涵盖生活照料、家政服务、康复护理、医疗保健、精神慰藉等,以上门服务为主要形式。

随着生活水平显著提高,以及老年人口不断高龄化、空巢化,对社会养老服务的数量、质量和结构提出了更高的要求,北京市为此已经做出了许多努力,如本书第5章中已经提到的北京市要到2020年实现"'9064'养老服务新模式",不管是其中通过家庭照顾养老的90%的老年人,还是通过政府购买社区照顾服务养老的6%的老年人和入住养老服务机构集中养老的4%的老年人,其老年服务保障都离不开社会化服务协助和政府的资助。但是这一目标要实现是一个逐渐的过程,在目标没有完全实现之前,许多农村老年人的养老服务保障得不到实现。

2010年11月份,北京市政协社会和法制委员会等针对本市养老问题,通过视察、研讨网调等方式进行调查。调查显示,全市户籍老年人口中80岁以下的老年人口为194万人,占老年人口总数的85.6%;80以上的高龄老年人口32.6万人,占14.4%;生活不能自理和生活半自理的老年人口约占老年人口总数的14%,人数为32万人,按此比例,"十二五"期间,将会有47万老人需要护理型照顾。同时,调查还显示,99%的"80后"确定无法赡养父母。这意味着"十二五"时期,本市对社会化养老服务需求将大幅增长,特别是对专业化机构康复护理服务需求将日益增长①。但是北京市目前养老服务却无法满足日益增长的更加高质量的需求。

第一,养老服务供求总量失衡。以养老床位为例。例如,北京市民政局社会福利管理处魏小彪在接受新华网记者采访时曾指出,截至2009年年底,北京百名户籍老人拥有养老床位数仅为2.48张,不仅与欧美等养

---

① 北京进入中度老龄化社会47万人需护理型养老 [EB/OL]. http://china.huanqiu.com/roll/2010-11/1272626.html.

老设施发达国家5到7张的均值有着明显的差距，也难以满足人们日益转变的养老观念。根据预测，到2020年，北京将有350万到400万60岁以上的户籍人口，如按4%老人入住养老机构的目标测算，至少需要14万张到16万张床位，考虑到还有2万到3万多生活无法自理的重度残疾人，届时，北京的养老床位至少要保证18万张，而截至2009年年底只有5万多张，供求缺口较大①。再如，2010年12月29日，市民政局相关负责人表示，截至目前，本市共有养老机构386家，养老床位数为71589张。但依据本市现有老年人养老床位需求，全市养老床位还缺少约50%②。再如，北京市政协公布的调研报告显示，预计未来5年将有47万名老人需要护理型照顾，其中大部分人只能居家接受护理，而北京市专业的养老护理员只有4000多人，且基本上都在养老机构，没有进入社区③。

第二，养老服务供求结构不合理。例如，由于价格、位置等原因，养老床位在总量不足的同时，却存在空置现象。截至2009年底，全市共有养老服务机构366所，共有养老服务床位55809张，但却只有27054张床位收住老人，有两万多张床位空置④。再如，调查显示，4000多位参与调查的市民中，希望将来入住养老机构的占参与调查总数的24.5%，远远高于政府所预期的4%；选择依托社区居家养老的占53.3%，明显低于政府所预期的90%⑤。

第三，许多养老机构的配套服务尤其是医疗服务不足。

虽然上述数据和问题是以全市老年人而非农村老年人为例，但全市老年养老服务存在的问题同样也是北京市农村老人养老服务存在的问题，甚至这些问题更为严重。

8.3.2 农村养老保障制度进一步发展的对策建议

1. 农村养老保障制度进一步发展的目标和方向

按照《北京市国民经济和社会发展第十二个五年规划》、《北京市

---

① 北京社会养老压力突出 养老床位远不能满足需求［EB/OL］. http://china.huanqiu.com/roll/2010-12/1315435.html.
② 北京养老机构将分三个档次进行建设［EB/OL］. http://news.eastday.com/c/20101229/u1a5638710.html.
③ 居家养老难处多：全国养老护理员有2万但需求量约为千万［EB/OL］. http://society.people.com.cn/GB/8217/13995868.html.
④⑤ 北京进入中度老龄化社会47万人需护理型养老［EB/OL］. http://china.huanqiu.com/roll/2010-11/1272626.html.

"十二五"时期社会保障发展规划》、《北京市"十二五"时期民政事业发展规划》、《北京市"十二五"时期老龄事业发展规划》等的相关要求，农村养老保障进一步发展的目标和方向主要包括两个方面：

第一，进一步推进城乡居民社会养老保险工作。如《北京市国民经济和社会发展第十二个五年规划》指出，"十二五"时期，要致力于制度整合衔接，建立城乡一体化的社会保障体系，实现人人享有保障、待遇稳定提高。具体到养老保障，就是要逐步实行城乡居民养老保险市级统筹，统一缴费标准、待遇水平和基金管理；鼓励参加储蓄性养老保险，完善养老险衔接政策；稳步提高待遇水平，加大公共财政投入和社会保险基金征缴力度，积极稳妥推进养老保险基金结余投资运营，健全待遇标准正常增长机制，稳步提高基本养老金等待遇标准①。再如，《北京市"十二五"时期社会保障发展规划》指出，"十二五"时期，城乡居民养老保险要扩大覆盖范围，参保率要达到95%以上；基金运行要平衡，城乡居民养老保险基金收缴率达到97%以上；要稳步提高城乡居民养老保险保障水平；完善城乡居民养老保险制度，提高基金统筹管理层次，增强基金保障和管理能力②。

第二，大力发展农村养老服务体系。如《北京市国民经济和社会发展第十二个五年规划》指出，"十二五"时期，积极应对人口老龄化，基本构建起"以居家养老为基础，社区服务为依托，机构养老为补充"的多元化养老服务体系。加快公共养老机构建设，推动社会力量投资兴办养老服务设施，到2015年全市养老床位达到12万张。以社区为单元构筑老年人"居家生活幸福圈"，加大政府购买服务力度，增强社区养老服务功能，更好地服务于居家养老③。再如《北京市"十二五"时期社会保障发展规划》指出，"十二五"时期，全面推进老年福利服务，围绕"9064"养老服务格局，着力构建以居家养老为基础、社区养老为依托、机构养老为支撑的社会养老服务体系。"按照'低端有保障、中端有市场、高端有控制'思路，加快养老机构建设，统筹城乡养老设施发展，满足集中养老服务需求。加强社区护理院建设，重点满足高龄、独居、生活不能自理以及

---

① 北京市国民经济和社会发展第十二个五年规划[EB/OL]. http://www.bjpc.gov.cn/zt/shierwu/ghgy_125/201103/t764990.htm.
② 北京市"十二五"时期社会保障发展规划[EB/OL]. http://zhengwu.beijing.gov.cn/ghxx/sewgh/t1201016.htm.
③ 北京市国民经济和社会发展第十二个五年规划[EB/OL]. http://www.bjpc.gov.cn/zt/shierwu/ghgy_125/201103/t764990.htm.

需临终护理的老年人养老需求。大力发展居家养老（助残）服务，建设6000个社区（村）托老（残）所，全市托老床位达到6万张，养老（助残）餐桌达到1万个，实现老年人日间照料服务和助餐服务全覆盖。培育专业化的养老护理员队伍，实现每万名老年人拥有护理员达到50人。探索研究护理保险制度，制定低保家庭老年人入住社会福利机构补贴政策，完善老年优待配套政策"①。再如，《北京市"十二五"时期民政事业发展规划》指出，"十二五"时期，加强应对人口老龄化战略研究，围绕"9064"养老服务格局，"充分发挥家庭和社区的功能，优先发展社会养老服务，培育壮大老龄服务事业和产业，着力构建以居家养老为基础、社区服务为依托、机构养老为补充的社会化养老服务体系"②。再如，《北京市"十二五"时期老龄事业发展规划》指出，"十二五"时期，要形成多层次的社会养老服务格局。加强养老服务设施建设，增加养老公共产品供给，提升公共服务和社会服务水平，不断完善"9064"养老服务模式，加快社会养老服务体系建设，率先形成以"居家养老为基础，社区服务为依托，机构养老为补充"的多层次、多样化养老服务发展格局③。

2. 农村养老保障进一步发展的具体对策建议

（1）进一步推进城乡居民社会养老保险工作

a. 不断提高农村居民社会养老保险待遇水平。

第一，要加大市级政府公共财政支持力度，健全待遇标准正常增长机制。前文已提，农村居民社会养老保险待遇水平不高主要由于筹资水平不高，而筹资水平不高主要缘于政府公共财政支持力度不够，而政府公共财政支持力度不够又主要缘于有些区县经济发展和财政收入水平较低。因此，要加强政府公共财政支持力度，必须提高政府统筹层次，由区县级统筹提升为市级统筹，并且要随着北京市经济发展水平的提高和财政收入的增长而不断提高待遇标准（主要是基础养老金和福利养老金标准），健全待遇标准正常增长机制。

第二，加强养老保险基金的征缴、管理和基金结余投资运营效率。区

---

① 北京市"十二五"时期社会保障发展规划［EB/OL］. http://zhengwu.beijing.gov.cn/ghxx/sewgh/t1201016.htm.
② 北京市"十二五"时期民政事业发展规划［EB/OL］. http://www.bjmzj.gov.cn/templet/mzj/ShowArticle.jsp? id=101721&NODE_ID=root.
③ 北京市"十二五"时期老龄事业发展规划［EB/OL］. http://www.bjmzj.gov.cn/templet/mzj/ShowArticle.jsp? id=101720&NODE_ID=root.

（县）劳动保障部门设立的经办机构（以下简称区县经办机构），专门负责城乡居民养老保险费收缴、养老金给付和个人账户管理工作。经办机构要积极宣传，不断提高征缴率，并鼓励和支持农村居民根据自身经济条件多缴纳养老保险，以充实个人账户部分；城乡居民养老保险基金要纳入区（县）财政专户，以区（县）为单位进行核算和管理，区（县）财政部门、劳动保障部门应设立专门账户，对本区（县）城乡居民养老保险基金进行管理，专款专用；市、区县经办机构应建立健全城乡居民养老保险基金的财务、会计、统计等管理制度；城乡居民养老保险基金应按照国家社会保险基金的有关规定保值增值等。

b. 进一步缩小城乡居民社会养老保险差距。

第一，缩小城乡居民收入差距。城乡居民收入差距是导致城乡居民社会养老保险差距的前提和基础。缩小城乡居民收入差距的关键环节在于借助于全社会的力量加强社会主义新农村建设，通过各种途径（参见图8.5）提高农村居民的纯收入。如通过提高初次分配中劳动报酬占比的方式就可能提高工资性收入；通过三次产业的大力发展就可能提高家庭经营纯收入；通过大力发展资本市场就可能会提高财产性收入；增加支农补贴等就可能增加转移性收入等。

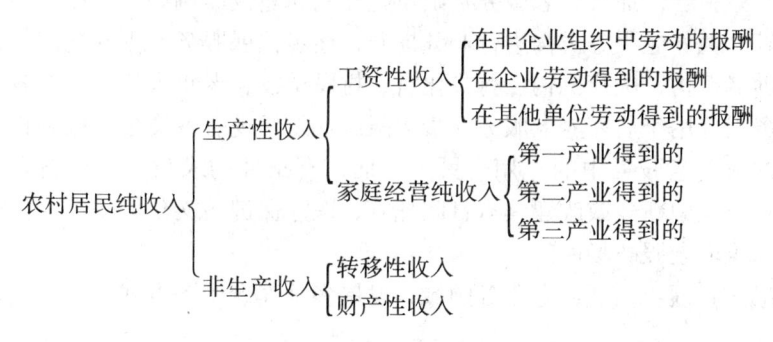

农村居民纯收入
- 生产性收入
  - 工资性收入
    - 在非企业组织中劳动的报酬
    - 在企业劳动得到的报酬
    - 在其他单位劳动得到的报酬
  - 家庭经营纯收入
    - 第一产业得到的
    - 第二产业得到的
    - 第三产业得到的
- 非生产收入
  - 转移性收入
  - 财产性收入

图8.5 农村居民纯收入构成

资料来源：北京市统计年鉴。

第二，统一城乡居民社会养老保险缴费标准、待遇标准等。统一城乡居民社会养老保险缴费标准、待遇标准等会进一步巩固差距缩小的成果。

（2）大力发展农村养老服务体系

a. 以完善的社区服务为依托，鼓励居家养老。斯是陋室，惟吾德馨。中国人素有居家养老的传统观念，适应此种特殊国情同样也是市情，北京市政府制定了"9064"养老服务模式①,强调以居家养老作为养老服务体系的基础。但是由于空巢化加剧、年轻人无暇养老等原因,居家养老必须以完善的社会养老服务尤其是完善的社区养老服务为依托。具体措施如下:

第一,进一步完善居家养老服务政策。例如,要认真贯彻《北京市市民居家养老(助残)服务("九养②")办法》,要制定鼓励和支持社会力量参与兴办居家养老服务业的相关政策扶持和资金引导办法,要制定入户家政服务、老年餐饮服务、日间托老服务、精神关怀服务等行业服务标准等③。

第二,进一步加强居家养老服务设施建设。即将出台的北京市养老设施专项规划(2010~2020年)规定,家庭养老方面拟要求每个城镇社区要拥有一处托老所和一处老年活动场站。托老所应设置日间照料床位及相应娱乐康复健身设施。老年活动场站要设置娱乐康复设施及活动场地。新建居住项目应按照配套标准,严格落实托老所、老年活动场站等社区养老设施,现有居住小区则应结合已有"星光老年之家",补充完善社区养老设施。农村地区原则上每个行政村需安排一处综合性养老服务设施,加强对农村居家老人的服务④。具体来讲,一方面,将现有养老服务设施资源进行有效整合,加快养老服务基础设施开发和建设。例如,可以将现有的乡镇综合性养老服务机构进行业务提升,逐步扩展服务范围和功能;整合农村养老机构、医疗机构、村文化宫、村民学校、老年人活动室等各种公共服务设施用于居家养老服务,最大限度地发挥现有各类公共服务设施在农村居家养老服务中的作用。另一方面,有条件的农村,结合新农村建设,可以集中新建或改建具有日间托管、医疗保健、文化娱乐等功能于一体的居家养老服务场所。

第三,逐步拓展养老服务领域,发展多种养老服务方式,以满足农村

---

① "9064"模式即到2020年,90%的老年人在社会化服务的协助下通过居家养老,6%的老年人通过政府购买社区服务照顾养老,4%的老年人入住养老服务机构集中养老。
② "九养政策"即建立万名"孝星"和千家为老服务先进单位评选表彰制度;建立居家养老(助残)券服务制度和百岁老人补助医疗制度;建立城乡社区(村)养老(助残)餐桌;建立城乡社区(村)托老(残)所;招聘居家养老(助残)员;配备养老(助残)无障碍服务车;开展养老(助残)精神关怀服务;实施家庭无障碍设施改造;为老年人(残疾人)配备"小帮手"电子服务器。
③ 北京市"十二五"时期民政事业发展规划[EB/OL]. http://www.bjmzj.gov.cn/templet/mzj/ShowArticle.jsp? id =101721&NODE_ID = root.
④ 北京养老设施专项规划年内出台[EB/OL]. http://www.cncaprc.gov.cn/info/16826.html.

老年人的各种需求。除基本生活照料外，服务领域还可以逐渐延伸到医疗康复、精神慰藉、法律服务、紧急援助等方面。服务方式上可以实行日托照料与上门服务相结合，普通服务和包户服务相结合。可以开展服务人员与老年人的结对帮扶工程，同时通过家政和清洁等中介组织和实体公司，由专业人员为老年人提供家政、洗洁、护理等服务。

第四，加快居家养老服务队伍建设。如，大力发展居家养老（助残）服务员队伍，为居家养老服务提供管理人才；鼓励专业技术学校开设养老服务相关专业，完善培训、取证、上岗制度，培育专业化的养老护理员队伍；组建助老敬老志愿服务队伍，试点开展老年家庭长期照护者关爱行动，扶助、培训家庭成员长期照料护理老年人；等等①。

b. 大力发展社会养老机构。按照《北京市"十二五"时期社会保障发展规划》、《北京市"十二五"时期民政事业发展规划》、《北京市"十二五"时期老龄事业发展规划》以及《北京市养老设施专项规划（2010～2020年）》的要求，通过合理布局，大力发展社会养老机构，以弥补居家养老和社区养老的不足。

第一，要加快推进养老机构建设。按照"低端有保障、中端有市场、高端有控制"的思路，统筹城乡养老设施发展，满足养老服务需求。通过整合现有养老机构和新建养老机构两种方法，合理规划建设用地，力争达到"十二五"规划所设定的目标，以全面满足老年人机构养老需求（见表8.5）。

表8.5　　　　　北京市"十二五"期间养老服务发展主要指标

单位：万张、张、%、人

指　　标	2010年	2015年
养老床位数	7.2	12
百名老年人拥有养老床位数	2.8	3.8
老年中长期护理床位	/	5000
护养型养老床位比例	/	50
百名老年人拥有日间托老床位数	1	2
万名老年人拥有护理员数	15	50

---

① 北京市"十二五"时期民政事业发展规划［EB/OL］．http：//www.bjmzj.gov.cn/templet/mzj/ShowArticle.jsp? id =101721&NODE_ID = root.

续表

指 标	2010 年	2015 年
居家养老（助残）员数	2000	10000
万名老年人拥有心理辅导员数	15	20
社区（村）老年人协会覆盖率	90	98
参加老年学校学习的老年人比例①	13	18

资料来源：北京市"十二五"时期老龄事业发展规划 [EB/OL]. http://www.bjmzj.gov.cn/templet/mzj/ShowArticle.jsp?id=101720&NODE_ID=root.

第二，加强养老机构布局规划，发展不同层次、不同类型的养老机构，引导养老机构向郊区发展。从层次上讲，即要有市级养老机构，又要有区县级养老机构，还必须有街道、乡镇级别的养老机构，上述三个层次每个层次至少应该有1所养老机构。从类型上讲，应该针对老年人的不同需求和支付能力，按照高、中、低档或保障型和示范型、舒适型、休闲型分类建设养老机构。鉴于北京市老年人的具体情况，政府应该重点发展中低端养护型养老机构，即政府应加大投入确保低收入群体的保障型和示范型养老机构占到30%，政府应扶持同时引入社会资金建设适合工薪阶层的舒适型养老机构占到60%，剩余10%的休闲型则适用于具有一定消费能力，又有个性化需求的老年群体①。另外，从首都经济和社会发展规划看，为了更好地优化产业布局，缓解主城区交通、环境压力，促进城区和郊区协调发展，养老机构的布局将调整到主城区以外。空气清新、生活安静的郊区养老机构对于老年人来讲是非常适宜的，但必须同时加大老年医院、老年娱乐场所等在郊区建设的力度，这需要政策引导，更需要财政补贴。

第三，加大养老服务机构扶持力度。例如，应继续实施社会力量兴办养老服务机构的资助和扶持政策，扩大资助范围，提高资助标准。对于社会力量兴办护养型养老机构，民政部门将按照高标准给予一次性建设经费支持，即新建一张床位给予1.6万元支持；社会办养老机构若收住不能完全自理老人，每张床位每月按照300元的高标准给予补助②。再如，探索民办养老机构建设用地供给扶持政策，建立健全外资进入制度。鼓励社会资本发展高端养老产业，投资建设专业化的服务设施，兴办养老服务和残

---

① 北京城区将主建中低端护养型养老机构 [EB/OL]. http://www.cncaprc.gov.cn/mzyq/info/10584.html.
② 政府提供的养老用地重点用于建设护养型养老机构 [EB/OL]. http://www.bjd.com.cn/10bjxw/ss/201204/25/t20120425_1782517.html.

疾人康复等各类社会福利机构。

第四，加强养老机构标准化管理。目前北京市已出台8个地方标准：《养老服务机构服务质量标准》、《养老服务机构院内感染控制标准》、《养老服务机构服务质量星级划分与评定》、《养老服务机构医务室服务质量控制标准》、《养老服务标准体系——技术标准、管理标准和工作标准体系》、《养老服务机构标准体系——要求、评价与改进》和《养老服务机构老人健康综合评估规范》。其中部分工作成果已被《养老护理员国家职业标准》、《服务业组织标准化指南》和《机构养老基本规范》等三项国家标准的制定工作所采用，为全国养老福利服务事业的标准化建设进程起到了示范引领作用[1]。各养老机构应该严格按照上述标准进行管理，完善养老机构分级分类标准和服务标准监控评估体系，实行星级与收费标准挂钩，重点打造一批养老服务机构品牌，推进养老服务机构管理标准化、规范化[2]。

---

[1] 把养老福利服务纳入标准化之路——北京纪行．中国社会福利协会考察之二［EB/OL］．http：//www.casw.org.cn/glbzh/_content/11_01/29/1296233869859.html.

[2] 北京市"十二五"时期民政事业发展规划［EB/OL］．http：//www.bjmzj.gov.cn/templet/mzj/ShowArticle.jsp? id=101721&NODE_ID=root.

第 9 章

构建北京新型农村社会保障体系的创新重点（下）

9.1 北京农村健康保障制度

9.1.1 农村健康保障制度发展过程中存在的问题

按照第 1 章"新型农村社会保障体系"的界定，为了应对健康风险，农村居民健康保障主要是指新型农村合作医疗制度建设和农村公共卫生服务体系建设。最近几年尤其是自从开展社会主义新农村建设以来，新型农村合作医疗制度建设和农村公共卫生服务体系建设得到了长足的发展。新型农村合作医疗制度和农村公共卫生服务体系的发展，有效地降低了农村居民所面临的健康风险，为农村居民的健康生活提供了强有力的保障。但是，北京市新型农村合作医疗制度和农村公共卫生服务体系在发展的过程中，农村居民"因病致贫、因病返贫"问题、医疗卫生费用筹资不公平问题、农村卫生服务体系功能弱化问题等依然存在。本章准备从各级政府（包括村集体或村民委员会，下同）、农村居民和三级医疗卫生服务网络三大主体出发，探讨农村健康保障制度发展过程中依旧存在的问题。

1. 各级政府的支持力度有待进一步加强

（1）政府在政策设计方面存在的问题。政府在政策设计方面存在的问题主要表现为政策设计还无法满足农村居民的需求。例如，新型农村合作医疗制度对农村居民在不同级别医院看病的费用规定了不同的报销比例、报销起付线等（参见第 5 章房山区的情况），越是级别高的大医院，报销比例越低，报销起付线越高。该规定制定的初衷是鼓励农村居民就近就医以减轻经济负担，可问题的关键是基层医疗机构的医生水平和诊疗设备远远无法满足农村居民对医疗服务的需求，乡镇卫生院主要以预防为主，稍大点的病只能去级别高的大医院看病，而去级别高的大医院看病不仅报销起付线高和报销比例低，还要支付更多的费用如路费、住宿费等等，这无疑让农村居民陷入了两难困境。再如，《国务院办公厅关于进一步加强乡村医生队伍建设的指导意见》（国办发〔2011〕31 号）规定将村卫生室纳入新型农村合作医疗门诊统筹实施范围，将符合条件的村卫生室纳入新农合定点医疗机构管理，并将村卫生室收取的一般诊疗费和使用的基本药物纳入新农合支付范围，支付比例不低于在乡镇卫生院就医的支付比例[①]。北京市以前并没有将村卫生室纳入"新农合"定点机构，这直接导致很多农村居民"小病不看，大病进城"，很多村卫生室医生开始流失，这又进一步导致不少农村居民看小病也必须出村，步行或搭乘交通工具到十几里外的医疗站点就医。为了方便农民就近看病，北京市目前已开始研究将符合条件的村卫生室纳入新农合门诊报销范围，密云县新农合的报销范围已于 2011 年 12 月在全市率先延伸到村卫生室，但是目前北京市还没有完全完成这一工作。再如，流动人口公共卫生投入和公共卫生工作有待加强。北京市有大量的外来农村人口，尤其是在城乡结合部成集聚状态。北京市为解决流动人口的公共卫生状况也做出了许多努力，例如北京丰台区在推进流动人口计划生育基本公共服务均等化方面做出了许多努力：将流动人口计划生育服务管理经费纳入专项管理，2011 年，流动人口计划生育投入 480 万元，市人口计生委下拨配套资金 50 万元，并规范了专项资金使用和监管程序，确保了专款专用等等[②]。但是与户籍人口相比，流动人口的公共卫生状况更是不容乐观。这一方面表现为流动人口管理难度大，另一方面表现为对流动人口公共卫生状况管理错位或疏于管理。政府对于他们的管理更多的是防范式管理而非注重对他们权益的保障，缺少解决流动人口公共卫生问题的操作性办法，投入经费更是有限。因此，流动人口成

---

① 国务院办公厅关于进一步加强乡村医生队伍建设的指导意见（国办发〔2011〕31 号）[EB/OL]. http：//www.gov.cn/zwgk/2011-07/14/content_1906244.htm.
② 北京丰台区扎实推进流动人口计划生育基本公共服务均等化 [EB/OL]. http：//www.bjfc.gov.cn/web/static/articles/catalog_ff8080813678bee3013678ceb811001e/article_ff80808136880dd601368bb2e8e500f0/ff80808136880dd601368bb2e8e500f0.html.

为北京市产生公共卫生问题的重点人群，甚至是疾病传播的高危人群[①]。

（2）政府在提供财政支持方面存在的问题。政府在提供财政支持方面存在的问题主要表现为财政统筹层次不高（主要表现为市级以下统筹）和财政支持力度不够。

第一，各级政府在新型农村合作医疗制度方面的财政统筹层次不高和财政支持力度不够。一方面，在《北京市建立新型农村合作医疗制度的实施意见》中虽然规定了村集体按照村经济组织利润额2%左右的标准对农村居民大病医疗统筹出资，但由于有些村集体的利润额很低，集体补助这一部分几乎形同虚设。另一方面，许多乡镇政府制定的筹资标准对边远山区不利，加重了边远山区个人的负担，同样会陷入到恶性循环中。如上文提到的《房山区2011年度新型农村合作医疗制度管理办法实施方案》规定，2011年乡（镇）政府筹资为平原乡镇70元、山区丘陵乡镇55元，分别占总筹资额的13.40%和10.58%，相比较而言，乡镇政府补贴给山区丘陵地区的补助少于平原地区，虽然这一差距由区县政府消除了，但无论是平原地区还是山区丘陵地区，个人以户为单位每人每年承担的金额是一致的，但50元的金额对于山区丘陵地区的农村居民来说与平原地区相比则是比较重的负担。

第二，各级政府在公共卫生服务方面的财政统筹层次不高和财政支持力度不够。前文已述，按照国家相关制度规定，公共卫生服务经费由各级政府承担。如《北京市2010～2011年深化医药卫生体制改革实施方案》规定，"公共卫生服务主要通过政府筹资，向城乡居民均等化提供；按照分级负担的原则，市政府主要承担国家和市级免疫规划、重大传染病预防控制等公共卫生、市政府举办的专业公共卫生机构和公立医院补助等支出；区县政府按照市与区县分税制财政管理体制的要求，做好本级医疗保障、公共卫生及医疗服务等经费保障工作；要完善专业公共卫生机构经费保障机制，专业公共卫生机构所需人员、公用和业务经费，由政府预算全额安排；所需发展建设支出，由政府根据公共卫生事业发展需要足额安排；服务性收入上缴财政"[②]。北京市作为首都，其人均公共卫生服务经费远远超过国家标准，但是，该标准还远远没有满足居民对公共卫生的需

[①] 加强北京市农村公共卫生体系建设 [EB/OL]. http：//www.gmw.cn/content/2010-01/15/content_1038843.htm.

[②] 北京市2010～2011年深化医药卫生体制改革实施方案 [EB/OL]. http：//zhengwu.beijing.gov.cn/zwzt/ygfazj/t1116697.htm.

求。其原因主要在于长期以来北京市没有建立政府公共卫生经费投入的统一"标准",各区县政府公共卫生投入更是由于财力的差异而呈现出巨大的差异,甚至一些区县的政府在疾病防控机构上几乎没有什么投入,疾病防控机构的收入大多来自业务收入,即便如此,一些区县疾病防控机构的收入上缴后政府仅返还70%。按照常住人口计算,北京市13个涉农区县人均公共卫生政府投入最高达403元,最低仅为68元,公共卫生经费投入水平相对较低的区县尤其是生态涵养区县,其公共卫生工作的开展受到严重影响,成为制约北京市公共卫生体系完善和公共卫生工作整体推进的"木桶短板"。政府在基本公共卫生服务方面投入不足,形成负向激励,导致以获取机构收入为导向的"重有偿服务、轻无偿服务"的问题仍然严重[1]。除此之外,公共卫生投入结构还不尽合理,资金较多投入到大型的医疗卫生机构,而投入到基层医疗卫生机构和居民个人的资金所占比例较小。

2. 农村居民对自身健康保障发展重视程度不够

(1) 部分农村居民参加新型农村合作医疗的积极性不高。虽然北京市的参合率在2011年已经达到97.7%,但毕竟还有2.3%的农村居民没有参合,导致这部分农村居民参合积极性不高的原因主要基于以下两个原因:第一,这部分农村居民风险意识和互助意识不清,从而导致参合意识不强。一方面,这部分农村居民尤其是年轻居民风险意识不强,缺乏战略眼光和长期眼光,只关注眼前利益,认为自己的身体非常好,生病住院的概率低,而一般的小病又不在新型农村合作医疗保障的范围内,因此他们认为参合得不偿失,没有必要花那个冤枉钱。另一方面,市场经济体制改革以来尤其是出现"家庭小型化"现象后,许多农村居民的独立性在增强,自私自利意识也在增强,农村居民之间的互助意识在逐渐减弱,"自己出钱别人花"的结果是他们不愿意接受的。第二,新型农村合作医疗保障筹资水平低、补偿水平低无法跟上医疗费用的急剧上升也阻碍这部分农村居民参合的积极性。

(2) 农村居民对农村公共卫生服务体系建设重视程度不够。广大农村居民当然希望拥有完善的农村公共卫生服务体系,但是有些时候,由于种种原因,他们并没有配合农村公共卫生服务体系建设。例

---

[1] 加强北京市农村公共卫生体系建设 [EB/OL]. http://www.gmw.cn/content/2010-01/15/content_1038843.htm.

如，县医院（包括中医院）或乡镇卫生院为排查和筛查女性疾病，组织农村妇女进行免费体检，但大多数农村妇女不参加，其中一个非常重要的原因就是不好意思；如社会主义新农村建设要求"村容整洁"，但大部分农村居民还是把粪肥、柴草堆放在街道上；虽然向农村居民宣传不要购买劣质食品等，但他们依然选择购买和使用（主要是由于价格便宜）。

3. 农村三级医疗卫生服务网络的发展不能满足农村居民的需要

（1）农村三级医疗卫生服务机构以及相应的服务人员的数量总体上呈减少趋势。据历年的《北京市统计年鉴》和《北京市卫生资源与医疗服务发展情况简报》所提供的相关数据显示，北京市农村三级医疗卫生服务机构以及相应的服务人员的数量总体上呈减少趋势，无法满足农村居民的需求。由下述表9.1~表9.6和图9.1~图9.11中可以看出，无论是机构数量、执业医师数量、乡村医生数量、卫生员数量还是治疗的人次数，总体上均呈减少趋势，这固然与乡镇调整以及远郊区县卫生院纷纷转型为社区卫生服务中心有关，但由于待遇问题等原因所导致的流失也是不可否认的。

另外，2010年九三学社北京市委专家组的调查报告《加强北京市农村公共卫生体系建设》也充分显示了农村公共卫生服务方面的供求失衡现象[1]。一方面，供给无法满足需求。由于缺乏公共卫生人力资源的配置标准，因而各区县根据本地区的财力、人员编制等因素配置公共卫生人力资源，而不是根据满足开展公共卫生工作的需要。因此，区县公共卫生机构人员不足的情况比较严重，社区防保人员更是严重短缺，结果导致许多应该开展的公共卫生工作没有开展，或没有按照数量和质量要求开展。如，北京市平谷区全区16个乡镇卫生院共有编制数823个，实有编制709个，空编114个。因人才缺乏，乡镇卫生院每个科室或每个社区站人员配置2~3名不等，大多数是2名医务人员，为保证给老百姓提供24小时方便、快捷的服务，他们没有节假日，也没有双休日，基本上是两个人24小时轮流值班，有时连续值班2~3昼夜，每个工作人员都是满负荷甚至是超

---

[1] 加强北京市农村公共卫生体系建设 [EB/OL]. http：//www.gmw.cn/content/2010-01/15/content_1038843.htm.

负荷运转[①]。另一方面,供求结构失衡。北京市卫生资源结构、布局不尽合理,优质卫生资源主要集中在中心城区和三级医院,郊区(县)和基层医疗卫生机构资源数量和质量均不足。

表 9.1　　　　2006～2010 年北京市农村卫生基本情况　单位:个、人、千人次

年份	机构数	执业医师	乡村医生	卫生员	治疗人次数
2006	2762	289	4019	208	7048.5
2007	2834	167	3481	131	6037.5
2008	3124	188	3649	99	5709.9
2009	3114	230	3598	72	4882.8
2010	2972	211	3580	117	4315.3

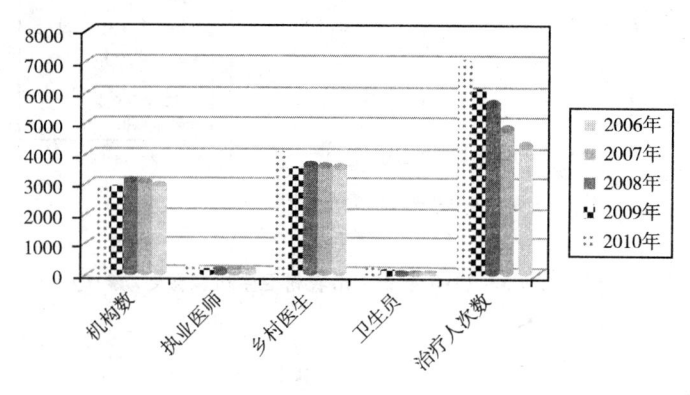

图 9.1　2006～2010 年北京市农村卫生基本情况变动趋势

表 9.2　　　　2006～2010 年北京市农村卫生机构数情况　　单位:个、%

年份	总数	村办	乡卫生院设点	联合办	私人办	其他
2006	2762	2178	26	11	504	43
2007	2834	2314	26	7	453	34
2008	3124	2660	23	5	403	33

---

①　平谷区社区卫生服务调研报告 [EB/OL]. http://www.pgjw.gov.cn/content/nr.jsp? id = 4028e48c15b717eb0115b766ac050029&code = fgw_dcyj.

续表

年份	总数	村办	乡卫生院设点	联合办	私人办	其他
2009	3114	2689	18	5	376	26
2010	2972	2594	5	5	343	25
五年平均	2961.2	2487	19.6	6.6	415.8	32.2
占比	/	83.98	0.66	0.22	14.04	1.09

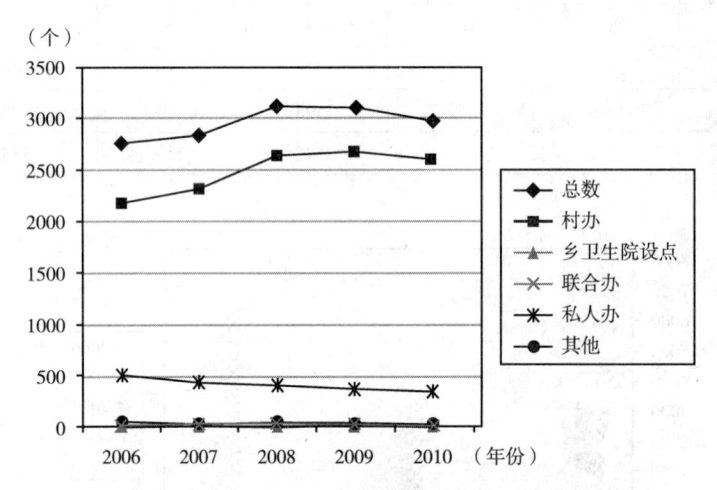

图 9.2 2006~2010 年北京市农村卫生机构数变动趋势

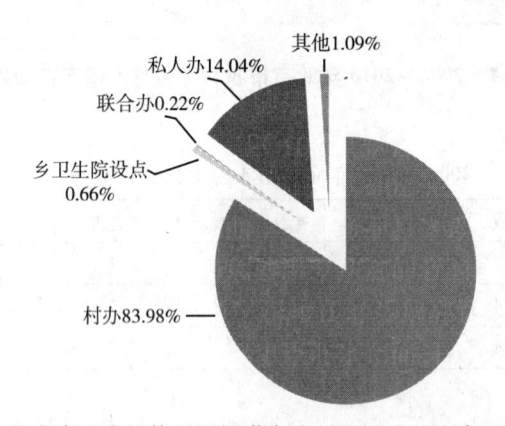

图 9.3 北京市卫生机构不同渠道占比（2006~2010 年 5 年平均）

表 9.3　　　　2006~2010 年北京市农村执业医师人数情况　　　单位：人、%

年份	总数	村办	乡卫生院设点	联合办	私人办	其他
2006	289	198	33	10	42	6
2007	167	135	8	/	21	3
2008	188	144	13	/	29	2
2009	230	183	2	/	44	1
2010	211	170	/	/	40	1
五年平均	217	166	11	2	35	3
占比	/	76.50	5.07	0.92	16.22	1.38

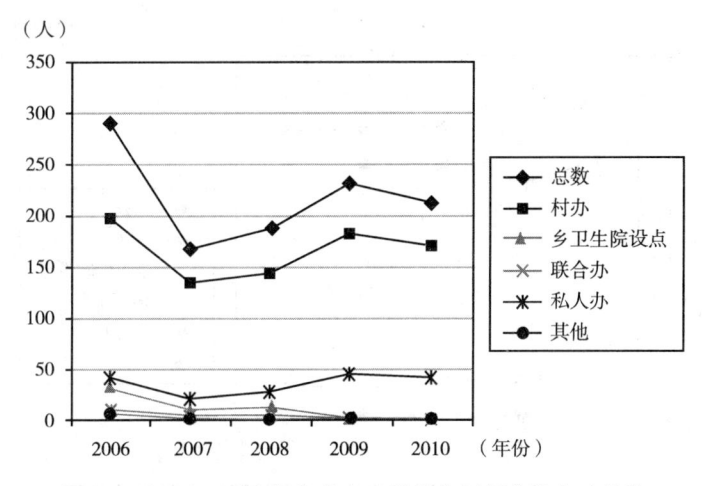

图 9.4　2006~2010 年北京市农村执业医师人数变动趋势

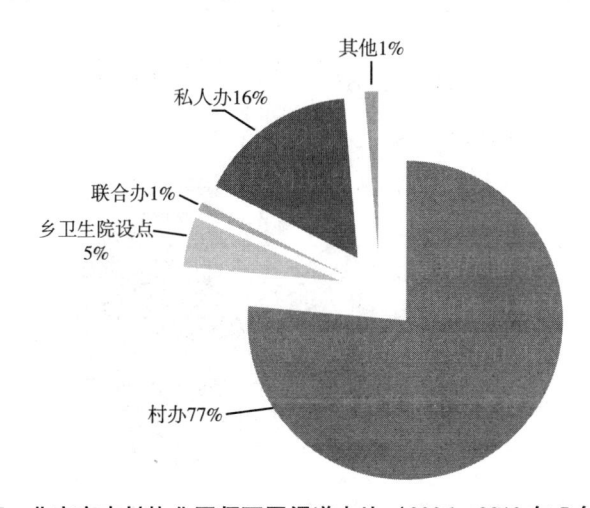

图 9.5　北京市农村执业医师不同渠道占比（2006~2010 年 5 年平均）

表9.4　　　　　2006~2010年农村乡村医生人数情况　　　　　单位：人

年份	总数	村办	乡卫生院设点	联合办	私人办	其他
2006	4019	3207	163	16	559	74
2007	3481	2912	38	9	480	42
2008	3649	3187	19	7	405	31
2009	3598	3185	9	6	372	26
2010	3580	3170	6	5	373	26
五年平均	3665	3132	47	9	438	40
占比	/	85.46	1.28	0.25	11.95	1.09

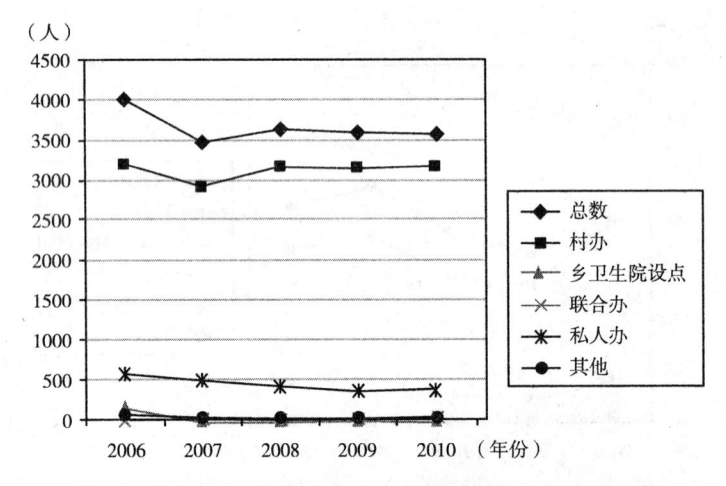

图9.6　2006~2010年北京市农村乡村医生人数变动趋势

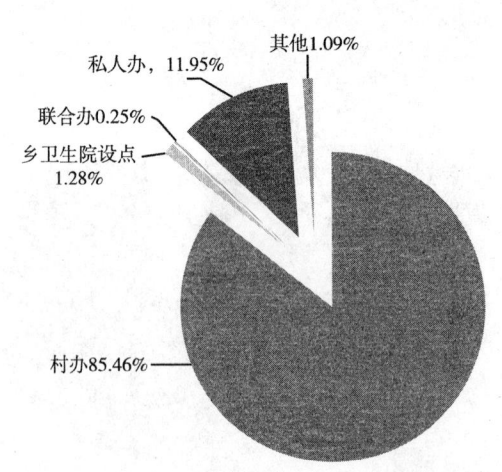

图9.7　北京市农村乡村医生人数不同渠道占比（2006~2010年5年平均）

第9章 构建北京新型农村社会保障体系的创新重点（下）

表9.5　　　　2006~2010年北京市农村卫生员人数情况　　　　单位：人

年份	总数	村办	乡卫生院设点	联合办	私人办	其他
2006	208	197	5	2	1	3
2007	131	119	4	1	5	2
2008	99	83	10	/	6	/
2009	72	67	/	/	4	1
2010	117	110	/	/	7	/
五年平均	125.4	115.2	3.8	0.6	4.6	1.2
占比	/	91.87	3.03	0.48	3.67	0.96

图9.8　2006~2010年北京市农村卫生员人数变动趋势

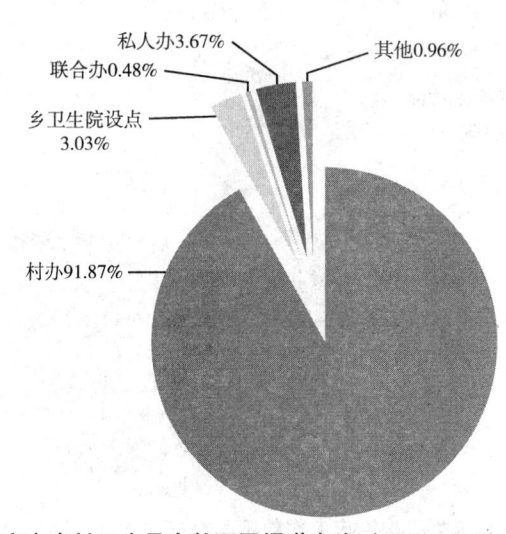

图9.9　北京市农村卫生员人数不同渠道占比（2006~2010年5年平均）

表9.6　　　2006~2010年北京市农村卫生机构治疗人次数情况　　单位：千人次

年份	总数	村办	乡卫生院设点	联合办	私人办	其他
2006	7048.5	5825.3	269.1	160.3	708.0	85.8
2007	6037.5	5144.0	69.0	16.1	713.4	95.0
2008	5709.9	4864.9	72.9	7.3	695.3	69.4
2009	4882.8	4248.8	29.3	6.2	551.4	47.1
2010	4315.3	3815.5	5.2	7.6	446.8	40.4
五年平均	5598.8	4779.7	98.1	39.5	623.0	67.5
占比	/	85.37	1.75	0.71	11.13	1.21

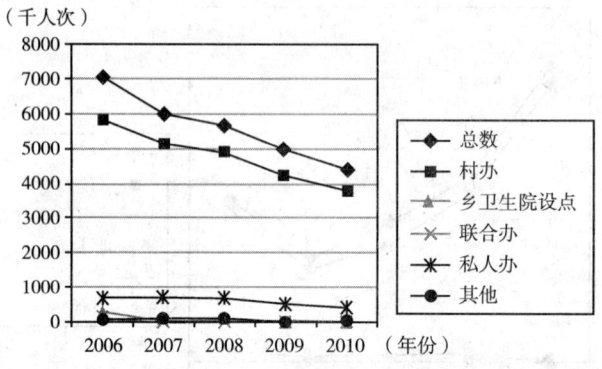

图9.10　2006~2010年北京市农村卫生机构治疗人次数变动趋势

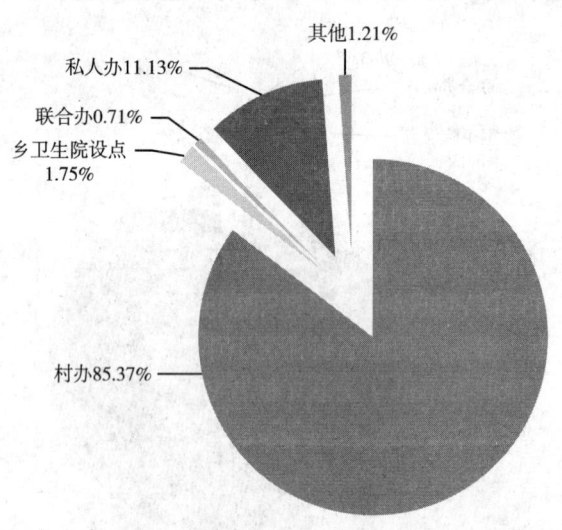

图9.11　北京市农村卫生机构治疗人次数不同渠道占比（2006~2010年5年平均）

（2）基层医疗机构服务水平远远跟不上需要。县医院（包括中医院）是农村三级医疗卫生服务网络的龙头，但是由于其更高的医疗费用和其他经济负担以及对农村居民患者的较差的服务态度使得农村居民几乎不到县医院（包括中医院）就医；作为农村三级医疗卫生服务网络骨干的乡镇卫生院（社区卫生服务中心），因其自身定位错误即选择"以医养防"或"重医轻防"以及医疗设施、设备老化和工作人员技术素质不高等原因，其发展也无法满足农村居民的需要。因此，保障农村居民正常就医需求和公共卫生服务需求的重任就落在了作为农村三级医疗卫生服务网络基础的村卫生室身上。从上述图表可以看出，无论是在卫生机构、执业医师、乡村医生、卫生员，还是治疗的人次数方面，村办机构和私人办机构承担了98%左右的责任，乡卫生院设点不足1%。而相比较于县医院（包括中医院）和乡镇卫生院，村卫生室以及服务人员的技术素质和服务水平都不高。第一，村卫生室的医疗条件普遍较差。许多村卫生室除了听诊器、血压计，几乎没有医疗诊治设备，卫生条件也达不到应具备的标准，仪器和设备的正常消毒等几乎没有，另外，还有相当一部分村卫生室没有参加乡村卫生服务管理一体化，药品来源多为自行购买，很难保证质量。第二，村卫生室工作人员的技术水平普遍不高。大多数工作人员没有经过医学专科的学习，他们只能凭经验开药，而且动不动就开抗生素类药，见效倒是非常快，但却无形之中损害了农村居民的体质；大部分工作人员缺少进修、培训机会。2010年九三学社北京市委专家组的调查报告《加强北京市农村公共卫生体系建设》显示，北京市公共卫生人力资源质量不高，人员结构不合理。一是学历偏低，尤其是基层卫生机构。在13个涉农区县CDC中，仍然有60%的人员为本科以下学历；乡镇卫生院防保人员本科以上学历者仅占10%。二是在从事公共卫生工作的人员中有相当比例者没有接受过相关专业的学历教育。在13个涉农区县CDC中，接受过预防医学专业教育者的比例为35%，接受过预防医学专业教育乡镇卫生院防保人员占30%。三是低职称比例偏高。在13个涉农区县CDC中，中级以下职称者占68%，其中23%的人没有任何专业职务；中级以下职称乡镇卫生院防保人员占60%，其中13%～15%的人没有任何专业职务。此外，部分区县超过50岁的公共卫生人员比例较高，达到40%～50%[1]。第三，村卫生室无力也不愿意承担农村公共卫生服务体系建设的职责。上文已经提

---

[1] 加强北京市农村公共卫生体系建设［EB/OL］. http：//www.gmw.cn/content/2010-01/15/content_1038843.htm.

及村卫生室要承担农村防疫与妇幼保健等农村公共卫生服务体系建设的具体实施工作。但是，由于政府并没有对村卫生室足够的资金支持，大部分村卫生室工作人员的报酬不是来源于财政，而是来源于自己给农村居民看病、买药。2010年九三学社北京市委专家组的调查报告《加强北京市农村公共卫生体系建设》显示，近年来各区县政府确实加大了对基本公共卫生的投入，如对开展基本医疗和公共卫生工作的村医给予一定补贴，每月补贴800元，其中200元考核后发放。但由于补贴形式不合理、绩效评估工作开展流于形式，缺乏对提供者行为的有效监督，并没有对提供者形成有效的激励和约束，结果导致政府投入并没有达到预期效果[1]。因此村卫生室无能力也不愿意承担农村公共卫生服务体系建设的职责。

总之，在农村健康保障发展的过程中，各级政府、农村居民和农村三级医疗卫生服务网络都存在一定的问题。笔者认为，关键的问题还是出在政府身上。如果政府对农村健康保障非常重视并加大资金投入力度，农村三级医疗卫生服务网络建设因有资金支持肯定会提高医疗条件、提高医护人员的技术水平，农村健康保障事业肯定会得到的发展。

9.1.2 农村健康保障进一步发展的对策建议

1. 北京市农村健康保障进一步发展的目标和方向

《北京市"十二五"时期社会保障发展规划》、《北京市"十二五"时期卫生发展改革规划》以及《北京市"十二五"时期健康北京发展建设规划》等规划了农村健康保障进一步发展的目标和方向。如《北京市"十二五"时期社会保障发展规划》规定，"在国家政策指导下，研究职工基本医疗保险、居民医疗保险和新型农村合作医疗保险关系的转移接续及异地结算，保障流动人员的医疗保险权益"[2]；"建立城乡居民一体化的医疗保险制度，积极推进新型农村合作医疗市级统筹，整合城镇居民基本医疗保险制度和新型农村合作医疗制度，建立统一的城乡居民医疗保险制度，形成职工和居民两大相互衔接的医疗保险体系。通过门诊统筹，提高

---

[1] 加强北京市农村公共卫生体系建设 [EB/OL]. http://www.gmw.cn/content/2010-01/15/content_1038843.htm.

[2] 北京市"十二五"时期社会保障发展规划 [EB/OL]. http://www.bjpc.gov.cn/fzgh_1/guihua/12_5/12_5_zx/.

待遇水平，扩大群众受益面，增强居民医疗保险制度的吸引力"①；"继续扩大基本医疗保险报销范围，逐步缩小职工医疗保险、居民医疗保险和新型合作医疗制度报销比例差距，其中城镇居民住院费用报销比例达到70%，加大医疗救助，解决城乡居民疾病医疗的后顾之忧"②。

《北京市"十二五"时期卫生发展改革规划》规定了未来发展的总体目标，即"2015年，基本建立覆盖城乡居民的基本医疗卫生制度。普遍建立比较完善的公共卫生服务体系和医疗服务体系、比较健全的医疗保障体系、比较规范的药品供应保障体系、比较科学的医疗卫生机构管理体制和运行机制，形成多元办医格局，卫生资源布局合理，城乡卫生事业发展差距明显缩小，实现人人享有基本医疗卫生服务，基本适应人民群众多层次的医疗卫生需求，人民群众健康水平进一步提高"③；"加大对农村地区医疗卫生服务的投入和政策支持，提高农村地区医疗服务水平和公共卫生保障能力，进一步缩小城乡基本医疗卫生服务的差距"④；"村卫生室的设置、功能和工作与社区卫生服务机构进行统筹规划和管理，加强农村地区社区卫生服务机构建设"⑤；"结合群众需求和机构服务能力，农村地区的社区卫生服务中心在全面履行六位一体功能基础上，进一步加强基本医疗职能，经区（县）卫生行政部门批准可增设治疗床位和外科、妇科、儿科等一级临床诊疗科目"⑥；"针对流动人口地区分布和流动特点，合理增加卫生机构、工作人员和经费投入等卫生资源，改善'城中村'、城乡结合部等区域的公共环境卫生，因地制宜地为流动人口提供均等化的公共卫生服务。将流动人口纳入社区卫生服务机构的服务范围，切实加强流动人口的健康教育、传染病防控、孕产妇保健和儿童计划免疫等公共卫生工作"⑦；"完善城镇职工医疗保险、城镇居民医疗保险、新型农村合作医疗和城乡医疗救助等制度，根据缴费水平、补偿水平、报销比例和服务水平等条件的不同构建多层次的、开放的、覆盖全体市民的基本医疗保障制度，不断缩小人群间保障水平差距"⑧；"加强新型农村合作医疗制度建设，完善新型农村合作医疗管理体系建设，加强市级政策和相关资源的统筹协调力度，建立和完善市、区县、乡镇三级经办管理网络。调整、充

---

①② 北京市"十二五"时期社会保障发展规划［EB/OL］. http：//www.bjpc.gov.cn/fzgh_1/guihua/12_5/12_5_zx/.

③④⑤⑥ 北京市"十二五"时期卫生发展改革规划［EB/OL］. http：//www.bjpc.gov.cn/fzgh_1/guihua/12_5/12_5_zx/12_5_yb/125_yb_shfz/201108/U020120322544775958406.doc.

⑦⑧ 北京市"十二五"时期卫生发展改革规划［EB/OL］. http：//www.bjpc.gov.cn/fzgh_1/guihua/12_5/12_5_zx/12_5_yb/125_yb_shfz/201108/U020120322544775958406.doc.

实、强化新型农村合作医疗服务管理中心职能。适应参合农民医疗需求释放的形势，均衡市、区县和个人出资比例，建立筹资动态增长机制，提高筹资水平。建立全市统一的筹资及补偿政策，逐步提高新型农村合作医疗报销水平，推进实施市级统筹。探索开展新型农村合作医疗支付方式改革，引入商业保险机构参与新型农村合作医疗经办"①；"不断缩小城乡医疗保障水平差距，努力实现城乡人群政策范围内报销水平一致。积极探索合理的结余水平，新型农村合作医疗基金当年结余原则上不超过当年筹资金额的15%"②。

《北京市"十二五"时期健康北京发展建设规划》规定，"公共卫生服务实现全覆盖。显著提高慢性疾病防控能力，提供健康教育服务，促进居民生活方式转变，力争使心脏病、脑血管疾病、恶性肿瘤、损伤和中毒的年龄别死亡率分别降低10%。提升精神卫生、妇幼卫生、老年保健等服务水平和能力。落实免疫预防各项措施，做好防控传染病的工作"③；"增加投入，健全医疗保障制度。提高郊区县诊疗能力和水平，优质医疗资源向郊区县转移。控制医药费用，提高服务效率。个人卫生支出占全市卫生总费用的比例降低至25%以下，进一步缓解看病难压力"④；"增加政府卫生投入。政府卫生投入增长幅度要高于经常性财政支出的增长幅度，占经常性财政支出的比重逐步提高，占卫生总费用的比重逐步提高，并与经济社会发展阶段相适应，保持合理的比重"⑤；"'十二五'期末，新型农村合作医疗参合率均达到98%以上，提高基本医疗保障的缴费水平、补偿水平和经办服务水平，提高城乡医疗救助水平，推动新型农村合作医疗制度向市级统筹过渡。实现我市参保人员每人一张'社会保障卡'，方便就诊和费用结算。调整卫生总费用结构，增加政府和社会等公共支出比重，降低居民个人支出负担，将比例降至25%以下"⑥。

综上所述，笔者认为，要进一步发展北京市农村居民健康保障，未来必须在以下几个方面有所突破：第一，提高新型农村合作医疗制度和公共卫生服务体系的统筹层次，建立统一的城乡居民医疗保险制度和公共卫生服务体系。第二，加大政府财政支持力度，通过门诊统筹、扩大基本医疗

---

①② 北京市"十二五"时期卫生发展改革规划 [EB/OL]．http：//www.bjpc.gov.cn/fzgh_1/guihua/12_5/12_5_zx/12_5_yb/125_yb_shfz/201108/U020120322544775958406.doc.
③④⑤⑥ 北京市"十二五"时期健康北京发展建设规划 [EB/OL]．http：//www.bjpc.gov.cn/fzgh_1/guihua/12_5/12_5_zx/．

保险报销范围、增加卫生投入等方式提高农村居民健康保障待遇水平,逐步缩小城乡差距。第三,加强农村地区卫生医疗机构尤其是村卫生室的建设力度,加强基层医疗机构工作人员的培训力度。第四,关注农村流动人口的健康保障。为了与对"存在问题"的分析相一致,下面具体对策的分析同样是从各级政府(包括村集体或村民委员会,下同)、农村居民和三级医疗卫生服务网络三大主体出发。

2. 北京市农村居民健康保障进一步发展的具体对策建议

(1) 加强各级政府的支持力度。

第一,进一步加强各级政府组织、引导和宣传工作。上面已经提到,各级政府的组织和引导工作主要包括进行政策、制度的设定和宣传,这是新型农村合作医疗和公共卫生服务体系发展的前提条件。为了解决实际操作过程中存在的问题,必须在以下两个方面进行完善和改革。一方面,进一步完善和出台相应政策、制度设计,以便真正满足农村居民对健康保障的需求。例如,要制定动态化的资金投入增长机制,动态化的、不断提高的筹资标准和保障标准等等,以适应农村居民需求层次的提高以及物价水平的变化;要在保证"大病统筹"的基础上,适当拓宽一般小病的保障范围,逐步扩大和提高门诊费用报销范围和比例;要逐步提高新型农村合作医疗政策范围内的住院费用报销比例,适当提高在县医院(包括中医院)及以上医院就医的报销比例;逐步降低新型农村合作医疗的起付点,逐步提高最高支付限额;进一步简化报销程序等等。另一方面,加大对相关政策、制度的宣传力度。

第二,提高财政统筹层次,继续加大各级政府财政支持力度,要尽量减少农村居民的支付比例。一方面,各级政府要增加对农村健康保障建设的资金投入,逐步提高政府投入占GDP的比重,其投入增长幅度要高于经常性财政支出的增长幅度,使政府投入占经常性财政支出的比重逐步提高;要提高政府投入占农村卫生总费用的比重,并与经济社会发展阶段相适应,保持合理的比重;努力减轻农村居民的经济负担,个人卫生支出占全市卫生总费用的比例降低至25%以下;要使政府投入向农村地区倾斜,提高农村居民人均卫生费用,缩小城乡差距;要完善政府对农村医疗卫生机构的投入机制,专业公共卫生服务机构的人员经费、发展建设和业务经费要由政府全额安排;要负责其举办的乡镇卫生院按国家规定核定的基本建设经费、设备购置经费、人员经费和其承担公共卫生服务的业务经费,使其正常运行;对社会力量举办的所有乡镇卫生院进行一定的政府补助;要支持村卫生室建设,对乡村医生承担的公共卫生服务等任务给予合理补助等。另一方面,提高财政统筹层次,加大市级财政的支持力度,既可以弥补因区县财政甚至是乡镇财政力量薄弱而导致财政支持力度不大的问题,也可以解决各区县差距过大的问题。

(2)进一步加强农村三级医疗卫生服务网络的建设和发展。

第一,农村三级医疗卫生服务网络中的各个医疗卫生机构各司其职,并努力加强自身建设。首先,县医院(包括中医院)作为农村三级医疗卫生服务网的龙头,是县域内的医疗卫生中心,主要负责基本医疗服务及危重急症病人的抢救,并承担对乡镇卫生院、村卫生室的业务技术指导和卫生人员的进修培训。县医院(包括中医院)要努力加强应急救治、辅助设施等建设,完善公共卫生和基本医疗功能,服务能力和水平努力达到二级甲等,等等。其次,乡镇卫生院(社区卫生服务中心)作为农村三级医疗卫生服务网的骨干,受县级卫生行政部门的委托,负责履行本辖区内卫生管理职责,在向农村居民提供公共卫生服务和常见病、多发病的诊疗等综合服务的同时,承担对村卫生室的业务管理和技术指导。乡镇卫生院(社区卫生服务中心)要进一步改善基础设施条件,加强急诊、产科等功能,完善给排水、厕所、供电、采暖和通风、污水污物处理、垃圾处理、院区环境等辅助设施,完善服务功能,提升服务能力和管理水平,为当地人民群众提供便捷、安全、有效、价廉的医疗卫生服务。最后,村卫生室作为农村三级医疗卫生服务网的基础,承担行政村的公共卫生服务及一般疾病的诊治等工作。村卫生室要进一步改善基础设施条件,完善服务功能,提高服务能力,满足人民群众健康需求。

第二,规范农村基本医疗卫生制度建设工作。北京市出台《关于推进北京市农村基本医疗卫生制度建设工作的若干意见》①,要求进一步规范农村基本医疗卫生制度建设工作。如确定镇(乡)村两级基本医疗卫生服务项目的内容、分类以及基本药品的范围,并强调随着地区社会经济发展和农村居民生活水平的提高,要逐步完善和充实镇(乡)村两级基本医疗卫生服务项目;加快村级卫生机构标准化建设,持统一规划、合理布局、重组资源、填平补齐、全面覆盖、分步实施、明确责任、确保落实的原则;明确镇(乡)政府卫生管理职责,强化公共卫生属地管理责任,制订

---

① 关于推进北京市农村基本医疗卫生制度建设工作的若干意见 [EB/OL]. http://web1.bjcc.gov.cn/News/18/20081022/380.htm.

镇（乡）域卫生规划，承担镇（乡）卫生工作的领导和管理职责，加强所属镇（乡）医疗卫生机构和村公共卫生人员的管理与考核；组织协调并完成突发公共卫生事件应急处置、疾病预防控制、卫生监督执法、妇幼保健、计划生育、爱国卫生、农村改水改厕等公共卫生任务；认真组织农村居民参加新型农村合作医疗等；明确村级组织卫生管理责任，协助乡镇政府做好村级公共卫生和农村居民健康管理工作，包括村级公共卫生管理、突发公共卫生事件的报告、疾病的预防宣传；村级医疗急救联络和基本医疗卫生信息统计；配合开展计划生育服务和管理、爱国卫生、改水改厕和除四害工作；协助建立村民家庭及个人健康档案，辅助开展村民体能测试及健康管理；配合开展村级卫生监督；配合开展新型农村合作医疗政策宣传和筹资动员；辅助开展中医村级适宜技术服务推广；负责村级基本医疗卫生服务设施装备的使用记录与管理等。

第三，加强乡村医生队伍资质建设，进一步提高乡村医生的专业素质和道德素质。按照《关于加强乡村医生队伍建设的意见》①和《关于推进北京市农村基本医疗卫生制度建设工作的若干意见》的要求，要从农村卫生和乡村医生的实际出发，制定并实施农村卫生人才队伍建设规划，培养基层适宜人才。如继续落实"四个一批"措施："下来一批"，即大医院中级以上职称医生定期下基层服务，鼓励大医院采取以大带小方式，指导、培训基层医生；"回来一批"，即返聘部分业务水平较高、身体状况较好、愿意发挥余热的退休医生到基层服务；"进来一批"，即招聘医学相关专业毕业生和引进一批中高级职称医生到基层服务，支援农村卫生工作；"出来一批"，即对现有基层卫生技术人员进行培训，进一步提高服务水平。再如，探索农村基层卫生人才培养模式，卫生部门与教育部门共同研究村级卫生技术人员培养补充途径和办法，采取多种形式，提升队伍基本素质；坚持学历教育和继续教育并举的人才培养方式，提高人才队伍整体学历层次，充分发挥本市二、三级医院在继续教育中的重要作用；继续办好各级各类基层卫生专业技术人员技能培训，为乡村医生接受培训教育创造条件，确保参训率和培训质量。

第四，落实有关政策，提高相关人员基本待遇。根据《北京市人民政府办公厅转发市卫生局等部门关于建立健全乡村医生社会养老保险制度与

---

① 关于加强乡村医生队伍建设的意见 [EB/OL]. http://www.moh.gov.cn/publicfiles/business/htmlfiles/mohncwsgls/s3585/201001/45607.htm.

基本待遇保障机制意见的通知》①（京政办发〔2007〕63号）要求，建立乡村医生养老保险制度，规范乡村医生基本待遇。一方面，建立乡村医生养老保险制度，参照本市城镇居民最低生活保障标准、农民最低生活保障标准、乡村医生平均月收入水平等确定乡村医生养老保险标准，市财政对乡村医生养老保险缴费进行补助，确保与本市农村社会养老保险制度的衔接等。另一方面，按照"分类管理、分项补助、规划设岗、优先聘用、统一标准、区县实施"的原则，确定和落实基本待遇。如村级社区卫生服务站隶属于乡镇卫生院，岗位人员由乡镇卫生院派出，实行统一管理，聘用乡村医生的费用纳入对社区卫生服务机构实行收支两条线管理的范畴，聘用费用标准由各区、县政府自行确定；村卫生室和健康工作室隶属于行政村村委会，岗位人员由村委会聘用，按照乡村医生承担的村级公共卫生和村级常见病防治两项职能，采取"政府购买服务"的方式分别给予适当补助；等等。

另外，要构建健康和谐的医患关系，加强医德医风建设，重视医务人员人文素养培养和职业素质教育，大力弘扬救死扶伤精神。

（3）进一步增强农村居民注重自身健康保障意识，积极配合农村健康保障的发展。从上述对问题的分析可以可出，农村居民没有很好地配合农村健康保障的发展，最主要的原因在于政府和农村医疗卫生网络的责任，只要政府和农村医疗卫生网络通过发展承担了相应的责任，相信农村居民会积极配合。当然，农村居民自身也要增强风险意识，注重自身的健康保障。

9.2 北京农村教育保障制度

9.2.1 农村教育保障制度发展过程中存在的问题

按照第1章"新型农村社会保障"的界定，为了避免或化解农村适龄儿童和青少年失学的风险，农村教育保障主要是涉及义务教育保障和教育救助。前文已述，北京市的农村教育保障尤其是均衡教育的发展取得了长

---

① 北京市人民政府办公厅转发市卫生局等部门关于建立健全乡村医生社会养老保险制度与基本待遇保障机制意见的通知 [EB/OL]. http://govfile.beijing.gov.cn/Govfile/front/content/22007063_0.html.

足的进步。但是依旧存在许多问题有待解决。

1. 各级政府对农村义务教育经费的投入依旧无法满足农村义务教育发展的需求

教育经费是保障义务教育正常发展的基础，自 2004 年开始北京市每年新增教育经费的 70% 用于农村教育，有力地推动了农村义务教育的发展。但是教育经费投入不足问题依旧存在，依旧无法满足农村义务教育发展的需求。

鉴于无法获取北京市农村义务教育经费投入数据，仅以北京市教育经费支出为例进行分析。从下面的表 9.7 和表 9.8 所显示的数据可以看出，虽然北京市教育经费支出在逐年增加，但依旧存在以下三个问题：第一，除 2010 年外，教育支出增长率在逐年下降。2006 年到 2007 年增长 25.71%，而 2008 年到 2009 年仅增长 15.61%。第二，教育支出占地区生产总值的比重在逐年上升，但到 2010 年也才提高到 3.19%，而目前全世界平均为 4.4%。第三，教育支出占地方财政收入比重在逐年下降，由 2006 年的 16.93% 下降到 2010 年的 11.81%；教育支出占地方财政支出比重除 2008 年外在逐年下降，由 2006 年的 14.82% 下降到 2010 年的 11.08%。以上三个问题在一定程度上说明了在教育支出绝对量增加的同时，相对量也在减少。虽然表中数据并不单纯分析农村义务教育经费，但由于自 2004 年开始北京市每年新增教育经费的 70% 用于农村教育，因此上述问题同时也是北京市农村教育经费存在的问题。

同时，由于北京市的义务教育经费主要靠区县解决，市级财政对区县教育经费的调控力度不大，虽制定了相应的拨付标准，但极具弹性，基本上还是由区县自行决定。而各区县经济发展的不平衡性依旧导致有些区县尤其是偏远山区县的教育经费投入不足。

导致各级政府对农村义务教育经费投入不足的主要原因在于各级政府对义务教育经费的需求估计不足。随着经济的发展和社会的进步，经济和社会对教育的需求质量在提高，这就要求学校必须以培养高素质、复合型人才为目标，而要达到这一目标，必须为学校配备适应现代化、市场化、国际化要求的高质量的教学软件和硬件，而这些问题的解决需要大量教育经费，但由于各级政府没有真正了解农村义务教育对教育经费尤其是财政性教育经费的真实需求，各级政府的经费供给严重不足，供求出现失衡。

表9.7　　2006~2010年北京市教育支出、地区生产总值、
地方财政收入和地方财政支出情况　　　　单位：亿元

年份	教育支出	地区生产总值	地方财政收入	地方财政支出
2006	209.21	8117.8	1235.78	1411.58
2007	263.00	9846.8	1882.04	2067.65
2008	316.30	11115.0	2282.04	2400.93
2009	365.67	12153.0	2678.77	2820.86
2010	450.22	14113.6	3810.91	4064.97

资料来源：北京统计年鉴2011："2-1　地区生产总值（1978~2010年）"；"6-1　地方财政收支（1978~2010年）"；"6-4　地方财政支出（2006~2010年）"［EB/OL］. http://www.bjstats.gov.cn/nj/main/2011-tjnj/index.htm。

表9.8　　2006~2010年北京市教育支出增长及占地区生产总值、
地方财政收入和地方财政支出比重情况　　　　单位：%

年份	教育支出增长率	占地区生产总值比重	占地方财政收入比重	占地方财政支出比重
2006	/	2.58	16.93	14.82
2007	25.71	2.67	13.97	12.72
2008	20.27	2.85	13.86	13.17
2009	15.61	3.01	13.65	12.96
2010	23.12	3.19	11.81	11.08

注：本表根据表9.7中的数据计算而成。

2. 农村义务教育均衡发展目标还没有实现，择校现象依旧存在

发表于2012年5月31日的《北京义务教育均衡发展探索纪实》①显示，根据北京市与教育部签订的"义务教育均衡发展备忘录"，2012年年底前，北京市10个区县将实现义务教育基本均衡，包括：东城、西城、朝阳、石景山、门头沟、大兴、顺义、通州、密云县、延庆县。剩余的6个区县：海淀、丰台、昌平、房山、平谷、怀柔将于2015年实现教育基本均衡。也就是说北京市目前义务教育发展还存在不均衡现象。

农村义务教育的非均衡发展既表现在学校硬件方面，也表现在软件方

---

① 北京义务教育均衡发展探索纪实［EB/OL］. http://www.rmzxb.com.cn/kj/jysl/t20120530_451729.htm.

面。表 9.9 和表 9.10 中的数据显示，农村义务教育总体情况尤其是硬件设施要优于全市平均水平。当然，表里提供的数据均是平均水平，不排除有些偏远地区的农村初中和小学的总体状况要低于全市平均水平。

但有一个指标值得注意，那就是生师比：农村初中的生师比要比全市平均水平高一些，这能在一定程度上说明农村骨干教师数量依旧不足，且流失现象严重。尤其是自北京市各区县取消中师之后，愿意到农村就业的师范专业毕业生锐减。如房山区张坊镇从 1998 年至今，只引进 3 名教师，由于各种原因离开的教师就有 20 多名。北京农村骨干优秀教师向城区优质资源学校流动的现象十分突出，成为农村教师发展乃至农村教育的一个巨大障碍。延庆县在近三年间中小学教师调出 200 余名，绝大部分是中青年优秀教师[1]。而且优秀教师资源分布不均衡，农村地区学校优秀教师数量明显低于城区学校，专业技术人员职称结构比例不合理，高级职称比例较低，而且农村学校的优秀教师还在继续向城市流动。据统计，仅 2007 年，某个远郊区县由农村地区学校流向城区学校的教师就有 60 名[2]。

表 9.9 农村义务教育基本情况（2010 年）

单位：所、人、平方米、台、册、千兆字节、万元

项　目	初中		小学	
	全市	农村	全市	农村
校数	345	100	1104	346
在校学生数	309912	40485	653255	92400
专任教师	49873	6104	49480	8986
达标校数	287	88	729	265
体育运动场馆面积	3582314	1113057	5522603	2056296
建立校园网校数	325	95	1007	304
计算机	61496	14004	148891	26776
图书藏量	9336938	2180352	23993306	4676208
电子图书藏量	39927	9326	70535	5371
固定资产总值	492295	127025	890402	142512

资料来源：北京统计年鉴2011："18 – 19 农村义务教育基本情况（2010 年）"［EB/OL］. http：//www. bjstats. gov. cn/nj/main/2011 – tjnj/index. htm。

---

[1] 北京关爱农村教师破解师资均衡化难题［EB/OL］. http：//news. xinhuanet. com/local/2011 – 09/11/c_122020087. htm.
[2] 北京实施义务教育法办法 3 月 1 日起施行均衡教育资源逐步解决"择校"问题［EB/OL］. http：//news. sohu. com/20090221/n262378514. shtml.

表9.10 农村义务教育基本情况（2010年）

单位：所、人、平方米、台、册、千兆字节、万元

项目	初中		小学	
	全市	农村	全市	农村
每所学校的平均在校生数	898	405	592	267
生师比	6.2:1	6.5:1	13.2:1	10.3:1
在校学生人均拥有计算机数量	0.20	0.35	0.23	0.29
在校学生人均拥有图书藏量	30	54	37	51
在校学生人均拥有电子图书藏量	0.13	0.23	0.11	0.06
在校学生人均拥有固定资产量	1.59	3.14	1.36	1.54
达标校数占比	0.83	0.88	0.66	0.77
建立校园网校数占比	0.94	0.95	0.91	0.88
在校学生人均拥有体育运动场馆面积	11.56	27.49	8.45	22.25

注：本表中的数据是根据表9.9中的数据计算而成，其中
1. 每所学校的平均在校生数＝在校学生数÷校数
2. 生师比＝在校学生数÷专任教师
3. 在校学生人均拥有计算机数量＝计算机÷在校学生数
4. 在校学生人均拥有图书藏量＝图书藏量÷在校学生数
5. 在校学生人均拥有电子图书藏量＝电子图书藏量÷在校学生数
6. 在校学生人均拥有固定资产量＝固定资产总值÷在校学生数
7. 达标校数占比＝达标校数÷校数
8. 建立校园网校数占比＝建立校园网校数÷校数
9. 在校学生人均拥有体育运动场馆面积＝体育运动场馆面积÷在校学生数

导致农村优秀教师资源不足原因有几个：第一，农村教师待遇不高问题。为深入了解中小学教师的地位和生存状况，民盟北京市委成立了"北京市农村中小学教师地位课题调研组"，调查结果显示，农村教师最关键的问题仍然是待遇和地位的问题。（1）农村教师待遇水平较低。问卷调查显示，月收入在1500～2000元的占66.03%，2000～2500元的占30.13%，仅有2.56%的人在2500元以上，77.56%的农村中小学教师对目前收入表示比较不满意或非常不满意。（2）与城镇地区相比存在着一定差距，尤其是自筹部分的教师结构工资方面。据调查，2006年延庆县教师平均年薪为3.2万元，海淀区教师平均年薪为5.5万元。同样，以中学教师为例，中教一级，教龄10年的山区教师与城区教师相比，月收入相差一倍。以小学教师为例，小教高级，教龄15年的山区教师与城区教师相比，月收入相差0.8倍。（3）与当地公务员相比，农村教师的待遇普遍

要低得多。据调查，延庆县2006年教师平均年薪为3.2万元，公务员平均年薪为5.2万元。怀柔2006年中小学教师月人均2740元（其中，基本工资1212元，津贴补贴1347元，特殊岗位13元，13个月工资172元），公务员月平均4400元①。第二，农村教师师资力量薄弱问题。民进北京市委2009年的专题调研《关于加强北京市农村教师队伍建设的建议》认为，农村教师年龄、学历、专业等结构性问题突出。在年龄结构上，青年、老年教师多，中年教师比例偏低，中坚力量薄弱；在学历结构上，虽然整体学历基本达标，但初始学历层次较低，相当一部分教师仅为中师毕业，后续专科或本科学历，以延庆县为例，初中专任教教师本科以上学历高达93.2%，但初始学历为本科仅占6.7%；在学科结构上：学科矛盾突出，教非所学现象十分严重②。第三，农村教师培训、交流等方面存在的问题。一方面，教师培训上存在的问题主要表现为：培训经费不足，培训的时间成本过高，参加培训的工学矛盾突出，受培训教师能动性不够，培训内容的科学性有待进一步提高，培训后缺乏跟踪反馈机制，培训的效果不佳。另一方面，教师交流上存在的问题主要表现为：部分支教、交流活动缺乏实效性，也没有起到促进农村教师发展的实际作用；城区支教教师素质参差不齐；支教活动缺乏有效性评估，支教结束后的考核缺乏统一的硬性考核标准；支教一年时间偏短，发挥不出真支教效能；受援的农村学校在对支教教师的使用上也存在失误，基本上被安排顶岗教课，没有很好地利用优秀的资源；支教活动大都为单向，农村教师缺乏到城区学校交流的机会③。

　　义务教育的非均衡发展使得择校现象有增无减。以"小升初"为例，北京市的"小升初"可谓乱象丛生。从2008年开始，由于北京市教育主管部门把制订"小升初"政策的权力下放到各区县，不公平得到进一步延展。北京市教委出台的"小升初"政策中，只有就近入学和特长生两种基本方式，但各个城区出台了多种入学方式。隐性和变相的考试已经压倒了免试入学，包括特长生、条子生、共建生在内的入学方式，以权择校、以钱择校、以优择校，俨然成为北京"小升初"的正式制度，"占坑班"是

---

① 北京民盟调研：农村教师声望高自身职业认同感低［EB/OL］. http：//news. xinhuanet. com/politics/2008－02/28/content_7686012. htm.
②③ 关于加强北京市农村教师队伍建设的建议［EB/OL］. http：//cppcc. people. com. cn/GB/34955/10857926. html.

北京市"小升初"的"头号天敌"①，北京"小升初"择校费平均 8.7 万元。据 2011 年 8 月 28 日 21 世纪教育研究院在北京发布的《北京市"小升初"乱像和治理：路在何方》②调查报告显示，择校难，择校费高昂并没有挡住家长义无反顾脚步的原因，"优质学校教师水平高，教育质量好"（54.3%）、"优质学校学风好，避免孩子学坏"（31.4%）被认为是最重要的两个原因，此外，还有近一成家长坚持"不能让孩子输在起跑线上"（9.7%）。这一切都充分说明义务教育的非均衡发展。虽然北京市农村小升初的择校现象要比城区少，但是也必须消除择校现象。

3. 农村教育救助工作尚须推进

农村教育救助工作存在的一个突出问题就是教育救助标准依旧偏低，无法满足被救助学生的基本需求。以高等教育新生入学救助为例。《关于进一步规范高等教育新生入学救助办法的通知》（京民社救发〔2011〕367 号）规定的救助标准是：考取普通高等院校，接受本科、专科或高等职业教育的学生，当年一次性最多救助 4500 元。具体标准由市民政局、市财政局、市教委、市残联经测算后确定。学费低于上述救助标准的，按实际发生金额救助③。但目前大部分高校的收费标准却远远高于救助标准。表 9.11 中列举了北京部分高校的学费标准，除北京林业大学的林学、水土保持与荒漠化防治、森林资源保护与游憩、野生动物与自然保护区管理各专业以及北京建筑工程学院的文史、管理类的学费低于 4500 元/学年外，其他各高校的学费均高于 4500 元/学年，更不用说除学费之外还有 1000 元左右不等的住宿费了。或许我们仅仅选取表中的几所高校不足以说明问题，北京还有许多高校的学费标准低于 4500 元/学年；或许仅仅选取北京的高校也不足以说明问题，北京之外的其他地区的许多高校的学费标准也低于 4500 元/学年，如江西农业大学的学费标准是：本科文、理类 3335~4255 元/学年；但是也不排除北京之外的其他地区的许多高校的学

---

① "占坑班"起源于 1998 年。实行"电脑派位"后，一些家长不愿意孩子进入薄弱校就读，而名校为争优秀生源也不愿意接收电脑派位生，于是以"奥数"为主的培训学校开始替名校选拔学生。目前，几乎各个名校都有自己对口的培训学校，只有进入该校就读，才有可能将来被"点招"进入名校。

② 北京市"小升初"乱像和治理：路在何方［EB/OL］．http://www.21cedu.org/uploadfile/new_archive/keti/xsc/xscreport.doc.

③ 关于进一步规范高等教育新生入学救助办法的通知（京民社救发〔2011〕367 号）［EB/OL］．http://bjshjz.bjmzj.gov.cn/showBulltetin.do? id = 30482&dictionid = 7083102&websitId = 70890&netTypeId = 2.

费标准同样高于 4500 元/学年，如哈尔滨工业大学的学费标准是：大部分专业 5500 元/学年；东北大学的学费标准是：4800~5500 元/学年；上海财经大学的学费标准是：中外合作项目本科专业 15000 元/学年，非中外合作项目本科专业 5000 元/学年。也更不用说许多艺术院校或艺术类专业更加高昂的学费，如中央美术学院的学费标准是：人文学院各专业 0.8 万元/学年，出版设计（漫画出版）专业 1.9 万元/学年；其他各专业均为 1.5 万元/年；中央戏剧学院的学费标准是：表演专业、导演专业、戏剧影视美术设计专业 10000 元/学年，戏剧影视文学专业、戏剧学专业 8000 元/学年；中央音乐学院的学费标准是：音乐学（含音乐教育、艺术管理）、作曲与作曲技术理论专业 8000 元/学年/学年，演唱、中国乐器演奏、钢琴、指挥专业方向 10000 元/学年。

或许有人会说，全国还有很多高校的学费标准是低于 4500 元/学年的，北京市接受教育救助的准大学生在选择志愿的时候可以选择那些学费低的学校，但笔者认为如此的话肯定会违背教育救助的初衷，许多贫穷家庭的孩子无法根据自身的能力和爱好而选择学校和专业，许多优秀的考生只能望北大、清华等名校而兴叹，许多名牌大学的大学生中穷人家的孩子所占的比例会进一步下降。"我国高等教育公平问题研究"表明，中国重点大学农村学生比例自 1990 年代起不断滑落，北京大学农村学生所占比例从三成落至一成，清华大学 2010 级农村生源仅占 17%。"出身越底层，上的学校越差"，这一趋势正在被加剧和固化[①]。这会进一步加剧教育的不公平性。

表 9.11　　　　　　　　　北京部分高校学费标准

高校名称	收费标准
北京大学	4800~5300 元/学年，医学部各专业 6000 元/学年
北京外国语大学	语言类专业学费为 6000 元/学年，其他专业学费为 5000 元/学年
北京交通大学	数字媒体艺术专业 10000 元/学年，其他专业 5000~5500 元/学年
中央民族大学	文史类各专业 5000~6000 元/学年；理工类各专业 5300 元/学年；艺术类各专业 8000~10000 元/学年
中国人民大学	外语类专业 6000 元/学年，艺术类专业 10000 元/学年，中法学院专业为 60000 元/学年，其他专业一律为 5000 元/学年

---

① 农村学生难入名牌大学北大学生占比跌至一成 [EB/OL]．http://politics.people.com.cn/h/2011/0806/c226651-2337188282.html．

续表

高校名称	收费标准
北京师范大学	4800~5400元/学年，艺术类8000元/学年
对外经贸大学	外国语言类本科生6000元/学年，其他专业本科生5000元/学年
北京林业大学	林学、水土保持与荒漠化防治、森林资源保护与游憩、野生动物与自然保护区管理各专业2500元/学年，英语、日语专业6000元/学年，艺术设计专业10000元/学年，其余专业5000元或5500元/学年
清华大学	除美术学院各专业之外的专业学费为5000元/学年；艺术设计学专业5000元/学年，艺术设计专业和造型艺术专业12000元/学年
北京理工大学	外语类专业6000元/学年，艺术类专业10000元/学年，部分专业5000元/学年，其余各专业5500元/学年/学年
北京化工大学	工业设计专业（艺术类）10000元/学年，其他专业5000元/学年
北京建筑工程学院	文史、管理类4200元/学年，理工类4600元/学年，中美合作2+2项目30000元/学年
中央财经大学	国际经济与贸易专业国际贸易/金融风险管理方向40000元/学年，艺术设计专业平面设计方向、艺术设计专业书法方向10000元/学年，英语专业财经英语方向、日语专业财经日语方向6000元/学年，统计学专业、计算机科学与技术专业、信息安全专业、应用心理学专业经济心理学方向、数学与应用数学专业金融数学方向5500元/学年，其他专业5000元/学年

资料来源：全国各地高校收费标准［EB/OL］. http://gkcx.eol.cn/z/sfbz.html。

9.2.2 农村教育保障制度进一步发展的对策建议

1. 北京市农村教育保障制度进一步发展的目标和方向

我国义务教育已经全面普及，进入了巩固普及成果、着力提高质量、促进内涵发展的新阶段。面对全面建设小康社会和加快推进社会主义新农村建设的新任务，农村义务教育发展也要上一个更大的台阶。按照《国家中长期教育改革和发展规划纲要（2010~2020年）》的设想，到2020年，要全面提高普及水平，全面提高教育质量，基本实现区域内均衡发展，确保适龄儿童少年接受良好义务教育。《北京市中长期教育改革和发展规划纲要（2010~2020年）》也明确规定，到2020年实现教育现代化,建成公平、优质、创新、开放的首都教育和先进的学习型城市,进入以教育和人才培养为优势的现代化国际城市行列,人人享有平等的受教育权利,提供更加丰富的高质量教育,充分激发学校和师生发展的活力,与经济社会联动协调发展,不断增强国际影响力。为此,第一,要巩固提高义务教育水平。巩固义务教育普及成果,适应城乡发展需要,合理规划学校布局,办好必要的教学点,方便学生就近入学;要加快农村寄宿学校建设,优先满足留守儿童住宿需求;采取必要措施,确保适龄儿童少年不因家庭经济困难、学习困难、就学困难等原因而失学,努力消除辍学现象;要提高义务教育质量,严格执行义务教育国家课程标准、教师资格标准,深化课程与教学方法改革,配齐音乐、体育、美术等薄弱学科教师。第二,要推进义务教育均衡发展。加快缩小城乡差距,建立城乡一体化的义务教育发展机制,在财政拨款、学校建设、教师配置等方面向农村倾斜,率先在县(区)域内实现城乡均衡发展,逐步在更大范围内推进。第三,要进一步加强教育救助工作的资金投入力度和管理及操作程序的规范和高效。

2. 农村教育保障制度进一步发展的具体对策建议

(1) 各级政府要加大财政支持力度,加强管理,保障农村教育健康发展。

第一,继续完善义务教育经费保障机制,进一步加大教育经费投入力度。一方面,继续完善义务教育经费保障机制,健全义务教育经费市级统筹、市与区县政府分担、管理以区县为主的体制,不断增强市政府统筹和引导力度。市级政府要负责统筹落实市以下各级人民政府应承担的经费,制订市级以下各级政府的具体分担办法,完善财政转移支付制度,确保各级农村义务教育经费保障机制改革资金落实到位。同时,鼓励乡镇政府根据实际情况,支持行政区域内的教育事业发展。另一方面,各级政府要优化财政支出结构,继续把教育作为财政支出重点领域予以优先保障。各级政府教育财政拨款增长应高于财政经常性收入的增长,并使按在校学生人数平均的教育费用逐步增长,保证教师工资和学生人均公用经费逐步增长。到2012年确保全市财政教育支出占财政支出比例实现国家分解任务目标,并保持稳定增长。增量经费主要向农村、财力薄弱区县及城市发展新区倾斜,积极扶持农村义务教育,重点加大对农村教师队伍建设、农村幼儿园、农村寄宿制学校和城镇薄弱学校建设的投入①。第二，建立城乡一体化义务教育发展机制，将农村义务教育发展目标与城市发展目标统一，真实了解农村义务教育均衡发展的需求，在财政拨款、学校建设、教师配置等方面向农村倾斜，保障农村教育发展需求。第三，建立健全义务教育均衡发展保障机制，依法落实推进义务教育均衡发展的职责，均衡配置教师、设备、图书、校舍等资源，推进义务教育公共服务均等化；建立和落实义务教育学校教师和校长流动机制。城镇中小学教师评聘高级职务（职称），原则上要有一年以上在农村学校或薄弱学校任教经历②。第四，加强各项管理。例如，加强教育经费管理：推进农村义务教育阶段学校预算编制制度改革，将各项收支全部纳入预算管理；健全预算资金支付管理制度，加强农村中小学财务管理，严格按照预算办理各项支出，推行农村中小学财务公开制度，确保资金分配使用的及时、规范、安全和有效，严禁挤占、截留、挪用教育经费。全面清理现行农村义务教育阶段学校收费政策，全部取消农村义务教育阶段学校各项行政事业性收费，坚决杜绝乱收费③。再如，建立义务教育质量标准和监测制度：巩固小学和初中建设成果，加强对义务教育学校的办学水平和教学质量的督导，着力促进学校内涵发展。以提高质量为核心，凝练办学特色，提高办学水平；完善学生综合素质评价体系，着力促进每一个学生综合素质的全面提升。再如，改革考试招生制度：坚持小学、初中免试就近入学，确保适龄儿童少年平等接受义务教育。各区县根据区域内适龄儿童的数量和分布状况，合理确定并向社会公布本区域每所学校的就近招生范围和招生人数，确保辖区内符合规定的适龄学生学有其位⑤。

（2）进一步探索城乡教育均衡发展模式。东城区"一长执两校"深度联盟探索和"城乡教育发展共同体模式"的朝阳范本、海淀学区"携手工程"值得借鉴。作为东城区"学区化管理"试点之一，史家小学（是北京乃至全国的名校）自2008年起与东四七条小学（在这里上学的孩子多是非京籍务工人员子弟，无论从硬件、软件还是声誉上都与史家小学

---

① 北京市中长期教育改革和发展规划纲要（2010～2020年）［EB/OL］. http://www.edu.cn/zong_he_870/20110325/t20110325_592388_10.shtml.
②④ 北京市中长期教育改革和发展规划纲要（2010～2020年）［EB/OL］. http://www.edu.cn/zong_he_870/20110325/t20110325_592388_3.shtml.
③ 中华人民共和国中央人民政府. 国务院深化农村义务教育经费保障机制改革的通知［EB/OL］. http://www.gov.cn/zwgk/2006-02/07/content_181267.htm.
⑤ 北京市中长期教育改革和发展规划纲要（2010～2020年）［EB/OL］. http://www.edu.cn/zong_he_870/20110325/t20110325_592388_7.shtml.

相差甚远)开展深度联盟,从最初简单的硬件设施共享,到成立"大年级组"、实现一年级课表套排、教师混编、课程一体化,直至"一长两校制",全面推动两校在教师资源、课程资源、德育资源和硬件资源方面的共享共进,发挥出名校对普通校的带动作用,在义务教育均衡发展上进行了有益的探索和尝试。朝阳区推出的"城乡教育发展共同体模式",是由市区级示范学校(中学为市级示范学校,小学为发展较好的区级示范学校)和农村学校(含部分办学水平相对薄弱的城市学校)联合组建"城乡教育共同体"。陈经纶中学与东方德才学校、酒仙桥一中、北京民族学校、黑庄户中学、119中学、豆各庄中学、高家园中学、劲松四中一起,共同成立了"践行素质教育的共同体",九所学校中有农村学校、基础薄弱学校、打工子弟学校,而这样的校际合作平台则使九所学校间资源对接、探索共享。为确保"城乡教育共同体"的顺畅运转,朝阳区教委还建立了"干部流动、人事支持、财政投入、督导评估"等一系列的保障机制。海淀学区的"携手工程"是指中关村一小与双榆树一小、中关村三小与知春里小学、人大附小与彩和坊小学、万泉小学与西颐小学结成"好伙伴"互助学校,在八所学校形成互助同行学校的基础上,海淀学区充分尊重学校的特色和差异,根据海淀培智中心学校的特教优势、中关村第四小学的教师团队建设、双榆树中心小学的小班化以及海淀外国语实验学校的外语特色,将这四所学校作为学区的资源校,之后又相继成立了名师工作室、教学指导组、师德教育实践基地、班主任名师工作室、红霞工作室,搭建了教师专业成长的支持平台,为学区各校的干部教师团队学习观摩、经验共享提供指导和帮助[1]。

(3)进一步加强农村教师队伍建设。第一,建立健全师德建设长效机制。要坚持把师德建设摆在教师队伍建设的首位,进一步加强教师职业理想和职业道德教育,不断增强广大教师教书育人的责任感和使命感,使广大农村教师将教书育人放在首位,宁肯暂时牺牲自身的私利。

第二,进一步提高农村教师生活待遇。对农村教师,不能只讲牺牲不讲待遇。只有将师德建设与待遇提高紧密结合在一起才能保障优秀教师资源长期固守在农村。提高农村教师生活待遇主要表现在两个方面:一方面,要提高农村教师收入水平。首先,要完善农村教师工资经费保障机制,确保农村教师的平均工资水平与城市一致,不低于当地公务员的平均

---

[1] 北京义务教育均衡发展探索纪实[EB/OL]. http://www.rmzxb.com.cn/kj/jysl/t20120530_451729.htm.

工资水平；要依法保障农村教师工资水平，落实农村教师绩效工资制度，对农村教师的工资实行倾斜政策。其次，完善农村教师地方津补贴机制，按照"谁出台政策，谁负责"的原则，把当地出台的教职工应享受的地方津补贴项目纳入政府财政预算，纳入财政统一发放范围；各地教育行政部门要积极配合财政和人事等部门做好中小学教职工绩效工资总量核定工作，确保教职工应享受的津补贴项目纳入绩效工资核定范围；各地教育行政部门和义务教育阶段学校还要积极配合有关部门规范义务教育阶段学校教职工津补贴项目，不得自立名目发放教职工津补贴，要坚决取消不合理津补贴项目，严肃查处违反规定继续发放津补贴的行为；等等①。再次，完善农村教师应该享有的各项社会保障，确保农村中小学教师在医疗保险、住房公积金等社会保障政策落实上与当地公务员一视同仁。最后，在远郊区县农村地区长期从教及贡献突出的教师给予奖励。另一方面，要改善农村教师其他方面的待遇，制定购房、回城、子女入学等福利政策，为教师在农村任教解决后顾之忧；在职称评定、评优、干部选拔上对农村教师给予一定的激励政策；改善现行的医疗制度，关注农村教师身心健康；加强农村学校管理的科学性，提高学校的组织能力建设，创造农村教师工作的良好人文环境。

第三，想方设法提高农村教师发展空间。提高农村教师发展空间主要表现为通过加强培训力度等而不断提升农村教师的专业发展水平。为此，要建立健全教师专业能力建设长效机制。如通过创新教育硕士、教育博士的招生培养机制，进一步提高中小学教师的学历层次；通过继续实施"农村教师素质提升计划"，为农村学校培养用得上、留得住的教师；继续加强教师培训工作，建立教师带薪脱产培训机制，加强教师培训基地和课程建设，切实提高教师培训的实效性、针对性等等②；鼓励优秀校长和骨干教师、高等学校毕业生到农村学校和薄弱学校任职、任教，发挥示范、辐射和带动作用，建立完善城镇教师到农村学校任教服务期制度；鼓励高等学校毕业生以志愿者的方式到农村地区缺乏教师的学校任教。

第四，建立农村教师补充机制，扩大农村教师来源。针对目前师范院校毕业生较少到农村任教，外地生源专业受限较多等现状，要与相关院校

---

① 教育部关于进一步做好农村义务教育经费保障机制改革有关工作的通知［EB/OL］. http://www.moe.edu.cn/edoas/website18/level3.jsp?tablename=1241424690163193&infoid=1242355382468682.
② 北京市中长期教育改革和发展规划纲要（2010~2020年）［EB/OL］. http://www.edu.cn/zong_he_870/20110325/t20110325_592388_9.shtml.

联合实施定向委培制度，定向培养农村教师；适当放开农村学校招收外地生源师范毕业生的专业限制，根据学校的实际需求制订确定招收的计划；采取政策将不能胜任教学工作的教师转岗、内退，使一线教师更快更新；加大对新任教师的选拔和储备工作，特别是要提高农村教师队伍招聘条件[①]。

(4) 进一步加强农村学校教学设施建设，改善农村中小学办学条件，加强安全、现代化校舍和专业教室建设。

第一，进一步加强农村学校安全建设。首先，健全危房改造保障机制，确保危房改造资金投入。各级政府要保障农村中小学危旧房改造和学校建设的必要投入，设立农村中小学危房改造专项资金，将新增危旧房的改造列入本级事业发展计划，多渠道筹措经费，组织实施危旧房改造和校舍建设，确保及时消除新增危旧房，改善办学条件。其次，强化工程责任制，确保工程建设质量。工程质量是校舍安全的基本保障，是危房改造工作的生命线。必须认真落实工程质量行政领导人责任制、项目法人责任制、参建单位工程质量领导人责任制和工程质量终身责任制，严格按照强制性标准进行设计和施工，严禁将工程发包给没有资质或资质达不到要求的施工单位，严禁使用不合格的设备和材料。最后，要完善危房查勘鉴定制度，建立校舍安全预警体系。各级教育行政部门和学校要加强校舍设施日常维护和管理，县级政府有关部门每年要组织对辖区内中小学校舍进行安全检查和危房鉴定，要妥善安排好危房改造期间的周转校舍，避免出现"露天学校"或"游击学校"；各地还要增强防患意识，做好危旧校舍的安全和在建项目的质量复查工作。

第二，进一步加强农村学校专业化建设，不断提升现代化教学手段。首先，按照素质教育的要求，为确保农村中小学生德、智、体、美、劳全面发展，必须建立种类齐全的专业化教室，像城市中小学那样，要有专门的音乐教室、美术教室、心理咨询教室、计算机教室、科学实验教室、专门的运动场所等等。其次，进一步加强农村学校信息化建设。例如，加强数字校园建设，形成加强满足学校、社会、家庭需求的远程教育网络；鼓励教师探索新型教学模式，开展网络教研，提高教育技术应用能力，形成适应信息化的教育教学方式与校园文化，培养提高学生利用现代信息技术收集、整理、分析信息的意识、习惯和分析解决问题的能力。

---

① 关于加强北京市农村教师队伍建设的建议 [EB/OL]. http://cppcc.people.com.cn/GB/34955/10857926.html.

(5) 进一步加强农村教育救助工作。

第一,进一步明确农村教育救助的责任主体。农村教育救助作为农村社会救助中的重要组成部分,其责任主体主要是各级政府。各级政府不仅要加大对农村教育救助的投入力度、加强政策制定、完善法律法规、加强管理和监督,还要积极引导社会力量的广泛参与鼓励社会捐赠、企业资助,争取海外赞助等,把农村的教育救助工作纳入社会救助体系进行配套建设,逐步完善教育救助体系,确保农村弱势群体受教育者不因贫困而失学。

第二,进一步加大教育救助力度。首先,要继续加大义务教育阶段救助力度,对一些特困家庭受教育者,政府不仅应免除学费、书本费、杂费等费用,还应承担其义务教育阶段的生活费用,可以通过设立助学金、建立助学基金等形式对困难学生给予资助;其次,要加强高中教育阶段救助力度,因为高中教育不再是义务教育覆盖的范围,学杂费、借读费和赞助费的不断攀升使许多农村贫困家庭的高中学生受教育权利遭到剥夺,对此,应该通过设立助学金、奖学金制度,对受教育者按家庭困难程度不同,分别以"缓、减、免"交学费等办法进行救助,以便让优秀者能够接受更高一级的教育。最后,继续加大高等教育阶段救助力度,进一步提高一次性救助标准,尽快建立完善国家助学贷款制度、教育储蓄和教育保险制度,继续在高校中实行以奖学金、学生贷款、勤工助学基金、特殊困难补助和学费减免为主体的多元化的资助经济困难学生的政策体系,以保证每一个贫困大学生不因交不起学费而上不起学或退学。最后,进一步加强职业教育救助力度,积极发展农村弱势群体的职业技术培训,使农村弱势群体的受教育权得到真正的关注与保障。

第10章

健全北京新型农村社会保障体系的公共财政支持

纵观世界范围内农村社会保障发展历史，不难看出，农村社会保障制度是否具有可持续性主要取决于两个因素：一是制度设计是否科学合理，二是财政支持是否切实到位[①]。前者的重要性毋庸赘言，它是制度持续存在的逻辑前提。而关于财政支持问题，一直以来备受关注和争议，但有一个定论已经成为无论是理论界还是实务界的共识，即是否有公共财政作支撑已成为判定这一制度之社会性的主要标准，也就是说，北京市拟构建符合现代意义的新型农村社会保障体系，政府财政难脱其责，也只有在财政切实可行的扶助下，制度才有持续性可言。我国农村社会保障长期的试点和探索已经证明，在政府"只给政策不给钱"的运行机制下，凡是主要依靠农民个人缴费来支撑的制度均陷入了资金匮乏的境地，而不得不在许多地方搁浅，当然更难以在全国广泛实施。那么目前阶段，北京市是否具有农村公共财政的运行模式？是否具备了公共财政运行模式下支撑新型农村社会保障体系的经济实力？本章首先梳理新中国成立60年来中国农村财政政策历史变迁，分析国家层面农村公共财政发展趋势；然后以此为基础，以农村公共财政制度构建为框架，以北京新型农村社会保障体系健全为目标，通过测算北京新型农村社会保障体系涵盖项目的需求水平与财政供给能力，希冀为健全北京新型农村社会保障体系提供更强的解释力。

---

① 庹国柱，王国军，朱俊生. 制度建设与政府责任——中国农村社会保障问题研究 [M]. 北京：首都经济贸易大学出版社，2009：302.

10.1 中国农村财政政策的历史变迁和发展趋势

农村财政政策是指国家财政通过分配和再分配手段促进农业农村发展和有效解决"三农"问题的一系列政策总和。主要包括两大类，一类是支出政策，主要方式是投资、补助、补贴等；一类是税收政策，主要方式是轻税、减免、退税等①。财政支农政策的制定实施受一国政治经济制度、社会发展阶段、综合国力和不同时期农业农村发展目标影响，带有鲜明的时代特征。经过多年的演变和调整，我国财政支农政策体系不断发展完善，政策效益不断显现提高，一个基本适应社会主义市场经济体制和农村经济发展形势的财政支农政策框架体系初步显现。尤其从2003年大陆全境开始实施农村税费改革以后，在农村地区事实上已经出现了公共财政的运行机制。因此，对农村财政体制变迁历史发展趋势进行研究和探讨，有助于我国农村公共财政体制和新型社会保障体系的构建。

10.1.1 中国农村财政政策的历史变迁

笔者借鉴陈锡文等学者关于中国农村财政政策历史变迁的划分方法并加以延伸，以重大政策调整为标志，以国家与农民的"取予"关系为红线，结合经济体制改革和农村税费改革，将中国农村财政政策的发展历史划分为以下五个阶段：

1. 国家集中型财政体制的建立阶段（1949~1958年）

新中国成立以后，国家财力比较薄弱。为了稳固新生的政权，国家集中力量进行生产资料的社会主义改造，体现在财政制度上就是努力构建集中型财政制度，通过实行农产品统购统销政策，也就是通过农产品低价收购政策汲取农业积累促进工业化加速发展。刚刚诞生的新中国，还是一个满目疮痍、百废待兴的落后农业国。农业作为国民经济的主导产业，担负着为工业化提供原始积累的重任。为保证统购统销的实施，改革农业合作社大力发展人民公社，实行"一大二公"的农村集体所有制度。而在财政

---

① 陈锡文. 中国农村公共财政制度：理论、政策、实证研究 [M]. 北京：中国发展出版社，2005：43.

支出方面，国家财政很少有支出来用于农村教育、卫生、文化等农村社会事业，主要是安排少量的资金支持恢复农业生产，财政支农的资金来源渠道和投向都比较单一。这一时期，国家从农业上取得的财政收入要远远大于财政对农业的投入。

2. 国家集中型财政体制的巩固阶段（1958~1978年）

社会主义改造完成以后，随着人民公社"一大二公"制度的确立，国家开始实行高度集中的计划经济体制和"重工业优先发展"战略。与之相适应，高度集中的统收统支的财政管理体制得到巩固和发展。在农村，已经初步形成的国家与农民的"取予"格局更加明显地向国家一方倾斜。体现在支出方面，"自力更生为主，国家支援为辅"成为国家战略的主导思想，"农业农村的事务主要依靠农民自己"成为农村政策的基本起点。因此，在这一时期，国家财政对农业农村的投入份额非常小，农村财政模式是一种以集体经济为主导的模式。在这种模式下，集体经济成为农村公共品和社会保障提供的最重要的主体。体现在税收方面，国家通过日益扩大的工农产品价格剪刀差过度抽取农业剩余，盘剥有限的支农资金①，积累了相当数量的资金，一定时期内加速了工业化进程。据专家测算，截至1978年，国家通过工农产品价格剪刀差从农业中汲取的积累大约在1万亿元（30年前的1万亿元，按5%的收益率，现值为4.2万亿元)②。概言之，这一时期，国家与农民的"取予"关系严重失衡，农业为中国的工业化作出了巨大的贡献乃至牺牲，财政支农却微乎其微。令人欣慰的是，虽然这一时期由于没有财政支持，但农村农业并没有就此衰败凋敝，相反，由于组织制度所具有的政治动员力量，依靠广大农民的革命热情、积极性和凝聚力，这一时期，大规模的农田水利基本建设和社区事业蓬勃兴起，在一定程度上为提高农业生产力积累了一定的基础。

3. 国家集中型财政体制的弱化阶段（1978~1994年）

1978年，中国的改革首先从农村拉开帷幕。家庭联产承包责任制的施行，一方面，极大地调动了农民的积极性，解放了桎梏已久的生产力，

---

① 这一时期国家财政也有部分资金安排支持人民公社改善农业生产条件，但统购派购制度的实行使工农业成品的贸易环境向着工业严重倾斜。
② 李君如，吴焰. 建设中国特色农村社会保障体系［M］. 北京：中国水利水电出版社，2008：6.

促进了农村经济社会的巨大发展；另一方面，也导致了人民公社制度的解体，导致了以集体经济为主导的财政模式的式微。在此背景下，国家开始实行放权让利，逐步加大对农村农业的财政投入，财政高度集中的统收统支管理体制被财政包干体制所替代，这是国家财政支农政策的重大变化，传统的"取予"格局发生松动。但是，由于国家财政投入不足，到20世纪80年代后期，我国农业呈现后劲不强、发展徘徊的局面。在税收方面，这个时期，农民的负担由四部分组成：一是国家税收；二是向集体组织交纳的各种统筹提留以及土地承包费等，包括村提留的公积金、公益金、管理费、农村教育附加费、计划生育费、优抚费、民兵训练费、乡村道路建设费等等；三是各种行政事业性收费、教育集资、乡村范围内的生产和公益事业集资以及各种摊派、罚款和收费；四是按国家法规规定，农村劳动力每年应承担的义务工和积累工。从农民负担构成可以看出，这一时期农村公共产品的供给体制与人民公社时期没有本质性的变化，农村公共产品的提供主体依旧是农民，所不同的是人民公社时期个体的农民被公共的"集体"所"代表"，并被工分形式所掩盖，农民不知道自己的负担。实行家庭联产承包责任制后，农民在农村公共产品方面的负担实实在在地落在了家庭和个人头上，且大部分货币化了，农民清清楚楚知道自己的负担。这一时期是现行农村财政政策的初步形成时期，尽管传统的"取予"格局没有发生根本转变，但是随着"建立市场经济体制"改革目标的提出，农村财政在资金渠道、资金结构、投入总量等方面逐步得到拓展，农村财政开始向公共财政体制转变。

4. 公共财政体制的起步阶段（1994～2002年）

这一阶段是我国确立社会主义市场经济体制改革目标并付诸实施的重要阶段。与建立社会主义市场经济体制的目标相适应，我国在财政领域进行了一系列改革。一是为进一步理顺中央与地方的财政关系，提高中央宏观调控能力，从1994年开始实行的分税制改革；二是为了应对亚洲金融危机，扩大国内需求，从1998年开始施行的以发行建设国债和投资基础设施领域为主要内容的积极的财政政策；三是从2000年起，启动了财政支出改革、税费改革和公共财政制度框架的构建，并在财政收支上逐步向公共财政的方向调整。"这些改革推动了与社会主义市场经济相适应的现代财税制度的逐步形成，在一定程度上也促进了农村财政政策的转变。一是财政用于农业农村的支出逐步增加，增加的重点领域主要在农业农村基础设施、生态建设和农村税费改革转移支付。二是支出结构调整向市场经济体制要求和公共财政原则靠近,减少了对农产品生产领域的支持比重,加强了对农业农村基础设施建设、农业科技进步、农业抗灾救灾、农村扶贫开发、生态建设和农村改革特别是农村税费改革的支持"[1]。三是"多予、少取、放活"的方针提出,并在农村财政政策层面上得到一定的体现。

5. 公共财政体制的完善阶段(2003年至今)

2003年党的十六届三中全会提出"统筹城乡发展"发展方略,提出要把"三农"问题作为全党工作的重中之重,我国财政支农政策开始实现战略性的转变。2004年以来,中央连续出台了7个"一号文件",实施了以"四减免"(农业税、牧业税、农业特产税和屠宰税)、"四补贴"(种粮直补、农资综合直补、良种补贴和农机具购置补贴)为主要内容的支农惠农政策,中央对农业投入的力度进一步加大,财政支农工作的指导思想也发生了根本性转变,国家与农民的"取予"关系发生根本性改变。从政策层面上,把财政支农的重点由原来的以促进农业生产为目标,转向以促进农业农村的全面发展为目标;把整合财政支农资金,发展现代农业,统筹城乡发展作为财政支农新的着力点。在若干支农惠农政策中,最具标志性意义的是2006年1月1日农业税的取消。农业税的取消,对中国历史而言,意味着在中国沿袭了两千多年的农业税已经成为一个历史名词;对普通老百姓而言,则意味着支出实实在在的减少和收入实实在在的增加;对中国财政制体制而言,这标志着中国农村公共财政体制走上了探索之路。

伴随着农村公共财政体制的逐步建立,社会保障也开始逐步纳入到公共财政体制之中。以新型农村合作医疗制度为例,从2003年起,中央财政对中西部地区,除了市区以外,参加新型农村合作医疗的农民,每人每年按平均10元安排补助,地方财政对参加新型合作医疗的农民补助不低于人均10元。从2006年起,中央财政对中西部地区除市区以外的参加新型农村合作医疗的农民由每人每年补助10元又提高到20元,地方财政也要相应增加10元。根据国家统计局2009年国民经济和社会发展统计公报,截至2009年新型农村合作医疗基金累计支出总额646亿元,累计受

---

[1] 刘银喜.农村公共财政:公共财政研究的新领域——概念、体制变迁及结构特征[J].内蒙古大学学报(人文社会科学版),2007-09-15.

益4.9亿人次①。

10.1.2 中国农村财政政策的发展趋势

1. 我国现行农村财政政策存在的主要问题

（1）指导思想尚需进一步转变和明确。长期以来，农村财政政策的制定实施主要以"自力更生为主、国家支持为辅"为基本原则，其实质就是农民、农村的事务不管是不是公共产品和公共服务，都主要依靠农民自己和农村自身，这就导致了广大的"三农"领域被国家财政"长期遗忘"的局面。

（2）支农投入不足，缺位严重，且结构不合理。改革开放之后，随着家庭联产承包责任制等农业生产基本制度的理顺，支农投入也相应发生变化，但从未超过14%，一般都在10%以内；且总体看来，虽中间略有波动，但仍呈下降趋势，由1978年的13.4%下降到2006年的7.85%②。不仅如此，支农结构也不合理。具体体现在：一是具有正外部性的公共产品供给严重短缺；二是用于人员供养及行政支出部分所占比重较高，而用于建设性的支出比重不高；三是农业科技、农用相关信息的提供也远远满足不了农民的需求，农业科技开发资金少，农业科技人员短缺，没有完整、规范的市场供求信息网络和科技推广体系。

（3）政策着力点不集中，条块分割严重，支农方式不合理。首先体现在财政支农资金方面，"包括农业基本建设投资、农业科技支出、支持农业生产支出、农业综合开发资金等都存在使用上的分散和交叉重复并存的现象"③。分析原因，主要是因为政策着力点不集中，条块分割严重，支农方式不合理。我国现行的财政支农政策都是从传统计划经济体制下延续下来，支农资金的科目分类、管理体制都是以部门块块为主，也就造成本就有限的财政支农资金分属多个部门管理的局面。又因为财政支农资金分

---

① 中华人民共和国国家统计局.2009年国民经济和社会发展统计公报［EB/OL］. http://www.stats.gov.cn/tjgb/ndtjgb/qgndtjgb/t20100225_402622945.htm.
② 国家统计局农村社会经济调查司.中国农村统计年鉴2008：国家财政用于农业的支出［EB/OL］. http://tongji.cnki.net/kns55/navi/YearBook.aspx?id=N2009060213&code=006?&type=0&n=A_N2009060213000044&floor=1.
③ 陈锡文.中国农村公共财政制度：理论·政策·实证研究［M］.北京：中国发展出版社，2005：50.

属多个部门管理，各部门对政策的具体理解、执行和资金使用要求各不相同，各部门之间又缺乏有机的沟通协调，致使资金使用效率极其低下。"目前最突出的是发展改革委、科技部、财政部和农口各部门之间以及各部门内部机构之间分配管理的财政支农资金在分配上还没有形成一个有效的协调机制，基本上是各自为政，资金使用分散和投入交叉重复现象比较严重"①。其次是农业补贴过多地用于农产品流通环节，而一些关系农业发展全局的基础性、战略性和公益性项目，如农业品种改良、重大病害控制、食品安全保障、执法体系建设、社会化服务体系建设等，则缺乏足够的财政投入保障，致使农业发展的后劲不足。

（4）财政主体财权与事权不匹配。1994年开始实施的分税制财政体制改革对中央和地方的财政关系进行了规范性界定和调整，搭建了市场经济条件下中央与地方财政分配关系的基本制度框架。分税制改革的基本原则是事权与财权相统一，即要求各级政府所掌握的财力能够与其所承担的职能相匹配。"但1994年分税制改革的重点是中央政府和省级政府之间财权的划分，而省级政府和市级政府、县级政府以及乡（镇）级政府之间的事权和财权划分并不明确，各地方政府不具有确定税种的权力，税收收入来源不稳定"②，特别是乡镇政府事权和财权严重不对称。乡镇政府不仅要履行领导经济建设、带领群众致富的职责，还要提供大量社会公共物品，如农村道路建设、社会治安管理、各种税费征收、农村义务教育等，而这些公共物品本不应当全部由乡镇政府提供。

2. 我国农村财政政策的发展趋势——公共财政

公共财政是我国农村财政体制改革的必然选择。公共财政的实质是市场经济的财政，是建立在市场失灵基础上的、以实现财政管理科学化为目标的一种财政管理模式。市场失灵决定着公共财政存在的必要性和职能范围（安体富，1999），市场不具备提供公共产品收入均等化和保持宏观经济环境稳定运行的功能，这是政府行为作用的领域。换句话说，凡是市场能做的，政府就不要介入，交给市场去做；凡是市场不能做的，政府必须承担起相应的责任。从农村市场经济发展、城乡工农关系、农民对优值品

---

① 陈锡文. 中国农村公共财政制度：理论·政策·实证研究［M］. 北京：中国发展出版社，2005：50.

② 刘银喜. 农村公共财政：公共财政研究的新领域——概念、体制变迁及结构特征［J］. 内蒙古大学学报（人文社会科学版），2007-09-15.

的认识和农村公共产品供给等方面看，公共财政是我国农村财政体制改革的必然选择。

事实上，西方财政理论中并不存在独立的农村或城市公共财政，一是因为西方发达国家在现代化的进程中遭遇的城乡差距远没有中国那样悬殊和根深蒂固，二是因为与市场经济体制相适应的西方公共财政自身天然具有的公平属性，体现在财政制度中就是城乡一体；而在中国却是另外一种情况，政治、经济、历史文化等方面的若干因素造成了中国财政存在农村和城市之分的事实。忽视这一事实或者否认农村公共财政的相对独立性，都不是科学的、客观的马克思主义态度，都与马克思主义的世界观和方法论相背离。因此，笔者认同学界将农村公共财政体制作为单独研究对象的观点。同时笔者认为，农村公共财政职能定位的基础在于对农村市场发展程度及其作用的正确认识。一般来讲，成熟的市场经济不能有效提供公共产品、实现收入分配的社会公平和宏观经济稳定，由此决定了公共财政应在资源配置、收入分配和经济稳定与发展三个方面承担起相应的职责。而我国农村市场经济的发育还不成熟，其失灵程度较之成熟的市场经济形态更为严重，这就决定了我国农村公共财政应在资源配置、收入分配和经济稳定与发展方面发挥更大的作用。

（1）农村社会主义市场经济体制的不断完善要求公共财政在农村发挥作用。20世纪最后的20多年，是中国经济走上腾飞之路的重要时期。我们坚持市场取向的改革，初步建立了社会主义市场经济体制，市场机制在资源配置中日益明显地发挥基础性作用，为经济快速发展提供了强大动力。由农村发轫的经济体制改革首先为农村经济社会带来了深刻变化。农村经济快速发展，农业综合生产能力不断提高；农民收入和消费水平大大提高，恩格尔系数持续下降；扶贫工作取得历史性突破，农村贫困人口已由1978年的2.5亿人下降到2009年的3597万人左右，农村贫困率从30.7%下降到5%左右[①]；在我国东南沿海的一些发达地区，随着工业化、信息化、国际化进程的加快，农村农业快速发展，城乡差距日益缩小，城乡一体化协调发展的格局已初步形成。

但是，伴随着市场取向经济体制的逐步确立，农村和农民在享受市场机制带来巨大成果的同时，也自然面临着"市场失灵"等诸多矛盾和问题的考验。一方面，市场经济瓦解了集体经济，集体经济所担负的社保职能

---

① 中华人民共和国国家统计局.2009年国民经济和社会发展统计公报［EB/OL］. http://www.stats.gov.cn/tjgb/ndtjgb/qgndtjgb/t20100225_402622945.htm.

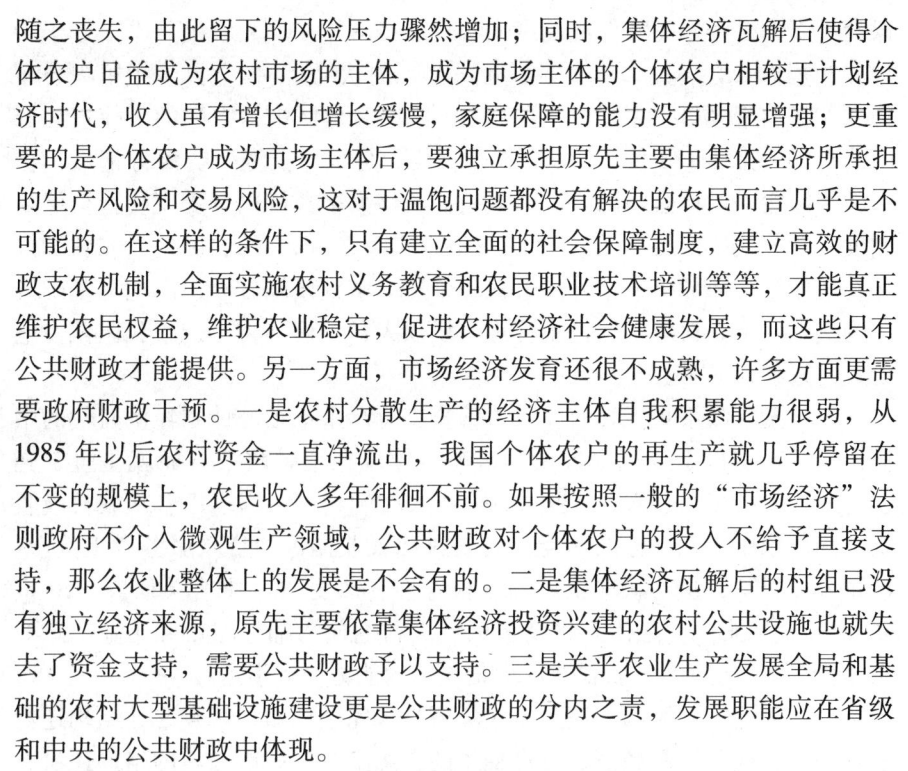

随之丧失,由此留下的风险压力骤然增加;同时,集体经济瓦解后使得个体农户日益成为农村市场的主体,成为市场主体的个体农户相较于计划经济时代,收入虽有增长但增长缓慢,家庭保障的能力没有明显增强;更重要的是个体农户成为市场主体后,要独立承担原先主要由集体经济所承担的生产风险和交易风险,这对于温饱问题都没有解决的农民而言几乎是不可能的。在这样的条件下,只有建立全面的社会保障制度,建立高效的财政支农机制,全面实施农村义务教育和农民职业技术培训等等,才能真正维护农民权益,维护农业稳定,促进农村经济社会健康发展,而这些只有公共财政才能提供。另一方面,市场经济发育还很不成熟,许多方面更需要政府财政干预。一是农村分散生产的经济主体自我积累能力很弱,从1985年以后农村资金一直净流出,我国个体农户的再生产就几乎停留在不变的规模上,农民收入多年徘徊不前。如果按照一般的"市场经济"法则政府不介入微观生产领域,公共财政对个体农户的投入不给予直接支持,那么农业整体上的发展是不会有的。二是集体经济瓦解后的村组已没有独立经济来源,原先主要依靠集体经济投资兴建的农村公共设施也就失去了资金支持,需要公共财政予以支持。三是关乎农业生产发展全局和基础的农村大型基础设施建设更是公共财政的分内之责,发展职能应在省级和中央的公共财政中体现。

(2)城乡工农关系的严重失衡要求公共财政在农村发挥作用。从宏观角度观察,改革开放30多年来,尽管我国农村经济改革成效显著,村容村貌变化巨大,农民生活水平空前提高,但是农业与工业之间、乡村与城市之间、农民与市民之间的差距不但没有被缩小,反而在继续被拉大。主要表现有:

一是宏观收入分配失衡,城乡居民收入差距不断扩大。改革开放以来,特别是伴随着市场经济的确立和发展,国家逐步改变过去长期实行的"高积累、低消费"收入分配方针,不断提高居民收入在国民收入分配中的比重,有力促进了人民生活水平的不断提高。无疑这是国家发展战略的正确选择,但是美中不足的是,在居民收入普遍提高的过程中更多地偏向了城市居民,而农村居民被普遍忽视或者轻视,城乡居民收入差距不断扩大。

二是城乡社会发展在教育、医疗卫生、社会保障基础设施建设等多方面存在巨大差距。教育方面,农村青少年人口接受教育的面和质量远远落后于城市地区;医疗卫生方面,城镇居民基本上可以享受公费医疗或医疗保险，而农村合作医疗保健制度大部分已经解体，广大农民基本上处于一种"小病撑，大病抗，重病等着见阎王"的状况①。据世界卫生组织公布的《2000年世界卫生报告》，在191个国家和地区中，中国的医疗资源分配公正指数排第188位②，即倒数第4位，是世界上卫生资源分配最不公平的国家之一。社会保障方面，城镇居民绝大多数可以享受现代社会保障制度（尽管仍不十分完善），而占中国人口56%以上的农民绝大多数被排斥在现代社会保障体系之外或者只沾个边。基础设施方面，以电力基础设施为例，我国农村电网结构不合理，线损大，管理不善，造成我国城乡电价差距过大，等等。

三是金融政策重工轻农，农村信贷支持严重不足。计划经济时代的中国由于长期实行工业优先发展的战略，体现在金融政策方面就是重工轻农，农业支持工业、农村支援城市，"农村的金融机构承担着从农村吸收资金为国家工业化服务的职能，为农村和农业提供的贷款服务微乎其微。改革开放以来，这种状况依然没有根本性的改变"③，据有关研究，20世纪90年代以来，金融体系将县乡区域农村的储蓄抽往城市和工业，总规模至少为5万亿元④。农村获取信贷支持的能力严重不足。

上述问题究其原因，还是工农关系尚未完全理顺，城乡二元结构还没有被完全打破，国民经济运行过程中的资源配置向城市倾斜的格局还没有根本改观，改革发展成果在城乡和工农之间的分配还没有实现真正均衡。只有建立公共财政制度，纠正政府财政的"缺位"、"越位"和"不到位"等行为，才能从根本上改变这种状况。

（3）农民对优值品的效用评价普遍偏低要求公共财政在农村发挥作用。优值品是指消费者对消费品的效用评价低于该产品应当拥有的效用评价。因为消费者未能充分认识到产品给其带来的利益，使它对产品的效用评价过低，若任由消费者根据自己的偏好购买，市场提供的优值品数量会低于资源配置的最佳水平，从而造成资源配置不足的效率损失。

由于我国农民经济支付能力较弱，整体文化程度偏低，以及传统思想

---

① 王根贤. 公共财政视角下的中国医疗卫生保障制度研究 [M]. 成都：西南财经大学出版社，2008：117.
② 世界卫生组织. 2000年世界卫生报告 [M]. 北京：人民卫生出版社，2000.
③ 苏明. 国民经济转型时期工农关系、城乡关系和国民收入分配关系的研究 [J]. 经济研究参考，2003 – 02 – 19.
④ 李君如，吴焰等. 建设中国特色农村社会保障体系 [M]. 北京：中国水利水电出版社，2008：6.

的束缚,对于自己未来可能面临的风险预见不够,或者说,即使预见到了,也因为信息不完备而对自己未来的情况无法作出精确的估计,不愿牺牲目前的消费来为以后做出足够的准备,而仅仅习惯于长期依赖土地保障和家庭保障,致使储蓄与消费之间不均衡,也导致当前参保意识淡薄,热情度不高的现象普遍存在。更贴近生活的假设是,个人不是充分理性的,而国家作为一个统治系统,拥有完备的信息和远见,所以比个人有更加充分的理性[1]。因此,对优值品的消费需要采取一定的公共管制措施,也就是要对经济主体的决策施加某些限制,强制性地要求消费者将对该产品的购买量增加至某一合理水平。这种公共管制与市场提供相结合的方式能在一定程度上减少单纯市场提供所可能带来的效率损失,所以在农村社会保障体系构建过程中,以政府为主导站在一个更高的平台上帮助农村居民做出应对其生命波折的经济安排是非常必要的。

(4) 社会保障是公共财政自身所固有的职能。从经济运行角度看,公共财政的职能是解决市场失灵问题,具体包括资源配置、收入分配和稳定经济的职能。实施社会保障集中体现了公共财政的这三种职能。社会保障资金的筹集和发放,既是一种资源配置方式,又在相当程度上矫正收入分配的结构,从而促进了相对公平和社会经济的稳定。

从实践上看,公共财政本身就具有社会保障功能。因为社会保障资金收支是公共财政分配的重要组成部分。无论资金来源和支出去向如何,整个资金的流程过程中都不能缺少公共财政。公共财政部门可以在相关部门的协助下征收社会保险税或社会保障费,再经过公共财政的预算安排把其拨付出去以满足对社会保障的公共需要。同时,公共财政还可以对社会保障资金的收支运行情况进行管理和监督,比如说现实中建立的财政专户、收支两条线管理、最后兜底职能等。所以公共财政是社会保障资金收支运行过程中的桥梁和纽带[2]。

---

[1] 李叶坤. 财政视角下的农村社会保障政府职责研究 [D]. 太原:山西财经大学,2007:8.

[2] 贾洪,李国柱. 公共财政在中国社会保障体系中的角色定位 [J]. 石家庄经济学院学报,2005 (10):599-603.

10.2 构建北京新型农村社会保障体系对公共财政资金的需求

新制度经济学指出，任何制度变迁都是需要成本的。建立农村社会保障制度是一项重要制度变迁，当然也需要相应的成本。这些成本主要包括两种：一是转制成本，即由旧制度向新制度转变过程中产生的成本；二是运行成本，指农村社会保障制度运行过程中所需要的正常费用。关于转制成本，由于我国农村社会保障制度变迁属于强制性制度变迁①，按照新制度经济学的观点，在强制性制度变迁中，作为制度的设计与实施者的政府必须承担主导责任，所以转制成本必须由政府承担主要责任；同时也因为我国工业化过程中工农产品的价格"剪刀差"致使农民基本没有形成财富积累，即使农民有意愿也没能力。关于运行成本，无论是国家干预理论，还是公共财政理论，都强调政府和国家的参与，认为由国家承担起私人与市场无法承担的社会保障责任，是一种有效的克服市场失灵和反危机措施，也是有效的"经济稳定器"之一。在任何现代国家，社会保障最终兜底的或作为最终担保的都是财政；对于农村社会保障，更应如此。因此，国家财政应当义不容辞地承担起建立农村社会保障制度的应尽责任和运行成本。那么，按照我们的制度设计，构建北京新型农村社会保障体系的成本是多少呢？或者说需要财政投入多少呢？本节即着重研究这一问题。为使研究过程方便易行，使研究结果简洁直观，下文或以2009年或2008年的有关财政收支数据为基础进行静态计算，或借用已有专家的估算方法或测算结果，进而估算未来10年农村社会保障财政需求；为计算方便，笔者都采取不变价的方式，不考虑通货膨胀的影响。

---

① 按照林毅夫（1989年）《关于制度变迁的经济学理论：诱致性变迁与强制性变迁》的观点，制度变迁分为诱致性制度变迁和强制性制度变迁，前者指的是现行制度安排的变更和替代，或者是新制度安排的创造，它由个人或一群（个）人，在响应获利机会时自发倡导、组织和实行；后者由政府命令和法律引入和实行。

10.2.1 农村养老保障的财政资金需求

1. 基本假定

前文已述,农村养老保障由政府承担的部分主要由基础养老金、对个人账户的缴费补贴及老年服务保障构成。鉴于数据的可获得性,这里主要测算基础养老金和对个人账户的补贴两部分对财政资金的需求。

要测算基础养老金和对个人账户的补贴两部分对财政资金的需求,所涉及的指标有新农保参保人数、基础养老金标准和对个人账户缴费补贴标准。要进行预测,必须做如下假定:第一,对参保人数的预测。对本书第5章表5.10所提供的数据进行分析发现,2009~2011年,每年的参保率递增1%,每年应参保人数递增3万左右。因此假定未来的年份,应参保人数每年递增3万,参保率每年递增1%,并据此测算未来年份的参保人数。第二,对本书第5章表5.12所提供的数据进行分析发现,2010~2012年,基础养老金标准两年的平均增长率为13.1%,考虑到目前的基础养老金标准还不是很高,因此假定未来年份基础养老金的标准均以14%的速度增加,由此测算养老金标准。第三,前文已述,为落实《国务院关于开展新型农村社会养老保险试点的指导意见》,完善北京市城乡居民养老保险的筹资机制,北京市决定从2009年起,对符合参加城乡居民养老保险条件并且缴纳了城乡居民养老保险费的人员给予每人每年30元的缴费补贴[1]。这里假定未来年份对个人账户的缴费补贴标准不变,依旧是每人每年30元。

2. 资金测算

在上述假定的基础上,根据本书第5章所提供的相关数据整理得出2011~2015年北京农村社会养老保险对公共财政资金的需求规模(见表10.1)。

---

[1] 北京公布2010年城乡居民养老保险缴费标准[EB/OL]. http://society.people.com.cn/GB/11332760.html.

表 10.1　　2011~2015 年农村养老保险财政资金需求规模测算

单位：万人、元/年、亿元

年份	参保人数	基础养老金标准	缴费补贴标准	对财政资金的总需求
2011	163.7	3960	30	65.32
2012	168.3	4290	30	72.71
2013	172.9	4891	30	85.08
2014	177.6	5576	30	99.56
2015	182.4	6357	30	116.50

注：表中 2011 年的参保人数、2011 年和 2012 年的基础养老金标准和缴费补贴标准是实际数而非预测数。

除此之外，北京市还在全国率先设立了一种针对无保障老年人的福利制度，福利养老金的标准也在不断提高。本书第 5 章中已阐述，2015 年，预计城乡居民福利养老金将提高到 300 元。鉴于无法获取北京市近几年的农村无保障老年人的人数，不再进行详细的计算，但是本书第 5 章涉及的相关数据显示，2008 年 1 月至 2008 年 5 月 5 日，北京市已受理符合申领福利养老金条件的人数达 48.26 万人，其中农业人口 35.7 万，占 74% 左右；整个"十一五"期间，61.3 万名无社会保障城乡老年居民享受福利养老金待遇，如果按照上述比例的话，则有 45.5 万农村居民享受到了福利养老金待遇。假定整个"十二五"时期需享受福利养老金的农村居民人数不变，如果按照 300 元/月的标准，则整个"十二五"时期需 16.38 亿元，如果考虑到人数的增加，则需要的公共财政投入会更多。

为完善老年服务保障，也需要庞大的财政资金支持，但限于数据的可获得性，无法进行预测。

10.2.2　农村健康保障的财政资金需求

前文已述，农村健康保障主要由两部分组成：新型农村合作医疗制度和公共卫生服务体系。

1. 新型农村合作医疗对财政资金的需求

（1）基本假定。前文已述，新型农村合作医疗制度是由政府组织、引导和支持，农民自愿参加，个人、集体和政府多方筹资，以大病统筹为主的农民医疗互助共济制度。根据对本书第 5 章相关材料及表 5.7 和表 5.8

所提供的数据的分析,对预测未来年份新型农村合作医疗对财政资金的需求规模作如下假定:第一,大量材料和数据显示,农村新型合作医疗制度所需资金80%以上来自各级政府的财政投入,例如,2008年年底,北京市新型农村合作医疗总筹资9.1亿元,其中三级财政补助资金占筹资额的82.9%[①];2009年北京市新型农村合作医疗共筹资11.9亿元,其中市、区(县)、镇(乡)三级政府筹资占筹资总额的85.7%等等。因此假定未来年份政府财政投入在新农合筹资标准中占85%。第二,由表5.7中提供的数据可以看出,2007~2011北京市农村参合人数平均每年以3.1%的速度递增,鉴于2011年有下降趋势,我们假定未来年份北京市农村参合人数每年以3%的速度递增。第三,由表5.8中提供的数据可以看出,2007~2011年北京市新型农村合作医疗的筹资标准平均每年以24.7%的速度递增,鉴于2011年没有提高,再综合考虑物价波动等因素,我们假定未来年份北京市新型农村合作医疗的筹资标准每年以27%的速度递增。

(2)资金测算。在上述假定的基础上,根据本书第5章所提供的相关数据整理得出2011~2015年北京新型农村合作医疗对公共财政资金的需求规模(见表10.2)。

表10.2　　2011~2015年新型农村合作医疗财政资金需求规模测算

单位:万人、亿元

年份	参合人数	筹资标准	对财政资金的需求
2011	276.8	520	12.23
2012	285.1	640	15.51
2013	293.6	813	20.29
2014	302.4	1033	26.55
2015	311.5	1312	34.74

注:表中2011年的参合人数、2011年和2012年的筹资标准为实际数而非预测数。新型农村合作医疗对财政资金的需求规模=参合人数×筹资标准×85%。

2. 公共卫生服务对财政资金的需求

(1)基本假定。鉴于数据的可获得性,这里仅探讨北京市全市社区卫

---

① 北京:新农合2009年报销"零起付" [EB/OL]. http://www.gov.cn/fwxx/jk/2008-12/24/content_1186153.htm.

生服务中心（站）对财政资金的需求规模。同样是鉴于数据的可获得性，这里在测算北京市全市社区卫生服务中心（站）对财政资金的需求规模时，以实际发生额作为参照。通过对表10.3的分析，可以看出，北京市全市社区卫生服务中心（站）的财政补助平均每年以39.4%的速度递增，鉴于2009年的增速较慢，综合考虑2010年和2011年的数据，再加上物价波动以及更加重视公共卫生服务等因素，这里假定未来年份北京市全市社区卫生服务中心（站）的财政补助平均每年以50%的速度递增。

表10.3　　2008~2011年北京市全市社区卫生服务中心（站）总支出中财政补助情况　　　单位：亿元、%

年份	财政补助	增长率
2008	10.9	/
2009	13.6	24.8
2010	19.1	40.4
2011	29.2	52.9

资料来源：相关年份的北京市卫生统计公报或简报［EB/OL］. http：//www.phic.org.cn/tonjixinxi/.

（2）资金测算。在上述假定的基础上，根据本章表10.3所提供的相关数据整理得出2011~2015年北京市农村公共卫生服务对财政资金的需求规模（见表10.4）。

表10.4　　2011~2015年北京市全市社区卫生服务中心（站）财政资金需求规模测算　　　单位：亿元

年份	对财政资金的需求
2011	29.2
2012	43.8
2013	65.7
2014	98.6
2015	147.9

注：表中2011年的数据为实际数而非预测数。

10.2.3 农村最低生活保障的财政资金需求

1. 基本假定

前文已述,北京市最低生活保障制度已经实现全覆盖和应保尽保,而且是财政全部支付,农村居民对最低生活保障资金的需求同时也就是支付的财政支出。因此要测算 2011~2015 年北京市农村居民对最低生活保障资金的需求,可以参考以前年份的农村最低生活保障累计支出情况。通过对表 10.5 的分析,可以发现北京市农村居民对最低生活保障资金的需求的年平均增长率为 34.6%,考虑到物价变动因素和 2010 年的增长率比较低的缘故,再加上最低生活保障标准依旧有上升的空间,假定未来年份的增长率为 40%。

表 10.5　2008~2011 北京市农村最低生活保障累计支出情况　　单位:万元、%

年份	农村最低生活保障累计支出	增长率
2008	9885.3	/
2009	13255.2	34.1
2010	14792.3	11.6
2011	23404.5	58.2
平均	15334.3	34.6

资料来源:低保数据 [EB/OL]. http://cws.mca.gov.cn/article/tjsj/dbsj/index1.shtml?.

2. 资金测算

在上述假定的基础上,根据本章表 10.5 所提供的相关数据整理得出 2011~2015 年北京农村最低生活保障对公共财政资金的需求规模(见表 10.6)。

表 10.6　2011~2015 年农村最低生活保障财政资金需求规模测算　　单位:亿元

年份	对财政资金的需求规模
2011	2.34
2012	3.28

续表

年份	对财政资金的需求规模
2013	4.59
2014	6.43
2015	9.00

注：表中2011年的数据为实际数而非预测数。

10.2.4 农村五保救济的财政资金需求

1. 基本假定

前文已述，北京市农村五保供养制度取得了很大的发展，已经实现应保尽保，而且所需资金全部由政府财政负担。鉴于五保供养人数无规律可循，因此本文无法根据五保供养人数和五保供养标准两个指标来测算五保供养对财政资金的需求，但由于实现了应保尽保，即五保供养资金供求均衡，因此也可以以全年累计支出的农村五保供养资金情况作为预测未来年份五保供养对财政资金的需求规模。通过对本书第5章表5.4中所提供的数据进行分析发现，2008~2009年北京市五保供养全年累计支出增长了142.6%，2009~2010年增长了12.5%，两年平均增长77.6%。若以77.6%作为未来的增长率显然过高，因为2008~2009年的增长率很高显然有其特殊性，但每年增长12.5%左右很正常。为了进一步提高五保供养标准，充分考虑物价水平的波动，这里假定以每年15%的速度递增。

2. 资金测算

在上述假定的基础上，根据第5章表5.4所提供的相关数据整理得出2011~2015年北京农村最低生活保障对公共财政资金的需求规模（见表10.7）。

表10.7　2011~2015年农村五保供养财政资金需求规模测算　　单位：亿元

年份	对财政资金的需求规模
2011	0.26
2012	0.30

续表

年份	对财政资金的需求规模
2013	0.35
2014	0.40
2015	0.46

10.2.5 农村教育保障的财政资金需求

1. 基本假定

前文已述，农村教育保障包括义务教育和教育救助两部分，鉴于数据的可获得性，这里主要测算农村教育义务经费。同样鉴于数据的可获得性，这里做如下假定：第一，这里设计的农村教育经费取决于三个因素：全市教育经费、全市接受义务教育学生占全市学生的比例、农村接受义务教育的学生占全市接受义务教育学生的比例。根据本章表10.9所提供的数据，全市接受义务教育学生占全市学生的比例平均每年降低0.7个百分点，据此假定未来年份该比例平均数为27%；农村接受义务教育的学生占全市接受义务教育学生的比例平均每年降低0.6个百分点，据此假定未来年份该比例平均数为12%。第二，根据对表10.8数据的分析，可以看出，2008~2010年教育经费支出每年平均以19.65%的速度递增，但鉴于目前教育经费投入仍旧不足，且2010年的增长率为23.12%，这里假定未来年份教育经费以每年25%的速度递增。

表10.8　　　　2007~2010年年北京市教育经费支出情况　　　单位：亿元、%

年份	教育支出	增长率
2007	263.00	/
2008	316.30	20.23
2009	365.67	15.61
2010	450.22	23.12

资料来源：北京统计年鉴："6-4　地方财政支出（2006~2010年）"[EB/OL]. http://www.bjstats.gov.cn/nj/main/2011-tjnj/content/mV118_0604.htm.

表10.9　　　　2007~2010年年北京市教育经费支出情况　　　单位：亿元、%

年份	全市学生	接受义务教育学生	农村接受义务教育学生	接受义务教育学生占全市学生的比例	农村接受义务教育学生接受义务教育学生
2007	3195763	999576	157902	31.3	15.8
2008	3208704	984617	146790	30.7	14.9
2009	3214354	965975	136477	30.0	14.1
2010	3299555	963167	132885	29.2	13.8

资料来源：表中的数据来源于历年北京市统计年鉴，"18-1　教育基本情"和"18-19　农村义务教育基本情况"[EB/OL]．http://www.bjstats.gov.cn/．

2. 资金测算

在上述假定的基础上，根据本章表10.8和表10.9所提供的相关数据整理得出2011~2015年北京农村义务教育经费对公共财政资金的需求规模（见表10.10）。

表10.10　　　2011~2015年北京市农村义务教育财政
资金需求规模测算　　　　单位：亿元

年份	全市教育支出	农村教育经费对财政资金的需求
2011	562.78	18.23
2012	703.48	22.79
2013	879.35	28.49
2014	1099.19	35.61
2015	1373.99	44.52

注：农村教育经费对财政资金的需求＝全市教育支出×全市接受义务教育学生占全市学生的比例×农村接受义务教育的学生占全市接受义务教育学生的比例。

10.2.6　农业灾害救助的资金需求

鉴于农业自然灾害的不确定性，无法准确估算每年财政资金需求数，本书第5章表5.14提供的数据也证明了这一点。例如，2007年全年的救灾支出为0.38亿元，2008年全年的救灾支出为0.36亿元，比2007年减少了0.02亿元；2009年全年的救灾支出为0.13亿元，比2008年减少了

0.23亿元；2010年全年的救灾支出为1.38亿元，比2009年增加了1.25亿元；2011年全年的救灾支出为0.50亿元，比2010年减少了0.88亿元，每年的救灾支出变化太大。但由于农业自然灾害救助要强化备灾意识，必须预留足够的备灾资金。可以尝试将前几年的救灾支出数据进行平均，再加上一定的百分点。因此假定未来年份每年救灾财政资金需求为0.6亿元。

10.2.7 农村社会保障对财政资金的总需求

综上所述，未来几年农村社会保障对财政资金的需求大致如表10.11所示：

表10.11　　2011～2015年农村社会保障财政资金需求概算　　单位：亿元

项　目	2011年	2012年	2013年	2014年	2015年
自然灾害保障	0.60	0.60	0.60	0.60	0.60
最低生活保障	2.34	3.28	4.59	6.43	9.00
五保救济保障	0.26	0.30	0.35	0.40	0.46
养老保障	65.32	72.71	85.08	99.56	116.50
健康保障	41.43	59.31	85.99	125.15	184.44
教育保障	18.23	22.79	28.49	35.61	44.52
合计	128.18	158.99	205.1	267.75	355.52

但是，必须说明的是，第一，鉴于数据的不可获得性，有许多项目无法进行测算，但又是非常需要的，如养老保障中的老年服务保障。第二，假定的各个项目对财政资金需求的增长率不能完全与现实一致，有的年份会高于、有的年份会低于这一平均数。第三，同样鉴于数据的不可获得性，有些指标的选取带有一定的不科学性，如许多项目均用实际发生额代替需求。第四，上述指标中可能会有一定的交叉，如最低生活保障人群中包括五保供养人员等。第五，上述分析仅仅是以目前的现状框架为基础来进行预测，其实目前的现状还存在许多问题，特别是未来农村社会保障肯定要与城市接轨，而且还要充分体现普惠型特点，如计算基础养老金时所选用的指标之一是参保人数，但未来的发展应该囊括所有的农业劳动人口。

综上所述，对未来年份农村社会保障对财政资金需求的预测数应该比上述预测数还要多一些。

10.3 公共财政支持北京新型农村社会保障体系构建的能力分析

建立健全社会保障体系的核心是要有稳定的资金来源。与城镇比，由于农村人口老龄化问题日益严重、农业产业生产率低下、集体经济名存实亡、农民增收困难且不稳定，决定了农村社会保障资金来源，其主体不可能是农民个人，也不可能是集体村社，而必须是政府。笔者认为，以下渠道可以为完善农村社会保障体系提供可靠而稳定的资金来源。

10.3.1 持续增长的北京市地方财政收入

公共财政理论认为，在市场经济条件下，社会保障是政府的主要职能之一，作为社会保障重要组成部分的农村社会保障，理应也是国家财政资金支持的对象。财政支持农村社会保障体系的建设，不仅有利于缓解农村贫困、维护农村稳定、增加农民收入、促进农村经济社会全面发展，而且有利于消除城乡二元结构、凝聚民心民意、体现社会公平、促进"小康社会"的建设目标全面实现。所以，"社会保障预算应成为财政支出的一个重要组成部分，建立经常预算的税收收入和非税收入的投入机制，保证农村社会保障体系拥有稳定的资金来源。按照建立公共财政体系的要求将各级财政收入增长的部分向农村社会保障体系倾斜，建立相应的增长机制"[①]。

北京市近些年来的地区生产总值和地方财政收入呈持续增长趋势。通过对表10.12的分析可以看出，2006～2011年北京市的地区生产总值和地方财政收入虽然增速从总体上呈回落趋势，但平均增长率仍然很高，地区生产总值平均增长率为15.7，若扣除物价变动因素，为9.9%；地方财政收入平均增长率为22.2%。

按照《北京市"十二五"时期公共财政发展规划》的预测，与地区生产总值等经济社会发展指标相适应的原则，预计"十二五"期间北京

---

① 刘峰．农村社会保障资金来源的若干法律问题研究．湖南大学硕士论文，2009-10-15．

市全市地方财政收入年均增长9.0%①，这是完全可以实现的，甚至有理由相信，未来的实际增长率肯定要大于9%。因此持续增长的地方财政收入为北京市农村社会保障体系的建设提供了强有力的公共财政支持可能。

与此同时，通过对表10.14的分析可以看出，通过预测，未来年份社会保障对财政资金需求占财政收入的比重虽然呈上升趋势，但并不是很高，平均为7.1%左右，其为地方财政收入所带来的负担并不重，财政收入是可以非常轻松地完成这一任务的。当然，正如前文所提到的，这里预测的农村社会保障对财政资金的需求可能会偏低，但即使如此，其为地方财政收入所带来的负担并不会增加多少，地方财政收入是完全有能力满足这项需求的。

表10.12　2006~2011年北京地区生产总值和地方财政收入及其增长情况

单位：亿元、%

年份	地区生产总值		地方财政收入	
	地区生产总值	增长率*	地方财政收入	增长率
2006	7720.3	/	1117.2	/
2007	9006.2	16.7	1492.6	33.6
2008	10488	16.5	1837.3	23.1
2009	11865.9	13.1	2026.8	10.3
2010	13777.9	16.1	2353.9	16.1
2011	16000.4	16.1	3006.3	27.7

注：*相关年份的北京市国民经济和社会发展统计公报所提供的增长率分别为：12.3%、9%、10.1%、10.2%、8.1%，应该属于实际增长率。

资料来源：历年北京市国民经济和社会发展统计公报[EB/OL]. http://www.bjstats.gov.cn/。

表10.13　　　　北京市"十二五"时期财政收支预测情况表　　单位：亿元

年份	财政收入
2011	2565.8
2012	2796.7

---

① 北京市"十二五"时期公共财政发展规划[EB/OL]. http://www.bjpc.gov.cn/fzgh_1/guihua/12_5/12_5_zx/.

续表

年份	财政收入
2013	3048.4
2014	3322.8
2015	3621.8

注：表中的财政收入按年均增长9%测算。

资料来源：北京市"十二五"时期公共财政发展规划［EB/OL］．http：//www.bjpc.gov.cn/fzgh_1/guihua/12_5/12_5_zx/．

表10.14　　　北京市"十二五"时期社会保障对财政资金
需求占财政收入的比重预测情况表　　　　单位：亿元、%

年份	财政收入	社会保障需求	社会保障对财政资金需求占财政收入的比重
2011	2565.8	128.18	5.0
2012	2796.7	158.99	5.7
2013	3048.4	205.1	6.7
2014	3322.8	267.75	8.1
2015	3621.8	355.52	9.8

10.3.2　土地征用的"剪刀差"收入及收益

所谓土地收入及收益，是指农民在被征用土地或者转让出所承包土地的情况下所获得的土地经济补偿，即若干年限的地租之总和。首先因为在工业化过程中厂房、电站、铁路、公路、港口、城市、水库等建设的必然需要，加上多年来我国大中城市在发展规划中一直采取外延型的城区扩容建设战略，土地征用成为我国当今经济社会发展不可或缺的组成部分。征用土地就必须缴纳土地出让金。根据《中华人民共和国土地管理法》的规定，以出让等有偿使用方式取得国有土地使用权的建设单位，按照国务院规定的标准和办法，缴纳土地使用权出让金等土地有偿使用费和其他费用后，方可使用土地。但是，由于受到长期"以农补工、以乡助城"发展战略的束缚和影响，受到表现在土地征用方面的另一种形式的"剪刀差"①的盘剥，作为农民最大资产的土地，其资产收入及收益主要被政府和开发商拿走了。根据李君如、吴焰等估计，改革开放前我国社会主义建设征用了农村集体所有土地 8000 万亩左右，按当时土地的价值，其资金估计达 1.6 万亿元，基本上是无偿占有②。根据彭兴庭的研究，土地"剪刀差"，仅非农建设占用耕地一项，1987~2002 年，各级地方政府就从农民手中获得土地净价收益 14200 亿元以上③。

同时，我国现行财政体制也强化和固化了这种不公平态势的发展。2004 年九三学社在浙江的一项调查结果表明，在被征土地收益的分配上，地方政府得 20%~30%，企业得 40%~50%，村级组织得将近 30%，农民仅得 5%~10%④。国务院发展研究中心的调查表明，土地收入已经成为地方政府的主要收入来源，建设用地面积和土地出让面积不断攀升，土地出让金也呈增长趋势，土地出让金已占地方财政预算外收入的 60%以上⑤。

北京市的土地出让金也已经具备了相当的规模，据市土地整理储备中心公开数据显示，截至 2011 年 12 月 31 日，全市公开市场合计出让土地共 249 块，总土地出让金为 1055.14 亿元⑥。

无论从历史欠账补偿角度，还是现实公平需要角度，从政府土地收入收益中拿出一部分用于农村社会保障体系建设，是再正常不过的事情。

10.3.3 WTO 规则下的"三农"补贴

党的十六大以来，在和谐社会建设和"三农"重中之重战略思想的指导下，党和国家连续发出 7 个一号文件，梯次构建起强农惠农的长效机制；国家财政也把把支持解决"三农"问题放在财政工作的首要位置，从

---

① 即在城市化进程中，政府通过计划方式和行政手段，以低价征收农民的耕地，却按市场化方式高价拍卖土地，把理应由被征地农民所得的大部分补偿让政府剥夺来支持城市建设，从而出现了部分失地农民生活窘迫的状况，之所以出现这种现象，究其根源，在于现行征地制度及其相关政策具有浓厚的"以农补工"色彩。
② 李君如，吴焰等. 建设中国特色农村社会保障体系 [M]. 北京：中国水利水电出版社，2008：6.
③ 彭兴庭. "土地违法"为何多由地方政府主导 [J]. 乡镇论坛，2006 (6)：21.
④ 牛毅. 从产权角度看征地问题 [J]. 产权导刊，2006 (9)：32-33.
⑤ 吴木銮. 地方政府：攫取之手该停了 [J]. 人民论坛，2007 (8)：36-37.
⑥ 去年北京土地出让金下降超三成 [EB/OL]. http://epaper.jinghua.cn/html/2012-01/05/content_748713.htm.

统筹城乡发展的战略高度出发,不断加大支农财政投入力度。北京市也不断加大财政支农力度,据《北京市"十二五"时期公共财政发展规划》相关资料显示,整个"十一五"时期,北京市统筹运用各项强农惠农资金,支持农村改革发展:完善支农投入机制,落实政策性农业保险再保险资金,增强农业减灾抗灾能力;及时拨付粮食直补和农资综合补贴等涉农补贴,进一步促进稳粮增收;支持实施新农村"5+3"工程,支持发展都市型现代农业,启动集体林权制度改革;安排奖励资金解决城乡结合部拆迁难问题,有效推进50个挂账重点村的整治与建设;建立功能区转移支付制度,加大对城市南部、西部等不发达地区投入力度;规范专项转移支付管理,提高区县统筹能力,推动城乡区域统筹协调发展;等等[①]。同时,《北京市"十二五"时期公共财政发展规划》也对"十二五"时期的财政支农进行了规划,强调要进一步加大强农惠农支持力度,加大"三农"投入,加大对都市型现代农业投入,建立健全各项农业补贴制度,坚持各项农民直补政策,加快推进农村改革,提高农民财产性收入等[②]。

但是有一点必须注意,从2005年开始,我国农业进入WTO后过渡期,后过渡期意味着我国农业在加入WTO谈判中争取的过渡期已经结束,根据WTO规则,政府给予"三农"的很多补贴都在禁止之列,传统"三农"补贴怎么处理?很多学者给出了许多很好的建议,例如有学者建议可以利用WTO规则所许可的"绿箱"政策,将对农业补贴的侧重点从被禁止的农产品流通领域转向被允许的农业生产领域,也有学者建议将原来对农业的部分补贴,转化为农村社会保障资金支持,从而加大农村社会保障建立力度,提高了农民和农业抵御自然灾害和社会风险的能力,也间接增强了我国农业的国际竞争力。

10.3.4 反哺趋向下的国有资产变现或红利划拨

工业化进程理论认为,在工业化早期,工业要发展必须依靠农业积累的支持;到工业化中期则是工业和农业自我发展;到了工业化后期应用工业积累支持农业发展。胡锦涛同志在党的十六届四中全会上的讲话中指出:"农业是安天下、稳民心的战略产业,必须始终抓紧抓好。纵观一些工业化国家发展的历程,在工业化初始阶段,农业支持工业、为工业提供

[①②] 北京市"十二五"时期公共财政发展规划[EB/OL]. http://www.bjpc.gov.cn/fzgh_1/guihua/12_5/12_5_zx/.

积累是带有普遍性的趋向;但在工业化达到相当程度以后,工业反哺农业、城市支持农村,实现工业与农业、城市与农村协调发展,也是带有普遍性的趋向。"在其后的中央经济工作会议上,他进一步强调指出,我国现在总体上已到了"以工促农,以城带乡"的发展阶段,即"两个反哺",工业反哺农业,城市反哺农村的发展阶段。根据周天勇的研究,在我国工业化发展第一阶段,即农业支持工业阶段,不计革命时期农民的无价贡献,不计农村储蓄向城市和工业提供的有偿的信贷资金,也不计算过去农民为国家交的税收和各种收费,按现价折算,仅仅以上工农产品价格剪刀差、土地、工资差和未上社保等几项,农民自新中国成立后为工业化和城市化提供的积累,最保守的估计也高达 30 万亿元![1] 现在已经到了补偿的时候了,工业反哺农业、城市反哺农村成为历史发展的必然!再说,国有资产顾名思义是全国人民所共有的资产,不为城里人独有,更不为国有企业职工独有。政府掌握国有资产的目的是什么?从根本上讲,是为了增进全体国民的利益,而社会保障正是国民的最大利益所在,也是只有政府才能管理的领域。因此,将部分国有资产拿出来支持农村社会保障建设是必要的,也是可行的。

北京市的国有企业,不仅在数量上还是在质量上应该都处于国内领先地位,其支持农村社会保障体系发展的力量更强。据北京市国资委有关资料显示,截至 2011 年 12 月底,北京市属国有企业资产总额已达到 19099.6 亿元,比上年同期增长 16.5%;市属国有企业实现营业收入 7660.8 亿元,同比增长 12.2%;盈亏相抵累计实现利润 378.7 亿元,同比增长 29.5%;共有 47 家企业实现盈利,盈利面达 92.2%;市属国有企业上缴税费总额 401.7 亿元,同比增长 16.8%[2]。不仅如此,北京市国有企业未来的发展依旧能为持续扶持社会保障体系的建设提供力量。2011 年 8 月 17 日《北京市国资委国有经济"十二五"发展规划》发布,绘就了首都国企未来五年的发展蓝图。该规划所设定的基本目标是,到 2015 年,使国有企业资产总量达到 2.8 万亿元,年均增长率要达到 13.7%;北京国有及国有控股企业主营业务收入要达到 1 万亿元;"十二五"末期,市属国企的利润总额要达到 500 亿元,比"十一五"增加 7 成;经营性国

---

[1] 周天勇. 现代化要对得起为发展做出巨大贡献的农民 [N]. 中国经济时报, 2007-7-9.
[2] 北京国企"十二五"开局良好各项经营业绩指标创新高 [EB/OL]. http://www.sasac.gov.cn/n1180/n1583/n10363/n7225820/n8998786/14217874.htmlhttp://www.sasac.gov.cn/n1180/n1583/n10363/n7225820/n8998786/14217874.html.

有资产的保值增值率和净资产收益率年均要分别达到105%和6%①。

目前国有资产支持农村社会保障建设途径有二，一是国有资产红利划拨，即从政府财政收入中拨转，使财政在不增加过多负担的情况下，更多投入资金保障社会成员的基本生活。二是将国有资产存量的变现（包括国有闲置资产的出售和拍卖、国有资产股权的出售和转让、国有中小企业的出租或出售）收入部分转化为社会保障资金。

10.3.5 潜力巨大的彩票发行收入

彩票，亦称奖券，英文称"a lottery ticket"。《彩票管理条例》（2009年4月22日国务院第58次常务会议通过）这样定义：指国家为筹集社会公益资金，促进社会公益事业发展而特许发行、依法销售，自然人自愿购买，并按照特定规则获得中奖机会的凭证。发行彩票是一种非常好的筹资方式，它不需要还本付息，具有发行量大、运作简捷、融资迅速、群众易于接受且免除政府财政负担的特点。法国人以其独特的幽默感对彩票打了一个形象的比喻：政府发行彩票是向公众推销机会和希望，公众认购彩票则是微笑纳税。在许多国家和地区，彩票发行规模非常大，以至于有学者称其为"第二财政"，所筹资金主要用于公益事业。为了构建北京新型农村社会保障体系，筹集农村社会保障基金，发行彩票是可以依赖的重要途径之一。第一，发行彩票具有增加财税收入的功能。以福利彩票发行为例，如果每年福利彩票发行额度100亿元，一般返奖率为55%左右，发行成本15%左右，公益金提取35%左右。其经济含义，一方面相当于每年筹集了45亿元的建设与发展基金；另一方面相当于向市场投放了55亿元的消费资金，即为商业企业提供了55亿元的商品销售额，若按17%的税率计算，则须向国家上缴9.35亿元的增值税。另外，在福利彩票销售中，个人中奖额超过1万元者，还要按规定以20%的税率向国家缴纳个人所得税，由此将年均获得税收3.5亿元。两项合计，可为国家增加税收约12.85亿元。纵观全球，发行彩票为社会福利、公共卫生、教育、文化、体育等社会公益事业筹集资金已为各国政府和国民所普遍认同，时至今日，彩票已成为世界第六大产业。第二，北京市的彩票发行市场潜力是很巨大的：目前的彩票购买率还比较低，尚有较大的提高空间；北京市城乡居民手头资金越来越充足，有足够的支付能力；目前的

---

① 北京市国资委：2015年市属国企年收入将过万亿元［EB/OL］. http://www.gov.cn/gzdt/2011-08/18/content_1927750.htm.

彩票种类还不够齐全；等等。

据历年北京市民政事业发展统计报告的相关数据显示，北京市福利彩票事业取得了巨大的成就，筹集了比较庞大的彩票公益金。例如，2008年全年销售社会福利彩票26.48亿元，比上年增长11.2%，筹集彩票公益金4.68亿元；2009年全年销售社会福利彩票31.2亿元，同比增长17.8%，筹集彩票公益金5亿元；2010年全年销售社会福利彩票38.2亿元，同比增长22.4%，筹集彩票公益金6.4亿元；2011年全年共销售50.4亿元，增长比例为31.9%，全年共筹集福利彩票公益金16.5亿元[①]。与此同时，上述彩票公益金也有很大一部分已经向社会保障项目支出。例如，2008年彩票公益金共支出4.46亿元，资助项目用于福利类收养性单位17888.7万元，用于优抚类收养性单位293.8万元，用于优抚安置单位699.4万元，用于救助类单位3513.3万元，用于城市医疗救助374.0万元，用于农村医疗救助5000.0万元；2009年用于福利类收养性单位支出1.3亿元，用于救助类单位1.2亿元，这两项支出占彩票公益金总数的50%；2010年用于福利类收养性单位支出1.8亿元，用于社区服务类单位支出0.9亿元，两者占彩票公益金总数的42%。

通过对表10.15数据的分析可以看出，2008～2011年社会福利彩票销售额平均每年以20.8%的速度递增，彩票公益金平均每年以55.6%的速度递增，公益金占销售额的比重平均为20.8%。假定未来年份社会福利彩票销售额的增长率为21%，公益金占销售额的比重为21%，则未来的社会福利彩票销售额和公益金还会大幅度增加（详见表10.16），持续为社会保障体系的建设提供资金支持。

表10.15　2008～2011年北京市社会福利彩票销售额和公益金情况

单位：亿元、%

年份	社会福利彩票销售额	增长率	彩票公益金	增长率	公益金占销售额的比重
2008	26.48	11.2	4.68	30.0	17.7
2009	31.20	17.8	5.00	6.8	16.0
2010	38.20	22.4	6.40	28.0	16.8
2011	50.40	31.9	16.50	157.8	32.7
平均	36.57	20.8	8.10	55.6	20.8

---

① 历年北京市民政事业发展统计报告 [EB/OL]. http://www.bjmzj.gov.cn/templet/mzj/ShowMoreArticle.jsp?CLASS_ID=tjnb.

表10.16   2011~2015年北京市社会福利彩票销售额和公益金预测情况

单位：亿元

年份	社会福利彩票销售额	彩票公益金
2011	50.4	16.5
2012	61.0	12.8
2013	73.8	15.5
2014	89.3	18.8
2015	108.1	22.7

注：表中2011年的数据时实际数据而非预测数。

10.3.6 呼之欲出的社会保障税

据国际货币基金组织（IMF）统计，截至2010年，全世界170多个国家里至少有132个国家实行社会保障税制度，社会保障税已成为西方国家的主要税种之一[①]。社会保障税因其自身的法律属性，为开征国家的社会保障事业提供了稳定、持续的筹资渠道。中国关于"开征社会保障税"提法早在1996年已经出现。在当年国民经济和社会发展"九五"计划和2010年远景目标纲要中提出，要逐步开征社会保障税。之后十余年开征与否一直处于争议之中。虽然世界上并非所有建有完善的社会保障体系的国家都开征有社会保障税，虽然我国开征社会保障税面临很多的难题和争议，但是宏观看，开征社会保障税对我国社会保障体系的完善和发展必然起到促进作用。社会保障税通过税收的方式，不仅明确了保障的项目，而且规定了税金的缴纳、管理和支付，具有较强的权威性，从而可以有效保证社会保障资金的来源。

10.3.7 其他来源

除了上述筹资渠道外，还有其他的筹资方式用于农村社会保障方面，如发行社会保障长期债券、开征物业税、社会捐赠和利用世界银行、联合国相关机构等国际援助资金等。其中发行社会保障长期债券、开征物业税

---

① 社会保障税. 百度百科，百科名片 [EB/OL]. http：//baike.baidu.com/view/748118.htm.

和利用世界银行、联合国相关机构等国际援助资金等途径主要靠国家的力量，社会捐助可以作为北京市单独募集公益资金的更为可行的方式。中华民族有着"一方有难，八方支援"良好传统，随着社会经济的整体发展，公众募捐意识的不断增强，社会捐赠正成为募集公益资金的一个重要渠道。

据历年北京市民政事业发展统计报告的相关数据显示，北京市的慈善事业得到了极大的发展，社会捐助规模越来越大。例如，2008年全市共建立经常性社会捐助工作站、点和爱心家园1570个，全年共接收社会捐款共计7.5亿元，捐赠物资折款3.8亿元，接收捐赠衣被385.1万件，间接接收其他部门转入的社会捐款3.8亿元，使31.3万人（次）困难群众受益；2009年全市共建立经常性社会捐助工作站、点和慈善超市1589个，全年共接收社会捐款共计2.1亿元，接收捐赠衣被121.3万件，使37.9万人（次）困难群众受益；2010年全市共建立经常性社会捐助工作站、点和慈善超市1430个，全年共接收社会捐款共计4亿元，接收捐赠衣被70.5万件，使35.5万人（次）困难群众受益；2011年全市共建立经常性社会捐助工作站、点和慈善超市1611个，全年共接收社会捐款共计6.8亿元，接收捐赠衣被201.2万件，使366.2万人（次）困难群众受益[①]。

鉴于2009~2011年北京市接受社会捐款每年递增2亿元左右（2008年除外），这里假定未来年份也每年递增2亿元，则2011~2015年社会捐款数额会持续增加，可持续为社会保障体系的建设提供资金支持（详见表10.17）。

表10.17　　　　2009~2011年北京市接受社会捐助款情况　　　　单位：亿元

年份	社会捐助款
2009	2.1
2010	4.0
2011	6.8

资料来源：历年北京市民政事业发展统计报告［EB/OL］. http：//www.bjmzj.gov.cn/templet/mzj/ShowMoreArticle.jsp? CLASS_ID = tjnb.

---

① 历年北京市民政事业发展统计报告［EB/OL］. http：//www.bjmzj.gov.cn/templet/mzj/ShowMoreArticle.jsp? CLASS_ID = tjnb.

表 10.18　　　　2012~2015 年北京市社会捐助款预测情况　　　　单位：亿元

年份	社会捐助款
2011	6.8
2012	8.8
2013	10.8
2014	12.8
2015	14.8

注：表中 2011 年的数据位实际数而非预测数。

10.4　主要结论与建议

10.4.1　主要结论

1. 构建新型农村社会保障体系是国家必须承担的责任

在现代社会，社会保障是社会文明进步的体现，从某种意义上说是公民的一种基本权利。因此，社会保障首先体现的是国家的责任，是国家或政府通过国民收入再分配，对公民在暂时或永久失去劳动能力以及由于各种原因生活发生困难时给予物质帮助，从而保障其基本生活。当然，社会保障事业的发展有利于社会稳定，现代意义上的社会保障制度在各国的建立主要就是为了这个目标。另一方面，从国家宏观经济的角度看，社会保障制度的实施有利于刺激消费，扩大内需，从而实现经济稳定持续发展的目标，这也是国家介入社会保障领域的重要原因。

2. 构建新型农村社会保障体系国家必须承担主要责任

一是因为农民过去为国家工业化发展做出的巨大贡献与其获得的回报极不相称；二是因为农业的弱质产业特性致使农民收入低下、增收困难，而面临的风险却越来越大；三是从农村社会保障的属性看，市场机制发挥作用更难，正外部效应更强。

国家承担主要责任的体现主要包括：一是财政责任，政府要按照公共财政的要求，逐步增加对农村社会保障的财政投入，农村社会养老保险基金的筹集,改变过去"以个人缴纳为主、集体补助为辅、政府予以扶持"的办法为"个人缴费、集体补助、政府补贴"的办法,在现阶段是符合农村实际的。二是立法责任,当前农村社会保障工作存在立法滞后,法律体系不健全,立法层次低,覆盖面窄,立法主体多元,立法层次无序等多方面的问题,政府要积极推动有关农村社会保障的立法工作。三是组织责任,任何制度的落实,都需要一定的组织为依托,政府是社会保障制度的改革和完善的重要组织者。

3. 构建新型农村社会保障体系个人责任必不可少

改革开放以来中国农村社会保障的实践已经证明,构建农村社会保障体系公共财政负有主要责任;但是,主要责任并非全部责任。目前学术界由于过多关注农村社会保障体系建设的政府责任,往往忽视或弱化个人责任。笔者认为,无论学界还是业界,都应该保持理性的头脑,以科学的态度清醒客观地认识农村社会保障的本质和规律,区别界定政府责任、集体责任和个人责任。同时,医疗保障中道德风险和逆向选择现象的普遍存在,养老保障自身的长周期性和可持续性,也要求受益者个人必须承担一定的责任。肇始于20世纪70年代席卷西方福利国家的"福利病"亦为此提供了佐证。况且,随着国家支农惠农政策的连续出台,随着农村经济社会的健康发展,农民的收入正在稳步增加,农民已经具备了一定的缴费能力。所以,在构建北京新型农村社会保障体系的过程中,个人缴费必不可少。

另外,鉴于农民整体收入的低下,笔者也赞成卢海元博士提出的"产品换保障"①的思路,即以产品换保障服务机构为中介,直接缴纳粮棉油等农产品作为保费来建立农村社会养老保险。产品换保障服务机构是在现有国有粮食购销企业、农业产业化龙头企业和其他机构基本功能不变的情况,通过增添产品换保障功能改造而来。其主要目的是把参保农民所交的农产品转换为货币,并将转换后的货币作为建立农民社会养老保险的保费,缴纳给产品换保障机构。

4. 现阶段(2010~2020年)是构建北京新型农村社会保障体系的重要战略机遇期

中共十七大提出,到2020年,要在我国建立起覆盖城乡的社会保障

---

① 卢海元. 实物换保障:完善城镇化机制的政策选择 [M]. 北京:经济管理出版社,2002.

制度，这其中就包括初步完善的农村社会保障制度。笔者认为，北京已具备加快建设覆盖城乡居民社会保障体系的基本条件。其一，当前中国共产党"执政为民、以人为本，构建社会主义和谐社会"的政治取向已经表明，建立覆盖城乡居民的社会保障体系具有政治可行性。其二，日益雄厚的经济基础表明，建立覆盖城乡居民的社会保障体系具有经济可行性。其三，北京人口老龄化的发展进程和世界农村社会保障的实践经验亦已表明，未来10年是构建北京新型农村社会保障体系不可多得的重要战略机遇期。其四，从历史发展和目前现状看，北京农村已经具备了构建新型农村社会保障体系的自身条件。其五，通过农村社会保障财政需求与供给分析，本书也得出了财政可行的结论。

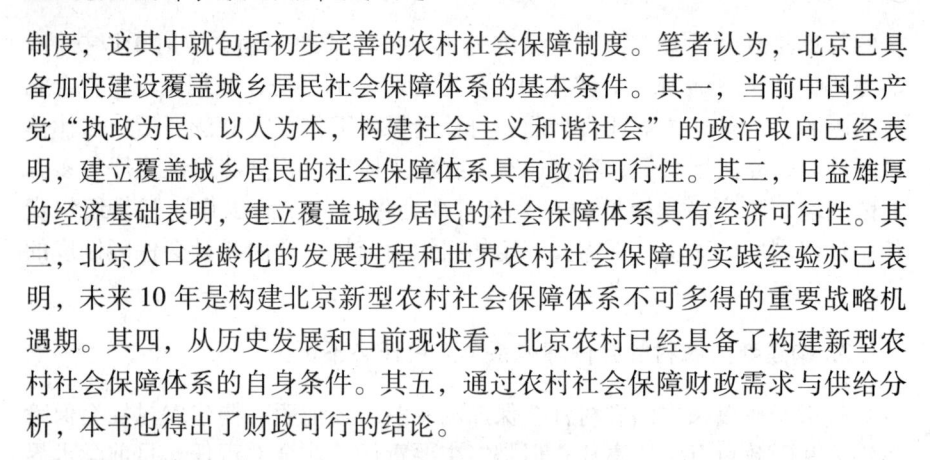

5. 构建北京新型农村社会保障体系必须低起点、分步走，循序推进，最终实现城乡一体化

"城乡一体化"，是指城乡社保体系相衔接、不存在城乡分离或者区域壁垒，强调城乡社会保障体系在制度设计上的整体性和统一立法。通俗地讲，就是一个人不论其身份是农民或者其他行业，均拥有全国联网的独立的社会保障账号，可以在任意地点缴纳社保，退休之后可以在任意地区领取社会保障等。这是现代社会保障制度的内在要求，是任何现代国家构建社会保障体系的基本趋向。本书所指的"北京新型农村社会保障体系"，本质上是一种过渡期、阶段性的社会保障制度。作为过渡期、阶段性的社会保障制度，必须坚持"急事先办"的原则，先建立社会保障体系的基本框架，解决"有没有"的问题；也绝对不能在实现近期目标的时候忽视对远期目标的考虑和准备，要低起点、分步走，循序推进。

当然，"城乡一体化"并非"城乡一致化"，即使将来经济社会发展到一定水平，城乡之间已经没有差别，但是由于农业产业的弱质性和在国民经济发展中的基础性，也要求保留一些专门针对农村、农业、农民的保障项目。

6. 构建北京新型农村社会保障体系必须与公共财政改革相结合

市场机制在社会保障领域的失灵决定了公共财政参与的必要性，公共财政改革的方向是减少生产性领域的投入，加大包括社会保障在内的公共服务领域的投入；公共财政参与农村社会保障体系的构建是经济发展到一定阶段（工业化中后期）的必然结果，公共财政参与农村社会保障体系的构建是缓解农村贫困，实现农村小康目标的重要途径。

7. 完善的农村社会保障体系必然有商业保险的一席之地

北京新型农村社会保障体系构建过程中公共财政主导地位的确立是否就意味着商业保险的被排斥？笔者认为恰恰相反，正是公共财政主导地位的确立，才划定了政府应该发挥作用的界限，也给出了商业保险大展宏图的空间。也就是说，公共财政主导下的农村社会保障，只能以保障人们最基本的生活水平为条件，不可能也不允许越过满足人们基本生活需要的界限。人们生活水平的提升、生活质量的改善，更多的是依赖于商业保险。在农村社会保障体系不断完善的过程中，商业保险发展与社会保障相互补充、此消彼长。

10.4.2 主要建议

1. 明确公共财政主体责任

资金筹集是社会保障制度的"核心内容和首要环节"。个人与政府，如何划定各自的义务？分析世界上有数据可查的、包括有发达国家和发展中国家的131个国家城乡社会养老保险金的筹资模式，可以发现，"至少有129个国家城乡社会养老保障资金的基本来源是由政府全部拨款或由政府和雇主出大头、受保人出小头——这无疑构成了社会保障的一个根本性特征。即是说，社会保障金不应主要由受保人个人出"[①]。这与马克思、恩格斯在《哥达纲领批判》中所论述的，在个人收入分配前应从社会总产品中进行必要的扣除（包括社会保障金的扣除）是一致的。因此，笔者认为，构建新型农村社会保障体系的关键在于强化政府的责任，并为农村社会保障体系的建设提供必要的资金支持。当然，在农民收入水平较高的地区，应适当增加个人保障的比重，发挥个人的积极性。

2. 调整公共财政支出结构

改革包括北京在内的我国现有的生产性财政模式，其一是退出生产性领域财政支出，其二是压缩行政经费，其三是增加社会保障财政支出。目

---

① 刘子兰. 中国农村养老社会保险制度反思与重构 [J]. 管理世界，2003 - 09 - 20.

前，我国财政资金运用到行政管理方面的效率低下，行政经费增长过快，机关吃喝成风，公务用车互相攀比，有限的财政资源被挥霍浪费且缺乏有效监控。所以，应该进一步深化行政管理改革，严格实行部门预算，压缩行政支出，从实质上提高行政运行效率，从而将节余的经费用于社会保障，提高社会保障支出占整个财政支出的比重。其四是增加社会保障财政支出，将现在的财政社会保障支出比例提高到30%。

3. 合理分配社会保障资金

目前我国社会保障财政支出不但总量不足且分配不公。2007年10月，财政部副部长王军在中国社会保障论坛上介绍说，国家财政支出用于社会保障的比例，已经从1998年的5.52%提高到2006年的11.05%，增幅明显高于同期预算内财政支出增长速度。[①] 据经济合作与发展组织（OECD）的统计，2002年英国、法国、德国、日本、意大利、瑞典等国社会保障和卫生支出占财政支出的比重分别达到55.6%、54.2%、59.4%、53.4%、52.0%和53.5%。[②] 即使是这样低水平的社会保障支出，其中绝大部分也被占总人口30%左右的城镇居民所享受，而占总人口70%左右的农民享受的社会保障支出低得可怜。[③]

事实上，广大农村的社会保障制度体系初步建立，而且经济基础比较薄弱，因此比城市更加需要国家资金对这些地区的投入。所以在增加整个社会保障财政支出的基础上，政府还应当适当调整资金在城市和农村的分配比例，尽快扭转社会保障财政资金偏向于城市的现状。另外，对于基层政府财政收入不足的地区，中央和省、市级财政要充分发挥财政转移支付功能，调整城乡之间、地区之间社会保障财政支出的分配比例，向财政收入不足地区适当倾斜。

用于农村的社会保障资金，也要优化财政支出结构。根据农村社会救灾救济制度、农村五保供养制度、农村居民最低生活保障制度、农村扶贫开发制度、养老保障、医疗保障、教育保障等具体功能和目的的不同，区分轻重缓急，有序安排财政支出。

---

① 刘铮. 财政部：我国财政支出11%用于社会保障 [N]. 新华网，2007-10-5.
② 刘燕斌. 各国社会保险费率比较 [J]. 中国社会保障，2009 (3).
③ 张秉福，冯传清等. 农村社会保障体系：现状、问题、对策 [J]. 贵州警官职业学院学报，2006 (3)：69.

4. 增加社会保障财政支撑能力

在保证和扩大现有农村社会保障基金筹集渠道的基础上，按照本章第三节的设想，寻找开辟新的筹资渠道，增加社会保障财政支撑能力。一是从政府土地收入收益中拿出一部分由于农村社会保障体系建设；二是将现有财政对农业的部分补贴，转化为农村养老保险基金的资金来源；三是通过国有资产红利划拨、存量变现等方式筹集农村社会保障资金；还有，挖掘潜力巨大的彩票市场，适时开征社会保障税，发行社会保障长期债券，酝酿开征物业税，大力发展社会慈善事业，为农村社会保障筹集资金。

参考文献

[1] 谢伏瞻. 农业和农村变化为统计工作提供了发展机遇 [R]. 北京：中国国家统计局和联合国粮农组织，2007.

[2] 郑有贵. 中国共产党"三农"理论与实践60年 [M]. 长沙：湖南人民出版社，2009.

[3] 斯蒂格利茨（著），郑秉文（译）. 政府为什么干预经济：政府在市场经济中的角色 [M]. 北京：中国物资出版社，1998.

[4] 阿瑟·奥肯（著），王奔洲等（译）. 平等与效率 [M]. 北京：华夏出版社，1987.

[5] 尼古拉斯·巴尔（著），郑秉文（译）. 福利国家经济学 [M]. 北京：中国劳动社会保障出版社，2003.

[6] 李珍. 社会保障理论 [M]. 北京：中国劳动社会保障出版社，2007.

[7] 世界银行. 2006年世界银行发展报告：公平与发展 [M]. 北京：清华大学出版社，2006.

[8] 马斯格雷夫. 财政理论与实践（第五版）[M]. 北京：中国财政经济出版社，2003.

[9] 罗伯茨. 供应学派革命 [M]. 上海：上海译文出版社，1987.

[10] 王志伟. 现代西方经济学流派 [M]. 北京：北京大学出版，2002.

[11] 国际劳工局. 展望21世纪：社会保障的发展 [M]. 北京：劳动人事出版社，1988.

[12] 经济合作与发展组织秘书处. 危机中的福利国家（序言）[M]. 北京：华夏出版社，1990.

[13] 郑功成. 中国社会保障制度变迁与评估 [M]. 中国人民大学出版社，2002.

[14] 石秀和等. 中国农村社会保障问题研究 [M]. 北京：人民出版

社，2006．

[15] 王洪春，汪雷．中国农村社会保障新的机遇与挑战［M］．北京：中国科学技术出版社，2006．

[16] 郑功成．社会保障学［M］．北京：中国劳动社会保障出版社，2005．

[17] 庹国柱，王国军，朱俊生等．制度建设与政府责任——中国农村社会保障问题研究［M］．北京：首都经济贸易大学出版社，2009．

[18] 李君如，吴焰等．建设中国特色农村社会保障体系［M］．北京：中国水利水电出版社，2008．

[19] 李大明．四书五经·礼记（现代版）．成都：巴蜀书社，1996．

[20] 陈良瑾．社会保障教程［M］．北京：知识出版社，1990．

[21] 郑功成．社会保障学——理念、制度、实践与思辨［M］．北京：商务印书馆，2000．

[22] 王玉先．外国社会保障制度概况［M］．北京：中国工人出版社，1989．

[23] 侯文若．社会保障理论与实践［M］．北京：中国劳动社会保障出版社，1991．

[24] 童星．社会转型与社会保障［M］．北京：中国劳动社会保障出版社，2007．

[25] 米红，杨翠迎．农村社会养老保障制度的起源和基础理论［M］．北京：光明日报出版社，2008．

[26] 肖力，苏瑞翩．农村社会保障建设研究［M］．北京：红旗出版社，2008．

[27] 林子波．东部发达地区农村社会保障［M］．北京：社会科学文献出版社，2008．

[28] 唐晋．大国策：全球视野中的社保路径［M］．北京：人民日报出版社，2009．

[29] 宋晓梧．中国社会保障体制改革与发展报告［M］．北京：中国人民大学出版社，2001．

[30] 孙立平．转型与断裂：改革以来中国社会结构的变迁［M］．北京：清华大学出版社，2004．

[31] 2000年人类发展报告［M］．北京：中国财政经济出版社，2001．

[32] "三个代表"重要思想学习纲要 [M]. 北京: 学习出版社, 2003.

[33] 吴忠民. 社会公正论 [M]. 济南: 山东人民出版社, 2004.

[34] 马克思, 恩格斯. 马克思恩格斯选集（3）[C]. 北京: 人民出版社, 1995.

[35] 邓小平. 邓小平文选（3）[C]. 北京: 人民出版社, 1993.

[36] 马克思. 资本论（第三卷）[M]. 北京: 人民出版社, 1975.

[37] 马克思, 恩格斯. 共产党在德国的要求 [C]. 马克思恩格斯全集（5）. 北京: 人民出版社, 1958.

[38] 马克思. 哥达纲领批判 [C]. 马克思恩格斯选集（3）. 北京: 人民出版社, 1972.

[39] 列宁. 俄国社会民主工党第六次（"布拉格"）全国代表会议 [C]. 列宁全集（17）. 北京: 人民出版社, 1959.

[40] 毛泽东. 毛泽东选集（第三卷）[M]. 北京: 人民出版社, 1991.

[41] 邓小平. 邓小平文选 [C]. 北京: 人民出版社, 1983.

[42] 贝克. 风险社会: 走向另一种现代性 [M]. 南京: 译林出版社, 2004.

[43] 刘祖云. 从传统到现代 [M]. 武汉: 湖北人民出版社, 2000.

[44] 戴维·波普诺. 社会学 [M]. 北京: 中国人民大学出版社, 1999.

[45] 杨燕绥等. 政府与社会保障——关于政府社会保障责任的思考 [M]. 北京: 中国劳动社会保障出版社, 2007.

[46] 宋士云. 中国农村社会保障制度结构与变迁 [M]. 北京: 人民出版社, 2006.

[47] 李立清. 新型农村合作医疗制度 [M]. 北京: 人民出版社, 2009.

[48] 钱亚仙. 农村社会保障制度理论与实践 [M]. 北京: 中共中央党校出版社, 2007.

[49] 王以才, 张朴. 农村社会养老保险 [M]. 北京: 中国社会出版社, 1996.

[50] 郝书辰, 董西明. 新时期农村社会保障制度研究 [M]. 北京: 经济科学出版社, 2008.

[51] 郑功成. 中国社会保障改革与发展战略——理念、目标与行动方案 [M]. 北京：人民出版社，2008.

[52] 陈锡文. 中国农村公共财政制度：理论、政策、实证研究 [M]. 北京：中国发展出版社，2005.

[53] 王根贤. 公共财政视角下的中国医疗卫生保障制度研究 [M]. 成都：西南财经大学出版社，2008.

[54] 世界卫生组织. 2000年世界卫生报告 [M]. 北京：人民卫生出版社，2000.

[55] 卢海元. 实物换保障：完善城镇化机制的政策选择 [M]. 北京：经济管理出版社，2002.

[56] Thaler, Richard and Hersh Shefrin. Quasi Rational Economics [M]. 1991, New York：Russell Sage Foundation.

[57] Munnell, Alicia. The Effect of Social Sfcurity on Personal Saving [M]. Cambridge, Massachusetts：Ballinger Publishing Company, 1974.

后 记

寒暑三载，川逝在即；厚厚的文稿，亦将搁笔。作为课题负责人，可我并没有憧憬中的如释重负的感觉。抚卷追昔，回想起课题组初建时的兴奋与愿景，回想起与课题组成员一道讨论研究框架、厘定研究思路、分析案例资料时的迷茫与豁然，回想起孤灯夜半苦寻数据而不得的无措和窘迫，实在是难以释然……大概这种"难以释然"本身也是一种"释然"吧。

课题能够顺利完成，皆因课题组全体成员通力合作、忘我工作、不计报酬、无私奉献！韩金华教授、张建伟博士、寇业富博士、王向文博士、陈洪宛处长、吴荣胜处长、杨晓波研究员、管贻升副教授，等等，以无私的心地、睿智的思想、辛勤的汗水，推动课题研究一步步前行；作为课题项目的专家顾问，乔宝云教授、孙宝文教授、徐永胜教授、杨运杰教授、齐兰教授、赵丽芬教授，等等，给予了课题以理论框架、研究视角、研究方法以及案例文献等方面莫大的指导和支持，在此谨代表课题组全体成员致以真诚感谢。

农村社会保障是一个理论性和实践性都很强的课题。近些年来，不少学者对农村社会保障问题进行了多角度的研究和探讨。他们的研究成果，给予课题组不少的启迪和帮助，课题组在写作过程中借鉴和援引了他们的研究成果与有关分析，课题组特向这些前辈时贤表示深深的谢意。虽然做了注明，倘有遗漏，敬请谅解。

课题组力求有所创新。但是，该题事关国计民生，涉及面广，政策性强，加之课题组成员特别是课题负责人知识积累不足，资料掌握有限，且在学识、观点、认识等方面的局限，本书难免存在不足甚或错误，恳请各位专家谅解并予斧正。

孙殿明
2013 年 9 月